(Hrsg.) Tim Eikelberg

Notfallplanung in Städten und Gemeinden

3. aktualisierte Auflage

Autoren:

Stephan Giesen
Tobias Krenz
Andreas Rehbein
Fabian Pülmanns
Marc Weichhan

FORUM
WISSEN,
DAS ANKOMMT.

Bibliografische Information der Deutschen Bibliothek

Die Deutsche Bibliothek verzeichnet diese Publikation in der Deutschen Nationalbibliografie; detaillierte bibliografische Daten sind im Internet über http://dnb.dnb.de abrufbar.

Mandichostraße 18
86504 Merching

Telefon: +49 (0)8233 381-123
Fax: +49 (0)8233 381-222
E-Mail: service@forum-verlag.com
Internet: www.forum-verlag.com

Hinweis: Aus Gründen der besseren Lesbarkeit und Einfachheit wird in den folgenden Texten meist die männliche Form verwendet. Die verwendeten Bezeichnungen sind als geschlechtsneutral bzw. als Oberbegriffe zu interpretieren und gelten gleichermaßen für alle Geschlechter.

Titelfoto/-illustration: © osterwelle
Satz: Reemers Publishing Services GmbH, 47799 Krefeld
Druck: Joh. Walch GmbH & Co. KG, 86179 Augsburg
Printed in Germany

ISBN 978-3-98875-160-7 (Print-Ausgabe)
ISBN 978-3-98875-162-1 (Premium-Ausgabe)

Vorwort

Zum Ende des Kalten Krieges hat die Bundesrepublik Deutschland mit der Auszahlung der sog. Friedensdividende begonnen und sich in der Sicherheit einer geostrategischen Position, umgeben von Freunden und fernab jeglicher Bedrohung, gewähnt. Der Bevölkerung wurde suggeriert, umfassende Haushaltsmittel aus dem Zivilschutz in andere Ressorts leiten zu können, um sich damit vermeintlich greifbareren Aufgaben zu widmen. Auch die in ihrer Dimension einmaligen Terroranschläge vom 11.09.2001 führten nicht zu einer Revidierung dieser Grundsatzentscheidung. Mit dem Beginn des Angriffskriegs der Russischen Föderation auf das Staatsgebiet der Ukraine in 2022 wurde die BRD von der Wirklichkeit einer aktiven Frontlinie in Europa eingeholt. Mit dem Begriff der Zeitenwende prägte der Bundeskanzler Olaf Scholz in seiner Regierungserklärung vom 27.02.2022 die Notwendigkeit einer grundsätzlichen Neuaufstellung des Zivilschutzes. Auch die aktuell hochdynamischen geostrategischen Entwicklungen im Nahen Osten, mit dem Widererstarken extremistischer Organisationen, bekräftigen den Bedarf der Rückbesinnung auf effektives staatliches Handeln in der Gefahrenabwehr. Wenngleich keinem Programm der bei der Bundestagswahl 2025 antretenden Parteien konkrete Aussagen zur Entwicklung des Bevölkerungsschutzes zu entnehmen sind, ist der Bedarf so hoch wie noch nie seit Gründung der Bundesrepublik.

Mit dem Eintritt der Hochwasserkatastrophe in 2021 in einer Tragweite, welche für den Großteil der Öffentlichkeit bis dahin nicht mehr vorstellbar gewesen war, wurde der Katastrophenschutz der Länder einer harten Prüfung unterzogen. Es zeigten sich dramatische Defizite in den tatsächlich abrufbaren Ressourcen, insbesondere aber in der föderalen Struktur und der damit einhergehenden Dezentralisierung. Während auf der Ebene von Städten und Gemeinden der Kampf um die Abwehr elementarer Gefahren für Menschenleben tobte, wurden auf Landes- und Bundesebene Geplänkel über Zuständigkeiten und Verantwortungsabgrenzungen vollzogen, welche in parlamentarischen Untersuchungsausschüssen mündeten. Zu Recht wird daher auch die Neuausrichtung und strukturelle Überarbeitung des Katastrophenschutzes gefordert. Diese Aufgabe wird mit der Einrichtung neuer Verbindungsfunktionen beim Bundesamt für Bevölkerungsschutz und Katastrophenhilfe oder dem Aufbau von operativen Stäben auf Ebene der Länder bei Weitem nicht abgeschlossen sein.

Von der Bundesebene mit der Zuständigkeit für den Zivilschutz im Spannungs- und Verteidigungsfall beginnend werden im Rahmen der Bundesauftragsverwaltung Aufgaben auf die nachgeordneten Ebenen, bis hin zu den Gemeinden, weiterdelegiert. Die Länder mit den Aufgaben des Katastrophenschutzes bedienen sich der kreisfreien Städte und Landkreise zur Erfüllung dieser Aufgaben. Neben den Hilfsorganisationen auf allen Ebenen obliegt die tatsächliche Durchführung dieser Aufgaben in weiten Teilen den Gemeinden als Pflichtaufgabe zur Erfüllung nach Weisung. In Ermangelung nachgeordneter Stellen und insbesondere unter Berücksichtigung der Nähe zur Bevölkerung gibt es keine Ebene staatlichen Handelns, die sich ihrer Verantwortung für die Sicherheit der Bevölkerung so unmittelbar stellen muss wie die der Gemeinden.

Dabei ist es vor dem Hintergrund internationaler Bedrohungslagen und den Erfahrungen aus den Katastrophenereignissen vergangener Jahre für die kreisangehörigen Gemeinden umso notwendiger, ihre Rolle im Bevölkerungsschutz mit Leben zu füllen. Grundlage dieser Aufgabenwahrnehmung ist eine suffiziente Notfallplanung, unter Berücksichtigung der ortsspezifischen Gegebenheiten, in Zusammenarbeit mit den Einsatzorganisationen. Dabei kommt der Stärkung der Selbsthilfefähigkeit der Bevölkerung eine – zu Recht – steigende Bedeutung zu. Je höher die Widerstandsfähigkeit (Resilienz) einer Bevölkerung gegen die Auswirkungen eines Schadensfalls bzw. einer Krisensituation ist, umso besser können die staatlichen Maßnahmen ansetzen. Gerade die seit 2022 mit hoher Brisanz erfolgenden Vorplanungen für mögliche Versorgungsausfälle der Infrastruktur zeigen mehr als deutlich, dass eine Vollversorgung der Bevölkerung mit den Ressourcen des Bevölkerungsschutzes nicht realisierbar ist. Mit einer guten Vorplanung und Härtung der kritischen Infrastruktur bis hin zur Ebene der Gemeinden kann jedoch die Funktionsfähigkeit des Bevölkerungsschutzes selbst erhalten werden, damit dieser die Selbsthilfe koordinieren kann.

Im Rahmen der Pandemie wurden in vielen Gemeinden bereits erfolgreich Stäbe zur Koordinierung von Gefahrenabwehrmaßnahmen eingerichtet und in Funktion gesetzt. Diese Initiative sollte weiter vollzogen werden und im Aufbau von gemeindlichen Stäben münden, welche für alle Arten uns insbesondere auch Ad-hoc-Ereignisse des Bevölkerungsschutzes aufgestellt sind. Der Stab zur Gefahrenabwehr muss dabei als zwingend erforderliches Werkzeug zur Sicherstellung der elementarsten gemeindlichen Pflichtaufgabe verstanden werden. Bevölkerungsschutz darf keine lästige Nebenaufgabe sein, sondern muss vor dem Hintergrund der Erfahrungswerte aus den letzten Jahren wieder zum bewusst gelebten Kern des staatlichen Handelns werden.

Die Gemeinden sind dabei als Gefahrenabwehrbehörden an den Maßnahmen jeder übergeordneten Ebene beteiligt bzw. in diese eingebunden. Bei einer örtlich begrenzten Schadenslage steht die gemeindliche Ebene im Wesentlichen allein in der Umsetzungspflicht. Diese endet jedoch nicht beim Wechsel der Zuständigkeit auf eine übergeordnete Ebene. Mit der größten Nähe zur Bevölkerung und den umfassendsten Detailkenntnissen der örtlichen Gegebenheiten sind die kreisangehörigen Gemeinden die Basis der staatlichen Gefahrenabwehr.

In einer Zeit hochdynamischer Entwicklungen in der geostrategischen Lage keimt das Wirken nichtstaatlicher Akteure aus dem Bereich des religiösen und politischen Extremismus in einer Tragweite auf, wie sie in Deutschland zuletzt in den Jahren 2014 bis 2016 erkennbar war. Von der Anwendung eines Kraftfahrzeugs bis hin zur Hieb-und Stichwaffe als Tatmittel bei Veranstaltungen kehren Phänomenbilder nach einer Dekade auch in unsere Republik zurück. Diese Entwicklung stellt uns nicht nur vor außenpolitische Herausforderungen, sondern zieht ihren Wirkungskreis bis hin zum alltäglichen Handeln der Städte und Gemeinden als örtlichen Gefahrenabwehrbehörden in der Sicherheitskonzeptionierung von Veranstaltungen und dem Eigenschutz ihrer Mitarbeiter. In Ergänzung der Fachliteratur aus dem Bereich der Veranstaltungssicherheit sowie des Arbeitsschutzes werden daher Grundlagen zur Gefährdungsanalyse sowie der Erstellung von Notfallplänen vermittelt und in den Gesamtkontext der gemeindlichen Gefahrenabwehr integriert.

Mit diesem Werk in der dritten Auflage soll die umfangreiche Fachliteratur für den Bevölkerungsschutz auf Ebene der kreisfreien Städte und Landkreise um den zentralen Aspekt der gemeindlichen Ebene ergänzt und so ein Bewusstsein für die immer wichtiger werdende Rolle der örtlichen Gefahrenabwehrbehörden geschaffen werden. Den mit der Planung beauftragten Mitarbeitern der Gemeinden soll dabei eine praxisnahe Orientierung in diesem komplexen Zuständigkeitsbereich und gleichzeitig eine Argumentationsgrundlage an die Hand gegeben werden. Die Aus- und Fortbildung der Führungskräfte in der gemeindlichen Gefahrenabwehr kann dadurch nicht ersetzt werden. Es soll jedoch als Anregung zu neuen Konzepten und einer intensiven Zusammenarbeit zwischen Verwaltung und Einsatzorganisationen dienen.

Nettetal, im März 2025

Der Herausgeber

Tim Eikelberg

Autorenverzeichnis

Der Herausgeber

Tim Eikelberg,

Leiter Bevölkerungsschutz, Sicherheitsberater

Begann seine Tätigkeit im Rettungsdienst, gefolgt von der Verwaltungslaufbahn und einem Studium des Sicherheitsmanagements. Seit mehreren Jahren leitet er hauptamtlich den Bevölkerungsschutz, sowie eine kommunale Führungsgruppe und nimmt die Funktion als bestellter Einsatzleiter bei Sonderlagen wahr. Er ist bereits seit zwei Jahrzehnten ehrenamtlich im Einsatzdienst aktiv, zunächst bei der Feuerwehr, später als Verbandsführer mit Stabsfunktionen und Einheitsführer im Katastrophenschutz auf Kreisebene. Zusätzlich arbeitet er seit vielen Jahren nebenberuflich für Sicherheitsdienstleister und KRITIS Unternehmen als Berater für das betriebliche Krisenmanagement, sowie als Konzeptverfasser und Prüfer für Sicherheitskonzepte von Großveranstaltungen. Dieses Fachwissen und seine Erfahrung gibt er regelmäßig als Dozent u. a. bei einem Studieninstitut, sowie in Fachverlagen weiter.

Die Autoren

Stephan Giesen,

Dipl. Mathematiker (FH), Leiter der Feuerwehr

Absolvierte ein Duales Studium der Technomathematik an der FH Jülich und arbeitet heute als Führungskraft im IT-Servicemanagement Seit 1995 engagiert er sich als ehrenamtliches Mitglied einer Freiwilligen Feuerwehr ohne hauptamtliche Kräfte. Ab 2009 ist er Mitglied der Leitung der Feuerwehr und übernahm 2015 die Leitung der Feuerwehr als Gemeindebrandinspektor. Seit 2013 ist er Mitglied des Führungsstabes des Landkreises.

Tobias Krenz,

Master of Science, Führungskraft DRK

Ist hauptberuflich als Berater in der Bedarfsplanung der Gefahrenabwehr tätig und hat Sicherheitstechnik an der Bergischen Universität Wuppertal studiert. In seiner Bachelorarbeit beschäftigte er sich mit den Strukturen des Krisenmanagements in Nordrhein-Westfalen. Ehrenamtlich aktiv im DRK und der DLRG verfügt er über praktische Erfahrungen als Zugführer im Führungsdienst, Rettungssanitäter und Einsatztaucher. Zusätzlich zur operativ-taktischen Stabsausbildung und -tätigkeit war er als Leiter der KGS eines administrativ-organisatorischen Stabes auf Gemeindeebene tätig.

Fabian Pülmanns,

Master of Science, Brand- und Bevölkerungsschutz, Teamleiter Brand- und Explosionsschutz

Hauptberuflich verantwortet er den Brand- und Explosionsschutz sowie das Krisen- und Notfallmanagement in einem Unternehmen der kritischen Infrastruktur. Ehrenamtlich ist er Verbandführer und Mitglied in einer interdisziplinären Führungsgruppe innerhalb der kommunalen Gefahrenabwehr. In seiner Masterarbeit beschäftigte er sich mit dem Wissensmanagement in Unternehmenskrisenstäben der chemischen Industrie.

Andreas Rehbein

Dipl.-Ing (TFH) Nachrichtentechnik, Führungskraft Berufsfeuerwehr

Ist seit 1980 Mitglied der Freiwilligen Feuerwehr. Seit 1996 beruflich in Leitungs- und Führungspositionen der Feuerwehr. Freiberuflich arbeitet er bei der KOBRA GmbH mit und entwickelt und implementiert hier FÜsYs-Führungsmittel mit System. Seit 2003 ist er zusätzlich als Fachautor tätig. Praktische Erfahrungen sammelte er auch bei diversen Projekten z. B. nationale Bestrebung zur Empfehlung taktischer Zeichen im Bevölkerungsschutz und im internationalen Projekt SITAC Lagedarstellung in der Vegetationsbrandbekämpfung.

Marc Weichhan

Ist als Sicherheitsberater seit über zehn Jahren im vorbeugenden Brandschutz, der Sicherheitskonzeption und Unternehmenssicherheit tätig. Als Experte für Brandschutz und Veranstaltungssicherheit hat er sich auf die Erstellung von Brandschutz- und Sicherheitskonzepten sowie das Notfall- und Krisenmanagement spezialisiert. Er berät im Bereich Corporate Security Unternehmen unterschiedlichster Branchen u. a. der kritischen Infrastruktur und führt Trainings für besondere Gefahrenlagen durch. Zudem ist er als Referent und Fachautor für verschiedene Verlage und Bildungsträger tätig.

Inhaltsverzeichnis

1 Einführung in die Gefahrenabwehr auf Gemeindeebene

„Die Menschen hätten Warnungen erhalten sollen, sie hätten Warnungen verstehen sollen. (...) Es hat keinen Sinn, mit gigantischen Computer-Modellen vorherzusagen, was geschehen wird, wenn die Leute nicht wissen, wie sie sich bei einer Überschwemmung verhalten müssen."[1]

Wenngleich die internationale Pandemie mit dem Erreger SARS-CoV-2 ab 2020, sowie insbesondere die Hochwasserkatastrophe in Rheinland-Pfalz, sowie Teile Nordrhein-Westfalens in 2021 und nicht zuletzt der Beginn des Kriegs in der Ukraine im Jahr 2022 die entscheidende und grundlegende Zäsur im Bevölkerungsschutz bedingt haben, stehen wir hier noch am Anfang eines langen Wegs. Während auf politischer Bundes- und Landesebene große und schwerfällige Räderwerke mangels zentraler und einheitlicher Zuständigkeiten miteinander verzahnt werden müssen, ist diese Frage auf Ebene der Gemeinden zunächst und vermeintlich einfach zu lösen. Jede Gemeinde, ungeachtet der Größenordnung, des organisatorischen Aufbaus oder der Lage im Bundesgebiet, verfügt über einen politisch Gesamtverantwortlichen, den Hauptverwaltungsbeamten, von dem sich alle Zuständigkeiten und Befugnisse qua Person des Amts ableiten. In der behördlichen Instanz, welche für die Einwohner und somit die Betroffenen jeder Schadenslage unmittelbar und in greifbarer Nähe steht, ist der Verantwortliche schnell gefunden.

Mit der zentralen Zuständigkeit des Hauptverwaltungsbeamten auf der Gemeindeebene ergeben sich jedoch nicht nur Vorzüge, wie

[1] https://www.facebook.com/tagesschau/photos/a.10151270623184407/10159822737434407/?type=3 (aufgerufen am 06.04.2023).

z. B. das in der kommunalen Selbstverwaltung manifestierte Recht, die Organisationsstruktur selbst zu regeln. Wer vor Ort initial und unmittelbar den Betroffenen gegenübersteht, wird immer auch das erste Gesicht der staatlichen Gefahrenabwehrmaßnahmen sein und somit die Kommunikation auch für alle weiteren Maßnahmen und übergeordneten Ebenen prägen. Gerne beschränkt sich die mediale Darstellung des Zivilschutzes auf das Bundesamt für Bevölkerungsschutz und Katastrophenhilfe (BBK) sowie die Außenwirkung des Katastrophenschutzes auf die Innenministerien der Bundesländer. Im Schadensgebiet vor Ort sind es jedoch faktisch die überwiegend ehrenamtlichen Einsatzkräfte der Gemeinden, kreisfreien Städte und Landkreise, die sowohl den Zivilschutz als auch den Katastrophenschutz stellen. Ob es sich bei dem hierzu genutzten Einsatzfahrzeug um ein Bundes- oder Landesfahrzeug handelt und zu welchen Anteilen hier von wem gefördert wurde, mag in der politischen Außenwirkung Relevanz besitzen, jedoch nicht für die Betroffenen vor Ort. Hier ist aus Sicht der Betroffenen ihre Feuerwehr vor Ort, die DRK-Bereitschaft in der Gemeinde oder auch die THW-Unterkunft der eigenen Stadt greifbar. Daher soll an dieser Stelle angeregt werden, die Gefahrenabwehr inklusive des Bevölkerungsschutzes in seiner Gesamtheit aus der Perspektive der Betroffenen und damit aus Sicht der Gemeinden vor Ort zu betrachten, zu planen und zu denken.

„Wer sind wir, woher kommen wir und wo gehen wir hin?“ ist die Basis aller existenziellen Fragen und damit auch die perfekte Grundlage zur Einordnung der gemeindlichen Gefahrenabwehr und ihres Umfelds.

1.1 Gliederung der staatlichen Gefahrenabwehr

Zur Einordnung der Gemeinden in den Gesamtkontext der nationalen Strukturen zur Abwehr von Gefahren ist es erforderlich, sich zunächst mit den verschiedenen Ebenen staatlichen Handelns zu befassen. Auf der Bundesebene sind die Aufgaben des Zivilschutzes angesiedelt, welche sich an den Anforderungen zum Schutz der Bevölkerung im Spannungs- und Verteidigungsfall orientieren. Der Landesebene obliegt es, die Bevölkerung im Fall einer Katastrophe (hier bestehen landesspezifische Definitionen, welche jedoch alle den Ressourcenmangel vor Ort und über längere Dauer sowie den Bedarf einer über die eigene behördliche Hoheit hinausgehenden Lenkung zur Grundlage machen) zu schützen. Diese Aufgabe wird in den meisten Bundesländern bis hin zur Ebene der kreisfreien Städte und Landkreise hinunter delegiert. Am anderen Ende der staatlichen Strukturen stehen die Gemeinden als Gefahrenabwehrbehörden und bedienen sich hier vor allem ihrer örtlichen Feuerwehren für den Brandschutz und der technischen Hilfeleistung sowie ihres Rettungsdiensts für die medizinische Notfallversorgung (sofern die Trägerschaft bei der Gemeinde liegt). Abgesehen von der alltäglichen Gefahrenabwehr stellen die staatlichen (BRK nur in Bayern) sowie staatlich anerkannten Hilfsorganisationen (z. B. DRK, MHD, JUH, ASB, DLRG und DGzRS) gemeinsam mit dem THW mit ihren überwiegend ehrenamtlichen Einsatzkräften den Kern des Zivil- und Katastrophenschutzes in Deutschland. Damit verfügen wir über ein weltweit einmaliges, dezentral aufgestelltes und diverses Hilfeleistungssystem mit vielen Vorzügen, um die wir beneidet werden, sowie einigen Nachteilen, bei denen der Blick in die europäischen Nachbarländer in den kommenden Jahren immer wichtiger werden wird.

Die Struktur und Gliederung der Gefahrenabwehr ist in mehrere hierarchische Ebenen, analog zur Normenpyramide, einzuordnen. Bereits auf der europäischen Ebene wurde mit Beschluss Nr. 1313/2013/EZ am 17.12.2013 das „Katastrophenschutzverfahren der Union“ etabliert.[2] Im Rahmen dieses Verfahrens ist eine staatenübergreifende Koordinierung und Verteilung von Ressourcen des Katastrophenschutzes als sichtbarer Ausdruck der europäischen Solidarität vorgesehen. Diese Solidarität ist jedoch ausschließlich als Ergänzung der nationalen Vorsorge zu verstehen, der Schutz der Bevölkerung vor Gefahren bleibt Kernaufgabe des eigenen staatlichen Handelns. Hierzu wurde das ERCC (Emergency Response Coordination Centre) als Beobachtungs- und Informationszentrum eingerichtet. In 2019 wurde das Katastrophenschutzverfahren der Union im Rahmen der „rescEU-Reserve“ mit vorgeplanten Ressourcen planerisch bestückt, um im Einsatzfall Kontingente aus mehreren Mitgliedstaaten abrufen und bündeln zu können. Diese Reserve umfasst u. a. Löschflugzeuge und Hubschrauber, Flugzeuge für medizinische Evakuierungen, Bevorratung medizinischer Ausrüstung, CBRNE-Abwehr, Unterkunftslogistik sowie Transportlogistik für Katastrophenfälle. Diese Reserve rekrutiert sich aus den Ressourcen der Mitgliedstaaten sowie auch der Bundesrepublik Deutschland.

Da sich dieses Fachbuch an die Städte und Gemeinden richtet, beginnt die detaillierte Betrachtung der Gliederung und Strukturen auf nationaler Ebene. Die staatliche Gefahrenabwehr ist in Deutschland föderal aufgestellt und aufgeteilt in die beiden Bereiche Zivilschutz und Katastrophenschutz. Dabei obliegen die Zuständigkeit und somit auch die Gesetzgebungskompetenz für den Zivilschutz gem. Art. 73 Abs. 1 Nr. 1 GG ausschließlich der Bundesebene. Der Zivilschutz umfasst den Schutz der Bevölkerung ausdrücklich vor kriegsbedingten Gefahren im Verteidigungsfall. Der Katastrophenschutz, also die Abwehr von Gefahren außerhalb von kriegerischen Auseinandersetzungen, liegt gem. Art. 70 i. V. m. Art. 30 GG in der Zuständigkeit der Länder. Dabei ist zu beachten, dass die Zuständigkeit für den Katastrophenschutz auch im Verteidigungsfall auf Ebene der Länder bestehen bleibt.

Einzige Ausnahme dieser historisch bedingten grundsätzlichen Aufteilung ist die Katastrophenhilfe des Bundes gem. Art. 35 Abs. 2

[2] https://eur-lex.europa.eu/legal-content/DE/TXT/?uri=CELEX:32013D1313 (aufgerufen am 29.03.2023).

S. 2 GG. Diese umfasst die Unterstützung des Bundes bei Katastrophen und schweren Unglücksfällen, i. d. R. bei länderübergreifenden Schadenslagen. Diese Ausnahme ist jedoch seitens des Gesetzgebers an besonders hohe Hürden geknüpft, um eine Unterwanderung und Aufweichung der Zweiteilung der Zuständigkeiten zu verhindern. Diese besteht historisch begründet, um die hoheitliche Ermächtigung möglichst different auf verschiedene Akteure aufzuteilen und Zentralbehörden zu vermeiden. Alleine vor dem Hintergrund der Erfahrungswerte und Erkenntnisse aus den Katastrophen der Jahre 2020 bis 2023 mag dieser Grundsatz im Interesse eines effektiven Schutzes der Bevölkerung neu eruiert werden können. Insbesondere kann hier auch eine Orientierung an den europäischen Nachbarländern erkenntnisreich sein. Aktuell mangelt es an einer generellen Koordinierungs- und Steuerungskompetenz des Bundes im Bereich des Schutzes der Bevölkerung, da hier die einschlägige Gesetzgebungskompetenz fehlt. Aktuell bestehen politische Bestrebungen diesen Malus aufzuheben, diese Initiative ist aus fachlicher Sicht eindeutig zu begrüßen.

1.1.1 Zivilschutz

Der Schutz der Zivilbevölkerung in Art. 73 Abs. 1 Nr. 1 GG definiert eine begrenzte Schutzdefinition, da hier nur der Schutz vor kriegsbedingten Gefahren umfasst ist. Von seiner Befugnis aus der Gesetzgebungskompetenz für den Zivilschutz hat der Bund durch den Erlass des Zivilschutzgesetzes (ZSKG) Gebrauch gemacht. Dabei wurde den Ländern bewusst keine Vorgabe zur Organisation gemacht und sich ausnahmslos auf die von den Ländern im Rahmen ihrer eigenen Zuständigkeiten geschaffenen Strukturen gestützt. Gem. § 11 ZSKG sind die nach Landesrecht am Katastrophenschutz mitwirkenden Einheiten und Einrichtungen auch verpflichtet, die besonderen Gefahren und Schäden, welche im Verteidigungsfall drohen, abzuwehren. Der Bund unterstützt die Länder hierbei u. a. durch die Bereitstellung von finanziellen Mitteln sowie durch die Zuweisung von Spezialfahrzeugen in den Einsatzorganisationen.

Die Katastrophenhilfe des Bundes gem. Art. 35 Abs. 2 S. 2 GG im „regionalen Katastrophennotstand" sowie die Intervention des Bundes im „überregionalen Katastrophennotstand" gem. Art. 35 Abs. 3 S. 1 GG sind differenziert zu betrachten. In beiden Fällen muss eine Naturkatastrophe oder ein besonders schwerer Unglücksfall vorliegen. Wie bereits dem Wortlaut zu entnehmen ist, beschränkt sich die Naturkatastrophe oder der besonders schwere Unglücksfall beim regionalen Katastrophennotstand auf das Gebiet eines Bundeslandes. Bei einem überregionalen Katastrophennotstand sind mehrere Bundesländer tangiert. Gem. Erlass des Bundesinnenministeriums (BMI) vom 08.11.1988[3] sind Naturkatastrophen Schädigungen oder unmittelbar drohende Gefahrenzustände von erheblichem Ausmaß, welche durch Naturereignisse ausgelöst werden (z. B. Hochwasser, Erdbeben, Schneekatastrophen). Besonders schwere Unglücksfälle sind als Schadensereignisse definiert, welche ein besonders großes Ausmaß und Bedeutung für die Öffentlichkeit aufweisen und durch Unfälle, technisches oder menschliches Versagen ausgelöst oder von Dritten absichtlich herbeigeführt wurden (hier insb. Terroranschläge, Sabotage von Kritischer Infrastruktur).

Im Falle eines den v. g. Definitionen unterfallenden regionalen Katastrophennotstands gem. Art. 35 Abs. 2 S. 2 GG kann ein einzelnes Bundesland neben der Unterstützung durch andere Länder auch die Kräfte und Einrichtungen des Bundes (z. B. Bundesanstalt Technisches Hilfswerk, Bundespolizei, Bundeswehr, Bundesamt für Bevölkerungsschutz und Katastrophenhilfe) anfordern.

Bei Vorliegen eines überregionalen Katastrophennotstands gem. Art. 35 Abs. 3 S. 1 GG tritt der Ausnahmefall einer begrenzten Weisungs- und Einsatzbefugnis des Bundes ein. Voraussetzung ist hier jedoch, dass keine andere Möglichkeit besteht, die vorliegenden Gefahren mit anderen Mitteln wirksam bekämpfen zu können. In diesem Ausnahmefall verfügt der Bund auch über eine Weisungskompetenz gegenüber den Ländern und kann seine eigenen Ein-

[3] *Erlass des Bundesministeriums der Verteidigung zu den Hilfsleistungen der Bundeswehr bei Naturkatastrophen oder besonders schweren Unglücksfällen und im Rahmen der dringenden Nothilfe, VMBl. 1988, 279 sub. 2. und 3.*

heiten und Einrichtungen unmittelbar zur Unterstützung der Länder entsenden.

Vor dem Hintergrund dieser weit ausdifferenzierten Zuständigkeiten sowie des hohen Koordinierungsbedarfs wurde das Bundesamt für Bevölkerungsschutz und Katastrophenhilfe (BBK) im Jahr 2002 gem. der Innenministerkonferenz unter Beteiligung aller Behörden und Organisationen mit Sicherheitsaufgaben (BOS) mit der Einrichtung eines Gemeinsamen Melde- und Lagezentrums des Bundes und der Länder (GMLZ), beim Bundesamt für Bevölkerungsschutz und Katastrophenhilfe (BBK) beauftragt. Auftrag des GMLZ ist insbesondere das zuständigkeitsübergreifende Informations- und Ressourcenmanagement bei großflächigen Schadensereignissen und Ereignissen von besonderer nationaler Tragweite.[4] Hier erfolgen die Erstellung eines zentralen Lagebilds der Zivilverteidigung sowie des Katastrophenschutzes für die Bundesrepublik Deutschland sowie der Austausch von Lageinformationen mit europäischen Nachbarstaaten. Bei länderübergreifenden Katastrophenfällen wird hier die Anforderung und Verteilung von Ressourcen unter den Bundesländern koordiniert und begleitet, ohne aber in die Zuständigkeiten der Länder einzugreifen. Vor diesem Hintergrund wurde u. a. im Nachgang der Hochwasserkatastrophe des Jahres 2021 die Forderung nach einer zentralen Zuständigkeit und Kompetenz des BBK bzw. seines GMLZ laut. Aktuell wird diesem Umstand jedoch lediglich durch die Entsendung von Verbindungsbeamten der bundesweit agierenden BOS in das BBK Rechnung getragen.

Mit dem Erlass des Zivilschutz- und Katastrophenhilfegesetzes (ZSKG) hat der Bund von seiner ausschließlichen Gesetzgebungskompetenz gem. Art. 73 Abs. 1 Nr. 1 GG Gebrauch gemacht. Dabei ist der Bund jedoch auf die Regelungen des Schutzes der Zivilbevölkerung vor den ausdrücklich kriegsbedingten Gefahren beschränkt. In § 1 Abs. 1 ZSKG ist die Aufgabe des Zivilschutzes als nichtmilitärische Maßnahmen definiert, um die Bevölkerung, ihre

[4] *https://www.bbk.bund.de/DE/Themen/GMLZ/gmlz_node.html#:~:text=Das%20Gemeinsame%20Melde%2D%20und%20Lagezentrum,Informationsaustausches%20zwischen%20Bund%20und%20L%C3%A4ndern. (aufgerufen am 29.03.2023).*

Wohnungen und Arbeitsstätten, lebens- oder verteidigungswichtige zivile Dienststellen, Betriebe, Einrichtungen und Anlagen sowie das Kulturgut vor Kriegseinwirkungen zu schützen und deren Folgen zu beseitigen oder zu mildern. Dabei sollen die behördlichen Maßnahmen den Selbstschutz der Bevölkerung ergänzen. Dabei erfolgen zwar im Rahmen des ergänzenden Katastrophenschutzes eine Bereitstellung von Ausrüstung und Material sowie die Ausbildung von Einsatzkräften, dies ist jedoch auch hier ausdrücklich auf das Erfordernis der Wahrnehmung von Aufgaben im Verteidigungsfall beschränkt.

Der Gemeindeebene als de facto ausführender Ebene des Zivilschutzes, in Zusammenarbeit mit den Einheiten und Einrichtungen des Bundes, kommt dabei eine besondere Bedeutung zu. Gem. § 2 Abs. 1 nehmen u. a. die Gemeinden und Gemeindeverbände die ihnen obliegenden Aufgaben des Zivilschutzes im Rahmen der Bundesauftragsverwaltung wahr. Dabei richten sich die Zuständigkeit und das Verwaltungsverfahren nach den für den Katastrophenschutz geltenden Vorschriften der Länder. In den Brandschutz-, Hilfeleistungs- und/oder Katastrophenschutzgesetzen der Länder ist die Aufgabenverteilung hier weiter ausdifferenziert. Damit sind die Gemeinden in der tatsächlichen Ausführung und Umsetzung des Zivilschutzes der Hauptakteur vor Ort, wenngleich dies in der öffentlichen Wahrnehmung erst langsam wieder in den Focus rückt.

Der Aufbau, die Förderung sowie die Leitung des Selbstschutzes der Bevölkerung, sowie die Förderung des Selbstschutzes der Behörden und Betriebe gegen die besonderen Gefahren, welche im Verteidigungsfall drohen, obliegen jedoch gem. § 5 Abs. 1 ZSKG ausdrücklich den Gemeinden. Dabei können sich die Gemeinden für die Unterrichtung und Ausbildung der Bevölkerung sowie in den sonstigen Angelegenheiten des Selbstschutzes gem. § 5 Abs. 2 ZSKG der gem. § 26 ZSKG mitwirkenden Organisationen bedienen.

Anders als im Katastrophenschutz haben hier gem. § 5 Abs. 3 ZSKG die Behörden der allgemeinen Verwaltung auf Kreisebene die kreisangehörigen Gemeinden zu unterstützen. Gem. § 5 Abs. 4 obliegt den Gemeinden auch die operative Zuständigkeit und Kompetenz zur Anordnung von Maßnahmen über das selbstschutzmäßige Verhalten der Bevölkerung im Verteidigungsfall. Gerade durch den Wortlaut der Abs. 3 und 4 des § 5 ZSKG wird die Zuständigkeit der Gemeinden nicht nur in der Planung und Vorbereitung, sondern auch bei Maßnahmen nach Eintritt des Verteidigungsfalls ausdrücklich festgelegt. Insbesondere diese Zuständigkeiten sind in den Jahren nach Ende des kalten Krieges sowie der Wiedervereinigung weit in den Hintergrund gerückt und müssen mit der geänderten Bedrohungslage nach Eintritt des Kriegs in der Ukraine in 2022 mit hoher Priorität wiederaufgenommen werden. Vielerorts wird hier seitens der politischen Entscheidungsträger darauf verwiesen, dass der Bund hier noch keine Initiation zur Wiederaufnahme der gemeindlichen Aufgaben im Zivilschutz gegeben habe, ohne dabei zu berücksichtigen, dass diese Pflichtaufgabe bereits und nach wie vor mittels eines Bundesgesetzes bereits zugewiesen wurde.

Auf Ebene der Bundesgesetzgebung sei an dieser Stelle auch auf die im Rahmen der Zusammenarbeit der Gemeinden im Zivilschutz mit den BOS einschlägigen Gesetze hingewiesen. Dies umfasst insbesondere das Gesetz über das Technische Hilfswerk (THWG), in dem neben der Zuständigkeit auch die Regelungen für die Amtshilfe für andere Behörden getroffen werden. Dabei ist das Technische Hilfswerk gem. § 1 Abs. 2 THWG für die technische Hilfe im Zivilschutz, Einsätze und Maßnahmen im Auftrag des Bundes, die Bekämpfung von Katastrophen, öffentlichen Notständen und Unglücksfällen sowie die Unterstützung anderer Behörden im Rahmen der Amtshilfe zuständig.

Ebenso relevant für die Arbeit der Gemeinde im Zivilschutz ist das außerhalb der Einsatzorganisationen noch weitgehend unbekannte Gesetz über das Deutsche Rote Kreuz (DRKG), welches erst 2008 eingeführt wurde. Dort ist insbesondere die Rechtsstellung des Deutschen Roten Kreuzes (DRK) als Nationale Hilfsgesellschaft auf dem Gebiet der Bundesrepublik Deutschland begründet. Gem. § 2 Abs. 1 DRKG obliegt dem DRK die Unterstützung des Sanitätsdiensts der Bundeswehr im Verteidigungsfall, einschließlich des Einsatzes für sanitätsdienstliche Aufgaben in der Marine. Ebenso ist das DRK u. a. für die Wahrnehmung der Aufgaben der Auskunftsbüros des Suchdiensts im Zivilschutz zuständig. In Abschnitt zwei des DRKG werden die Johanniter-Unfall-Hilfe e.V. und der Malteser Hilfsdienst e. V. dem DRK im Sinne dieses Gesetzes gleichgestellt.

1.1.2 Katastrophenschutz

Auf Ebene der Bundesländer wird die Funktion der obersten Katastrophenschutzbehörden wahrgenommen. Dabei handelt es sich nicht nur um die Wahrnehmung von Lenkungsaufgaben, sondern auch um die Unterstützung der nachgeordneten Stellen bei der Ausstattung mit Fahrzeugen und Gerät. Die Bundesländer beschaffen hierzu u. a. Fahrzeuge für den Sanitätsdienst oder den Betreuungsdienst, welche an die Hilfsorganisationen im Land zur Nutzung im Rahmen des Katastrophenschutzes weitergegeben werden. Den Bezirksregierungen oder auch Landesmittelbehörden obliegen die Tätigkeiten der oberen Katastrophenschutzbehörde. Hier werden Schadenslagen mit regionaler Ausdehnung koordiniert. Letztlich sind die Kreise und kreisfreien Städte als untere Katastrophenschutzbehörde die jeweils lokal agierenden Akteure des Katastrophenschutzes. Neben dem Betrieb der Leitstellen, als rückwärtige Führungseinrichtungen, werden auch auf dieser Ebene Fahrzeuge, Abrollbehälter mit Sonderbeladungen und spezifisches Material für den Katastrophenfall vorgehalten. Auf Ebene der Gemeinden werden nicht nur Aufgaben der Gefahrenabwehr wahrgenommen, sondern auch unterstützende Aufgaben bzw. eine Mitwirkung im Katastrophenschutz.

Die kreisangehörigen Städte und Gemeinden müssen ihrer Verantwortung als Gefahrenabwehrbehörde gerecht werden und dürfen nicht dem Trugschluss erliegen, jede Krisensituation bzw. Schadenslage an die übergeordnete Ebene abgeben zu können. Dabei handelt es sich um eine Pflichtaufgabe der Gesamtverwaltung und nicht nur einzelner Abteilungen. Der Schutz der eigenen Bevölkerung muss als Gesamtziel der Behörde von allen Mitarbeitern getragen und gelebt, sowie die zuständigen Organisationseinheiten unterstützt werden. Im Gemeindegebiet ist zuvorderst immer die jeweilige Gemeinde im Rahmen des Örtlichkeitsprinzips für die Gefahrenabwehr zuständig. Bei einer Erweiterung des Schadensgebiets bzw. einem Übergreifen der Lage über das Gemeindegebiet hinaus regelt das jeweilige Landesgesetz, ob und unter welchen Tatbestandsmerkmalen die Einsatzleitung an den Kreis übergeht. Dabei ist zu berücksichtigen, dass die kreisangehörigen Städte und Gemeinden nicht aus ihrer Verantwortung und Zuständigkeit entlassen werden, sondern sie eine Unterstützung in der Koordinierung der Maßnahmen erhalten. Sie bleiben, trotz allem, die zuständige Gefahrenabwehrbehörde und sind weiterhin für die Sicherheit ihrer Einwohner verantwortlich.

Hierbei handelt es sich um eine Tatsache, die oftmals zur vermeintlichen Entlastung bewusst oder unbewusst missverstanden wird. Auch bei Übernahme der Koordinierung eines Schadensereignisses durch die übergeordnete Verwaltungsebene wird die originär zuständige Gemeinde als örtliche Verwaltungsebene nicht aus ihrer Verantwortung entlassen. Dieses Prinzip endet jedoch nicht auf der Kreisebene, sondern vollzieht sich innerhalb der gesamten hierarchischen Struktur der Verwaltungsbehörden. So verliert der Kreis oder die kreisfreie Stadt ihre eigene Zuständigkeit und Verantwortlichkeit auch nicht dadurch, dass die Koordinierung einer kreisübergreifenden Lage durch die übergeordnete Ebene der Bezirksregierung als Landesmittelbehörde übernommen wird. Gleiches gilt für Lagen, welche ein gesamtes Bundesland umfassen und dann auf Ebene des Landesinnenministeriums in dessen Verwaltungsstab koordiniert werden. Es erfolgt also ausnahmslos ein Aufbau weiterer übergeordneter Strukturen und keinesfalls ein damit einhergehender Abbau der bereits vorhandenen Strukturen. Ohne den Unterbau und die örtliche Gefahrenabwehr durch die Gemeinden, welche insbesondere auch die Einsatzkräfte bereitstellen, ist jede übergeordnete Entscheidung wirkungslos.

Dabei gilt der Grundsatz, dass sich mit zunehmender Zuständigkeitsebene die Größenordnung der relevanten Schadensereignisse erhöht, dabei aber gleichzeitig die Eintrittswahrscheinlichkeit sinkt. Andererseits nimmt die Größenordnung der relevanten Schadensereignisse mit geringerer Zuständigkeitsebene ab, wobei gleichzeitig die Eintrittswahrscheinlichkeit eines Schadensereignisses steigt. In der Praxis wird also ein Verteidigungsfall, der die Zuständigkeit der Bundesebene im Zivilschutz betrifft, mit geringerer

Wahrscheinlichkeit eintreten als z. B. ein Großbrand mit den jeweiligen Gefahrenabwehrmaßnahmen auf der Gemeindeebene.

Alle Ebenen der nichtpolizeilichen Gefahrenabwehr in der Bundesrepublik Deutschland differenzieren sich in drei Führungskomponenten, welche in der folgenden Grafik dargestellt sind. Allerdings sollte beachtet werden, dass es in einigen Bundesländern historisch gewachsene Vermischungen zwischen den einzelnen Komponenten geben kann.

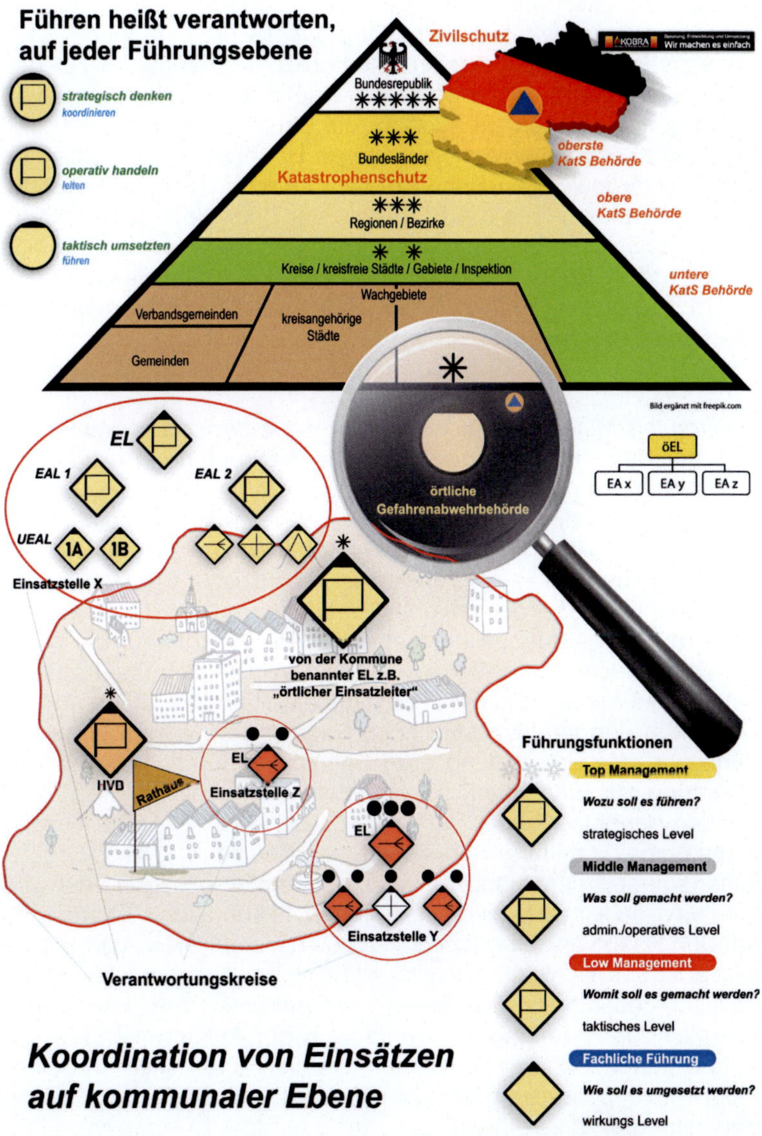

Bild 1: *Führungsstruktur Deutschland (Quelle: A. Rehbein)*

An oberster Stelle einer jeden Handlungsebene steht jeweils die *politisch-gesamtverantwortliche Komponente,* deren Aufgabe es ist, als letzte Entscheidungsinstanz die konkrete Strategie festzulegen und grundlegende Richtungsentscheidungen sowohl für die Verwaltungsmaßnahmen als auch für die Einsatzmaßnahmen zu treffen. Diese Aufgabe wird meist von den Hauptverwaltungsbeamten (HVB) einer jeweiligen Behörde wahrgenommen. Auf Ebene der Gemeinden kann dies der Bürgermeister oder einer seiner hauptamtlichen Stellvertreter im Amt sein. Die Stellvertretung bezieht sich hierbei auf die Behördenleitung an sich und nicht auf die Vertretung der repräsentativen Funktion des Hauptverwaltungsbeamten, welche je nach landesgesetzlicher Vorgabe abweichend geregelt sein kann.

Die *administrativ-organisatorische Komponente* ist die Verwaltung, also der Kern der Behörde selbst. Die Wahrnehmung dieser Aufgaben erfolgt in Form eines *Verwaltungsstabs* (VwS), welcher bis hin zur Ebene der Kreise und kreisfreien Städte als solcher bezeichnet wird und in Verwaltungsvorschriften sowie in bundeseinheitlichen Empfehlungen definiert ist. Auf Ebene der Gemeinden übernehmen *Stäbe der örtlichen Gefahrenabwehr*. Da es an einheitlichen Vorgaben sowie gesetzlichen Regelungen für die Stäbe auf Gemeindeebene weiterhin mangelt, befasst sich das Kapitel 3 mit der Einrichtung und dem Funktionserhalt solcher Stäbe. Aktuell besteht in den landesgesetzlichen Regelungen, wenn überhaupt, dann nur eine Empfehlung oder Soll-Vorgabe, jedoch keine Verpflichtung zur Einrichtung. Hier besteht aus fachlicher Sicht dringender Handlungsbedarf auf der politischen Ebene. Die Leitung eines Stabs für außergewöhnliche Ereignisse kann, je nach Organisationsmodell, dem Hauptverwaltungsbeamten obliegen oder wird idealerweise einer fachlich geeigneten Leitungskraft übertragen, um den Hauptverwaltungsbeamten zu entlasten. Diese Vorgehensweise ist aus fachlicher Sicht ausdrücklich zu empfehlen, um der politisch-gesamtverantwortlichen Komponente ihre Handlungsfähigkeit zur Vertretung der Behörde in der Außenwirkung, sowie in und gegenüber den politischen Gremien zu erhalten und diese nicht mit der Umsetzung der selbst gesetzten strategischen Ziele im Verwaltungsstab zu binden.

Das *operativ-taktische Handeln* in Form einer stabsmäßigen rückwärtigen Einsatzleitung (öEL), Führungsgruppe (FüGr) oder Führungsstab (FüSt), welche den Einsatzleitungen vor Ort (technisch-taktische Ebene) übergeordnet ist, ist als Koordinierung und Lenkung der nachgeordneten Ebene zum Ressourcenmanagement zu verstehen. Hier werden Entscheidungen zur Ordnung des Raumes, der Kräfte und der zeitlichen Planung getroffen. Eine übergeordnete Vorhaltung und Disponierung von Einsatzmitteln (z. B. Löschzüge der Feuerwehr, Einsatzeinheiten der Hilfsorganisationen) kann in Bereitstellungsräumen erfolgen. Dabei beschränkt sich die Arbeit der operativ-taktischen Ebene nicht auf unterstützende logistische Maßnahmen, sondern beinhaltet v. a. eine übergeordnete Koordinierung der operativen Maßnahmen und Festlegung der Einsatzschwerpunkte. Die Vertreter der örtlichen Einsatzorganisationen können in die Einsatzleitung berufen werden, sofern es sich um Mitglieder anerkannter Hilfsorganisationen handelt. In jedem Fall werden diese als Fachberater der jeweiligen Einsatzorganisation eingebunden. Die Bundes- und Landespolizei, sowie die Bundesanstalt Technisches Hilfswerk können als Verbindungsbeamte eingebunden werden.

Die Einsatzstelle stellt den Handlungsort der technisch-taktischen Ebene in Form einer *Einsatzleitung vor Ort* (EL) dar. Es erfolgt eine Führung der taktischen Kräfte, mit den technischen Mitteln, am tatsächlichen Ort, mit unmittelbarer zeitlicher Wirkung, um den Einsatzerfolg zu gewährleisten. Die technisch-taktische Führung ist auf einen bestimmten örtlichen Schadensraum begrenzt. Einsatzleitungen vor Ort, welche je nach Führungsstufe auch eine stabsmäßige Struktur aufweisen können, werden dieser Ebene zugeordnet, sofern sie nahe der Schadensstelle eingesetzt werden und in einem örtlichen Bezug zu dieser stehen. Bei einem Schadensereignis mit einer größeren Einsatzstelle, oder mehreren Einsatzstellen im Zuständigkeitsbereich, zu einem Zeitpunkt übernimmt i. d. R. die operativ-taktische Komponente die übergeordnete Leitung auf Gemeindeebene. Hier ist es wichtig, Übergabeprozesse und Schnittstellen bereits frühzeitig klar in Dienstanweisungen und Standardeinsatzregeln zu fassen.

1.1.3 Örtliche Gefahrenabwehr

Die Zuständigkeit der Gemeinden als örtliche Gefahrenabwehrbehörden ist in den Brandschutz- Hilfeleistungs- und/oder Katastrophenschutzgesetzen der jeweiligen Bundesländer geregelt. Dabei kommt der Gemeinde die Pflichtaufgabe zu, eine den örtlichen Gefahrenpotenzialen gegenüber suffizient ausgestattete Feuerwehr aufzustellen. Diese übernimmt die Aufgaben der Brandbekämpfung, der technischen Hilfeleistung sowie auch die Mitwirkung im Zivil- und Katastrophenschutz des Bundes und der Länder. Auf Ebene der kreisangehörigen Städte und Gemeinden bedeutet dies i. d. R. die Aufstellung einer freiwilligen Feuerwehr, mit oder ohne eine hauptamtlich besetzte Feuerwache. Berufsfeuerwehren finden sich i. d. R. in Großstädten und sollen bewusst nicht Betrachtungsebene dieses Fachbuchs sein.

Neben der Verpflichtung zur Aufstellung einer Feuerwehr kann der Gemeinde, je nach landesspezifischer Regelung (hier die Rettungsgesetze der jeweiligen Bundesländer), die Trägerschaft einer Rettungswache zur Sicherstellung der notfallmedizinischen Versorgung in ihrem Gemeindegebiet zukommen. Auch wenn die Trägerschaft teilweise an die Kreisebene delegiert wird, kommt den Gemeinden spätestens bei der Einrichtung von Erstversorgungssystemen (z. B. First Responder, Helfer vor Ort) eine besondere Bedeutung zu.

Abschließend ist auch auf die Aufgabe der Gemeinden als örtliche Gefahrenabwehrbehörden hinzuweisen. Die Gemeinden nehmen die Aufgaben der Behörden für die allgemeine Gefahrenabwehr in ihrem Hoheitsgebiet wahr. Diese Aufgabe erfolgt subsidiär, d. h., wann immer die Zuständigkeit in der Gefahrenabwehr nicht ausdrücklich gesetzlich einer bestimmten Behörde zugewiesen ist, greift die Zuständigkeit der Gemeinde als allgemeine örtliche Gefahrenabwehrbehörde. Nur so kann verhindert werden, dass es in der Einsatzpraxis der Gefahrenabwehr zu Situationen kommen kann, welche mangels gesetzlicher Regelung keiner Behörde zugewiesen sind und demzufolge keine Gefahrenabwehr erfolgen kann. Vor diesem Hintergrund sind die örtlichen Gefahrenabwehrbehörden (Ortspolizeibehörden/Ordnungsbehörden) in den meisten Bundesländern auch mit einer außerordentlichen Zuständigkeit ausgestattet, damit im Falle der Gefahr im Verzug auch Abwehrmaßnahmen in der Zuständigkeit anderer Behörden vor Ort getroffen werden können, falls durch ein Abwarten unvertretbare Nachteile entstehen können. Neben ihrer allgemeinen Zuständigkeit können die Länder den örtlichen Gefahrenabwehrbehörden jedoch auch spezialgesetzliche Zuständigkeit zukommen lassen. In einigen Bundesländern ist z. B. die Abwehr von Gefahren durch Kampfmittel, die Evakuierung bei Sonderlagen oder die Bewältigung von Unfällen mit radiologischen Strahlen diesen per Erlasslage zugewiesen.

Die örtlichen Gefahrenabwehrbehörden sollten daher in der Notfallplanung auf Gemeindeebene als eigene Einsatzorganisation betrachtet und genutzt werden, sofern diese über Ressourcen mit Außenwirkung verfügen.

Zur Wahrnehmung der örtlichen Gefahrenabwehr sowie der Aufgaben im Zivil- und Katastrophenschutz, als elementarer Pflichtaufgaben der Gemeinde muss der Hauptverwaltungsbeamte seine Verwaltung bzw. seinen Verwaltungsstab, sowie auch die Einsatzleitung so aufstellen, dass ein effektiver Schutz der Bevölkerung sichergestellt ist. Die Erfahrungen der letzten Jahre haben uns dabei deutlich vor Augen geführt, dass die Gemeindeebene hier keine Nebenrolle spielt, sondern der wichtigste Akteur vor Ort ist. Auch die notwendige enge Zusammenarbeit mit den Nachbargemeinden, sowie der übergeordneten Verwaltungsebene entlastet nicht von der Eigenverpflichtung für die Bevölkerung im Gemeindegebiet. Den Lesern soll mit diesem Fachbuch ein praxisnaher und verständlicher Leitfaden zur Vorplanung, sowie Einrichtung und Funktionserhalt der erforderlichen Strukturen an die Hand gegeben werden.

2 Allgemeine Notfallplanung

„Ein Ziel ohne Plan ist nur ein Wunsch.“ (Antoine de Saint-Exupéry)

Die Notfallplanung ist ein wichtiger Bestandteil der Vorbereitung auf solche Schadensereignisse, deren Auswirkungen über das tägliche Einsatzgeschehen der Rettungs- und Hilfsorganisationen hinausgehen. Um bestmöglich auf das jeweilige Szenario vorbereitet zu sein und schnellstmöglich effiziente Maßnahmen ergreifen zu können, wird im Prozess der Notfallplanung spezifisch geplant und beschrieben, wie eine größere Schadenslage oder eine Krisensituation konkret abgearbeitet werden soll. Als finaler Schritt erfolgt dann die konsequente Umsetzung der Planung für den Ernstfall.

Besteht keine gemeindespezifische Notfallplanung, gehen im Ernstfall kostbare Minuten verloren: Erst in der konkreten Krisensituation wird mit der Planung begonnen, Diskussionen entstehen, eigentlich umfassende und komplexe Entscheidungsprozesse werden unsachgemäß verkürzt und die Konsequenzen oftmals nicht ausreichend durchdacht. Gerade im Ernstfall müssen Entscheidungen jedoch wohl überlegt, richtig und äußerst zeitkritisch getroffen werden. Dabei ist es mehr als hilfreich, wenn Grundsatzentscheidungen (z. B. die Priorisierung von Rettungsmaßnahmen oder die Festlegung von Evakuierungsradien, sowie die Definition von Notunterkünften) bereits im Vorfeld diskutiert und festgelegt wurden und sofort mit der Umsetzung begonnen werden kann.

Bereits in der Vorausplanung müssen alle denkbaren Konsequenzen von Ereignissen bedacht, diskutiert und einbezogen werden. Naturgemäß werden in der Notfallplanung Szenarien berücksichtigt, die deutlich oberhalb des üblichen Einsatzspektrums der Gemeinde liegen und nicht oder nur selten eingetreten sind. In gewisser Weise muss eine Notfallplanung auch immer auch reaktiv in Bezug auf das jeweilige Schadensereignis angelegt sein, dabei aber dennoch Platz für dynamische und oft auch unvorhersehbare Entwicklungen bieten. Die bestmögliche Kontrolle des Quasi-Unvorhersehbaren sollten verknüpft werden mit einem Handlungsspielraum für spontane Entwicklungen und die notwendigen Reaktionen darauf. Dabei sollte jedoch auch innerhalb dieses Handlungsspielraums auf modulare Vorplanungen und Überlegungen zurückgegriffen werden können. Durch diese Planungen kann die Handlungsfähigkeit der Gemeinde auch bei Ereignissen, die außerhalb des zuvor denkbaren Bereiches liegen, bestmöglich gewährleistet werden. Grundsatz jeder Notfallplanung muss daher auch die systemische Vorbereitung auf noch unbekannte Ereignisse (sog. „unkown unknowns" in der engl. Fachliteratur) sein, deren Eintritt vorher nicht dankbar gewesen ist. Dies zeigt sich insbesondere in der Schaffung belastbarer Führungs- und Kommunikationsstrukturen, sowie der Bildung von Reserven auf allen Handlungsebenen – auch ohne dass ein akuter spezifischer Bedarf besteht.

In der Notfallplanung werden insgesamt sechs Hauptziele verfolgt: An erster Stelle steht der Schutz der Einwohner, die durch eine potenzielle Schadenslage in einem betroffenen Gebiet gefährdet werden könnten. Damit verbunden ist auch das zweite Ziel der ausreichenden Vorbereitung auf alle potenziellen Schadensszenarien im jeweiligen Gemeinde- bzw. Stadtgebiet. Denn nur so kann die Stadt bzw. Gemeinde dem ersten Schutzziel gerecht werden. Damit eng verknüpft sind das dritte und vierte Schutzziel: Die Abwehr von Schäden durch ein Schadensereignis und die Abmilderung der Folgen im betroffenen Gebiet. Neben den Schäden an Leib und Leben der Einwohner zählen hierzu auch beispielsweise Beschädigungen an der vorhandenen Infrastruktur, die das Zusammenleben nach dem Schadensereignis erheblich beeinflussen können. Ein weiteres Ziel ist der Erhalt der Geschäftsfähigkeit und der verwaltungstechnischen Strukturen. Außerdem sollen ungünstige Auswirkungen (wie ein negatives mediales Echo) durch sachgerechtes und transparentes Handeln weitgehend vermieden werden, da die Vertrauensbeziehung der Einwohner zu ihrer Gemeinde hierunter sonst erheblich leiden könnte. Um diese Hauptziele zu erreichen, bzw. ihnen näher zu kommen, kann die Notfallplanung in verschiedene Aufgabenbereiche unterteilt werden:

Praxistipp

- Informationsbeschaffung
- Durchführung einer Risikoanalyse
- Bewältigung des außergewöhnlichen Ereignisses
- Weiterführung der Aufgaben und Rückkehr zum Normalzustand
- Verbesserung oder Prävention

In Anlehnung an den Führungskreislauf der Dienstvorschrift 100 (z. B. FwDV 100 Führen und Leiten) (siehe Kapitel 3), kann die Durchführung des Prozesses der Notfallplanung in einem Kreislauf betrachtet werden.

***Bild 1:** Kreislauf der Notfallplanung (Quelle: Maria Reichenauer)*

Der Prozess der Notfallplanung kann dabei als Interaktion zwischen den beiden zentralen Komponenten allgemeine und szenarienorientierte Notfallplanung verstanden werden. Die ersten Schritte im Rahmen der Notfallplanung sollten innerhalb der allgemeinen Notfallplanung vorgenommen werden. Hier werden wichtige Grundlagen geschaffen, auf die im weiteren Verlauf der Notfallplanung zurückgegriffen werden kann. Neben der Sammlung von Basisinformationen über das Gemeindegebiet sowie der umfassenden Gefährdungs- und Risikoanalyse werden hier auch Querschnittsfähigkeiten geplant. Unter Querschnittsfähigkeiten können Bewältigungskapazitäten wie z. B. Einsatzkonzepte und Vorhaltungen von Einsatzmitteln verstanden werden, die bei verschiedenen Schadensereignissen weitgehend unabhängig vom konkreten Szenario vorhanden sein müssen. Solche Fähigkeiten können dementsprechend modular zum Einsatz kommen. Dabei besteht eine wichtige Schnittstelle zur im zweiten Schritt anstehenden szenarienorientierten Notfallplanung (siehe Kapitel 4). Bei der Planung konkreter Planungsszenarien werden maximale Fähigkeitsbedarfe vorgegeben, die dann bei der Planung der modularen Fähigkeiten umgesetzt werden müssen. So kann gewährleistet werden, dass eine ausreichend große Dimensionierung der Fähigkeiten vorgenommen wurde. Dabei gilt der Grundsatz, dass nach einer Planung großer Bedarfe eine Abwärtsskalierung bei kleineren Schadenslagen immer einfacher vorgenommen werden kann als eine Steigerung der Fähigkeiten in einer akuten Schadenslage mit einem höheren Schadensausmaß. So könnte z. B. im Bereich der Betreuung aus einem möglichen Ereignis der Bedarf zur Unterbringung von 200 Menschen über einen Zeitraum von 8 Stunden resultieren, während in einem anderen Szenario 400 Menschen für einen Zeitraum von 24 Stunden untergebracht werden müssen. In diesem Bespiel müssten die Planung für die Unterbringung von 400 Menschen über 24 Stunden als Bedarfsmaximum geplant werden. Im Rahmen der szenarienorientierten Notfallplanung sollten aber auch für Szenarien mit einem großen Risiko konkrete Einsatzpläne erarbeitet werden, um bestmöglich die notwendigen Entscheidungen in der akuten Gefahrenabwehr reduzieren zu können.

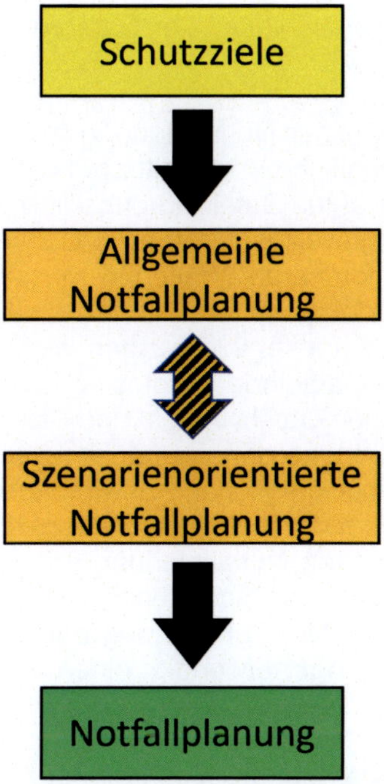

Bild 2: *Ablaufschema in der Notfallplanung (Quelle: T. Krenz)*

Eine wichtige Orientierung im Prozess der Notfallplanung kann der BBK-Leitfaden Risikoanalyse im Bevölkerungsschutz[1] bieten. Teile aus dem dort beschriebenen Instrumentarium können auch für die gemeindliche Notfallplanung adaptiert werden. Grundsätzlich ist während des gesamten Planungsprozesses eine enge Zusammenarbeit mit weiteren externen Akteuren unerlässlich. Auf Ebene der kreisangehörigen Gemeinden ist insbesondere die Kooperation mit der Gefahrenabwehrbehörde der übergeordneten Gebietskörper-

[1] https://www.google.com/url?sa=t&rct=j&q=&esrc=s&source=web&cd=&ved=2ahUKEwilu4Sk8Or-AhVWSvEDHZU5DKAQFnoECBAQAQ&url=https%3A%2F%2Fwww.bbk.bund.de%2FSharedDocs%2FDownloads%2FDE%2FMediathek%2FPublikationen%2FPiB%2FPiB-16-risikoanalyse-bevoelkerungsschutz.pdf%3F__blob%3DpublicationFile%26v%3D9&usg=AOvVaw3ZvJ4iFKL9b_CbQrbEW25Q (aufgerufen am 11.05.23)

schaft elementar, da nur aufeinander abgestimmte Notfallplanungen die volle Leistungsfähigkeit der Gefahrenabwehr nutzen können.

Zu Beginn der allgemeinen Notfallplanung steht die Informationsbeschaffung – die eigentliche Vorbereitung. Hier wird eine Bestandsaufnahme aller relevanten Daten durchgeführt. Dies bedeutet, sich zunächst über die jeweiligen Verantwortlichkeiten sowie Rechte und Pflichten zu informieren. Weiterhin müssen Ansprechpartner relevanter Akteure dokumentiert werden. Im Rahmen einer Ortsbeschreibung (siehe Kapitel 2.1) werden wichtige lokalspezifische Gegebenheiten des Gemeindegebietes eruiert. Im nächsten Schritt muss eine umfassende Gefährdungs- und Risikoanalyse (siehe Kapitel 2.2) durchgeführt werden, die einen Überblick über die drohenden Gefahren, ihre möglichen Auswirkungen und den tatsächlichen Handlungsbedarf im Ernstfall verschafft. In Interaktion mit der szenarienorientierten Notfallplanung können Maßnahmen zur konkreten Bewältigung des Schadensereignisses geplant werden (siehe Kapitel 2.3 bis 2.8). Zur Planung der Gefahrenabwehrmaßnahmen ist es unbedingt notwendig, einen Überblick über die zur Verfügung stehenden Ressourcen zu erstellen. Auf dieser Basis kann auch ein Abgleich der vorhandenen mit den benötigten Ressourcen vollzogen werden, um Maßnahmen zur Weiterentwicklung der gemeindlichen Gefahrenabwehr ableiten zu können.

Die geplanten Vorgehensweisen und getroffenen Entscheidungen, in Bezug auf die jeweils potenzielle Schadenslage, sind so zu dokumentieren, dass sie nicht nachträglich verändert werden können und notfalls zur gerichtlichen Verwertung verwendet werden können (siehe Einsatztagebuch in Kapitel 3). Aufgrund der Tatsache, dass die Notfallplanung ein kontinuierlicher und fortlaufend wiederkehrender Prozess ist, sollten auch bestehende Gefahrenabwehrkonzepte und Datensammlungen stets auf ihre Aktualität hin überprüft werden. So kann es zu Änderungen des Gefahrenpotenzials, ebenso aber auch zu Änderungen der zur Verfügung stehenden Bewältigungsressourcen kommen. Eine fehlende Aktualisierung kann im Ernstfall durch unerwartete Auswirkungen zu erheblichen Problemen führen. Die kontinuierliche Überprüfung kann auch durch den Einfluss von Erfahrungen aus Schadenslagen und Übungen zu einer Verbesserung der Notfallplanung führen. Der Verbesserungsprozess kann durch eine gut strukturierte Dokumentation erleichtert werden.

Im Zuge des kontinuierlichen Anpassungsprozesses sollten sich die Verantwortlichen immer wieder folgende Fragen stellen:

Praxistipp

- Welche Hilfsmittel, Konzepte und Pläne bestehen schon?
- Welche neuen Schritte sind notwendig?
- Wer konkret entscheidet in Bezug darauf was?
- Wer muss zusätzlich eingebunden werden?

Eine Notfallplanung, die praxisorientiert und tatsächlich umsetzbar ist, erfordert eine gute Abstimmung zwischen den verschiedenen Akteuren, geeignetes Personal und ausreichende Ressourcen. Einsatzkräfte, die an der Bewältigung des realen Notfallgeschehens beteiligt sind, sollten daher in die Planung miteinbezogen werden, da sie über praxisnahes Fachwissen verfügen. Bei der Abstimmung ist darauf zu achten, dass möglichst frühzeitig Vertreter aller beteiligten Organisationen eingebunden werden, denn durch diese kann bewertet werden, ob die angedachte Notfallplanung mit den jeweiligen Gefahrenabwehrkonzepten realisierbar ist. Häufig bestehen in den Einsatzorganisationen bereits Vorüberlegungen, Handlungsanweisungen, Erfahrungen oder ausgearbeitete Konzepte für bestimmte Schadenslagen (Alarmpläne, Beschaffungs- und Vorhaltelisten, Ablaufpläne etc.). Auf diese kann und sollte, nach einer kritischen Prüfung, durchaus aufgebaut werden. Dabei sollten die internen Planungen der verschiedenen Organisationen in das entstehende Gesamtkonzept passen. Bei der Einbeziehung der Einsatzorganisationen in die Vorplanung ist zu bedenken, dass nicht jede Ebene der einzelnen Organisationen vollständig bei der Erarbeitung des Notfallplanes direkt beteiligt werden kann. Es sollte eine möglichst repräsentative Vertretung der im Regelfall beteiligten örtlichen Einsatzorganisationen angestrebt werden.

Alle bei der Notfallplanung zur Gefahrenabwehr eingeplanten Akteure müssen die geplanten Maßnahmen kennen und auch in der Einsatzwirklichkeit umsetzen können. Um dieses Ziel zu erreichen, muss jede Organisationsebene nach der Erarbeitung entsprechend geschult und mit eventuellen Änderungen vertraut gemacht werden. Die Informationsweitergaben und Schulungen sollten dabei dokumentiert werden. Durch regelmäßige Übungen kann sichergestellt werden, dass das theoretisch erworbene Wissen in der Praxis vertieft und auf Suffizienz geprüft wird. Der früher oft angewandte Grundsatz, ein Konzept „in der Schublade" zu haben, für den Fall, dass man dieses einmal benötigt, geht hier eindeutig fehl, da die Konzepte der Notfallplanung zwingend vor dem Eintritt des Ereignisses beübt werden müssen. Auf diesem Weg ist es möglich, durch die entstehenden Übungssimulationen Schwachstellen in den Gefahrenabwehrkonzepten zu erkennen und diese in den Verbesserungsprozess einzubeziehen. Durch diese direkte Einbindung auf der Planungsebene können sich die beteiligten Einsatzkräfte und Mitarbeiter mit dem Notfallplan und den angestrebten Vorgehensweisen vertraut machen und identifizieren. Die Akzeptanz der Planung und der vordefinierten Maßnahmen kann durch diese Vorgehensweise erheblich gesteigert werden.

2.1 Erstellung einer Ortsbeschreibung

2.1.1 Ziele einer Ortsbeschreibung

In einer modernen Gemeindeverwaltung existieren unzählige verschiedene Informationsquellen und Datenbanken (Einwohnermelderegister, Geoinformationssystem, Gewerberegister, Bauaktenarchiv), aus denen umfangreiche Auswertungen erfolgen können. Darüber hinaus bestehen weitere externe Datenquellen, die einen Mehrwert für die Arbeit der Gefahrenabwehr bieten können. Kernziel der Ortsbeschreibung ist es, alle für die Gefahrenabwehr relevanten und verfügbaren Informationen unabhängig von ihrer Herkunft strukturiert und ausfallsicher zusammenzufassen. Damit wird die Ortsbeschreibung zur Planungs- und Handlungsgrundlage in einem Krisenfall oder einer konkreten Schadenslage.

2.1.2 Grundsätze der Ortsbeschreibung

Ein Großteil der in der Ortsbeschreibung enthaltenen Daten wäre auch ohne deren Erstellung innerhalb der Gemeindeverwaltung vorhanden. Zur Nutzung dieser Datenbestände in einem Krisenfall mangelt es aber sowohl an der gesicherten Verfügbarkeit als auch an der gezielten Zusammenfassung der einsatzrelevanten Daten. Zur Sicherstellung der dauerhaften Verfügbarkeit ist das Vorhandensein in analoger Form erforderlich, um in jeder Situation ohne weitere technische Hilfsmittel einsehbar und inhaltlich verwertbar zu sein. Die analoge Form der Ortsbeschreibung soll dabei jedoch nicht einer grundsätzlich anzustrebenden Verfügbarkeit der Daten in digitalen Systemen entgegenstehen. Vielmehr muss es das Ziel sein, umfangreiche Daten in einheitlichen digitalen Systemen zur Verfügung zu haben, um bspw. mit Geoinformationssystemen einsatzbezogene Analysen durchzuführen und parallel die analog darstellbaren Daten für einen unabhängigen Zugriff verfügbar zu machen.

Die mit der Planung beauftragten Mitarbeiter sollten für die Erstellung der Ortsbeschreibung zunächst eruieren, welche Datengrundlagen für die Gemeinde verfügbar sind. Mögliche Ansprechpartner hierfür sind andere kommunale Organisationseinheiten wie die IT-Abteilung, Sonderordnungsbehörden (Bauaufsicht, Umweltamt etc.), die für das Kataster zuständige Stelle sowie externe Akteure wie bspw. Energieversorgungsunternehmen. Aus der Übersicht der vorhandenen Daten müssen anschließend die Daten herausgefiltert werden, die eine Relevanz in der Abwehr von Gefahren für die Bevölkerung haben können und eine entsprechende Zuverlässigkeit aufweisen. Der Fokus sollte dabei auf Informationen gelegt werden, die zur Festlegung des Einsatzschwerpunkts sowie zur Abschätzung der Tragweite von Maßnahmen benötigt werden.

Neben den bei Behörden und Wirtschaftsakteuren vorhandenen Informationen können aber auch ortsspezifische Informationen aus der Bevölkerung einen großen einsatztaktischen Wert besitzen. Die Erfahrungen insbesondere älterer Einwohner, die z. B. eine Hochwasserlage bereits real erlebt haben, können neben den auf Berechnungen beruhenden Prognosen und Plänen oftmals eine wichtige Informationsquelle darstellen. Daher sollte immer die konkrete und individuelle Situation vor Ort erfasst werden und nicht der theoretische Ansatz.

Neben den allgemeinen Gefährdungspotenzialen, die mit einer abstrakten Planung des Gemeindegebiets abgedeckt werden können, müssen bspw. die von Störfallbetrieben ausgehenden Gefährdungspotenziale in einer gesonderten Betrachtungsweise berücksichtigt werden.

Die Ortsbeschreibung kann eine suffiziente und rechtssichere Arbeit in der Gefahrenabwehr nur ermöglichen, wenn die hinterlegten Daten auf einem aktuellen Stand gehalten werden. Es muss sofort ersichtlich sein, welchen Stand die eingepflegten Informationen haben. Angestrebt werden sollte eine fortlaufende Aktualisierung der Daten. Mindestens einmal jährlich sollte die Aktualität aller Daten grundlegend überprüft werden, da nicht sicher gewährleistet werden kann, alle Informationsänderungen fortlaufend erhalten und einpflegen zu können. Die Erstellung und v. a. regelmäßige Aktualisierung der Ortsbeschreibung sollte inhaltlich bei der für Sicherheit und Ordnung zuständigen Abteilung (Ordnungsbehörde) der Gemeinde oder – idealerweise – bei der geschäftsführenden Stelle des örtlichen Gefahrenabwehrstabs angesiedelt sein.

Aufgrund der Vielzahl der enthaltenen sensiblen Informationen sind die Aspekte des Geheim- und Datenschutzes grundlegend für den Umfang mit Ortsbeschreibungen. Die Ortsbeschreibung sollte mindestens als Verschlusssache der Klassifizierung *nur für den Dienstgebrauch* (VS – NfD –) erfolgen. Diese Klassifizierung muss neben der Erstellung auch bei der Lagerung beachtet und bei der Weitergabe und Verbreitung lückenlos dokumentiert werden. Es muss vorab geprüft werden, welche Mitarbeiter in welchem Umfang mit diesen besonders zu schützenden Informationen umgehen sollen und dürfen.

Praxistipp

Die Erarbeitung der Ortsbeschreibung sollte einen agilen Prozess darstellen. Nach der begonnenen Erstellung können Übungen und aktuelle Lagen dazu genutzt werden, weitere Informationen zu erfassen.

Grundsätzlich sollten alle relevanten, jedoch keinesfalls unnötige oder zu detaillierte Informationen aufgenommen werden, um eine Unübersichtlichkeit der Ortsbeschreibung und eine daraus resultierende Verzögerung bei späteren Entscheidungsfindungen zu verhindern.

2.1.3 Aufbau einer Ortsbeschreibung

Gliederung (Teil a)

Bereits auf dem Deckblatt sollte die Deklaration der dem Dokument zugeordneten Geheimhaltungsstufe erfolgen.

Weiterhin kann eine Ortsbeschreibung wie folgt aufgebaut sein:

a) Gliederung
b) Allgemeine Übersicht
c) Natürliche Gegebenheiten
d) Flächengliederung
e) Bevölkerung
f) Besonders gefährdete Objekte
g) Tiere
h) Versorgung und Logistik
i) Betreuung und Unterbringung
j) Information und Kommunikation
k) Verkehr
l) Warnung der Bevölkerung
m) Kulturgut
n) Karten und Pläne

Allgemeine Übersicht (Teil b)

Die allgemeine Übersicht sollte folgende Aspekte beinhalten:

- **Einwohnerzahl**
  Wie viele Einwohner hat die Gemeinde insgesamt?
  Wie viele Einwohner haben die jeweiligen Ortsteile?
  Wie viele Einwohner je Straße, Straßenabschnitt?
  Ggf. Einwohnerzahlen in kleinräumigen Rasterungen (bspw. 100 x 100 m)
- **Flächengröße**
  Welche Ausdehnung hat das Gemeindegebiet insgesamt (lt. Katasterauskunft)?
  Welche Ausdehnung haben die einzelnen Ortsteile?
- **Gliederung des Gemeindegebiets**
  In welche Ortsteile gliedert sich das Gemeindegebiet?

Wie ist die Struktur der Gemeindeverwaltung aufgebaut?
Wo befinden sich die Verwaltungsstellen im Gemeindegebiet bzw. in den Ortsteilen?

- **Entscheidungsträger**
  Welche Entscheidungsträger der politisch-gesamtverantwortlichen Ebene gibt es?
  Welche Entscheidungsträger der administrativ-organisatorischen Ebene gibt es?
  Welche Entscheidungsträger der operativ-taktischen Ebene gibt es?
  Welche Entscheidungsträger gibt es bei relevanten externen Akteuren (z. B. KRITIS)?
- **Sitz der zuständigen übergeordneten Stellen**
  Wo sitzt die Verwaltung des Landkreises bzw. wo ist der Sitz des HVB?
  Wo befindet sich die nächste zuständige Polizeidienststelle?
  Wo befindet sich die zuständige Verwaltungsgerichtsbarkeit (Verwaltungsgericht)?
  Wo befindet sich die zuständige ordentliche Gerichtsbarkeit (Amtsgericht)?
- **Öffentliche Einrichtungen** (sortiert nach Ortsteilen)
  Welche Krankenhäuser gibt es?
  Welche Pflegeeinrichtungen gibt es?
  Welche Schulen gibt es im Gemeindegebiet und wo ist deren Sitz?
  Welche Kindergärten gibt es?
  Wo sitzen die zuständigen Gemeindewerke bzw. Versorgungsbetriebe?
  Wo gibt es Schwimmbäder?
  Welche Sport- und Mehrzweckhallen gibt es?
- **Überörtliche Zusammenhänge**
  Gibt es wichtige Verkehrsverbindungen oder Schnittstellen mit einer überörtlichen Relevanz?
  Welche Bahnverbindungen gibt es?
  Welche Autobahnverbindungen gibt es?
  Gibt es Ferntrassen der Energieversorger im Gemeindegebiet?

Natürliche Gegebenheiten (Teil c)

Der Abschnitt zu den natürlichen Gegebenheiten sollte folgende Fragen beantworten können:

- **Beschaffenheit der Geländeoberfläche**
  Aus welchem Material besteht der überwiegende Teil der Geländeoberfläche?
  Wie schwer oder leicht ist der Boden und welche besonderen Eigenschaften hat dieser?
  Ergeben sich durch die Bodenbeschaffenheit Besonderheiten bei der Be- und Entwässerung?
  Gibt es Berg- bzw. Tagebau im Gemeindegebiet oder anderweitige Abgrabungen?
- **Vegetation**
  Welche Vegetationsarten sind in welchen Bereichen des Gemeindegebiets vorhanden?
  Welche Brandgefährdung besteht aufgrund der Vegetation?
  Wird die Versickerung von Niederschlägen durch die Vegetation begünstigt oder erschwert?
- **Grundwasser**
  Wie hoch ist der Grundwasserpegel des Gemeindegebiets im Durchschnitt?
  Wie hoch ist der Grundwasserpegel in den jeweiligen Ortsteilen?
  Wird der Grundwasserpegel durch Pumpmaßnahmen künstlich beeinflusst (Tagebau, Bergbau)?
- **Hochwasserschutzmaßnahmen**
  Sind relevante Hochwasserpegel für das Gemeindegebiet bekannt?
  Bestehen Hochwasserschutzkarten mit Pegeldarstellungen?
  Gibt es im Gemeindegebiet Deiche oder anderweitige Maßnahmen des Hochwasserschutzes?
  Auf welchem Wege werden Hochwasserwarnungen an die Gemeinde kommuniziert?
  Gibt es Einpolderungen?
  Gibt es auf oder an den Gewässern Stauanlagen bzw. Schleusen?
  Sind Pumpmaßnahmen zur Entwässerung von Gebieten in der Gemeinde erforderlich?

- **Klimatische Verhältnisse**
  Wodurch wird das lokale Wetter beeinflusst?
  Ist mit besonderen Wetterlagen zu rechnen?
  Welche Durchschnittstemperaturen bestehen?
  Welche durchschnittlichen Niederschlagswerte bestehen?
  Wie häufig sind Starkregen- und Unwetterereignisse?
  Welche Höchst- und Tiefsttemperaturen gibt es?
  Mit wie vielen Schneetagen bei welcher Schneehöhe ist zu rechnen?
  Wie hoch ist die Anzahl der Frosttage?
  Wie ist die vorherrschende Windrichtung?
- **Oberflächengewässer**
  Welche natürlichen stehenden Gewässer gibt es (Seen, Teiche)?
  Welche künstlich angelegten stehenden Gewässer gibt es (Kiesgruben, Baggerseen, Kanäle)?
  Welche fließenden Gewässer gibt es (Flüsse, Kanäle, Bäche)?
- **Topografische Gegebenheiten**
  Welche topografische Struktur hat das Gemeindegebiet (Flachland, Gebirge, Täler etc.)?
  Auf welcher Höhe (NormalNull) liegt die Gemeinde?
  Welche Höhenunterschiede ergeben sich (tiefster Punkt und höchste Erhebung)?

Flächengliederung (Teil d)

Der Abschnitt zur Flächengliederung sollte folgende Punkte beinhalten:

- **Bauweise**
  Wo besteht eine geschlossene oder offene Bauweise?
  In welchen Bereichen sind welche maximalen Geschossigkeiten zugelassen?
  Wo gibt es besonders hohe Gebäude?
  Wo gibt es unterirdische bauliche Anlagen?
  Wo befinden sich Neubaugebiete?
  Wo gibt es eine besonders alte oder sogar historische Bebauung?
  In welchen Gebieten ist grundsätzlich mit besonderen Brandgefahren zu rechnen?

- **Bebauungsdichte**
  Wo befinden sich Bereiche mit hoher Bebauungsdichte und wie weit reicht deren Ausdehnung?
  Ist das Gemeindegebiet durchgehend bebaut oder gibt es relevante Abstufungen?
- **Flächenfunktionen**
  Welche Flächennutzungen gibt es im Gemeindegebiet (Wohn-, Industrie-, Grund-, Verkehrsflächen usw.)?
  Welchen Anteil machen die jeweiligen Flächen im Gemeindegebiet aus?
  Gibt es besonders große Wasserflächen oder Waldgebiete (Hochwasser/Waldbrandgefahr)?
- **Besondere Gefährdungen**
  Sind kontaminierte Flächen vorhanden?
  Sind Flächen vorhanden, in denen Munitionsreste oder sonstige Kampfmittel vorhanden sind?

Bevölkerung (Teil e)

Folgende Fakten zur Bevölkerung sollten stets auf aktuellem Stand in der Ortsbeschreibung gehalten werden:

- **Bevölkerungsbewegungen**
  Wie viele Einwohner haben die jeweiligen Arbeitsstätten in der Gemeinde?
  Wie viele Pendler gibt es von und in das Stadtgebiet?
- **Bevölkerungsstruktur**
  Wie viele männliche oder weibliche Einwohner gibt es?
  Welche Altersstruktur hat die Bevölkerung der Gemeinde?
  Welche Staatsangehörigkeiten gibt es?
  Welche Sprachen werden gesprochen?
- **Einwohnerzahl**
  Wie viele Einwohner hat die Gemeinde insgesamt?
  Welche Ortsteile haben jeweils wie viele Einwohner?

Besonders gefährdete Objekte (Teil f)

Neben den bereits aufgeführten Inhalten sollten sich die zuständigen Mitarbeiter auch zwingend Gedanken machen über die sog. besonders gefährdeten Objekte. Diese sind als besonders schützenswert bzw. fragil im Krisenfall anzusehen. Daher sollten in einer Ortsbeschreibung hierzu folgende Angaben dringend erfasst werden:

- **Betreuungseinrichtungen**
  Gibt es Einrichtungen, in denen geistig und/oder körperbehinderte Menschen betreut werden?
  Wie viele Menschen werden in diesen Einrichtungen betreut (stationär/ambulant)?
  Welche Einrichtungen betreuen Menschen mit welchem Schweregrad der Behinderung?
  Wie viele Fachkräfte stehen zu welchen Uhrzeiten zur Verfügung?
- **Einrichtungen der Bundeswehr**
  Gibt es eine Kaserne oder sonstige Einrichtung der Bundeswehr im Gemeindegebiet?
  Gibt es eine Zusammenarbeit mit der zivilen Gefahrenabwehr?
- **Feuer- und Rettungswachen**
  Wo gibt es Feuer- und Rettungswachen im Gemeindegebiet?
  Welche An- und Abfahrtswege können genutzt werden?
  Bestehen Gefährdungen für diese Einrichtungen (bspw. durch die Lage in Überflutungsgebieten)?
  Verfügen die Einrichtungen über eine Ersatzstromversorgung?
- **Führungseinrichtungen**
  Welche behördlichen Führungseinrichtungen gibt es im Gemeindegebiet?
  Welche Gefahren bestehen für diese Einrichtungen?
  Auf welchen Wegen ist eine Anfahrt möglich?
  Wie sind diese Einrichtungen gesichert?
  Besteht eine Ersatzstromversorgung?
- **Industrie- und Gewerbebetriebe**
  Gibt es Störfallbetriebe in der Gemeinde (besondere Vorgaben nach BImSchG)?
  Gibt es Betriebe, die mit gefährlichen Stoffen und Gütern arbeiten?

Gibt es Einrichtungen, in denen mit ionisierender Strahlung gearbeitet wird?
Gibt es Biogasanlagen im Gemeindegebiet (Landwirtschaft)?
Gibt es Betriebe mit größeren Brandlasten (Holzverarbeitung, Baumärkte, Forstwirtschaft)?
Bei welchen Betrieben ist mit einer hohen Mitarbeiterzahl zu rechnen?

- **Beherbergungsbetriebe/Unterbringungseinrichtungen**
  Welche Beherbergungsbetriebe mit welcher Bettenanzahl liegen im Gemeindegebiet?
  Gibt es weitere Unterbringungseinrichtungen wie bspw. Flüchtlingsunterkünfte?
  Verfügen die Beherbergungsbetriebe und Unterbringungseinrichtungen über eine dauerhaft besetzte und erreichbare Stelle?
- **Krankenhäuser**
  Gibt es Krankenhäuser in der Gemeinde?
  Welche Versorgungskapazitäten haben die Krankenhäuser?
  Welche medizinischen Fachrichtungen werden abgedeckt?
  Wie viele Patienten können (im Maximalfall bzw. im Tagesgeschäft) versorgt werden?
  Wie viele Ärzte und wie viel Pflegedienstmitarbeiter sind dort tätig?
  Verfügen die Krankenhäuser über eine Ersatzstromversorgung?
- **Öffentliche Verwaltung**
  Wo befinden sich die Rathäuser und Verwaltungsstellen der Gemeinde?
  Für welches Einzugsgebiet ist welcher Standort zuständig?
  Wo werden welche Pflichtaufgaben wahrgenommen?
  Wie viele Mitarbeiter sind an welchem Standort tätig?
  Verfügen die Verwaltungsstellen über eine Ersatzstromversorgung?
- **Stationäre Pflegeeinrichtungen**
  Wo gibt es welche Pflegeeinrichtungen?
  Wie viele Bewohner gibt es in den Einrichtungen?
  Sind Bewohner mit besonderen Versorgungsbedarfen (bspw. Beatmung) untergebracht?
  Wie viele Bewohner bedürfen eines qualifizierten Krankentransports?

Wie viele Fachkräfte stehen zu welchen Uhrzeiten zur Verfügung?
Verfügen alle Einrichtungen über eine Ersatzstromversorgung?

- **Polizeidienststellen**
  Gibt es Polizeidienststellen in der Gemeinde?
  Für welchen Bereich sind diese zuständig?
- **Sonstige Objekte**
  Sind Objekte vorhanden, bei denen Gefährdungspotenziale aufgrund von politischen oder religiösen Gewalttaten bestehen (bspw. Synagogen, Flüchtlingsunterkünfte)?

Tiere (Teil g)

Als ein weiterer Planungsaspekt ist die gesicherte Versorgung von Nutztieren und Wildtieren bzw. deren Transport in die Ortsbeschreibung aufzunehmen:

- **Nutztierhaltung**
  Welche landwirtschaftlichen Betriebe mit Nutztierhaltung gibt es?
  Welche Mastbetriebe gibt es im Gemeindegebiet?
  Gibt es Betriebe zur Tierzucht bzw. Tierfarmen?
  Welchen Tierbestand haben diese Betriebe?
  Welche Transportkapazitäten hat der Betreiber?
  Wie lange können die Tiere autark versorgt werden?
  Welche Kapazitäten bestehen für Notschlachtungen?
- **Wildtiere**
  Ist im Gemeindegebiet ein Wildtierbestand vorhanden?
  Muss der Wildtierbestand künstlich beigefüttert werden?

Versorgung und Logistik (Teil h)

Eine vollständige Ortsbeschreibung umfasst eine umfangreiche Aufnahme der Versorgungssituation und der Versorgungskapazitäten der Stadt bzw. Gemeinde mit allen notwendigen Gütern. Daher stellen sich hier insbesondere folgende Fragen:

- **Abgrenzung der öffentlichen zur privaten Versorgung**
  In welchen Bereichen erfolgt eine öffentliche Versorgung der Bevölkerung (Nahrungs- und Trinkwasserversorgung)?

Gibt es Einwohner in nicht erschlossenen Bereichen der Gemeinde?

- **Abwasserbeseitigung**
  Wie ist das Kanalnetz der Gemeinde aufgebaut?
  Gibt es eine Trennung zwischen Regen- und Abwasserkanälen?
  Sind zum Abfluss des Abwassers Hebeanlagen notwendig?
  Wo befindet sich die zuständige Kläranlage?
  Welche Aufnahmekapazität hat das Kanalnetz bei Starkregenereignissen?
- **Energieversorgung**
  Welcher Energieversorger ist für die Spannungsversorgung der Gemeinde verantwortlich?
  Durch welche Hauptleitungen wird die Gemeinde versorgt?
  Erfolgt die Versorgung durch Erdkabel oder Freileitungen?
  Gibt es Windkraftanlagen, Stauwasserwerke oder Solarparks in der Gemeinde?
  Gibt es Biogasanlagen – falls ja – mit welcher Einspeisungskapazität?
  Gibt es in der Gemeinde Umspannwerke oder größere Verteilerstationen?
  Führt eine überregionale Stromtrasse durch das Gemeindegebiet?
  Welche Einrichtungen und Betriebe sind mit einer Ersatzstromversorgung ausgestattet?
  Welche Leistungsreserven stehen im Netz zur Verfügung?
  Können einzelne Bereiche vom Netz getrennt werden? Wenn ja, welche?
  Welche Vorplanungen des Energieversorgers gibt es für den Fall der Notwendigkeit von Lastabwürfen im Stromnetz?
- **Gasversorgung**
  Welcher Gasversorger ist für das Leitungsnetz in der Gemeinde verantwortlich?
  Durch welche Hauptleitungen erfolgt die Versorgung?
  Wo und wie können einzelne Versorgungskreise abgegrenzt werden?
  Gibt es im Gemeindegebiet Verteilstationen?
  Besteht in der Gemeinde ein Fernwärmenetz?
  Wie groß ist der vom Gasnetz abhängige Teil der Bevölkerung?
  Für wie lange kann eine Belieferung sichergestellt werden?

- **Lebensmittelversorgung**
  Wo gibt es Lebensmittelmärkte in der Gemeinde?
  Welche Lagervorhaltung haben diese Betriebe?
  Welche landwirtschaftlichen Betriebe erzeugen Nahrungsmittel?
  Gibt es Großhandelsbetriebe oder Lagerstätten für Lebensmittel im Gemeindegebiet?
  Welche lebensmittelverarbeitenden Gewerbe- und Industriebetriebe gibt es?
- **Logistik**
  Welche Transportkapazitäten haben die Einsatzorganisationen der Gemeinde?
  Welche Transportunternehmen und Speditionen gibt es im Gemeindegebiet?
  Wie viele Tonnen Güter können in einem definierten Zeitraum transportiert werden?
- **Löschwasserversorgung**
  Gibt es ein Hydrantenverzeichnis?
  Welche Nennförderleistungen sind in welchen Gebieten möglich?
  Wie hoch ist der max. mögliche Leitungsdruck?
  In welchen Bereichen besteht eine öffentliche Löschwasserversorgung?
  Wo befinden sich Feuerlöschbrunnen oder landwirtschaftliche Brunnen?
  Aus welchen Gewässern ist eine Löschwasserentnahme mit Fahrzeugen möglich?
  Aus welchen Gewässern ist eine Löschwasserentnahme mit Außenlastbehältern von Hubschraubern möglich?
- **Sonstige Versorgungsgüter**
  Welche sonstigen Betriebe erzeugen oder lagern relevante Versorgungsgüter (z. B. Hygieneartikel)?
- **Trinkwasserversorgung**
  Welcher Wasserversorger ist für die Gemeinde verantwortlich?
  Welche Bereiche des Gemeindegebiets werden abgedeckt?
  Sind zur Versorgung Druckerhöhungsanlagen notwendig?
  Wo befinden sich Hauptversorgungsleitungen und wie sind diese gesichert?
  Welche Pumpstationen und sonstige Einrichtungen gibt es?
  Sind die Pumpstationen gegen Ausfall oder Sabotage gesichert?

Besteht die Möglichkeit, Stoffe beizumischen (z. B. Chlor zur Desinfektion)?
Wo gibt es Trinkwasserbrunnen (v. a. Tiefbrunnen)?
Wie erfolgt die Gewinnung des Trinkwassers?
Welche Betriebe verfügen über eine eigene Betriebswasserversorgung?

Betreuung und Unterbringung (Teil i)

Ein weiterer Aspekt ist die Frage nach Betreuungs- und Unterbringungsmöglichkeiten, aber auch nach der medizinischen Versorgung, die im konkreten Schadensfall auch tatsächlich in Anspruch genommen werden kann. Die verantwortlichen Mitarbeiter sollten deshalb folgende Punkte in der Ortsbeschreibung niederlegen:

- **Apotheken**
  Wo gibt es Apotheken und wer ist Ansprechpartner?
  Welche Lagerkapazitäten haben die Apotheken?
  Werden Betäubungsmittel bevorratet?
  Werden Antidote bevorratet?
  Werden Verbandmaterialien vorgehalten?
  Besteht eine Ersatzstromversorgung?
- **Ärzte**
  Welche niedergelassenen Ärzte gibt es im Gemeindegebiet?
  Welche Fachrichtungen stehen dabei zur Verfügung?
  Wie viele Behandlungsräume haben die Ärzte?
  Welche Medikamente werden bevorratet?
- **Gemeinnützige Einrichtungen**
  Welche gemeinnützigen Einrichtungen stehen mit welchen nutzbaren Flächen zur Verfügung?
  Welche spezifischen Personengruppen können dort in welcher Anzahl untergebracht werden (Jugendheime, Begegnungszentren, Jugendherbergen, Kindergärten etc.)?
  Verfügen diese Einrichtungen über eine Ersatzstromversorgung?
  Verfügen diese Einrichtungen über eine vom Stromnetz unabhängige Wärmeversorgung?
- **Großküchen**
  Wo besteht die Möglichkeit, eine große Anzahl von Personen in kurzer Zeit warm zu verpflegen?

Welche Reserven gibt es in den Krankenhausküchen?
Welche Gaststätten sind für diese Aufgabe ausgelegt?
Gibt es Betriebskantinen, die genutzt werden können?
Wie viele Personen können mit welchem Vorlauf kurzfristig versorgt werden?

- **Krankenhäuser**
  Welche Krankenhäuser gibt es?
  Welche Versorgungen können diese Krankenhäuser erbringen?
  Wie viele Betten stehen zur Verfügung?
  Wie viele Operationsräume stehen zur Verfügung?
  Gibt es ein Traumazentrum?
  Welche Lagerhaltung hat die Krankenhausapotheke?
- **Schutzbauten**
  Gibt es im Gemeindegebiet noch öffentliche Schutzbauten für die Bevölkerung?
  Sind private oder betriebliche Bunkeranlagen bekannt?
  Gibt es im Gemeindegebiet ein Hilfskrankenhaus (unterflur)?
- **Versammlungsstätten**
  Welche Versammlungsstätten stehen mit welchen Kapazitäten zur Verfügung?
  Wie viele Personen können dort über welchen Zeitraum untergebracht werden?
  Ist diese Unterbringung bei jeder Witterung möglich (Mehrzweckhallen, Theater, Diskotheken, Sportstadien etc.)?

Information und Kommunikation (Teil j)

Unerlässlich ist auch die Dokumentation der möglichen Kommunikations- und Informationswege – sowohl innerhalb der Gemeinde als auch nach außen hin. Daher sollten folgende Fakten in der Ortsbeschreibung festgehalten werden:

- **Erreichbarkeit**
  Über welche Kommunikationswege ist die Gemeindeverwaltung für die Einwohner erreichbar?
  Ist eine Rufnummer für ein Bürgertelefon definiert?
  Ist eine E-Mail-Adresse für Bürgeranfragen definiert?
  Werden die Möglichkeiten der digitalen sozialen Medien genutzt?

- **Kommunikationsverbindungen**
  Besteht eine Planung zur Notfallkommunikation in der Gemeinde, sowie auf Kreisebene für den Ausfall der Spannungsversorgung?
  Wie erfolgt die Anbindung an das Internet und welche Bandbreiten stehen zur Verfügung?
  Wie erfolgt die Bereitstellung der Telefonverbindungen über das Internet (eigene Telefonanlage oder Dienstleister)?
  Über welche Fernmeldeverbindungen verfügt die Gemeindeverwaltung?
  Welche Fernmeldeverbindungen bestehen zur Verwaltung des Landkreises?
  Über wie viele Funkgeräte welcher Art verfügt die Gemeinde?
  Gibt es Fernmeldeeinheiten, die einen Feldkabelbau betreiben können?
  Über welchen Zeitraum sind die Fernmeldeverbindungen der Gemeinde gesichert?
  Stehen Satellitentelefone und entsprechende Rufnummernlisten zur Verfügung?
- **Medien**
  Welche Printmedien sind für das Gemeindegebiet relevant und welche Auflagen haben diese?
  Welche lokalen Radiosender gibt es und auf welchen Frequenzen sind diese aktiv?
  Verfügen die lokalen Radiosender über eine Sendemöglichkeit beim Stromausfall?
- **Nachrichtenmittel**
  Gibt es im Gemeindegebiet Druckereien?
  Gibt es Kopiergeschäfte zur Vervielfältigung von Dokumenten?
- **Notfunkbetrieb**
  Gibt es in der Gemeinde Einwohner, die einen Notfunkbetrieb sicherstellen können? (Anfrage beim DARC e. V.)
- **Betriebsfunk**
  Gibt es unabhängige Betriebsfunknetze im Gemeindegebiet?
- **Weitere IT-Infrastruktur**
  Über welche Redundanzen verfügt die IT-Infrastruktur der Gemeindeverwaltung?
  Können unabhängig von der Betriebsbereitschaft der gesamten IT-Infrastruktur Texte lesbar erstellt und vervielfältigt werden?

Verkehr (Teil k)

Neben den bereits genannten Punkten sollten dringend auch mögliche Verkehrswege erfasst werden. Dieses Wissen ist beispielsweise unerlässlich bei der Evakuierung von Einwohnern im Zuge einer drohenden Hochwasserlage oder dem Transport von (Hilfs-)Gütern in ein Krisengebiet.

- **Busverkehr**
  Welche Busunternehmen stellen den öffentlichen Personennahverkehr sicher?
  Wie viele Personen können diese Busunternehmen in welcher Zeit transportieren?
  Welche Linien wurden eingerichtet, gibt es einen Ersatzverkehrsplan?
- **Flugverkehr**
  Gibt es im Gebiet der Gemeinde einen Flughafen bzw. Flugplatz?
  Bestehen abgesehen davon sonstige Landemöglichkeiten für Luftfahrzeuge?
- **Gewässernetz**
  Führen schiffbare Flüsse oder Kanäle durch die Gemeinde?
  Werden diese Gewässer privat oder auch gewerblich befahren?
- **Schienenverkehr**
  Welche Bahnverbindungen führen durch das Gemeindegebiet?
  Sind neben der Deutschen Bahn auch Privatbahnen tätig?
  Welche Bahnhöfe bzw. Haltestellen gibt es?
  Welche Arten des Schienenverkehrs werden betrieben (Personenverkehr/Güterverkehr)?
  Werden Gefahrstoffe auf dem Schienenweg transportiert?
- **Straßenverkehr**
  Wie ist das Straßen- und Wegenetz der Gemeinde aufgebaut?
  In welchem Zustand befindet sich dieses Netz?
  Welcher Baulastträger ist für welche Straßen zuständig?
  Welche Straßen und Wege tragen die Hauptverkehrslast?
  Welche Verkehrsverbindungen werden für den Durchgangsverkehr genutzt?
  Für welche Straßen und Wege ist ein Winterdienst sichergestellt?
  Gibt es Bereiche, die ein bekanntes Überflutungsrisiko haben?

- **Taxiunternehmen**
  Welche Taxi- und Mietwagenunternehmen sind in der Gemeinde tätig?
  Welche Kapazitäten haben diese Unternehmen zu welchen Zeiten?

Warnung der Bevölkerung (Teil l)

Ein weiteres zentrales Element der Ortsbeschreibung ist die Dokumentation der Warnmöglichkeiten. Hierbei sollte festgehalten werden, mit welchen Mitteln welcher Stadt- bzw. Gemeindeteil wie gewarnt werden kann.

- **Lautsprecherfahrzeuge**
  Wie viele Fahrzeuge mit einer elektronischen Lautsprecheranlage (ELA) stehen zur Verfügung?
  Wo sind diese Fahrzeuge stationiert und wer kann diese Fahrzeuge bewegen?
  Gibt es die Möglichkeit, Tonbänder, Kassetten oder Audiodateien abzuspielen?
  Sind Durchsagetexte vorbereitet und eingesprochen worden?
- **Warnsirenen**
  Wo sind die Standorte der Warnsirenen im Gemeindegebiet?
  Welcher Sirenentyp (mit welchem Wirkradius) wurde installiert?
  Welche Warnfunktionen sind mit den Sirenen möglich?
  Können die Sirenen auch bei einem Energieausfall betrieben werden?

Kulturgut (Teil m)

Abgesehen von ihrem materiellen Wert sind Kulturgüter aufgrund ihrer Historie als einmalig und unwiederbringlich anzusehen und müssen daher besonders geschützt werden. Im Rahmen der Ortsbeschreibung sollten also folgende Fragen beantwortet werden:

- Bestehen im Gemeindegebiet besonders schutzwürdige Kulturgüter gem. der Haager Konvention?
- Gibt es schutzwürdige historische Gebäude oder Denkmäler, die eine örtliche Relevanz haben?
- Welche Dokumente und welche Archive der Gemeinde müssen gesichert werden?

- Wo gibt es gesicherte Aufbewahrungsmöglichkeiten für bewegliche Kulturgüter?

Karten und Pläne (Teil n)

Erfahrungsgemäß ist es sinnvoll, die Ortsbeschreibung auf textliche Erläuterungen sowie Zahlen und Daten zu komprimieren und umfangreiche Planunterlagen als Anlage beizufügen. Die Planunterlagen und Übersichten zu den jeweiligen Bereichen der Ortsbeschreibung sollten so groß formatiert sein, dass eine detaillierte Einsicht auch bei einem größeren Gemeindegebiet noch gegeben ist. Nach Möglichkeit sollte es sich um maßstäbliche und georeferenzierte Planunterlagen handeln, damit das Maßnehmen sowie eine Positionsbestimmung im UTM-Raster möglich sind.

Folgende Karten und Pläne könnten relevant sein:

- Übersichtsplan Stadtgebiet im Maßstab 1:25.000 (deutsche Grundkarte)
- Übersichtsplan Ortsteil im Maßstab 1:10.000 (deutsche Grundkarte)
- Detailpläne der Ortsteile, gerastert im Maßstab 1:5.000 (Katasterpläne)
- hochauflösende Luftbilder (georeferenziert)
- UTM-Karten des Stadtgebiets
- Evakuierungsplan mit Bevölkerungsdichte in kleinräumiger Rasterung (z. B. 100 x 100 m)
- Hydrantenverzeichnis mit Feuerlöschbrunnen
- Karte der besonders gefährdeten Objekte
- Pläne des öffentlichen Personennahverkehrs
- Übersichtskarte der Warnsirenen mit Wirkradien
- Verkehrswegenetz
- Leitungspläne zu Energie, Gas, Wasser und Abwasser
- Flächennutzungsplan
- Anfahrtswege der Einsatzfahrzeuge
- Karten der Forstflächen
- Übersicht der Bevölkerungsstruktur

2.2 Gefährdungsanalyse

Die gemeindliche Notfallplanung lässt sich als Kombination aus allgemeiner und szenarienorientierter Notfallplanung verstehen. Dabei sollen durch die allgemeine Notfallplanung Grundsätze geschaffen werden, auf die in der szenarienorientierten Notfallplanung (siehe Kapitel 4) zurückgegriffen werden kann. Zur ganzheitlichen Planung ist explizit die Berücksichtigung von Wechselwirkungen zwischen beiden Elementen und damit ein rekursives Vorgehen erforderlich.

Wichtige Orientierungspunkte im Prozess der allgemeinen und szenarienorientierten Notfallplanung kann der BBK-Leitfaden „Risikoanalyse im Bevölkerungsschutz" bieten. Teile aus dem dort beschriebenen Instrumentarium können für die gemeindliche Notfallplanung adaptiert werden. Während des gesamten Prozesses ist eine enge Zusammenarbeit mit weiteren Akteuren unerlässlich. Elementar ist hierbei die Kooperation mit der Gefahrenabwehrbehörde der übergeordneten Gebietskörperschaft, da insbesondere auf der Ebene kreisangehöriger Gemeinden nur bei aufeinander abgestimmten Notfallplanungen die volle Leistungsfähigkeit der Gefahrenabwehr genutzt werden kann.

Im ersten Schritt der allgemeinen Notfallplanung ist es erforderlich, alle denkbaren Gefährdungen im Gemeindegebiet herauszuarbeiten. Auch wenn in der allgemeinen Notfallplanung keine Szenarienorientierung im Vordergrund steht, so ist das Bewusstsein über bestehende Gefährdungen dennoch bereits an dieser Stelle der Planung eine wichtige Grundlage. Nachfolgend sollten grundlegend notwendige Fähigkeiten beplant werden. Elementare in diesem Bereich anzusetzende Planungen werden nachfolgend in Abschnitt 2.2 behandelt. Ziel dieser Planungen ist es, ein Instrumentarium von Querschnittsfähigkeiten zu schaffen, auf die in der szenarienorientierten Planung zurückgegriffen werden kann. Dabei sollte angestrebt werden, möglichst ein realistisches Bedarfsmaximum zu beplanen, da eine Abwärtsskalierung der Fähigkeiten i. d. R. einfach umzusetzen ist. Zur Festlegung der Bedarfsmaxima sind Rückgriffe auf die szenarienorientierte Planung notwendig. So könnte z. B. im

Bereich der Betreuung aus einem Szenario der Bedarf zur Unterbringung von 200 Menschen über einen Zeitraum von 8 Stunden resultieren, während in einem anderen Szenario 400 Menschen für einen Zeitraum von 24 Stunden untergebracht werden müssen. In diesem Beispiel müsste im Rahmen der allgemeinen Notfallplanung die Unterbringung von 400 Menschen über einen Zeitraum von 24 Stunden als Bedarfsmaximum geplant werden.

2.2.1 Welche Gefährdungen sind möglich?

Die Ermittlung von allgemeinen und besonderen Gefahrenpotenzialen im Gemeindegebiet ist die Grundlage zur Erstellung von Plänen der Gefahrenabwehr. Neben der Einbeziehung von Erfahrungswerten aus Schadenslagen in der Vergangenheit sowie den ortsspezifischen Gegebenheiten ist v. a. eine methodische Herangehensweise indiziert. Dieser Abschnitt soll eine Übersicht über die im Gemeindegebiet möglichen Gefahrenquellen bieten und eine Einführung in die methodische Bewertung darstellen. Die Erstellung von Gefahrenabwehrplänen sowie Bedarfsplänen muss dabei aber immer unter Einbeziehung aller Stellen der gemeindlichen Gefahrenabwehr, der Einsatzorganisationen und der übergeordneten Instanzen erfolgen. Im Gegensatz zu einer spezifischen Gefahrenanalyse, wie sie z. B. in Bezug auf bestimmte bauliche Anlagen, Industriebetriebe oder Großveranstaltungen üblich ist, kann bei der Analyse von Gefahrenquellen auf Gemeindeebene nur eine abstrakte Betrachtung erfolgen. Die bei der Erstellung der Ortsbeschreibung erfolgte umfangreiche Erfassung verschiedenster Daten zum Gefährdungspotenzial des Gemeindegebiets kann nun für die Gefährdungsanalyse herangezogen werden. Dabei gilt es, das sog. *Verletzlichkeitsparadoxon* nach Rosenthal aus dem Jahre 1992 mit in die Gedankengänge der Planung – insbesondere im Kontext der kritischen Infrastrukturen (= Organisationen und Einrichtungen mit wichtiger Bedeutung für das kommunale Gemeinwesen, deren Ausfall eine erhebliche Störung der öffentlichen Sicherheit oder andere schwerwiegende Folgen haben kann) – einfließen zu lassen:

„Je weniger störanfällig ein Land in seinen Versorgungsleistungen ist, desto stärker wirkt sich jede Störung aus." (Rosenthal)

Dies steht auch im Kontext zu der im Kapitel 4 beschriebenen *Resilienz* der Bevölkerung im Sinne des Selbstschutzes. Es ist vereinfacht betrachtet davon auszugehen, dass der häufige Ausfall gleichartiger Infrastruktur geringere Auswirkungen hat als der seltene Ausfall bestimmter Infrastrukturen, da die Kompensation dieses Ausfalls routinemäßig erfolgt. In Entwicklungsländern, bei denen es täglich zu Energieausfällen kommt, führt dieser Ausfall zu keiner Krisensituation. Sollte es jedoch in Mitteleuropa zu einem plötzlichen Energieausfall kommen, handelt es sich um ein seltenes Ereignis, auf das die Betroffenen i. d. R. nicht oder nur unzureichend vorbereitet sind. Die Auswirkung ist dementsprechend größer und kann sehr schnell zu einer Krisensituation führen.

Eine wichtige Grundlage jeglicher Notfallplanung muss die Definition der Schutzziele sein. Diese bestimmen, wer oder was in welchem Grad und mit welcher Priorität vor den möglichen Gefahren geschützt werden muss. Diese Definition richtet sich nicht nach einer persönlichen Wertung, sondern nach den geltenden rechtlichen Vorgaben und den bereits im Grundgesetz als besonders schutzwürdig bestimmten Rechtsgütern. Dem Schutz von Menschen und deren körperlicher Unversehrtheit kommt immer die höchste Bedeutung zu. Nachfolgend werden Tiere, die Umwelt selbst und Sachwerte geschützt. Der Schutz von Sachwerten bezieht sich dabei aber auf die bedeutenden Sachwerte. Unter diesen Begriff sind, neben den hohen materiellen Werten, auch schutzwürdige Kulturgüter mit historischem Wert zu fassen.

Grundsätzlich muss sich die Gefahrenabwehrplanung an folgenden Schutzzielen orientieren:

- Schutz von Menschenleben/der körperlichen Unversehrtheit
- Schutz von Tieren
- Schutz der Umwelt
- Schutz von Sachwerten

Praxistipp

Für diese Schutzziele können Gefahren bestehen, wobei der Begriff der *Gefahr* als ein Zustand, Umstand oder Vorgang definiert ist, bei dem ein Schadenseintritt möglich ist, dessen Auswirkungen einen negativen Einfluss auf die zu schützenden Güter haben. Diesem abstrakten Gefahrenbegriff folgt die *Gefährdung*, welche sich als Konkretisierung der Gefahr in einer direkten und kausalen Auswirkung auf die Schutzziele versteht. Dabei müssen die zu schützenden Güter im Bereich der Auswirkung einer Gefahr befindlich – und dieser somit unmittelbar ausgesetzt sein.

Zur Vorbereitung einer szenarienorientierten Notfallplanung der Gemeinde ist es natürlich erforderlich, sich auch in der Gefährdungsanalyse an den ortsspezifisch möglichen Schadensszenarien zu orientieren. Die nachfolgende Darstellung soll eine Übersicht bieten und muss in ihrer Anwendbarkeit und Sinnhaftigkeit immer den örtlichen Belangen angepasst werden. So erscheint ein Schadensereignis bedingt durch eine Sturmflut im Alpenvorland naturgemäß als vernachlässigbar. Allerdings bedeutet die Tatsache, dass ein bestimmtes Szenario im Gemeindegebiet noch nie eingetreten ist, nicht, dass dieses automatisch auszuschließen wäre. Es ist grundsätzlich zwischen naturbedingten, technikbedingten und gesellschaftsbedingten Gefährdungen zu unterscheiden.

Naturbedingte Gefährdungen

***Bild 1:** Hochwasserlage (Quelle: © Christian – stock.adobe)*

Naturbedingte Gefährdungen sind u. a.:

a) Erdbeben
b) Hochwasser
c) Starkregen
d) Schneefall (extrem)
e) Starkfrost
f) Bergbauschäden
g) Sturm, Orkan, Tornado
h) Unwetter
i) Sturmflut (Seewetter)
j) Waldbrand (natürliche Ursache)

Technikbedingte Gefährdungen

Bild 2: *Gefahrgutunfall (Quelle: © Bluelight, fotolia.com)*

Technikbedingte Gefährdungen sind u. a.:

a) Ausfall der Stromversorgung (Spannungsausfall)
b) Ausfall der Gasversorgung (Heizungssysteme)
c) Ausfall der Trinkwasserversorgung
d) Ausfall der Abwasserver- und -entsorgung
e) Ausfall der medizinischen Versorgung (Krankenhäuser)
f) Ausfall der Nahrungsmittelversorgung
g) Ausfall der Informations- und Kommunikationstechnik (IuK)
h) Brandereignis (technische Ursache)
i) Explosionen
j) Unfälle im Schienenverkehr
k) Unfälle im Straßenverkehr
l) Unfälle auf Wasserstraßen
m) Störfälle in Industriebetrieben

Gesellschaftsbedingte Gefährdungen

Bild 3: *Quarantänezelt (Quelle: ©Bastian Ott, fotolia.com)*

Gesellschaftsbedingte Gefährdungen sind u. a.:

a) atomarer Anschlag (ionisierende Strahlung)
b) biologischer Anschlag (Bakterien, Viren)
c) chemischer Anschlag (Atemgifte, Säuren, Laugen)
d) Amok-Lage (Schulen, öffentliche Einrichtungen)
e) Epidemien/Pandemien
f) Tierseuchen (Vogelgrippe, MUK-Seuche)
g) MANV-Lage durch sonstige Ursachen (Massenanfall von Verletzten)
h) Großveranstaltungen
i) Sabotage Kritischer Infrastruktur
j) Spannungs- und Verteidigungsfall (Kriegshandlungen)

2.2.2 Risikoanalyse

Nachdem nun festgestellt wurde, welche Gefährdungsszenarien im jeweiligen Gemeindegebiet in Erscheinung treten können, muss das Risiko eines solchen Ereignisses ermittelt und bewertet werden. Dieser Analyse sind zwei entscheidende Faktoren zugrunde zu legen: einerseits die Häufigkeit (Eintrittswahrscheinlichkeit), in der ein Gefährdungsszenario eintreten wird, und andererseits die Höhe eines möglichen Schadens (Schadensausmaß) auf die definierten Schutzziele. Aus der Multiplikation dieser beiden Bewertungsfaktoren ergibt sich das Gefährdungsrisiko, welches eine der entscheidenden Grundlagen zur gemeindlichen Notfallplanung darstellt. Aufgrund naturgemäßer Unschärfen bei der Beurteilung von Ereignissen abseits der alltäglichen Gefahrenabwehr kann keine genaue mathematische Bestimmung eines Risikos stattfinden, sondern es muss eine qualitative Abschätzung vorgenommen werden.

Eintrittswahrscheinlichkeit

Die in der gemeindlichen Notfallplanung berücksichtigten Gefährdungen und daraus resultierenden Szenarien sollten oberhalb der Schwelle alltäglicher Gefahrenabwehrmaßnahmen liegen. Häufig werden diese Ereignisse innerhalb der eigenen oder Nachbargemeinden noch nicht stattgefunden haben und es ist von einer sehr geringen Eintrittswahrscheinlichkeit auszugehen. Auch bei sehr geringen Eintrittswahrscheinlichkeiten kann die Einbeziehung von ähnlichen Ereignissen und den damit verbundenen Erfahrungen aus anderen Gemeinden wertvolle Erkenntnisse beitragen. Nur in wenigen Einzelfällen können bestimmte Szenarien aufgrund der tatsächlichen Unmöglichkeit unter Berücksichtigung aller denkbaren Faktoren aus der Risikobewertung ausgeschlossen werden. Im Zweifel ist immer von der Möglichkeit eines Schadenseintritts auszugehen.

Beispiel

Wenngleich die meisten Gemeinden Deutschlands keine AKW in ihrem näheren Umfeld zu verzeichnen haben, kann eine Gefährdung durch ionisierende Strahlung nicht ausgeschlossen werden, da auch bei größeren Entfernungen mit einer Gefährdung zu rechnen ist. Zusätzlich können Gefährdungen durch ionisierende Strahlung durch Transportunfälle entstehen.

Für die mit der Notfallplanung einer Gemeinde beauftragten Mitarbeiter ist es also sinnvoll, sich nicht nur die eigenen Einsatzstatistiken von Feuerwehr und Rettungsdienst sowie der Polizei anzusehen, sondern auch die statistischen Erhebungen der umliegenden Gemeinden mit einzubeziehen. Die singuläre Betrachtung von Zahlen ist jedoch unzureichend, da derartige Erhebungen nur eine begrenzte Aussagekraft besitzen. Daher wird dringend empfohlen, den Rat erfahrener Führungskräfte aus den Einsatzorganisationen einzuholen, um das Gesamtbild mit praktischen Erkenntnissen zu füllen.

Beispiel

In einer Region werden seit 20 Jahren Hochwasserkarten professionell erstellt und für die Gefahrenabwehr vorgehalten. Nach dem Kartenmaterial und den darauf basierenden Berechnungen ist die Gemeinde bei Pegelstand X nicht betroffen. Der ehemalige Wehrführer kann sich aber an das Hochwasser vor 30 Jahren erinnern, bei dem es bei Pegelstand X an einer bestimmten Stelle zu einer Überflutung gekommen ist. Ein Erfahrungswert, den das Planungsbüro anhand seiner computerbasierten Berechnungen nicht einbeziehen kann.

Bei der Bewertung von Eintrittswahrscheinlichkeiten der möglichen Gefährdungsszenarien ist v. a. ein Kernsatz der ständigen Rechtsprechung zu beachten:

„Es entspricht der Lebenserfahrung, dass mit der Entstehung eines Brandes jederzeit gerechnet werden muss. Der Umstand, dass in vielen Gebäuden jahrzehntelang kein Brand ausbricht, beweist nicht, dass keine Gefahr besteht, sondern stellt für die Betroffenen einen Glücksfall dar, mit dessen Ende jederzeit gerechnet werden muss." (Oberverwaltungsgericht Münster, 10 A 363/86 vom 11.12.1987)

Schadensausmaß

Im zweiten Schritt müssen sich die Planer damit auseinandersetzen, welches mögliche Ausmaß ein Gefährdungsszenario haben kann. Während das Schadensausmaß bei bereits im eigenen Zuständigkeitsbereich geschehenen Ereignissen relativ genau ermittelt werden kann, müssen bei anderen Gefährdungsszenarien Abschätzungen anhand ähnlicher Ereignisse oder erwarteter Ereignisabläufe erfolgen. Es muss geprüft werden, wie groß die spezifischen Auswirkungen auf die Einwohner an einem bestimmten Ort des Gemeindegebiets sein können.

Beispiel

Entsteht durch einen Großbrand eine Schadstoffwolke, die sich großflächig ausbreitet, besteht ein erheblicher Wirkungsunterschied in der Frage, ob dieses Ereignis im ruralen Außenbereich oder mitten in der Innenstadt vorliegt.

Schadensereignisse sind nicht nur singulär, sondern ganzheitlich unter Einbeziehung von kausalen Zusammenhängen zu betrachten. So können durch eine Kombination von Schadensereignissen (die sich durchaus gegenseitig bedingen können) Gefährdungen entstehen, die größer sind als die summierten Auswirkungen der einzelnen Ereignisse. Dabei können ortsspezifische Gegebenheiten einen nicht zu unterschätzenden Einfluss auf den Verlauf des Geschehens haben.

Beispiel

In einer Gemeinde, die in einem windstillen Talkessel der Voralpenregion liegt, kann die Schadstoffwolke nach einem Großbrand eine dramatischere Auswirkung haben als in der Tiefebene Norddeutschlands. Es muss also das Zusammenwirken von geografischer Lage, Witterungslage und Gefahrstoffwolke betrachtet werden, welche durch bestimmte Kombinationen gesteigerte Auswirkungen haben könnte.

Ereignisspezifisches Risiko

Nach der Ermittlung von Eintrittswahrscheinlichkeit und Schadensausmaß muss bewertet werden, welches ereignisspezifische Risiko einer Gefährdung sich daraus für das Gemeindegebiet ergibt. Dazu hat sich die Anwendung einer sog. *Bewertungsmatrix* als hilfreich erwiesen. Sowohl die Wahrscheinlichkeit als auch das Ausmaß eines Ereignisses werden dabei in Relation zueinander gestellt. Es wird zwischen den Abstufungen „gering", „mittel" und „hoch" differenziert. Eine allgemeine Definition, wie diese Abstufungen bei der spezifischen Bewertung des jeweiligen Gemeindegebiets zu treffen sind, kann es dabei nicht geben. Jeder Planer soll und muss den Ermessensspielraum erhalten, um die konkreten Gegebenheiten und v. a. Erfahrungswerte des Einzelfalls zugrunde zu legen. Um diesen theoretischen Ansatz für die praktische Anwendung verständlich zu machen, folgen nun einige Bewertungsbeispiele.

Beispiel

Beispiel 1: Nach derzeitiger Einschätzung kann die Eintrittswahrscheinlichkeit eines Vulkanausbruchs im Gebiet der Bundesrepublik Deutschland als gering eingeschätzt werden. Dafür ist insbesondere im näheren Umfeld des Ereignisses das Schadensausmaß als hoch einzustufen (s. Feld Nummer 7 der folgenden Abbildung „Risikomatrix").

Beispiel

Beispiel 2: In jeder Gemeinde gibt es Gebäude mit Brandlasten. Insofern ist die Wahrscheinlichkeit eines Wohnungsbrands allgemein als hoch zu bewerten. Das Schadensausmaß dagegen ist aber als gering zu bewerten, da die Auswirkung sich meist nur auf die Nutzer einer einzelnen baulichen Anlage beschränkt (s. Feld Nummer 3 der folgenden Abbildung „Risikomatrix“).

Beispiel

Beispiel 3: Durch das Gemeindegebiet führt über eine lange Strecke ein stark frequentierter Schienenweg, auf dem Transporte von Gefahrgütern abgewickelt werden. Da diese Transporte häufig und über eine längere Strecke erfolgen, kann davon ausgegangen werden, dass die Wahrscheinlichkeit eines Gefährdungsszenarios als hoch angesehen werden sollte. Bei einem Gefahrgutunfall auf dem Schienennetz ist mit wesentlich größeren Ladungsmengen zu rechnen, als es im Straßenverkehr der Fall wäre. Daher muss mit einem hohen Schadensausmaß durch Eintritt des Ereignisses gerechnet werden (s. Feld Nummer 9 der nachfolgenden Grafik „Risikomatrix“).

Beispiel

Beispiel 4: In einer mitteldeutschen Gemeinde, ohne besondere Erhebungen, kommt es im Winter gelegentlich zu Schneefall in einer Höhe von wenigen Zentimetern. Aufgrund der geografischen Lage der Gemeinde ist anzunehmen, dass die Eintrittswahrscheinlichkeit eines starken Schneefalls als gering zu betrachten ist. Aber gerade vor diesem Hintergrund sind die Einwohner nicht bzw. nur in einem geringen Umfang auf einen starken Schneefall eingerichtet. Die Auswirkungen auf die Gemeinde sind zweifelsfrei als mittel bis hoch anzusehen, je nachdem wie gut die betroffene Gemeinde seitens des Winterdiensts vorbereitet ist (s. Feld Nummer 4 der nachfolgenden Grafik „Risikomatrix“).

Bild 4: *Risikomatrix (Quelle: Maria Reichenauer)*

Anhand der Bestimmung des ereignisspezifischen Risikos kann eine Entscheidung erfolgen, welche Szenarien zur szenarienorientierten Notfallplanung herangezogen werden sollen. Da eine gleichzeitige Planung aller Szenarien nicht realisierbar ist, sollte beim Aufbau der szenarienorientierten Notfallplanung eine Priorisierung anhand des Risikos erfolgen. Neben dem Risiko kann bei der weiteren Auswahl auch die Berücksichtigung von ähnlichen Fähigkeitsbedarfen mehrerer Ereignisse eine Rolle spielen. So kann es nicht als effizient angesehen werden, zu Beginn der Notfallplanung zwei Ereignisse einer detaillierten Planung zu unterziehen, deren Auswirkungen und damit auch Fähigkeitsbedarfe an die Gefahrenabwehr sehr homogen sind. Abschließend ist zu empfehlen, die Ergebnisse der Risikoanalyse in tabellarischer Form den notwendigen Maßnahmen zur Reduzierung der Eintrittswahrscheinlichkeit und/oder des Schadensausmaßes durch technische, organisatorische, oder personelle Maßnahmen (TOP) gegenüber zu stellen.

2.3 Warnung der Bevölkerung

2.3.1 Warnung in der Gefahrenabwehr

Vor dem Hintergrund einer größeren Schadenslage oder eines Krisenfalls in der Gemeinde ist die Warnung der Bevölkerung ein wichtiges Kernelement der effektiven Gefahrenabwehr. Dabei sind vor dem Hintergrund der aktuellen geostrategischen Verteidigungslage in Europa auch Szenarien des Zivilschutzes nicht mehr auszuschließen, im Wesentlichen konzentriert sich das Warnbedürfnis der Bevölkerung jedoch auf örtliche Einsatzlagen mit exponierten Gefährdungen nach außen. So entstehen bei Großbränden in Industriebetrieben häufig Gefahrstoffwolken, welche die Einwohner gesamter Ortsteile gefährden können. Derartige Wolken aus Atemgiften können sich, je nach Witterungslage, schnell bewegen und ihre Richtung ändern. Zum Schutz der betroffenen Einwohner muss eine schnelle und sicherere Warnung erfolgen.

Warnungen bestehen aus zwei zentralen Elementen. Zunächst muss durch einen Warnruf ein Warn- und Weckeffekt erreicht werden, der dazu dient, die Aufmerksamkeit der Bevölkerung auf die Warnung zu richten. Im zweiten Element sind Informationen und Handlungsanweisungen an die Bevölkerung erforderlich. In verschiedenen Warnmitteln werden beide Elemente miteinander verbunden, sodass beim Eingang einer Warnung zunächst ein Warn- und Weckeffekt erzeugt wird und die weiteren Informationen oder Handlungsanweisungen im gleichen Medium einsehbar sind. Andere Warnmittel können nur den Warn- und Weckeffekt leisten, alle weiteren Informationen müssen durch andere Medien übermittelt werden. Bei der Nutzung solcher Warnmittel ist es unbedingt erforderlich, dass eine präventive Information der Bevölkerung über die Verhaltensweisen im Falle einer Warnung erfolgt. Eine solche Handlungsanweisung kann bspw. das Verbleiben in Innenräumen, Schließen von Türen und Fenstern und Einschalten eines definierten Radiosenders sein. Diesen allgemeinen Handlungsanweisungen kommt eine zentrale Bedeutung zu, um unerwünschte Reaktionen der Bevölkerung wie z. B. die Flucht von Personen aus den sicheren Wohnräumen im Falle einer Gefahrstoffwolke zu verhindern.

Das vorgenannte Beispiel zeigt auf, wie wichtig eine differenzierte Betrachtung zwischen dem Warnruf und der inhaltlichen Information der Bevölkerung ist. Die Warnung versteht sich als Weckruf, der dem betroffenen Teil der Einwohner dazu dienen soll, ihren Aufmerksamkeitsfokus vom Alltagsgeschehen auf eine Gefahrenlage zu konzentrieren. Der Informationsgehalt eines Warnrufs beschränkt sich dabei auf die binären Zustände *Warnung* oder *Entwarnung*. Das Signal des Warnrufs muss für alle Einwohner in allen Altersklassen eindeutig zuzuordnen sein und sich dabei von allen anderen Signalen abheben. In Zeiten internationaler Spannungslagen lag die Priorität der Bevölkerungswarnung alleine darauf, die Einwohner zum Aufsuchen von Schutzräumen bzw. zu dem luftschutzmäßigen Verhalten zu animieren. Mit der veränderten Sicherheitslage muss nun v. a. die Warnung vor konkreten Gefahren in Friedenszeiten im Vordergrund stehen. Diese Gefahren können jedoch sehr vielfältig sein und differente Verhaltensweisen bei der Bevölkerung bedingen. Für diese Konkretisierung reicht es dann allerdings nicht mehr aus nur zu warnen – aufbauend darauf muss die Aufmerksamkeit der Bevölkerung zur Vermittlung konkreter Informationen und Handlungsanweisungen genutzt werden.

Wie in Kapitel 5 ausführlich dargestellt, bedarf es einer kontinuierlichen Information der Einwohner im Bereich der Gefahrenabwehr. Es muss immer wieder informiert werden, welche Warnmittel mit welchen Warnsignalen genutzt werden. Ebenso müssen präventiv Handlungsanweisungen für den Fall einer erfolgten Warnung vermittelt werden. Je intensiver und ernsthafter dies umgesetzt wird, desto eher werden sich die betroffenen Einwohner im Ernstfall an diese wichtigen Informationen erinnern und durch richtiges Verhalten einen angemessenen Selbstschutz betreiben.

Praxistipp

Als örtliche Gefahrenabwehrbehörde obliegt es somit auch der Gemeinde, die Warnung und Information der Bevölkerung in einer Schadenslage bzw. in einem Krisenfall sicherzustellen. Dabei muss sich das System in die kreisweiten, regionalen und letztlich auch bundesweiten Strukturen einfügen und bestimmte Grundanforderungen erfüllen. In der Regel bestehen hier Strukturen auf Ebene der Landkreise in die durch die Gemeinde zu beschaffende Warnmittel (orts,feste und mobile Warnsirenen, Warnfahrzeuge etc.) eingebunden werden.

Hierbei sind folgende Grundsätze zu beachten:

Wahrnehmbarkeit

Das Signal des Warnrufs muss von den Einwohnern zu jeder Tages- und Nachtzeit und in jeder Alltagssituation als solches wahrnehmbar sein. Es muss also deutlich genug sein und die Einwohner in ihrem Wohnraum auch während des Schlafs erreichen können.

Eindeutigkeit

Der Warnruf muss als solcher eindeutig erkennbar sein und sich mit Alleinstellungsmerkmalen von allen anderen Signalen im Alltag abheben. Dabei dürfen die Signale nicht inflationär gebraucht werden, damit im Ernstfall keine Zweifel bestehen, ob es sich um ein scharfes Alarmsignal oder einen Probealarm handelt.

Ausfallsicherheit

Es ist mit erhöhter Wahrscheinlichkeit davon auszugehen, dass bei Ereignissen, welche eine spontane Warnung der Einwohner bedingen, kritische Infrastrukturen bereits ausgefallen sein können. Daher ist eine Warnung immer nur so gut wie ihre Ausfallsicherheit in einem Schadensfall bzw. einer Krisensituation. Die Warnmöglichkeit darf also nicht von den alltäglichen Kapazitäten der Infrastruktur abhängig sein.

Information

Die Information ist als elementarer Bestandteil der Warnung zu verstehen und ist mit dem Warnruf als Einheit zu verstehen. Beide Elemente bedingen sich gegenseitig in einem kausalen Zusammenhang. Allgemeine Handlungsanweisungen müssen der Bevölkerung regelmäßig vor Schadenseintritt vermittelt werden. Spezifische Handlungsanweisungen hingegen müssen bei einem Schadenseintritt in einem möglichst engen zeitlichen Zusammenhang mit dem Warnruf stehen.

2.3.2 Warnmittel

In Deutschland kommt ein Warnmittelmix aus vielen verschiedenen Warnmitteln zum Einsatz. Zentrales Bindeglied der Warnmittel ist das Modulare Warnsystem (MoWaS), welches vom Bund für Zivilschutzlagen entwickelt wurde und den Ländern zugleich zur Warnung vor Katastrophen zur Verfügung steht. Über dieses System können verschiedene Warnmittel zeitgleich angesteuert und zur Warnung der Bevölkerung genutzt werden. Der Einsatz verschiedener Warnmittel ist erforderlich, da keines der Warnmittel zuverlässig und wirtschaftlich alle vorgenannten Grundsätze erfüllen kann. Die Vielfalt technischer Möglichkeiten zur Informationsübertragung ist heutzutage nahezu unüberschaubar groß und auch zukünftig werden technische Möglichkeiten zur Warnung hinzukommen. Alle Möglichkeiten darzustellen, würde für die Anwender zu weit führen. Daher werden die auf Ebene der Gemeinden relevanten Warnmöglichkeiten dargestellt und miteinander verglichen. Letztlich entscheiden aber immer die örtlichen Gegebenheiten über den Bedarf allgemeiner und spezieller Warnmöglichkeiten.

Bevor mit der technischen Planung und Einrichtung eines Warnsystems begonnen wird, muss der angestrebte Grad der Zielerreichung definiert werden. Dabei sind zwei Kennzahlen planungsrelevant: zum einen der prozentuale Anteil der Gemeindefläche, welcher von einem Warnmittel erreicht werden kann, andererseits aber auch der Anteil der Bevölkerung, welcher mit dem Warnmittel erreicht werden kann. Insbesondere in Gemeinden im ruralen Raum, welche sich durch eine dünn besiedelte Gemeindefläche auszeichnen, ist es sinnvoll, sich am erreichbaren Anteil der Bevölkerung und weniger an der relativen Fläche zu orientieren. Eine vollständige Abdeckung des gesamten Gemeindegebiets ist aus wirtschaftlichen Gründen vielfach nicht umsetzbar. Die Pflichtaufgabe der Bevölkerungswarnung findet ihre tatsächlichen Grenzen bei Objekten im Außenbereich. Gerade bei großen Flächengemeinden kann nicht für jedes Objekt ein eigenes Warnmittel errichtet werden. Entscheidend ist die vollständige Abdeckung der Wohngebiete sowie der industriell genutzten Bereiche. Ein Abdeckungsgrad von 90 % der absoluten Einwohnerzahl sollte dabei maßgeblich sein. Für Gemeinden, in denen Störfallbetriebe bestehen, gibt es eine individuelle externe Gefahrenabwehrplanung, welche detailliert festlegt, wo welche Warnmittel im Kontext der betriebsspezifischen Gefahren vorzuhalten sind.

Fest installierte Warnsirenen

Bild 1: *Warnsirene auf Gebäudedach (Quelle: ©pholidito, fotolia.com)*

Die Nutzung von Sirenen als Warnmittel zum Bevölkerungsschutz hat sich über viele Jahrzehnte in Deutschland etabliert. In Zeiten des kalten Kriegs bestand ein flächendeckendes, ausfallsicheres Netz aus Warnsirenen im gesamten Bundesgebiet. Im Zuge der

Entspannungspolitik und der Wiedervereinigung wurde dieses Netz nicht mehr gewartet und ab Mitte der 1990er-Jahre sukzessive abgebaut. Es wurden jedoch gerade im rural geprägten Raum Warnsirenen zur Alarmierung der örtlichen Feuerwehr aufrechterhalten. Seit Anfang der 2000er-Jahre hat sich die Sicherheitslage durch den internationalen Terrorismus wieder verschärft und die Warnung der Bevölkerung mit Sirenen ist wieder in den Fokus gerückt. Das Szenario eines Spannungs- oder Verteidigungsfalls tritt bei der heutigen Planung von Warnsirenen in den Gemeinden vor den möglichen lokalen Schadenslagen bzw. Krisensituationen in den Hintergrund.

In Bayern wurde bereits kurz nach den Anschlägen auf das World Trade Center im Jahre 2001 wieder damit begonnen, die Errichtung von Warnsirenen durch die Gemeinden von der Landesebene aus zu fördern. Dies beschränkte sich zunächst jedoch auf das Umfeld von Störfallbetrieben. In den vergangenen Jahren wurden durch den Bund und verschiedene Bundesländer mehrere Förderprogramme für den Wiederaufbau bzw. die Instandsetzung von Warnsirenen für den Bevölkerungsschutz aufgelegt. Es wurde erkannt, dass Mittel zur Warnung der Bevölkerung auch in Friedenszeiten erforderlich sind, um möglichst schnell auf z. B. Umweltgefahren, Hochwasser oder Gefahrstoffe aufmerksam zu machen. Die tatsächliche Umsetzung obliegt dabei den Gemeinden als Gefahrenabwehrbehörde.

Vor der Aufstellung von Warnsirenen bedarf es eines Planungsverfahrens, bei dem unter Berücksichtigung der Reichweite der Schallwirkung sowie der zu erreichenden Einwohner ein geeigneter Standort ermittelt wird. Zielsetzung ist eine möglichst flächendeckende Warnwirkung, mindestens aber die Einhaltung des Abdeckungsgrades von 90 % der Einwohner.

Insbesondere in bestehenden Sirenennetzen ist häufig noch die *Einheitssirene Model 1957 (E 57)* verbreitet, welche mittels einer motorbetriebenen Drehbewegung von gegenläufigen Lamellen einen Warnton erzeugen kann. Die Reichweite ist dabei im Allgemeinen auf ca. 450 m begrenzt. Mit modernen elektronischen Sirenen können wesentlich größere Reichweiten erzielt werden. Die Herstellung der Ausfallsicherheit mittels einer Unterspannungsversorgung (USV) ist bei modernen elektronischen Sirenen wesentlich einfacher umzusetzen. Abseits der Energieinfrastruktur können solche Sirenen auch an Masten mit Solarpanelen betrieben werden, welche wiederum einen Akku als Puffer zur Unterspannungsversorgung aufladen. Durch den Einsatz moderner Hochleistungssirenen sind in ländlicher Bebauung Reichweiten bis zu 2.000 m zu erzielen. Zusätzlich besteht bei diesen Sirenen häufig die Möglichkeit zur Durchführung von Durchsagen, wobei die Reichweite jedoch erheblich unterhalb der Reichweite des Sirenensignals liegt. Bei der Planung muss bedacht werden, dass die Bebauungsstruktur einen wesentlichen Einfluss auf die tatsächliche Reichweite der Sirene hat. Ebenso muss mit zunehmendem Abstand eine Zunahme des Witterungseinflusses bedacht werden. Bei der Neuplanung von Sirenenstandorten im Gemeindegebiet ist es ratsam, einen Gutachter zur Bewertung der Beschallungsradien heranzuziehen.

Praxistipp

Bestehende funktionstüchtige Motorsirenen müssen nicht unbedingt ersetzt werden. Bei der Neuplanung von Sirenen sollten jedoch nur noch moderne elektronische Sirenen eingeplant werden.

Bei der Subsumption der Vor- und Nachteile von Warnsirenen, unter den in Abschnitt 1 beschriebenen Maximen, ist festzustellen, dass Sirenen außerhalb der Gebäude eine hohe Wahrnehmbarkeit besitzen. Innerhalb von baulichen Anlagen, besonders in solchen, die mit einem modernen Wärme- und Schallschutz versehen sind, kann die Wahrnehmbarkeit des Signals erheblich sinken. Eine flächendeckende Abdeckung mit einer ausreichenden Beschallungslautstärke zur Realisierung eines Weckeffekts durch Sirenen innerhalb von modernen Gebäuden kann kaum gewährleistet werden.

Die Eindeutigkeit eines Warnrufs mittels Sirenen sollte von keinem anderen Warnmittel übertroffen werden. Einwohner jeglicher Altersklassen sollten das Sirenensignal bereits seit ihrer Kindheit, entweder durch die Verwendung zur Alarmierung der Feuerwehr bei größeren Einsätzen oder aber auch noch in ihrer Funktion zur Warnung vor Luftangriffen im Verteidigungsfall, kennen.

Im Falle eines Ausfalls der Kritischen-Infrastruktur-Energie muss die Funktionsfähigkeit der Sirenen als Warnmittel sichergestellt sein. Dazu kann die Informationsübertragung von der auslösenden Stelle hin zu den Sirenen entweder über ein unabhängiges Erdkabel oder aber v. a. über den gesicherten Funkweg erfolgen. In den meisten Landkreisen ist es üblich, die Sirenen mit dem gleichen System anzusteuern, wie es auch zur Auslösung der digitalen Funkmeldeempfänger der Einsatzorganisationen verwendet wird. Werden elektronische Sirenen verwendet, können diese über einen Akkupuffer i. d. R. noch zwei bis drei Tage nach dem Spannungsausfall betrieben werden.

Hinweis

Abschließend muss darauf hingewiesen werden, dass die Informationswirkung von Warnsirenen äußerst gering ist. Üblicherweise können von der Bevölkerung – wenn bekannt – drei verschiedene Signale verstanden und differenziert werden. Auch wenn moderne elektronische Sirenen häufig über eine Möglichkeit zur Durchführung von Durchsagen verfügen, sollten Sirenen planerisch lediglich als primäres Warnmittel, also als Weckruf ohne die Möglichkeit zur lagespezifischen Information, angesehen werden.

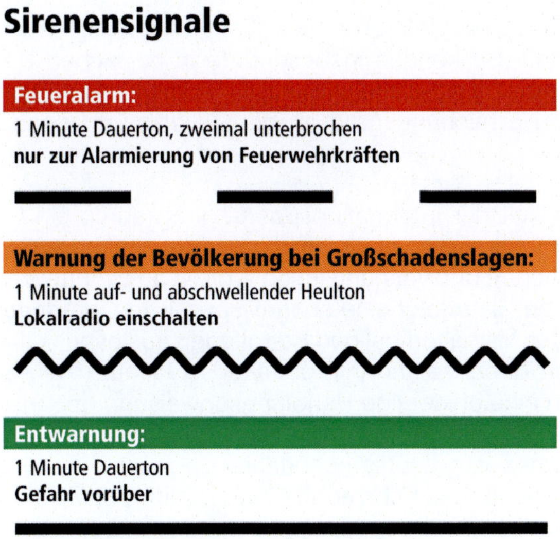

***Bild 2:** Sirenensignale zur Warnung/Entwarnung (Quelle: Maria Reichenauer)*

Warnfahrzeuge

Unter einem Lautsprecherfahrzeug (Warnfahrzeug) ist ein Personenkraftwagen oder Mannschaftstransportfahrzeug zu verstehen, welches mit einer elektronischen Lautsprecheranlage ausgerüstet wurde. Im Idealfall besteht nicht nur die direkte Möglichkeit der Spracheingabe mittels eines Handmikrofons, sondern auch die Option, vorgefertigte Warndurchsagen mittels eines Abspielgeräts einzubringen. Dabei sollten die Fahrzeuge mit zwei Einsatzkräften besetzt sein: dem Fahrer und einem Sprechfunker bzw. einer Person, die Durchsagen an die Bevölkerung nach entsprechender Anweisung herausgibt. Die Wahrnehmbarkeit einer Lautsprecherdurchsage von Fahrzeugen ist insbesondere bei einer dichten Bebauung in ihrer Reichweite eingeschränkt. Neben der bloßen Wahrnehmung des Schalls im jeweiligen Straßenzug bedarf es meist auch einer Öffnung der Fenster, um eine Durchsage in Gänze verstehen zu können. Dabei kann die Wahrnehmung durch die Kombination mit einem vorherigen Warnruf mittels einer Sirene erheblich gesteigert werden. Neben reinen Lautsprecherdurchsagen kann diese durch den Einsatz von mobilen elektronischen Sirenen mit einem Warnruf kombiniert werden. So können insbesondere in ländlichen Bereichen ohne ausreichende Beschallung durch Sirenen Informationen mit einem hohen Erreichungsgrad an die Bevölkerung gegeben werden.

An der Eindeutigkeit der Informationsübertragung durch ein Lautsprecherfahrzeug mangelt es nicht. Es können alle denkbaren Informationen in einfachen und verständlichen Worten an die Einwohner übermittelt werden. Es erfolgt eine ereignisspezifische Information, die ein bestimmtes Verhalten bei den Betroffenen auslösen soll. Die Aussagen dürfen dabei keinen Interpretationsspielraum zulassen, sondern müssen eine eindeutige Handlungsanweisung geben.

Die Ausfallsicherheit von Lautsprecherfahrzeugen ist i. A. zu vernachlässigen. Zwar können Fahrzeuge grundsätzlich ausfallen oder auch Fehler in der Funktion der Lautsprecheranlagen bestehen, jedoch kann dies auch schnell kompensiert werden. In einer Gemeinde stehen meist mehrere geeignete Fahrzeuge zur Verfügung. Es kann ebenso auf die Vollzugshilfe der Polizei zurückgegriffen werden, um Durchsagen zu tätigen. Zusätzlich kann es sinnvoll sein, die Lautsprecheranlagen nicht fest zu installieren, sondern als mobile Lösung auf verschiedenen Fahrzeugen einsetzbar zu machen.

***Bild 3:** Einsatzfahrzeug(Quelle: BARON Industries)*

Der Informationsgehalt einer solchen Lautsprecherdurchsage ist als hoch zu klassifizieren, die Informationsdichte ist dabei jedoch durchaus begrenzt. Die Frage, wie viele Informationen an die Einwohner vermittelt werden können, steht immer in Relation zur Geschwindigkeit, mit der ein Lautsprecherfahrzeug agiert. Es muss unbedingt vermieden werden, dass bei der Durchfahrung eines Straßenzugs die Bewohner der Häuser am oberen Ende der Straße nur den ersten Teil der Durchsage aufnehmen können und umgekehrt, die am unteren Straßenende nur den letzten Teil der Information. Es ist zu empfehlen, mindestens folgende Durchsagetexte zur Vorbereitung auf ein Abspielgerät zu sprechen:

Einleitungssatz

Es folgt eine wichtige Information der [Gemeinde]:

Track 1 – Geruchsbelästigung

Durch ein Schadensereignis kommt es zu einer Geruchsbelästigung. Es besteht keine akute Gesundheitsgefahr.

Track 2 – Schadstofffreisetzung

Im Bereich [Ortsangabe] ist es zu einem Schadensereignis gekommen. Dabei werden Schadstoffe freigesetzt, die zu gesundheitlichen Beeinträchtigungen führen können.

Begeben Sie sich sofort in geschlossene Räume.

Schließen Sie Fenster und Türen.

Schalten Sie die Lüftungs- und Klimaanlagen ab.

Lassen Sie das Radio eingeschaltet und achten Sie auf Durchsagen.

Informieren Sie Ihre direkten Nachbarn.

Track 3 – Rauchgase

Es kommt durch einen Brand zu Geruchsbelästigung und Rauchniederschlag. Gesundheitliche Beeinträchtigungen können nicht ausgeschlossen werden.

Begeben Sie sich sofort in geschlossene Räume.

Schließen Sie vorsorglich Fenster und Türen und schalten Sie Klima- und Lüftungsanlagen ab.

Lassen Sie das Radio eingeschaltet und achten Sie auf Durchsagen.

Informieren Sie bei Bedarf Ihre Nachbarn.

Track 4 – Kampfmittelfund

Im Bereich [Ortsteil/Straße] wurde ein Blindgänger gefunden.

Es sind Evakuierungsmaßnahmen erforderlich.

Folgen Sie den Anweisungen der Einsatzkräfte.

Track 5 – Ausfall Stromversorgung

Im/In [Kreis/Stadt/Stadtteil] ist der Strom ausgefallen. Die zuständigen Behörden sind informiert.

Im Notfall erreichen Sie Feuerwehr und Polizei an ihren Standorten.

Lassen Sie Ihr (Auto-)Radio eingeschaltet.

Informieren Sie Ihre Nachbarn und leisten Sie bei Bedarf Hilfe.

Track 6 – Hochwasser/Überflutung

Es besteht die Gefahr der Überflutung.

Schalten Sie so weit möglich Ihre elektrischen Geräte (z. B. Kochgeräte) ab.

Verlassen Sie anschließend sofort das Gebäude und begeben Sie sich an einen sicheren Ort.

Folgen Sie den Anweisungen der Einsatzkräfte.

Denken Sie auch an Ihre direkten Nachbarn.

Helfen Sie Kindern, Älteren und mobilitätseingeschränkten Personen.

Es handelt sich dabei um Vorlagen, die sich in der Praxis bewährt haben. In jedem Fall muss aber geprüft werden, ob diese Durchsagen in die örtlichen Strukturen passen. Insbesondere bei Vorhandensein von Störfallbetrieben können gefahrenspezifische Durchsagen erforderlich sein. In einigen Bundesländern, so z. B. in Nordrhein-Westfahlen wurden bereits landesweite Vorgaben für Warndurchsagen mittels Erlass geregelt. Diese können dann ggf. durch ortsspezifische Durchsagen ergänzt werden.

Rundfunk

Neben den Lautsprecherdurchsagen können auch Durchsagen im Radio (Rundfunk) als sekundäres Warnmittel genutzt werden. Es wird davon ausgegangen, dass die meisten Haushalte noch über analoge Rundfunkgeräte verfügen und damit Sendungen des Lokalradios empfangen können. In den Empfehlungen des Bundesamts für Bevölkerungsschutz und Katastrophenhilfe (BBK) zur Eigenvorsorge im Krisenfall wird ein batteriebetriebenes Radio als wichtiges Element aufgeführt. Im Falle einer unerwarteten Gefahrenlage *(ad hoc)* ist davon auszugehen, dass die Abstimmung mit den jeweiligen Lokalradiosendern, welche auch nicht alle selbst über Studios verfügen, zu viel Zeit in Anspruch nehmen würde. Daher verfügen die Leitstellen der Landkreise meist über eine Möglichkeit, sich direkt in das Programm der lokalen Radiosender einzuschalten und wichtige Durchsagen zu tätigen.

Die Wahrnehmbarkeit von Rundfunkdurchsagen ist dabei abhängig von der Anzahl der Einwohner, die über ein entsprechendes (batteriebetriebenes) Empfangsgerät verfügen und dieses auch tatsächlich auf den Lokalradiosender eingestellt haben. Seitens der Pressearbeit im Bereich des Bevölkerungsschutzes sollte also bereits in der Prävention darüber informiert werden, auf welcher Frequenz im Gefahrenfall die Durchsagen für das Gemeindegebiet erfolgen. Anders als bei den Lautsprecherdurchsagen ist jedoch auch die Übertragung umfangreicherer Informationen möglich. Die durchzugebenden Ansagen sollten lagespezifisch vom Bereich *Bevölkerungsinformation und Medienarbeit (BuMA)* erstellt und digital an die Leitstelle bzw. die Lokalradiosender übermittelt werden. Bei der Planung von Rundfunkdurchsagen sollte mit den eingeplanten Radiosendern gemeinsam geplant werden, welche Szenarien zu einer Einschränkung des Sendebetriebs führen können (z. B. Stromausfall) und ob entsprechende Kompensationsmaßnahmen geplant sind.

Warn-Apps

Die Nutzung von sog. *Warn-Apps* hat sich auch im deutschsprachigen Raum etabliert. Dabei hat das BBK mit seiner *Notfallinformations- und Nachrichten-App (NINA)* einen wichtigen Grundstein gelegt (siehe hierzu auch Kap. 5.3.1). Der entscheidende Vorteil dieser Warnmöglichkeit ist die Kombination aus Warnruf und Informationsmöglichkeit. Die Leitstelle des Landkreises kann den Nutzern, die sich im betreffenden Bereich aufhalten, nicht nur eine umfangreiche, eindeutige und spezifische Information übersenden, sondern auch, durch die Funktion der App in einem Mobilfunkgerät, ein akustisches Signal als Warnruf auslösen. Ein weiteres Beispiel ist die App *KATWARN*.

Cell Broadcast

Im Nachgang der Flutkatastrophe 2021 wurde in Deutschland 2023 die in anderen Staaten schon seit Langem genutzte Technologie Cell Broadcast zur Vervollständigung des Warnmittelmixes eingeführt. Ebenso wie die Warn-Apps dient der Cell Broadcast zur Warnung der Bevölkerung über Mobiltelefone. Im Gegensatz zu Warn-Apps ist hierfür jedoch (zumindest bei neueren Geräten) keine aktive Handlung des Nutzers erforderlich. Die Warnung durch den Cell Broadcast erfolgt direkt über eine in den Betriebssystemen der Mobiltelefone integrierte Funktion, ohne dass eine zusätzliche App erforderlich ist. Bei Aussendung eines Cell Broadcast erhalten alle Mobiltelefone, die in den jeweils betroffenen Empfangsbereichen in das Mobilfunknetz eingewählt sind, eine Warnmeldung. Die Funktion löst einen Warnruf auf den Mobiltelefonen aus und kann Informationen sowie Handlungsanweisungen übertragen. Die Informationsweitergabe ist im Cell Broadcast jedoch auf reine Textnachrichten begrenzt. Auch wenn der Cell Broadcast nicht durch das Aufkommen an Mobilfunkgesprächen beeinflusst wird, so ist zur Versendung von Warnungen die Funktionsfähigkeit des Mobilfunknetzes Voraussetzung. Ist diese gegeben, kann der Cell Broadcast jedoch einen wichtigen Beitrag zur flächendeckenden Warnung der Bevölkerung leisten.

2.3.3 Warnkonzepte in der Gefahrenabwehr

Die Notwendigkeit einer flächendeckenden und sicheren Möglichkeit, die Bevölkerung vor Gefahren zu warnen, gewinnt in den letzten Jahren wieder an Bedeutung. Es zeigte sich, dass es nicht im Verteidigungsfall, sondern gerade außerhalb des Verteidigungsfalls wichtig ist, über suffiziente Warnmittel zu verfügen.

> **Praxistipp**
>
> Es obliegt dabei den Gemeinden als Gefahrenabwehrbehörde, vor Ort die technischen Voraussetzungen dafür zu schaffen. Dabei erfolgt meist eine finanzielle Unterstützung der Bundesländer oder des Bundes.

Planung, Einrichtung und Aufrechterhaltung des Warnsystems sind wichtige Aufgaben der Gefahrenabwehr, welche nicht im Verwaltungsalltag einer Gemeinde untergehen dürfen.

Bei der Bevölkerungswarnung werden die primären Warnmittel (z. B. Sirenen) als Warnruf genutzt, um die Betroffenen grundsätzlich auf die Gefahr hinzuweisen. Mit den sekundären Warnmitteln

(z. B. Rundfunkdurchsagen) ist es anschließend möglich, spezifische und umfangreiche Informationen an die betroffenen Einwohner zu übermitteln. Kein Warnmittel erfüllt dabei für sich allein alle Anforderungen einer suffizienten Warnung.

Hinweis

Die Warnmittel sollten immer in einer sinnvollen Kombination geplant und angewendet werden. Durch eine fortwährende Bevölkerungsinformation über die Pressestelle der Gemeinde werden die Bedeutung der Sirenensignale sowie die Verhaltensweisen in einem Gefahrenfall bei den Einwohnern etabliert. Für die Gemeinden ist es sinnvoll, unter Beteiligung der Leitstelle, der Einsatzorganisationen sowie der lokalen Radiosender ein Warnkonzept aufzustellen – sofern dieses nicht bereits auf Kreisebene besteht. Wenn möglich, sollte eine Integration in die kreisweiten Strukturen der Bevölkerungswarnung erfolgen und eine Gleichschaltung der Warnsignale bestehen.

2.4 Erstellung eines Evakuierungsplans

2.4.1 Evakuierung und Räumung

Die Planung und Durchführung einer Evakuierungsmaßnahme ist eine der größten Herausforderungen, denen sich eine Gemeinde im Bereich der Gefahrenabwehr zu stellen hat. *Evakuierung* bedeutet dabei die organisierte Verlegung von Einwohnern, Tieren und teilweise auch besonderen Sachwerten. Dabei werden Ortsteile, Gebiete oder sogar ganze Regionen als Evakuierungsbereiche deklariert. Die betroffenen Einwohner müssen ausreichend informiert sein, registriert, aus dem Gebiet heraus- transportiert und letztlich auch versorgt und untergebracht werden. Zu einer umfassenden Evakuierungsplanung gehört es ebenso, bereits zu Beginn der Maßnahme die Rückführung der Betroffenen zu planen – soweit dies absehbar ist.

Die Planung der Evakuierung unterscheidet sich grundlegend von der Maßnahme einer Räumung. Unter einer Räumung versteht sich die akute Entfernung von Personen, Tieren und schutzwürdigen Gütern aus dem unmittelbaren Gefahrenbereich einer Einsatzstelle. Dabei erfolgt die Maßnahme ad hoc und ist nicht, wie eine Evakuierung, vorgeplant bzw. folgt einem abgestimmten Ablaufplan. Da bei einer Räumung nur mit der kurzzeitigen Abwesenheit der Betroffenen von ihrem eigentlichen Wohnort gerechnet wird, sind Transport, Versorgung und Unterbringung zunächst nachrangig. Sollte sich jedoch durch die Dauer der Schadensauswirkung oder die dynamische Lageentwicklung eine Situation ergeben, in der die Betroffenen mittel- bis langfristig einer Hilfe bedürfen, geht die Maßnahme fließend in eine Evakuierungslage über.

Für den Erfolg einer Evakuierungsmaßnahme haben mehrere Faktoren einen entscheidenden Einfluss. Dies betrifft zunächst die Anzahl der in der Gemeinde tatsächlich anwesenden und zu evakuierenden Einwohner nach der jeweiligen Tageszeit, ebenso aber auch besondere Objekte, den Einfluss der Verkehrsinfrastruktur sowie die individuellen Schutzmaßnahmen.

Praxistipp

Der Evakuierungsplan kann immer nur eine Vorplanung unter definierten Rahmenbedingungen darstellen, welche in der konkreten Einsatzlage inhaltlich gefüllt werden müssen. Es wird dabei zwischen den allgemeinen Evakuierungsplanungen, welche die Grundlage für alle denkbaren Szenarien darstellen, und der speziellen Evakuierungsplanung für konkrete Schadensszenarien oder bestimmte Objekte unterschieden.

2.4.2 Allgemeine Evakuierungsplanung

Die allgemeine Evakuierungsplanung soll eine grundlegende Vorplanung für alle im Gemeindegebiet möglichen Lagen darstellen, welche im konkreten Einsatzfall an die vorliegenden Umstände angepasst werden muss. Im Einsatzfall stellt diese Vorplanung die Handlungs- und Entscheidungsgrundlage des Stabs für außergewöhnliche Ereignisse dar. Unter Berücksichtigung des erheblichen Arbeitsaufwands zur Erstellung einer Evakuierungsplanung stellt diese Planung ein wichtiges Werkzeug der gemeindlichen Stabsarbeit dar.

Praxistipp

Unter der Prämisse, in der Stabsarbeit möglichst schnell *vor die Lage* zu kommen (d. h. das Schadensereignis schnellstmöglich so weit unter Kontrolle zu bringen, sodass mit den nächsten vorausplanenden Schritten begonnen werden kann), muss der Zeitaufwand bis zum Beginn repressiver Maßnahmen durch präventive Arbeit so weit wie möglich reduziert werden.

Zunächst müssen jedoch die Indikatoren zur Vorbereitung und letztlich zur Durchführung einer Evakuierungsmaßnahme definiert werden. Dazu empfiehlt es sich, aus der bei der Leitstelle des Kreises hinterlegten Alarm- und Ausrückeordnung (AAO) die Einsatzstichworte herauszufiltern, welche möglicherweise die Durchführung einer Evakuierung bedingen können. Es muss eine Absprache und intensive Zusammenarbeit mit der Ebene des Landkreises sowie der Kreisleitstelle erfolgen, da bei Evakuierungsmaßnahmen i. d. R. auch der Einsatz gemeindeübergreifender Ressourcen indiziert ist. Bei Einsatzstichworten wie z. B. *Gefahrstoffaustritt* oder *Großbrand* kann das Erfordernis einer Evakuierung von Teilen der Bevölkerung auch gegeben sein, ohne dass es der Feststellung eines Katastrophenfalls (Großschadenslage) bedarf.

Der allgemeine Evakuierungsplan baut auf dem Datenbestand der Ortsbeschreibung auf und steht in einem engen inhaltlichen Zusammenhang. Ohne eine umfassende und stetig aktualisierte Ortsbeschreibung kann keine suffiziente Evakuierung erfolgen. Auf dieser Grundlage müssen in der Evakuierungsplanung Ablaufpläne mit klar definierten Zuständigkeiten und einer eindeutigen Priorisierung der erforderlichen Maßnahmen erstellt werden. Diese Maßnahmenkataloge müssen v. a. aber auch mit allen beteiligten Stellen abgestimmt und in regelmäßigen Stabsübungen durchgespielt werden, damit Sicherheit besteht und Missverständnisse vermieden werden.

2.4.3 Entscheidungsfindung

Unter Einbeziehung eines möglichst umfassenden Lagebilds und insbesondere bei bestimmten vordefinierten Einsatzstichworten muss die politisch-gesamtverantwortliche Ebene – bzw. in Eilfällen die Leitung des Stabs – die Entscheidung über die Durchführung einer Evakuierungsmaßnahme treffen. Aufgrund der außerordentlichen Tragweite sowie der straf- und haftungsrechtlichen Folgen einer solchen Entscheidung muss unmissverständlich Klarheit darüber herrschen, wer in welcher Reihenfolge berechtigt ist, eine solche Entscheidung zu treffen. Ebenso muss diese Entscheidung mit allen zugrunde liegenden Daten und allen Äußerungen der beteiligten Stellen lückenlos im Einsatztagebuch vermerkt werden. Ein einfacher Eintrag ist nicht ausreichend. Es ist geboten, über die Besprechungen, welche zur Evakuierungsentscheidung geführt haben, ein wörtliches Protokoll zu führen und diese Sitzungen aufzuzeichnen.

Im Rahmen der Entscheidungsfindung muss ermittelt werden, wie viele Einwohner von der Evakuierungsmaßnahme betroffen sind. Hier kann eine Analyse der Meldedaten mit einem Geoinformationssystem eine wichtige Unterstützung leisten. Zur sachgerechten Planung der Transport-, Versorgungs- und Unterbringungskapazitäten ist v. a. aber die Anzahl der Einwohner relevant, die sich entweder nicht selbstständig aus dem betroffenen Gebiet evakuieren können und/oder die über keine anderweitige Unterbringungsmöglichkeit verfügen. Als Richtwert kann angenommen werden, dass etwa 10 % der betroffenen Bevölkerung nicht selbstständig eine Unterbringungsmöglichkeit organisieren können. Etwa 1 % der Bevölkerung ist darüber hinaus darauf angewiesen, dass der Transport aus dem Evakuierungsgebiet liegend oder mit einem Tragestuhl erfolgt.

Die vorgenannten Zahlen können zur groben Einschätzung der Dimensionierung einer Evakuierungsmaßnahme herangezogen werden. Wichtig ist aber, diese Daten als theoretische Annahmen zu betrachten und nicht als gesicherte Fakten, welche in jedem Szenario und bei jeder örtlichen Gegebenheit anwendbar sind. Gerade bei überörtlichen bis regionalen Ereignissen und dem Ausfall kritischer Infrastruktur in größeren Gebieten kann sich die Genauigkeit dieser Annahmen sehr schnell relativieren. Die mit der Planung beauftragten Mitarbeiter müssen immer die konkrete Maßnahme vor Ort unter Einbeziehung der für das Gemeindegebiet relevanten Fakten durchführen und sollten sich dabei nicht zu sehr auf statistische Annahmen verlassen. Optimiert werden kann die Planung durch die Einbeziehung weiterer Daten wie der Altersstruktur der Bevölkerung oder von Erfahrungswerten aus vorherigen Evakuierungen.

Die Vorbereitung sollte idealerweise im Rahmen der Strukturen des Stabs für außergewöhnliche Ereignisse der Gemeinde erfolgen. Es besteht dabei sowohl die Möglichkeit, die Teilaufgaben der Evakuierungsdurchführung den Stabsfunktionen zuzuordnen, als auch die Option, innerhalb des Stabs eine Arbeitsgruppe zu begründen. Eine mögliche Gliederung der Aufgaben zur Evakuierung kann sich wie folgt darstellen:

a) Evakuierungsvorbereitung und Infrastruktur
b) Warnung und Information der Bevölkerung
c) Sammelstellen und Transport
d) Unterbringung
e) Betreuung
f) Veterinärmaßnahmen
g) Eigentumssicherung und Ordnung
h) Rückführung

2.4.4 Maßnahmenkatalog

Zur Zusammenfassung und Auflistung von möglichen Einzelmaßnahmen erfolgte eine Orientierung am Evakuierungsplan der Stadt Köln (s. u.), welche als Großstadt umfassende Erfahrungen mit der Thematik besitzt. Die jeweiligen Maßnahmenvorschläge wurden dabei jedoch, unter Berücksichtigung der Belange der Gefahrenabwehr auf Ebene der kreisangehörigen Gemeinden, angepasst.

Aufgabenbereich *Evakuierungsplanung und Infrastruktur* **(Teil a)**

- Definition des Evakuierungsgebiets (Aufteilung in Abschnitte)
- Vorbereitung der Evakuierung besonders gefährdeter Objekte
- Vorbereitung der Evakuierung von Krankenhäusern und Pflegeeinrichtungen
- Festlegung von Bereitstellungs- sowie Verfügungsräumen (Anfahrtswege berücksichtigen)
- Landemöglichkeiten für Luftrettungsmittel definieren (Größe und Befestigung von Freiflächen)
- Abfahrtspunkte der Verkehrsmittel festlegen (Verknüpfung mit Sammelstellen)
- Fahrstrecken und Zusteigepunkte definieren
- Kennzeichnung und Beschilderung durchführen (Piktogramme, für jeden verständlich)
- Umgang mit Haustieren (Kann eine Mitnahme ermöglicht werden?)

Aufgabenbereich *Warnung und Information der Bevölkerung* **(Teil b)**

- Planung und Einsatz der Warnmittel (der Ortsbeschreibung zu entnehmen)
- Inhalte der Warninformationen festlegen (individuelle oder vorbereitete Warntexte)
- Veranlassung der Bevölkerungswarnung (welche Informationen über welchen Kanal zu welcher Zeit?)
- Einrichtung des Bereichs Bevölkerungsinformation und Medienarbeit (BuMA), sofern nicht im Stab
- Einrichtung von Bürgertelefon, zentralem E-Mail-Postfach, Einbindung der digitalen sozialen Medien
- Vorbereitung von Zwangsmaßnahmen

Einer der brisantesten und in der medialen Auswirkung schwierigsten Aspekte einer Evakuierungsmaßnahme kann die Notwendigkeit der Anwendung von Zwangsmaßnahmen durch die zuständige Ordnungsbehörde sein. Wenngleich durch eine frühzeitige und umfassende Information das Verständnis für die Erforderlichkeit der Evakuierung gesteigert werden kann, sind Einwohner, welche sich dieser Maßnahme entziehen, nicht auszuschließen. Es wird Einwohner geben, die sich passiv, teilweise aber sogar aktiv und unter Anwendung körperlicher Gewalt gegen die Evakuierung als behördliche Maßnahme widersetzen werden. Der Umstand, diesen Aspekt in einer Planung berücksichtigen zu müssen, ist eine Tatsache, die sich aus der Einsatzerfahrung ergibt, und keine negative Unterstellung. Zu einer verantwortungsvollen und realistischen Evakuierungsplanung gehört es aber eben auch, sich diesen Tatsachen zu stellen. Bei größeren Evakuierungsmaßnahmen, mit Tausenden von Betroffenen, ist es als wahrscheinlich anzunehmen, dass sich Einwohner widersetzen werden. Dabei bedarf es einer besonderen Sensibilität und der fortwährenden Bemühung, die Betroffenen von der Notwendigkeit der Maßnahme zu überzeugen. Letztlich muss sich der Entscheidungsträger aber einer Schutzzielabwägung stellen, in der das Leben eines Menschen vor allen anderen Gütern zu schützen ist. Daher ist eine frühzeitige Abstimmung zwischen der Gemeinde als Gefahrenabwehr- bzw. Ordnungsbehörde und der Polizeibehörde erforderlich.

Aufgabenbereich *Sammelstellen und Transport* **(Teil c)**

- Festlegung von Sammelstellen (Einzugsbereiche definieren, wer sammelt sich wo?)
- Transportbedarfe ermitteln (wie viele Personen, in welcher Zeit, an welchen Ort?)
- Transportkapazitäten bereitstellen (wie viele Mittel, mit welcher Kapazität, in welcher Zeit?)
- Kennzeichnung der Transportmittel
- Einweisung der Fahrer in die örtlichen Gegebenheiten sowie in die Lage
- Durchführung der Transporte (Abrufung von Mitteln aus dem Bereitstellungs-/Verfügungsraum)
- Kontrolle und Nachkontrolle der evakuierten Objekte auf verbleibende Personen (Türkennzeichnung)
- Dekontamination
- Die Einrichtung von Verkehrslenkungspunkten und/oder Lotsenstellen hat auf Ebene der kreisangehörigen Gemeinden i. d. R. keine Relevanz. Sollte es zu gemeindeübergreifenden oder sogar kreisweiten Evakuierungsmaßnahmen kommen, wird die Lenkung durch den Verwaltungsstab (Krisenstab) des Kreises erfolgen.

Nicht immer kann eine Evakuierung der betroffenen Bereiche des Gemeindegebiets erfolgen, bevor es zu einem Schadenseintritt kommt. Bei bestimmten Gefährdungsszenarien, wie z. B. einer Gefahrstoffwolke mit hoher Dynamik, ist es möglich, dass die evakuierten Einwohner beim Verlassen ihrer Aufenthaltsbereiche bereits mit Gefahrstoffen kontaminiert wurden. Diese Personen müssen in einer sog. *Dekontaminierung* zunächst von den Gefahrstoffen in ihrer Kleidung und an ihrem Körper befreit werden, bevor eine Aufnahme in der Notunterkunft erfolgen kann. Würde diese Dekontamination nicht erfolgen, könnten sich die Gefahrstoffe von den Betroffenen auch auf andere Einwohner ausbreiten und diese ebenfalls schädigen. Zur flächendeckenden Herstellung einer Dekontaminationsmöglichkeit für Personen hält der Bund spezielle Fahrzeuge, die *Dekon-P,* vor. Mit diesen Fahrzeugen ist es möglich, mittels Duschzelt, Aufenthaltszelt, Brauch- und Abwasserbehältern, Heizungen sowie Beleuchtung einen Dekontaminationsplatz zu betreiben. Dabei kann ein Dekon-P nicht alleine operieren, sondern ist meist in

ABC-Einheiten der Landkreise eingebunden. Bei Einbringung von Gefahrstoffen in ein nicht vollständig gesichertes Evakuierungsgebiet ist immer mit kontaminierten Einwohnern zu rechnen.

Aufgabenbereich *Unterbringung* **(Teil d)**

- Einrichtung von Gebäuden als Notunterkünfte
- Nutzung der objektbezogenen Erkundungskisten (Modell DRK NRW, Erläuterung siehe unten)
- Übergabepunkte und Parkflächen einrichten (Busverkehr, Großfahrzeuge)
- Einrichtung und Betrieb von Registrierungsstellen in den Notunterkünften
- Abstimmung mit der Personenauskunftsstelle des Kreises (PASS)

Hinweis

Besonders bei der Ermittlung möglicher Objekte und der nachfolgenden Einrichtung der Gebäude als Notunterkünfte zeigt sich der Vorteil einer suffizienten Vorplanung. Dabei sollte die Regelnutzung der Objekte mit in die Planung einbezogen werden. So kann die bauliche Anlage einer Grundschule zwar als Notunterkunft genutzt werden, jedoch stehen aufgrund der Altersklasse der Schüler keine erwachsenengerechten Möbel zur Verfügung.

In Nordrhein-Westfalen wurden durch das DRK hierzu sog. Erkundungskisten entwickelt, in denen, im Rahmen einer Vorerkundung, alle Objektinformationen gesammelt werden und anschließend die Einrichtung einer Notunterkunft in diesem speziellen Objekt geplant wird. Diese Kisten stellen ein in mehrere Ordner segregiertes Komplettsystem dar, welches die Helfer der Einsatzeinheiten als landesweit einheitlich kennen. Idealerweise werden die Erkundungskisten in den Objekten selbst gelagert bzw. den verantwortlichen Hausmeistern übergeben.

Aufgabenbereich *Betreuung* **(Teil e)**

- Ermittlung von Versorgungskapazitäten durch Großküchen oder durch die Hilfsorganisationen

- Beschaffung der erforderlichen Versorgungsgüter (Kleidung, Hygieneartikel)
- Einrichtung einer Betreuungskomponente in den Notunterkünften
- Bereitstellung von Sanitätskräften für die Unterkünfte
- Einrichtung einer (Notfall-)Seelsorge (Abstimmung mit Fachberater und Kirchen)
- Einrichtung einer Kinderbetreuung in den Unterkünften
- Sicherstellung der Energie-, Wasser- und Gasversorgung der Unterkünfte
- Herstellung der Abfall- und Entsorgungsmöglichkeiten
- Heimbeatmete Patienten

Grundsätzlich wird die Planung der Transporte von Patienten, welche einer besonderen medizinischen Versorgung bedürfen, auf Krankenhäuser, Pflegeeinrichtungen und Senioreneinrichtungen fokussiert. In der Praxis wird dabei meist ein wichtiger Aspekt außer Acht gelassen: die heimbeatmeten Patienten. Es ist in jedem Ortsteil mit Einwohnern zu rechnen, die in ihrer gewohnten Umgebung, also zu Hause, gepflegt werden und dort durch medizinische Technik, bis hin zu einem Beatmungsgerät, versorgt werden. Solche Geräte sind mit einer unterbrechungsfreien Spannungsversorgung ausgerüstet und können mindestens drei Stunden lang ohne Energieversorgung betrieben werden. Daher muss diesen Patienten, sowohl bei einem Energieausfall im Gemeindegebiet als auch insbesondere bei einer Evakuierung, besondere Beachtung zukommen. Anders als es z. B. in Krankenhäusern der Fall ist, können die Daten über diese Patienten nicht einfach aus einer Datenbank der Leitstelle abgerufen werden. Der Stab muss sich also frühzeitig über die Pflegedienste (meist spezialisierte), Hausärzte und Apotheken alle verfügbaren Informationen einholen, um die qualifizierten Krankentransporte der zu Hause befindlichen Patienten zu planen. Bei der anschließenden temporären Unterbringung muss differenziert werden, ob die Patienten in gesonderten Bereichen einer Notunterkunft unter rettungsdienstlicher Überwachung oder aber direkt in einem außerhalb des Gefahrenbereichs befindlichen Krankenhaus untergebracht werden müssen.

Aufgabenbereich *Veterinärmaßnahmen* **(Teil f)**

- Ermittlung des Viehbestands (amtliche Viehzählung, Kontaktaufnahme mit der Bauernschaft)
- Transportbedarfe ermitteln (Welche Tiere können/müssen transportiert werden?)
- Transportkapazitäten ermitteln (Wie können sich die Landwirte und Betriebe gegenseitig helfen?)
- Aufnahmegebiete und Objekte ermitteln (Wo stehen sichere Hallen, bspw. auch Reithallen, zur Verfügung?)
- Durchführung der Tiertransporte (Welche Tiere können mit welchen Fahrzeugen transportiert werden?)
- Notversorgung der nicht evakuierten Tiere (Sicherstellung der Belüftung/der Melkanlagen)
- Vorbereitung und Durchführung von Notschlachtungen (Transporte/Seuchenprävention)

Aufgabenbereich *Eigentumssicherung und Ordnung* **(Teil g)**

- Sperrung und Sicherung der Zufahrtswege (Sperrposten mit Personal besetzen)
- Abgleich der Sperrungen mit den Rettungs- und Transportwegen
- Ermittlung besonders zu sichernder Objekte (Rathaus, Banken, Apotheken, Juweliere)
- Planung und Durchführung besonderer Schutzmaßnahmen (welche Objekte wie sichern?)
- Heranziehen von Sicherungskräften (Vollzugshilfe der Polizei, Sicherheitsdienste)
- Sammelstelle für Fund- und Verlustmeldungen
- Sperrposten

Neben der inneren Sicherung eines bereits evakuierten Gebiets durch Polizeikräfte ist es erforderlich, diese Gefahrenbereiche auch von außen unzugänglich zu machen. Der Stab, welcher die Evakuierungsmaßnahme koordiniert, sollte dabei nicht dem Trugschluss erliegen, dass eine Beschilderung bzw. das Aufstellen von Warnbaken alleine ausreichend ist, um Verkehrsteilnehmer von der Einfahrt in evakuierte Bereiche abzuhalten. V. a. Einwohner, die verständlicherweise nochmals in ihre Wohnungen zurückkehren wollen, können nicht durch eine Beschilderung alleine davon abgehalten werden. Ein absoluter Schutz gegen das Eindringen von Personen ist zwar nicht realisierbar, es muss jedoch an den verkehrstechnischen Knotenpunkten sowie den Hauptzufahrtsstraßen eine personelle Besetzung der Absperrungen erfolgen. Die Einrichtung dieser Sperrposten versteht sich also immer als eine Kombination aus Kennzeichnung/Beschilderung und personeller Besetzung, welche idealerweise mit Vollzugskräften der Polizei bzw. der Ordnungsbehörde erfolgt. Es handelt sich auch hierbei um eine Zwangsmaßnahme, deren Betrachtung immer vor dem Hintergrund des Schutzes von Menschenleben erfolgen muss.

Aufgabenbereich *Rückführung* **(Teil h)**

- wiederkehrende Prüfung des Evakuierungserfordernisses (Aufrechterhaltung der Maßnahme)
- Aufhebung der Evakuierungsanordnung und Bekanntgabe der Aufhebung
- Transport und Rückführung der evakuierten Personen
- Transport der evakuierten Tiere in die Stallungen
- Aufhebung der Sicherungsmaßnahmen
- Freigabe der gesperrten Durchfahrtswege

2.4.5 Evakuierung als interdisziplinäre Herausforderung

Der Evakuierungsplan ist ein elementarer Bestandteil der gemeindlichen Gefahrenabwehrplanung und gleichzeitig eine der größten Herausforderungen, denen es sich als Gefahrenabwehrbehörde zu stellen gilt. Ein interorganisationales und interdisziplinäres Zusammenwirken der Einsatzorganisationen und der Gemeindeverwaltung ist dabei unabdingbar. Keine der beteiligten Stellen kann eine derartig komplexe Maßnahme alleine bewältigen. Die möglichst frühzeitige Einbindung von Fachberatern, u. a. der Hilfsorganisationen, der Notfallseelsorge oder auch der betroffenen Einrichtungen und Betriebe, sollte selbstverständlich sein. Der besonderen Sensibilität einer Evakuierung als zwangsweise Verbringung von Personen aus ihrem gewohnten Lebensmittelpunkt, verbunden mit der Angst um das eigene Leben sowie der Sorge um das zurückbleibende Eigentum, muss seitens der Entscheidungsträger Rechnung getragen werden.

Das Mittel der Evakuierung ist jedoch nicht nur bei lokalen Ereignissen in Erwägung zu ziehen, es stellt auch die Basis für übergeordnete Maßnahmen des Bevölkerungsschutzes dar. Die Gemeinde als örtliche Gefahrenabwehrbehörde hat als einzige Stelle die Detailkenntnisse über ihr Gebiet und verfügt über die Kontakte zu den örtlichen Ansprechpartnern. Bei größeren und übergeordneten Evakuierungen wird die Gemeinde idealerweise als eine Art Abschnittsleitung der Gesamtmaßnahme eingebunden und stellt ihr Wissen und ihre Kompetenzen zur Verfügung.

Hinweis

Wie im Kapitel 5 weiter ausgeführt, ist es zur Förderung des Vertrauens auch außerhalb der Krisensituation wichtig, eine fortwährende Information über die Themen *Bevölkerungsschutz* und *Selbstschutz* durchzuführen. Zielsetzung muss es sein, dass die Gemeinde bei den Einwohnern als kompetenter und vertrauenswürdiger Ansprechpartner in Krisensituationen gilt. Nur wenn dieses Vertrauen gegeben ist – und die Gemeinde als Entscheidungsträger akzeptiert wird –, kann eine Evakuierung ohne den Einsatz von Zwangsmaßnahmen sachgerecht erfolgen.

2.5 Bereitstellungs- und Sammelräume

2.5.1 Unterschiedliche Bereitstellungsarten

In der ersten Phase eines Einsatzes ist der Einsatzleiter bzw. die jeweilige Führungskraft mit der Ordnung aller vorhandenen taktischen Einheiten beschäftigt. Diese erste Phase des Einsatzes wird auch als *Chaosphase* bezeichnet, in der der Einsatzleiter einen Überblick bekommen und Ordnung schaffen muss. Hierzu zählt die Ordnung

Praxistipp

- **der Zeit,**
- **der Kräfte und**
- **des Raums.**

Um speziell die Ordnung des Raums effektiv umzusetzen, bedient der Einsatzleiter sich der *primären* oder der *sekundären Bereitstellung*. In der Anfangsphase eines Einsatzes werden Einsatzmittel direkt an der Einsatzstelle bereitgestellt, um sie einer unmittelbaren Verwendung durch den Einsatzleiter zuzuführen. Die nachfolgenden Einheiten bleiben in einiger Entfernung aufgestellt – in jedem Fall jedoch mit ausreichendem Abstand zum sog. *Gefahrenbereich* (in Bezug auf Gebäude: mit ausreichend Abstand zum Trümmerschatten). Von diesem Ort aus können die Kräfte individuell nachgefordert werden, und der Einsatz kann durch den Einsatzleiter strukturiert aufgebaut bzw. abgearbeitet werden. Man spricht hier von der primären Bereitstellung.

Eine sekundäre Bereitstellung wird i. d. R. als Bereitstellungsraum bezeichnet und befindet sich, im Vergleich zur primären Bereitstellung, meist in größerem Abstand zum Einsatzort. Im Rahmen der sekundären Bereitstellung erfolgt die Aufstellung beispielsweise von Verbänden. Der jeweilige Verbandsführer meldet die Einsatzbereitschaft bei der Einsatzleitung an, der Rest des Verbands wartet auf den Einsatzauftrag. So kann sichergestellt werden, dass keine Einheiten unkontrolliert tätig werden. Im Bereitstellungsraum sollte auch eine entsprechende Logistik, wie Registrierung und Verpflegung, vorgehalten werden.

Bild 1: *Sekundäre Bereitstellung bei einem Großeinsatz (Quelle: T. Trütgen)*

2.5.2 Sinn und Zweck eines Bereitstellungsraums

„Der Bereitstellungsraum ist die Sammelbezeichnung für Orte, an denen Einsatzkräfte und Einsatzmittel für den unmittelbaren Einsatz oder vorsorglich gesammelt, gegliedert und bereitgestellt oder in Reserve gehalten werden.“ (FwDV 100)

Gerade für den Fall einer sich dynamisch erweiternden Einsatzlage ist ein Bereitstellungsraum unverzichtbar. Das Sammeln von Einsatzkräften und Einsatzmitteln geschieht hierbei meist vorsorglich und im Sinne einer zweiten, dritten bzw. x-ten Schicht, falls das bereits eingesetzte Personal einer Auswechslung bedarf. In jedem Fall werden die eintreffenden Einsatzmittel zunächst registriert. Bei der Registrierung werden Daten zum Fahrzeug und zur Besatzung aufgenommen oder anhand von Fahrzeugmeldekarten erfasst, sodass eine ausführliche *Kräfteübersicht* erstellt werden kann, die dem operativ-taktischen Stab dann als Ressource zur Einteilung weiterer Einsatzkräfte im tatsächlichen Notfallgeschehen zur Verfügung steht. Zusätzlich kann der Versorgungsbedarf an Verpflegung, Sanitäranlagen und ggf. an Schlafmöglichkeiten ermittelt werden. Darüber hinaus kann so die Einhaltung der Ruhezeiten ermöglicht werden.

Würden alle angeforderten Einsatzmittel direkt an die Einsatzstelle gelangen, so wäre es dem örtlichen Einsatzleiter nicht möglich, die Ordnung des Raums adäquat durchzuführen und eine entsprechende Reserve zu bilden. Der taktische Einsatzwert der einzelnen Einheiten kann, durch die Wartezeit der Kräfte im Bereitstellungsraum, somit genau reflektiert und damit auch der jeweils beste Einsatzort gewählt werden.

In Erweiterung eines Bereitstellungsraums, bei lang andauernden oder in Ausdehnung der Einsatzstelle bzw. Anzahl der Kräfte bei sehr großen Einsatzgeschehen, besteht die Möglichkeit, einen sog. *Verfügungsraum* einzurichten. Der Verfügungsraum ist dem Bereitstellungsraum übergeordnet und untersteht i. d. R. einem operativ-taktischen Stab der mittleren oder höheren Ebene. In diesem Raum werden größere Einheiten (Bereitschaften, Abteilungen, Großverbände) abseits des Schadensgebiets untergebracht, bevor sie zur konkreten Verwendung in einen Bereitstellungsraum in der Nähe der Einsatzstelle verlegt werden. Verfügungsräume müssen für eine mittel- bis langfristige Versorgung und Logistik einer großen Anzahl von Einsatzkräften ausgelegt werden. Hierzu sind umfangreiche Vorplanungen und organisatorische Maßnahmen zu tätigen. Die Führung eines Verfügungsraums kann nicht mittels eines kleineren Führungsfahrzeugs abgewickelt werden, sondern bedarf eines fest eingerichteten und dauerhaft besetzten Meldekopfs, wie er z. B. durch die Fachgruppe *Führung und Kommunikation* des THW eingerichtet werden kann.

2.5.3 Sinn und Zweck eines Sammelplatzes

Ein Bereitstellungsraum ist, wie oben beschrieben, in vielen Einsatzgeschehen zu finden. Ein Sammelplatz hingegen gewinnt in einer Lage mit überörtlich eingesetzten Kräften an Bedeutung.

Es werden verschiedene Sammelplätze unterschieden. Der erste Sammelplatz liegt heimatnah und ist der, der nach einer Alarmierung eines taktischen Verbands benötigt wird. Es ist ein Platz, an dem die einzelnen Fahrzeuge gesammelt und zu einem Marschverband zusammengestellt werden. Ziel ist es, nach dem Sammeln in Richtung des Einsatzorts aufzubrechen und dort auch gemeinsam anzukommen. Der zweite Sammelplatz wird in der weiteren Umgebung des Schadensorts errichtet. In ihm haben auseinandergezogene Verbände noch einmal die Möglichkeit, sich wieder zu finden und ihre Einsatzbereitschaft beispielsweise durch eine erneute Betankung der Fahrzeuge oder durch vollständiges Anlegen der persönlichen Schutzausrüstung zu erweitern. Da die Ortskunde im Schadensgebiet bei überörtlich eingesetzten Kräften nicht vorausgesetzt werden kann, ist ein Sammelplatz so zu wählen, dass er leicht zu finden und zu erreichen ist. Er kann beispielsweise an großen Autohöfen oder in direkter Nähe zu Bundesautobahnen liegen.

Nach dem Eintreffen am Sammelplatz meldet sich der gesamte taktische Verband bei der übergeordneten Ebene einsatzbereit. Entweder führt hierauf ein Lotse den gesamten Verband in den vorgesehenen Bereitstellungsraum oder der Verband wird, wie in großen Lagen üblich, zugweise direkt in das Einsatzgebiet geschickt.

2.5.4 Vorplanungen für Bereitstellungs- und Verfügungsräume

Die Größe des Bereitstellungsraums richtet sich nach dem Ausmaß des Einsatzes bzw. der Schadensschwere, der Einsatzdauer, der Anzahl der alarmierten Kräfte und der flächenmäßigen Ausdehnung des Schadensgebiets. So muss der Standort eines vorgeplanten Bereitstellungsraums einigen Anforderungen genügen:

Der wichtigste Punkt ist die Lage. Diese sollte zwar in der Nähe der Einsatzstelle, aber dennoch in genügend großem Abstand liegen, um eine Gefährdung der bereitstehenden Kräfte auszuschließen. Der An- und Abfahrtsverkehr an die Einsatzstelle muss reibungslos gewährleistet werden (Einrichtung eines Einbahnstraßenverkehrs, um gegenseitige Behinderung zu vermeiden). Außerdem ist eine gute infrastrukturelle Anbindung an das Straßennetz von Vorteil. Idealerweise befindet sich der Bereitstellungsraum so weit vom Einsatzgeschehen entfernt, dass er nicht im Sichtfeld der betroffenen Bevölkerung liegt. So kann verhindert werden, dass die bereitstehenden Kräfte zum Handeln durch die betroffene Bevölkerung genötigt werden, ohne dass ein entsprechender Einsatzauftrag vorliegt. Diese als Tatenlosigkeit empfundene Bereitstellung im direkten Umfeld des Schadensgebiets kann auch zu einer starken psychischen Betroffenheit der Helfer führen, die es zu vermeiden gilt. Weiterhin kann durch die abgesonderte Positionierung von Bereitstellungsräumen eine Skandalisierung durch Bilder eines vollbesetzten Bereitstellungsraums in den Medien vermieden werden.

Ein weiterer wichtiger Punkt bei der Auswahl eines geeigneten Standorts ist die Bodenbeschaffenheit. Da in den Einheiten des Katastrophenschutzes auch größere Fahrzeuge zu finden sind, muss der Standort auch mit schweren Lkw befahrbar sein – ebenso wie die Zufahrtswege. Zu beachten sind hier, neben den Gewichtsbeschränkungen von Brücken, auch die Durchfahrtshöhen oder der erweiterte Wenderadius eines Lkw. Es lässt sich von einem Mindestplatzbedarf von ca. 3.000 m^2 bei 25 Fahrzeugen (Lkw und Transporter) ausgehen. Als Faustformel müssen mindestens 75 m^2 pro Lkw und etwa 50 m^2 für einen RTW eingeplant werden, um ein sicheres Ein- und Aussteigen zu gewährleisten.

Hinzu kommt, bei einer Einsatzdauer von mehr als 60 Minuten, eine mit Infrastruktur ausgestattete Aufenthaltsfläche für die Einsatzkräfte, da es nicht zumutbar ist, diese in ihren Einsatzmitteln verbleiben zu lassen. Zur Infrastruktur gehören, neben trockenen und schattigen Sitzmöglichkeiten und der Möglichkeit, eine Verpflegungsstelle einzurichten, auch geschlechtergetrennte Sanitäranlagen. Insbesondere bei längeren Einsätzen oder dem verstärkten Einsatz überörtlicher Einheiten kann es erforderlich sein, Einsatzmittel kurzfristig instand zu setzen oder Betriebsstoffe nachzufüllen. Um den Bereitstellungsraum führen zu können, wird darüber hinaus eine Fläche für die Führung und Logistik benötigt. Zur Durchführung einer effizienten Registrierung ist die Einrichtung eines Meldekopfs im Bereich der Ein- bzw. Ausfahrt erforderlich. Optimalerweise befinden sich Ein- und Ausfahrt in unmittelbarer Nähe zueinander, um einen guten Überblick behalten zu können. Das Verlassen von Einheiten ohne Kenntnis der Führung des Bereitstellungsraums muss unbedingt vermieden werden. Hierzu kann bei größeren Bereitstellungsräumen eine entsprechende Beschilderung in Verbindung mit organisatorischen Maßnahmen notwendig sein.

Praxistipp

Unter Berücksichtigung der o. g. Punkte bieten sich daher für Bereitstellungs- und Verfügungsräume folgende Standorte an:

- **Befestigte Straßen**
- **Parkplätze**
- **Rast- oder Autohöfe**
  Hinweis: Bei Rast- oder Autohöfen ist die zeitweise intensive Nutzung durch den Güterverkehr zu beachten, sodass die Verfügbarkeit dieser Standorte vorab geprüft und gesichert werden muss.
- **Schulhöfe**
- **Sportplätze**
- **Andere befestigte Flächen**

Der Standort muss eine geordnete Zu- und Abfahrt ermöglichen, um den Verkehr sicher in die gewünschte Aufstellung zu lenken. Wichtig ist hierbei der Aspekt der Planung: Die mit der Planung beauftragten Mitarbeiter der Gemeinde sollten bereits im Vorfeld vor Ort Erkundungen durchführen, um geeignete Flächen für Bereitstellungsräume und Verfügungsräume im Gemeindegebiet zu kennen. Dabei sollten Führungskräfte bzw. Fachberater der Einsatzorganisationen mit ihren Fachkompetenzen und Erfahrungen eingebunden werden. Dies stellt eine wichtige Datengrundlage für die Ortsbeschreibung dar. Im Einsatzfall muss jedoch, insbesondere bei Anforderungen überörtlicher Einheiten, geprüft werden, ob die jeweils geplante Fläche auch zum gegenwärtigen Zeitpunkt tatsächlich frei von Hindernissen und befahrbar ist. Einen oder gar mehrere Standorte in einer Einsatzlage ausfindig zu machen ist also nicht einfach, da nicht jeder Standort, der auf dem Papier als passend erscheint, auch nach einer Erkundung vor Ort passend ist.

Hinweis

Daher müssen in jedem Gemeindegebiet Flächen in unterschiedlicher Größe bekannt sein, um im Bedarfsfall die passende Größe des jeweiligen Aufstellplatzes umsetzen zu können.

Auch eine Detailplanung, die klärt, wie beispielsweise an notwendige *Schlüssel* für abgesperrte Plätze (Sportplätze) gelangt werden kann, muss in diesem Zuge erstellt werden. Hier ist es sinnvoll, konkrete Ansprechpartner auf einer Liste zu hinterlegen, die im Krisenfall dann nur noch angerufen werden müssen. Erfahrungsgemäß besteht bei solchen Fragen nicht die Schwierigkeit, den Zutritt zu den üblichen Bürozeiten zu bekommen, hier liegt die Schwierigkeit in den Feierabendzeiten oder am Wochenende.

Des Weiteren ist in der Vorplanung auch die Normalnutzung der entsprechenden Flächen zu beachten. Es ist verhältnismäßig schwierig, einen Marktplatz zu einem Bereitstellungsraum zu ertüchtigen, wenn dort gerade der Wochenmarkt mit Marktständen und Publikumsverkehr stattfindet. Auch potenzielle andere Nutzer (Polizei) sind in die Planungen mit einzubeziehen. In der Vorplanung muss, in Abstimmung mit der polizeilichen Gefahrenabwehr, entschieden werden, welche Flächen von wem genutzt werden, um eine doppelte Beplanung zu vermeiden.

Insbesondere bei längeren Einsätzen überörtlicher Einheiten ist es erforderlich, Bereitstellungsräume mit Unterkünften für die Einsatzkräfte zu kombinieren. Eine entsprechende Kombination kann nicht immer innerhalb des Gemeindegebiets geplant werden und kann insbesondere bei großflächigen Schadenslagen auch übergreifend geplant werden. Dennoch ist es erforderlich, auch im Rahmen der gemeindlichen Notfallplanung Vorplanungen für die Bereitstellung überörtlicher Einheiten über mehrere Tage im eigenen Gemeindegebiet zu treffen.

Für den Einsatz überörtlicher Einheiten ist es erforderlich, dass nach der initialen Einsatzphase, welche durch die Einheiten autark abgearbeitet werden kann, eine Nachschublogistik sichergestellt wird. Die Bedarfe sind dabei lageabhängig, jedoch dürfte bei allen Einsatzlagen mit einem Kraftstoffbedarf zu rechnen sein. Eine eigene Vorhaltung zur Versorgung überörtlicher Einheiten ist nicht unbedingt erforderlich, jedoch sollten Planungen vorhanden sein, an welchen Tankstellen Kraftstoff bezogen werden kann und welche Möglichkeiten zur Betankung an der Einsatzstelle zur Verfügung stehen (mobile Tankstelle, Kraftstoffkanister...). Bei der Planung weiterer Bedarfe können häufige Verbrauchsmaterialien wie bspw. Sanitätsmaterial berücksichtigt werden. Um die Nachschublogistik bestmöglich sicherstellen zu können, sollte frühestmöglich eine Rücksprache über erwartete Bedarfe mit allen im Einsatz befindlichen Einheiten erfolgen.

2.6 Unterbringung Betroffener

2.6.1 Einrichtung von Notunterkünften

Unterschiedlichste Gefahren- bzw. Schadenslagen können dazu führen, dass bestimmte Teile eines Stadt- oder Gemeindegebiets geräumt bzw. evakuiert werden müssen. Die betroffenen Einwohner müssen dann in kurzer Zeit aus dem jeweiligen Gebiet transportiert, in sog. *Notunterkünften* untergebracht und mit Gegenständen des täglichen Bedarfs versorgt werden. Notunterkünfte sind damit ein unabdinglicher Bestandteil der Notfallplanung in Städten und Gemeinden. Neben der Unterbringung betroffener Bewohner müssen bei längeren Einsatzlagen auch auswärtige Einsatzkräfte in entsprechenden Unterkünften untergebracht werden. Grundsätzlich lassen sich diese Fähigkeiten als Unterbringungen von Menschen beschreiben, weitestgehend unabhängig davon, ob betroffene Bevölkerungsteile oder Einsatzkräfte untergebracht werden müssen.

Wie lange solch eine Einrichtung im tatsächlichen Ernstfall bereitgestellt werden muss, ist jeweils von der gegebenen Lage abhängig. So sind Evakuierungen aufgrund eines Kampfmittelfunds oftmals schon nach zwölf bis 24 Stunden beendet und die Einwohner können nach erfolgter Entschärfung in den evakuierten Bereich zurückkehren. Betrachtet man jedoch extreme Wetterereignisse und deren Auswirkungen, wie beispielsweise durch Starkregen verursachtes Hochwasser, ist eine Bereitstellung der Notunterkünfte über einen längeren Zeitraum oftmals zwingend notwendig. Beschädigte und/oder unbewohnbare Häuser und die fehlende Versorgungssicherheit der Einwohner mit Strom, Trinkwasser und Lebensmitteln lassen eine Rückkehr in den evakuierten Bereich auch nach dem Sinken des Wasserpegels nicht direkt zu. Auch die Freisetzung von Gefahrstoffen und die Kontamination des betroffenen Bereichs können die Rückkehr erheblich verzögern bzw. sogar komplett verhindern. Ein weiteres Beispiel ist die Unterbringung von Asylsuchenden in Erstaufnahmeeinrichtungen, insbesondere im Rahmen größerer Fluchtbewegungen, aktuelles Beispiel ist die Unterbringung von Asylsuchenden im Zuge der sog. *Flüchtlings-*

wellen in Erstaufnahmeeinrichtungen. Mangels direkt verfügbaren Wohnraums sind Städte und Gemeinden auch hier gezwungen, Menschen in Notunterkünften unterzubringen.

Praxistipp

Falls möglich, sollten die Verantwortlichen bereits zum frühestmöglichen Zeitpunkt abschätzen, für wie lange eine Notunterkunft bereitgestellt werden muss, und abwägen, welche für den jeweiligen Zeitraum am besten geeignet ist. Die Anforderungen an die Ausstattung und Einrichtung von Notunterkünften differieren mit der Aufenthaltsdauer der hilfsbedürftigen Personen. Idealerweise sind potenzielle Notunterkünfte im Gemeindegebiet bereits in den Notfallplänen vermerkt, sodass zwischen den bestehenden Optionen die passendste gewählt werden kann.

Ein maßgebender Faktor zur Sicherstellung der Qualität (Funktionalität, Komfort) einer Unterbringung von hilfsbedürftigen Menschen ist die *Vorlaufzeit* bis zum Eintritt des Schadensereignisses. So kann bei einer Evakuierung von einer sicheren Ablaufstruktur ausgegangen werden, welche zeitlich langfristig geplant wurde und Schritt für Schritt abgearbeitet werden kann. Im Vergleich zu einer zeitkritischen Räumung betroffener Gebiete, beispielsweise bei einem Kampfmittelfund oder der Explosionsgefahr eines Gefahrstofflagers in unmittelbarer Nachbarschaft, besteht also ausreichend Zeit, die Unterbringung von Betroffenen zu regeln und in die Tat umzusetzen. Planung, Durchführung und auch Rückführung bei einer Evakuierung sind bereits vorab festgelegt und folgen einem klar strukturierten Schema. Durch diesen zeitlichen Vorsprung kann deutlich detaillierter auf die Bedürfnisse und Wünsche der hilfsbedürftigen Personen eingegangen werden. Beispiele hierfür sind die Berücksichtigung religiöser Hintergründe bei der Essensplanung, die Bereitstellung von Spielsachen für Kinder oder aber auch die Unterbringung von mitevakuierten Haustieren in separaten Räumen. Die Erfahrung zeigt, dass zu evakuierende Personen ihre Haustiere generell nur sehr widerstrebend bis gar nicht alleine zurücklassen wollen. Es ist also dringend anzuraten, sich bereits in der Planungsphase mit der Unterbringung von Haustieren zu beschäftigen und dabei Tierheime bzw. Tierpensionen sowie das zuständige Veterinäramt mit einzubeziehen. Die Evakuierung, Versorgung vor Ort oder sogar die Vorbereitung von Notschlachtungen der landwirtschaftlichen Nutztiere sind hiervon differenziert zu betrachten.

Räumungsmaßnahmen sind in den meisten Fällen äußerst zeitkritisch zu betrachten und stellen daher hohe Anforderungen an alle beteiligten Stellen. Die Bedürfnisse und Wünsche der Betroffenen müssen in den Hintergrund rücken. Menschenleben und deren Erhalt stehen an oberster Stelle der Abwägung aller Schutzziele. Der Herstellung von Optimalbedingungen in den Notunterkünften und dem Luxus, sich beispielsweise um Haustiere zu kümmern, kann im ersten Schritt einer Räumung nicht mehr nachgekommen werden. In dieser Akutsituation ist der Anspruch an die Fähigkeiten der Mitglieder eines gemeindlichen Stabes und die der beteiligten Einsatzkräfte besonders hoch: Alle Maßnahmen müssen schnellstens in die Wege geleitet und zudem strikt koordiniert werden, damit keine Personen mehr im betroffenen Bereich verbleiben. Jedes zu räumende Objekt sollte mindestens zweimal kontrolliert und nach außen hin weit sichtbar mit einer Kennzeichnung versehen werden. Bei Maßnahmen mit einer flächenmäßig großen Ausdehnung kann es ratsam sein, diese Kennzeichnungen so anzubringen, dass sie auch aus der Luft beim Einsatz von Hubschraubern oder Drohnen erkennbar sind.

Je nach Anforderung an eine solche Unterbringung bedarf es also einer gründlichen Vorausplanung, um das Einsatzziel zu erreichen und zeitnah eine adäquate Notunterkunft zu realisieren, in der hilfsbedürftige Einzelpersonen, Familien und erkrankte bzw. pflegebedürftige Menschen jeglichen Geschlechts und Alters aufgefangen und untergebracht werden können und deren Grundversorgung realisiert werden kann. Zusätzlich kann auch eine Unterbringung von Haustieren und/oder Assistenztieren wie z. B. Blindenhunden nötig werden, wobei hier eine separate Berücksichtigung oftmals nur im Evakuierungsfall möglich ist.

Wie oben bereits aufgeführt, bestehen vielfältige Gründe für die Einrichtung einer Notunterkunft, die einen starken Einfluss auf die Anforderungen an die einzurichtende Notunterkunft bedeuten. Generell unterschieden werden können naturbedingte, technikbedingte und gesellschaftsbedingte Ursachen. Beispiele hierfür sind:

Naturbedingte Ursachen

- Erdbeben
- Hochwasser
- Schneefall (extrem)
- Bergbauschäden
- Sturm, Orkan, Tornado
- Unwetter
- Sturmflut (Seewetter)
- Waldbrand (natürliche Ursache)

Technikbedingte Ursachen

- Ausfall der Stromversorgung (Spannungsausfall)
- Ausfall der Gasversorgung (Heizungssysteme)
- Ausfall der Trinkwasserversorgung
- Ausfall der Abwasserversorgung
- Brandereignis (technische Ursache)
- Explosionen
- Störfall in Industriebetrieben

Gesellschaftsbedingte Ursachen

- atomarer Anschlag (ionisierende Strahlung)
- biologischer Anschlag (Bakterien, Viren)
- chemischer Anschlag (Atemgifte, Säuren, Laugen)
- Tierseuchen (Vogelgrippe, MUK-Seuche)
- Spannungs- und Verteidigungsfall (Kriegshandlungen)

Bei Betrachtung der unterschiedlichen Ursachen liegt die Schlussfolgerung nahe, dass nicht alle Gefahrenlagen in ihren Auswirkungen örtlich auf nur eine Gemeinde/Stadt beschränkt bleiben. Die Zusammenarbeit mit Nachbargemeinden zur Bereitstellung von Notunterkünften, im Rahmen einer überörtlichen Einsatzhilfe, sollte daher in die eigene Notfallplanung integriert und vorab mit Nachbarstädten/Kreisen besprochen werden.

2.6.1.1 Arten von Notunterkünften

Notunterkünfte lassen sich in unterschiedliche Kategorien einteilen: Die Zuteilung zur jeweiligen Kategorie hängt maßgeblich von der Vorlaufzeit zur Einrichtung der Unterkunft und der geplanten Unterbringungsdauer der Betroffenen ab.

Soforthilfe: geringe Aufenthaltsdauer der Betroffenen

Diese sog. Auffangeinrichtungen werden bei Ad-hoc-Lagen, also spontanen Bedrohungen für Leib und Leben der Einwohner, eingerichtet und bilden die erste Kategorie der Notunterkünfte. Sie zeichnen sich aus durch die schnelle Unterbringung möglichst vieler Betroffener in möglichst geringer Zeit und sind daher oftmals das effizienteste Mittel zur Betreuung bei Evakuierungsmaßnahmen. Hierzu zählen behelfsmäßig eingerichtete Zeltstädte oder Turnhallen, die auf jeglichen Komfort verzichten, nur wenig Privatsphäre bieten und meist für etwa 48 Stunden betrieben werden. Die Einbindung der bestehenden Systeme der Einsatzorganisationen (Betreuungstrupps) garantiert einen schnellen Aufbau, die zuverlässige Registrierung, medizinische Erstversorgung und die Erstverpflegung der Betroffenen in dieser Art von Notunterkunft. Diese sollten im Evakuierungsplan der Gemeinde also unbedingt vermerkt werden.

Übergangshilfe: mittlere Aufenthaltsdauer der Betroffenen

Die zweite Stufe der Notunterkünfte bilden die Durchgangslager: Diese werden oftmals in öffentlichen Gebäuden, wie Turnhallen oder Gemeindezentren, installiert und im Vergleich zu den Auffangeinrichtungen mit größeren Vorlaufzeiten geplant und eingerichtet. Hier kommen die Hilfsbedürftigen meist schon registriert und medizinisch erstversorgt an – jeweils abhängig davon, ob in der Vorstufe ausreichend Zeit und Personal verfügbar waren. Durch den größeren Vorlauf kann in den Durchgangslagern mehr Privatsphäre für die Hilfsbedürftigen geschaffen werden. Die Planung der Versorgung mit Hygieneartikeln und Kleidung sollte gemeinsam mit den örtlichen Betreuungstrupps der Einsatzorganisationen erfolgen, da diese in der Regel bereits über eigene Vorplanungen oder sogar Vorhaltungen verfügen. Auch die schon bestehende infrastrukturelle Anbindung an das Strom-, Wasser- und Abwassernetz bietet erhebliche Vorteile im Vergleich zu Notunterkünften der ersten Kategorie. Die Unterbringungsdauer differiert von einem Tag bis hin zu ca. zwei Wochen. Normalerweise sind diese Einrichtungen noch im Rahmen der kommunalen Möglichkeiten zu betreiben. Bei größeren Schadenslagen bzw. großen Situationen kann zudem auf die Unterstützung der Katastrophenschutzsysteme zurückgegriffen werden.

Wiederaufbau: langfristige Aufenthaltsdauer der Betroffenen

Die dritte Kategorie von Notunterkünften zeichnet sich durch die lange Bleibedauer der betroffenen Personen aus. So müssen nach einer Hochwasserlage zunächst alle beschädigten Gebäude instand gesetzt werden; die Bewohner können bis dahin jedoch nicht in ihre Häuser zurückkehren. Die Bereitstellung solcher Unterkünfte erfolgt i. d. R. durch die Anmietung von freien Wohnungen im Stadt- bzw. Gemeindegebiet oder durch Neubauten. Die Unterbringung ist hier über mehrere Monate, wenn nicht Jahre angelegt und soll daher auch relativ hohen Standards entsprechen; das Weiterführen eines normalen Lebens, bis zur Rückkehr in das betroffene Gebiet, sollte dadurch möglich sein. Zur Sicherung einer langfristigen Aufenthaltsdauer ist eine enge Zusammenarbeit mit der für Soziales zuständigen Organisationseinheit der eigenen Gemeinde erforderlich.

Das System der Notunterkünfte bildet, in allen drei Stufen, die betreuungstechnische Grundlage für hilfsbedürftige Einwohner in einer akuten oder auch längerfristigen Notsituation. Einwohner, die dieser Hilfe nicht bedürfen, können weitgehend selbstständig für ihre eigene Unterbringung (etwa bei Verwandten etc.) und ihre Verpflegung sorgen, was die Arbeit der Behörden und Hilfsorganisationen erheblich erleichtert. Die verantwortlichen Mitarbeiter der zuständigen Gefahrenabwehrbehörden sollten also großen Wert auf die Förderung der Selbsthilfefähigkeit und Notfallversorgung der Einwohner legen; dies kann durch regelmäßige Informationsabende und eine offene Risikokommunikation positiv beeinflusst werden.

2.6.1.2 Eignung von Objekten

Während eine große Halle bei kurzfristigen Ereignissen im Grunde ausreicht – beispielsweise bei der Räumung eines Stadtteils –, so sind die Anforderungen an Notunterkünfte bei geplanten und längerfristigen Aufenthalten der Betroffenen wesentlich höher. Daher ist es vorteilhaft, im Vorfeld für unterschiedliche Lagen die jeweils richtige Unterkunft bereits im Hinterkopf zu haben und im Evakuierungsplan zu vermerken. Im Folgenden werden ein paar Beispiele für potenzielle Notunterkünfte mit den jeweiligen Vor- und Nachteilen im Stadt- und Gemeindegebiet aufgezählt. Ausschlaggebend für die Eignung der Unterkunft sind hierbei die bereits vorhandene Ausstattung und Aufteilung der Räume, die infrastrukturelle Anbindung an Strom, Wasser und Abwasser und die Möglichkeiten zur Sicherung der bestmöglichen Hygiene.

Mehrzweckhallen

Das geläufigste Beispiel, das unter die Kategorie der Mehrzweckhallen fällt, sind Turnhallen. Diese sind schnell einzurichten, fassen eine hohe Personenzahl und verfügen i. d. R. über ausreichend Dusch- und Waschräume sowie Toilettenanlagen. Das bereits vorhandene Inventar dieser Mehrzweckhallen kann eher selten direkt im Betreuungseinsatz genutzt werden: So können beispielsweise Tische und Bänke, Spinde und Abtrennungen genutzt werden, um bestimmte Bereiche einzuteilen bzw. diese zu verkleinern. Für die Bewohner kann somit auch ein bestimmtes Maß an Privatsphäre geschaffen werden. Not- und Fluchtwege sind i. d. R. ebenfalls in ausreichender Zahl vorhanden und durch Piktogramme leicht zu finden. Die Ein- und Ausgänge dieser Art von Notunterkunft sind oftmals leicht zugänglich. Aus einsatztaktischer Sicht ebenso bedeutsam ist, dass Parkmöglichkeiten für Einsatzfahrzeuge jeglicher Art meist direkt in unmittelbarer Nähe zum Unterbringungsort bestehen und damit den Einsatzkräften die Versorgung mit Feldbetten, Nahrungsmitteln etc. wesentlich erleichtert wird. Ebenso ist so die Zufahrt von Transportmitteln der Evakuierung gesichert. Betroffene mit möglicher Gehbehinderung oder -unfähigkeit können so erheblich leichter zur Unterkunft transportiert werden.

Wie jede Art von Unterbringung hat auch die Betreuung der Betroffenen in Mehrzweckhallen bestimmte Nachteile, die es bei der Nutzung als Notunterkunft zu berücksichtigen gilt. So kann die Privatsphäre der Bewohner nur in begrenztem Maße hergestellt werden, die notwendige Infrastruktur für Verpflegung und Essensausgabe (Strom- und Wasserversorgung in bestimmten Bereichen der Notunterkunft) ist meist nicht ausreichend vorhanden und muss von den Einsatzkräften der Einsatzorganisationen bereitgestellt werden. Das vorhandene Inventar ist meist nur in begrenztem Maße geeignet, die Unterkunft einzurichten. Zudem erhöhen die oftmals mitgebrachten Habseligkeiten der Betroffenen die Brandlast der baulichen Anlage in nicht zu vernachlässigender Art und Weise. Die Bewohner nach Geschlechtern bzw. Familien und Einzelbewohnern zu trennen ist meist nicht möglich. Weitere Nachteile dieser Unterbringungsart sind der hohe Geräuschpegel und die meist schlechte Temperaturregulierung aufgrund der großen und weiträumigen Fläche. Ebenfalls problematisch zu beurteilen sind die begrenzten Möglichkeiten der Be- und Entlüftung der Mehrzweckhalle.

Generell ist in solch einer Art Notunterkunft der Hygiene ein hoher Stellenwert einzuräumen. Besonders wenn die Personengruppen seit geraumer Zeit unterwegs waren, können beispielsweise Läuse- oder Milbenbefälle (wie z. B. die meldepflichtige Krätze) in die Unterkunft eingeschleppt werden. Generell müssen alle Personen, welche in solch einer Einrichtung einquartiert werden, medizinisch betreut werden, um eine Querbelastung der Bewohner zu vermeiden. Gerade in Betreuungseinrichtungen, welche notdürftig eingerichtet werden müssen, kann ein übermäßiger Schädlingsbefall zu einem Problem werden. Zudem bilden warmfeuchte Bereiche, wie schlecht zu lüftende Schlafsäle, Nährböden für Pilze, Bakterien und Ungeziefer. Die Einrichtung von Isolierbereichen ist in Mehrzweckhallen oftmals nicht möglich und bedeutet eine hohe Ansteckungsgefahr – v. a. bei sog. *Infektionskrankheiten*.

Doch auch die Lebensmittelhygiene ist ein wichtiger Faktor, der trotz zeitlichen Drucks und beschränkter Möglichkeiten nicht außer Acht gelassen werden darf. So sind in solchen Unterkünften die Räumlichkeiten, in denen Nahrungsmittel gelagert oder zubereitet werden müssen, i. d. R. nicht dafür ausgelegt. Insbesondere die

Bodenbeschaffenheit (Mehrzweckböden in Hallen) kann i. S. d. Lebensmittelhygiene oftmals unzureichend geeignet sein. Durch fehlende Insektenschutzgitter o. Ä. gelangt auch Ungeziefer, wie z. B. Fliegen, leicht an die Nahrungsmittelvorräte.

Hinweis

Abschließend betrachtet, ist daher die Unterbringung von hilfsbedürftigen Personen in solchen Mehrzweckhallen, wie beispielsweise Turnhallen, ein gutes Mittel, um geringe Zeiträume zu überbrücken. Länger als 48 Stunden sollte solch eine Einrichtung i. d. R. jedoch nicht betrieben werden.

Grundschulen

Grundschulen bieten bereits mehr Möglichkeiten zur Unterbringung betroffener Personen: Die Trennung nach Geschlechtern, Familien und Einzelpersonen gestaltet sich, durch die einzelnen Klassenräume, sehr viel leichter; die Schaffung von Privatsphäre ist in erheblich höherem Maße möglich. Sozialräume können getrennt von den Schlafbereichen eingerichtet werden. Auch die einfachere Einrichtung von Verpflegungsbereichen (evtl. Nutzung von vorhandenen Schulkantinen) ist ein erheblicher Vorteil, welcher nicht unterschätzt werden sollte. Das vorhandene Inventar ist ebenfalls besser zur Nutzung im Betreuungsfall geeignet als das von Mehrzweckhallen. Durch die abgetrennten Räumlichkeiten bereitet die Einteilung von zusätzlichen Bereichen zur Unterbringung von beispielsweise erkrankten oder auch pflegebedürftigen Menschen geringere Schwierigkeiten. Sekretariat und Lehrerzimmer bieten zudem gute Möglichkeiten, eine Führungsstelle einzurichten, von der aus die logistischen und organisatorischen Aufgaben koordiniert werden können. Die bereits vorhandenen Kommunikationseinrichtungen bieten eine Grundausrüstung, welche nicht mehr organisiert werden muss. Auch bieten diese Räumlichkeiten eine Art Rückzugssort für die eingesetzten Helfer, da diese oft etwas abgelegener zu finden sind.

Auch die Außenanlagen sind i. d. R. verkehrssicherungstechnisch gut gestaltet und bieten weiteren Aufenthaltsraum für die Betroffenen. Solche zusätzlichen Nutzflächen sind im Unterbringungsfall nicht zu unterschätzen, denn die zusätzliche Möglichkeit zur freien Bewegung, außerhalb von stark genutzten Bereichen mit stets engem Kontakt zu meist unbekannten Menschen, kann dem sog. *Lagerkoller* erheblich vorbeugen und soziale Spannungen somit bereits vor ihrem eigentlichen Entstehen bekämpfen. Auch die bessere Anbindung an den ÖPNV bietet hierbei Möglichkeiten für die Bewohner, dieser Zwangssituation zu entgehen. Die Möglichkeit zur Beschäftigung der Bewohner mit Spielen o. Ä. kann solche Situationen zusätzlich entschärfen. Ausreichend Parkplätze sind i. d. R. vorhanden, um die logistischen Belange der Helfer zu gewährleisten.

Bei der Einrichtung einer Notunterkunft in Grundschulen ist nachteilig zu betrachten, dass die vorhandenen sanitären Einrichtungen ausschließlich für Kinder geplant und lediglich die Einrichtungen der Lehrer für Erwachsene geeignet sind. Auch Stühle und Tische sind meist nur in Kindergrößen gedacht und bieten wenige Möglichkeiten für Erwachsene. Zudem können Grundschulen (bzw. generell alle Schulräumlichkeiten) nur dann genutzt werden, wenn der Schulbetrieb eingestellt ist. Persönliche Besitztümer der Schüler müssen vorher umgelagert werden; darüber hinaus auch all das nicht benötige Equipment der Schule selbst.

Weiterführende Schulen: Sekundarstufe I und II

Die Vorteile von möglichen Unterkünften dieser Art sind weitgehend gleich mit denen der Grundschulen. Ein erheblicher zusätzlicher Vorteil ist jedoch, dass das Inventar nun nicht mehr auf kleinere Kinder abgestimmt ist, sondern auch auf junge Erwachsene, und somit voll einsatzfähig für erwachsene Bewohner der Unterkunft ist.

Nachteilig ist die Vielzahl an speziellen Kursräumen, welche in vielen Fällen nicht geeignet sind für die Unterbringung von Hilfsbedürftigen (bspw. Chemiesaal). Hinzu kommt, dass gerade in diesen Gebäuden die Klassenräume besonders gesichert sind – die Räume können zwar ohne Hürden verlassen werden, der Zutritt ist jedoch nur mit einem passenden Schlüssel möglich. Dies könnte dazu führen, dass zusätzliches Personal eingeplant werden muss, um beispielsweise die Schlafsäle permanent zugänglich zu machen. Des Weiteren erschwert die größere Ausdehnung der Schulanlage die Übersicht über den Einsatzort erheblich.

Hinweis

Nach Anpassung des Inventars von Schulen ist eine mittelfristige Unterbringung von Betroffenen in diesen Räumlichkeiten also durchaus möglich. Als Problematisch ist jedoch die Kollision mit dem Schulbetrieb zu betrachten.

Leer stehende Bürogebäude

Die Vorteile der Nutzung von leer stehenden Bürogebäuden ähneln denen der Schulen. Die Raumaufteilung (Großraumbüros ausgenommen) bietet auch hier positive Aspekte für die Unterbringung von Hilfsbedürftigen. Die infrastrukturelle Anbindung an Strom, Wasser und Abwasser ist i. d. R. bereits vorhanden und für eine schnelle Nutzung bereit.

Nachteilig zu betrachten ist, dass solche Räumlichkeiten oft nicht ganz dafür geschaffen sind, als Wohnbereiche genutzt zu werden. Notwendiges Inventar müsste bereitgestellt, Einbauküchen müssten evtl. installiert werden. Zudem sind Bürogebäude für den eigentlichen, ursprünglichen Zweck durch die zuständige Behörde genehmigt worden. Dies bedeutet, dass durch die Nutzung als Notunterkunft eigentlich eine genehmigungspflichtige Nutzungsänderung vorliegt, die durch die jeweilige Behörde zunächst bestätigt werden müsste. Ein weiterer Nachteil ist die meist isolierte Lage dieser Räumlichkeiten und die fehlende Möglichkeit, sich in Außenbereichen aufzuhalten (Industriegebiete).

Hinweis

Die notwendige Bausubstanz zur mittel- bis langfristigen Unterbringung von betroffenen Personen ist mit den leer stehenden Bürogebäuden also durchaus vorhanden, jedoch müssen auch hier weitere Maßnahmen (wie die Notwendigkeiten des vorbeugenden Brandschutzes i. S. einer Brandmeldeanlage oder einer Brandschutzwache) ergriffen werden, um den Anforderungen einer Notunterkunft gerecht zu werden.

Spezielle Notunterkunftsbauten

Die Vorteile solcher Bauten liegen auf der Hand: Durch ihre spezielle Planung und Einrichtung sind diese optimal auf die Bedürfnisse von hilfsbedürftigen Menschen zurechtgeschnitten. Nicht nur für Flüchtlinge, sondern auch für Obdachlose oder Betroffene aus der eigenen Region, welche ihr Heim verloren haben. Die längerfristige Aufnahme von Personen ist hier mit keinem weiteren Aufwand verbunden, der nicht idealerweise bereits beim Bau der Anlage in alle Überlegungen eingeschlossen wurde.

Praxistipp

Zusammenfassend kann betont werden, dass die Auswahl des jeweiligen Unterbringungsorts stark in Zusammenhang stehen sollte mit der geplanten Dauer der Unterbringung der betroffenen Personen. So kann eine Räumung vorübergehenderweise mit einer Notunterkunft der Stufe eins in einer Mehrzweckhalle überbrückt werden, wohingegen fehlender Wohnraum bspw. durch hochwassererzerstörte Häuser nur längerfristig in Notunterkünften der Stufe drei ausgeglichen werden kann.

2.6.1.3 Objekterkundung

Um zu wissen, welches Potenzial zur Unterbringung von Betroffenen an welchem Standort vorhanden ist, sollten die jeweiligen Objekte vorher genau überprüft werden. Nur durch die sorgfältige

Prüfung der infrastrukturellen Anbindung, der Räumlichkeiten, der Sanitäranlagen, des vorhandenen Inventars etc. (= Erkundung) kann abschließend beurteilt werden, welche Unterbringungsmöglichkeiten bereits vorherrschen und welche Potenziale ein Objekt, nach bestmöglicher Ausstattung im Einsatzfall, bietet. Die ausführliche Erkundung von Objekten sollte möglichst das im Bedarf maximale Unterbringungsszenario berücksichtigen, welches eintreten könnte.

Eine wichtige Grundlage für eine sachgerechte Objekterkundung ist der Einsatz geeigneten Personals, mit ausreichend Erfahrung und der vollen Entscheidungskompetenz für alle Angelegenheiten, die die Notunterkunft betreffen. Wichtig ist, hierbei auch Personen einzubinden, die bauliche und organisatorische Maßnahmen umsetzen bzw. diese in die Wege leiten können und auch dürfen. Zielführend ist es daher, die Vertreter der Genehmigungsbehörden, der Bauaufsicht, des Planungsamts, des Gesundheitsamts, des Sozialamts und die Verantwortlichen der Gefahrenabwehrbehörde der Gemeinde einzubinden. In dieses Planungsteam sollten zudem die Fachberater der Einsatzorganisationen einbezogen werden, da sich hier oftmals das praktische Wissen aus bisherigen Betreuungseinsätzen bündelt und in der Erkundungsphase bereits optimal eingebracht werden kann. Der DRK-Landesverband Nordrhein beispielsweise hat für diesen Zweck eine *Erkundungskiste* erarbeitet. In ihr findet man sechs Ordner, die gegliedert sind in die Bereiche Führung, Registrierung, medizinische Versorgung, soziale Betreuung, Verpflegung und Technik. Weitere Mitglieder des Erkundungsteams können bereits auch Firmen für evtl. notwendige Umbauten und der Hausmeister bzw. der Gebäudeverantwortliche mit bester Ortskenntnis sein.

Während des Erkundungsgangs sollten Skizzen und Fotos angefertigt werden, um das bereits vorhandene Inventar, die infrastrukturelle Anbindung mit allen Anschlüssen (evtl. wichtig für den Verpflegungstrupp), Anzahl und Ausstattung der Sanitäranlagen und die Räumlichkeiten in Plänen anzulegen. Damit können auch notwendige Änderungen am Objekt begründet bzw. später nachvollzogen werden. Gegen Ende einer jeden Erkundung sollte daher eine Sammlung von Informationen zusammengetragen worden sein, auf deren Basis möglichst viele Einsatzszenarien möglichst gut bewältigt werden können.

Die geltenden Bestimmungen und Verordnungen in der Arbeitsschutz-, Brandschutz- und Gebäudenutzungsverordnung, des Baurechts und die Aspekte der Gesundheitsvorsorge müssen mit in die Erkundung einfließen. Bei der Auflistung der Gegebenheiten dürfen die umliegenden Flächen dabei nicht außer Acht gelassen werden. Zusätzlich sollten hier ausreichende Ausleuchtungsmaßnahmen geplant werden. Nicht zuletzt ist bei der Erkundung einer potenziellen Notunterkunft die Nachbarschaft des Objekts über das Vorhaben zu informieren. Hier können einerseits wichtige Hilfen mobilisiert, aber auch Ärgernissen vorgebeugt werden.

2.6.2 Einrichtung

Muss im Ernstfall in kürzester Zeit eine Notunterkunft eingerichtet werden, so bietet es erhebliche Vorteile, bereits im Rahmen der Planung dafür zu sorgen, dass jederzeit ausreichend Material und Personal zur Verfügung steht bzw. schnellstmöglich organisiert werden kann. Bereits im Vorfeld muss also geklärt werden, von welcher Einsatzorganisation etc. wie viel an Gütern bzw. Personal in welcher Zeit zu erwarten ist. Neben den Einsatzorganisationen und ihren Betreuungskontingenten können hier beispielsweise auch ansässige Lebensmittelhändler, Bauern oder Metzger für die Versorgung mit Nahrungsmitteln in die Planung einbezogen werden. Generell gilt: Alles, was man selbst zum Leben braucht, sollte für einen Ersteinsatz vorgehalten werden. Ausschlaggebende Kriterien hierbei sind der Umfang der geplanten Unterbringung an Betroffenen und die Dauer. Es ist empfehlenswert, von einem kleinen Szenario bis hin zur Evakuierung eines gesamten Stadtteils für alle Szenarien einen Notfallplan mit den dazugehörigen Ansprechpartnern in petto zu haben.

Wichtig ist hier, dass im Ernstfall möglichst schnell und unbürokratisch an die jeweils benötigten Güter gelangt werden sollte. *Beschaffungsvollmachten*, also die Freigabe der Gemeinde für bestimmte Führungskräfte der Einsatzorganisationen, in solch einem

Fall auf Rechnung der Gemeinde einkaufen zu dürfen, können diese Hürden erleichtern. Kritisch dabei sollte jedoch stets hinterfragt werden, ob ausreichend Beschaffungsmöglichkeiten in einem möglichst weiten Radius vorhanden sind. Denn: Sollte das komplette Gemeindegebiet von einer Notlage betroffen sein, ist es ratsam, auf Versorgungsmöglichkeiten aus benachbarten Gemeinden zurückgreifen zu können.

Für folgende Güter könnten diese Fragen bereits vorab geklärt und die Ergebnisse in die Notfallplanung aufgenommen werden:

- Feldbetten
- Schlafsäcke
- Tische
- Stühle
- Spinde
- Kleidung
- Schuhe
- Hygieneartikel
- Spielsachen
- Babybetten
- Wickelmöglichkeiten (mit dazugehöriger Ausstattung)
- Decken
- Kissen
- Messebau-Wände (zur Abtrennung von Bereichen)
- Lebensmittel

Materialien wie Decken, Kopfkissen, Feldbetten sowie eine Grundausstattung an Hygieneartikeln für Männer und Frauen können für potenzielle Unterbringungsszenarien eingelagert werden und müssen aufgrund langer Haltbarkeitsdaten nur sporadisch überprüft werden. Hierfür bieten sich Lagerhallen oder Schiffscontainer an.

Die *Mittelbevorratung* zur primären Einrichtung und Aufrechterhaltung der Funktion einer Notunterkunft sollte in den Gemeinden selbst erfolgen. Bei mittelfristigen Versorgungslücken oder als Ergänzung kann auf die Landesvorhaltungen und Bevorratungen der Einsatzorganisationen zurückgegriffen werden, dies darf dabei aber nicht zur Planungsgrundlage der Bedarfsdeckung werden. Gerade bei Flächenlagen, die über das Gemeinde- oder Kreisgebiet hinausreichen, ist es unabdingbar, die Mittel zur Einrichtung einer oder mehrerer Notunterkünfte auch im Gemeindegebiet vorzuhalten und so seiner unmittelbaren Verantwortung als Gefahrenabwehrbehörde gerecht zu werden.

Hinweis

Im Bereich der Notunterkünfte und ihrer Einrichtung ist es also extrem wichtig, über alle notwendigen Informationen bereits vorab zu verfügen, um gerade bei geringer Vorlaufzeit die bestmöglichen Ergebnisse zu erzielen. Checklisten sind hierbei eine gute Gedankenstütze.

2.6.2.1 Mitwirkung von Einsatzorganisationen

Die Einsatzorganisationen, insbesondere diese, die über sog. *Betreuungs- und Verpflegungskomponenten* verfügen, bilden bei Unterbringungsszenarien einen professionellen und erfahrenen Ansprechpartner für die verantwortlichen Kräfte der Gemeinde. Die Einbindung von Fachberatern kann dabei erheblich helfen, auch im Bereich der Notunterkünfte *vor die Lage* zu kommen. Das Zusammentreten in Notfallgremien oder Arbeitskreisen, unter Federführung der Gemeinde, ermöglicht eine schnelle Abstimmung der notwendigen Maßnahmen, sodass alle Teilbereiche möglichst schnell mit ihrer jeweiligen Arbeit beginnen können. Das Konzept sollte an zentraler Stelle vorgehalten werden, um Hilfskräften, die zur Unterstützung aus anderen Gemeinden anreisen, möglichst schnell eine Einführung in die Situation zu ermöglichen.

Das eingesetzte Personal sollte über die weiteren Abläufe möglichst viele Informationen bekommen. Denn gerade bei den Einsatzkräften kommen die Fragen der Betroffenen an, die auch beantwortet werden sollten. Auch sollte das Personal flexibel auf plötzlich auftretende Probleme oder zusätzliche Aufgaben reagieren können. Es sollte möglichst unvoreingenommen zur politischen Lage stehen und idealerweise ein Grundverständnis für die jeweiligen Situationen mitbringen.

Etwaige Ansprechpartner für alle möglichen Eventualitäten sollten den Helfern bekannt sein – beispielsweise über eine Not-Telefonliste. Diese sollte die Telefonnummern der städtischen Ansprechpartner (ständige Erreichbarkeit – kein Festnetztelefon im nicht besetzten Büro), des Objektverantwortlichen bzw. des Hausmeisters, zuständiger Ärzte und Handwerker enthalten. Ebenso sollten die Telefonnummern der zuständigen Lebensmittel- und Wäschelieferanten aufgelistet werden. Optimalerweise sind auf dieser Telefonliste auch die jeweiligen Vertreter vorrangig untergebrachter Religionen bzw. die Erreichbarkeit eines Seelsorgers hinterlegt. Zudem sollten die Einsatzkräfte Zugang zu den Objektplänen haben.

Weitere wichtige Punkte sind die Gesundheitsvorsorge und der Infektionsschutz des eingesetzten Personals. Immer dort, wo viele Menschen – u. U. aus allen Ecken der Welt – zusammenkommen, erhöht sich auch die Gefahr von Infektionskrankheiten. Das Robert-Koch-Institut (RKI) gibt zum Schutz aktuelle Impfempfehlungen heraus. Da etwaiges Personal in den Unterkünften in einer Art Angestelltenverhältnis steht, ist es die Pflicht des Arbeitgebers, dafür zu sorgen, dass die Gefahr von Ansteckungen minimiert wird. Daher ist es wichtig, das eigene Personal weitestgehend zu schützen. Die Empfehlungen des Robert-Koch-Instituts können hier als Richtlinie dienen.

Ein ebenfalls nicht zu vernachlässigender Faktor ist die potenzielle Sprachbarriere. Gerade wenn vielsprachige Gruppen betreut werden müssen, liegt die größte Hürde in der Kommunikation. Häufig ist eine Basiskommunikation in englischer Sprache möglich, es muss jedoch davon ausgegangen werden, dass auch Menschen betreut werden müssen, die über keine Englischkenntnisse verfügen. Daher sind möglichst breite Sprachkenntnisse der Helfer von Vorteil. Wenn dies nicht der Fall sein kann, sollten Dolmetscher in den jeweils meistgesprochenen Sprachen zur Hilfe herangezogen werden, um die Anfänge in einer Notunterkunft zu begleiten. Schilder/Informationstexte und Verhaltensregeln (Hausordnung usw.) können somit in die jeweilige Sprache übersetzt werden, was das

Zusammenleben unter den Bewohnern erheblich vereinfacht. Es ist ratsam, Hausordnungen und Brandschutzordnungen bereits in den gebräuchlichsten Sprachen wie Englisch, Französisch, Spanisch, Arabisch, Russisch etc. vorzuhalten und in der Erkundungskiste zu archivieren. Darüber hinaus hat sich die Beschilderung der Notunterkünfte mit Piktogrammen etabliert.

2.6.2.2 Dokumentation

Auch im Notfall ist eine lückenlose Dokumentation der wichtigsten Vorgänge unverzichtbar, v. a. wenn die Einhaltung von geltendem Recht betroffen ist. So ist im Bereich der Verpflegungszubereitung und Essensausgabe eine Dokumentation der Hygienemaßnahmen unerlässlich. Auch das Einfrieren von Proben ist oftmals notwendig, um nachvollziehen zu können, ob die Verpflegung der Auslöser für potenzielle Keimbelastungen der Bewohner ist. Ebenso muss die Ausgabetemperatur von Lebensmitteln mittels Fernthermometer nicht nur überwacht, sondern rechtssicher dokumentiert werden. Das Gesundheitsamt führt gerade in diesem Bereich strikte Kontrollen durch.

Zudem sollten alle Untergebrachten nach einem festen Schema registriert und die Daten dem KAB/PASS (*Kreisauskunftsbüro/Personenauskunftsstelle*) gemeldet werden. Somit kann der Aufenthaltsort einer als vermeintlich vermisst geltenden Person schnell ermittelt werden.

Aus eher praktischen Gründen sollten der Verbrauch von Lebensmitteln und die Anzahl bereitgestellter Kleidungsstücke sowie Schuhe, Kinderspielsachen und Hygienesets dokumentiert werden, um abschätzen zu können, wie lange die Versorgung mit den vorhandenen Materialien noch möglich ist und wann mögliche Lieferanten für weitere Güter kontaktiert werden sollten.

2.7 Betreuung und Verpflegung

2.7.1 Planung und Umsetzung der Betreuung

Versetzt man sich in die Lage einer Person, die unmittelbar von einer drohenden Schadenslage oder einem bereits eingetretenen Schadensereignis betroffen ist, so scheint es äußerst nachvollziehbar, dass viele Betroffene durch solche Ereignisse traumatisiert sind. Denn nicht nur der potenziell körperliche Schaden führt hier zu einer hohen Belastung, sondern auch das Herausgerissen-Werden aus gewohnten Strukturen und Umständen. Die Ratlosigkeit, wie es nun mit dem eigenen Besitz und sich selbst weitergehen wird, und die Unterbringung in einer Notunterkunft und damit die ungewohnten und fremdartigen Abläufe können zu Beklemmung, Angstzuständen und Orientierungslosigkeit führen. Diese außergewöhnlichen Ereignisse und Strukturen könnten aber auch alte Traumata reaktivieren, da diese an vergangene Erlebnisse erinnern, z. B. an die Nachkriegssituationen durch die Weltkriege, wie sie ältere Einwohner bereits durchlebt haben.

Nicht jeder Betroffene verhält sich im Zuge solcher Ereignisse weiterhin zurechnungsfähig. Stark emotionale Reaktionen und für Außenstehende eventuell unlogisch scheinendes Verhalten sind in Notunterkünften daher keine Seltenheit. Es gilt für die Einsatzkräfte der Einsatzorganisationen, auch mit diesen Situationen zurechtzukommen. Kleinkinder, Jugendliche, ältere oder erkrankte Menschen benötigen, um in der neuen Umgebung zunächst Fuß zu fassen, oft noch mehr Unterstützung als andere Gruppen. Das Zusammenbringen von Menschen mit unterschiedlichsten Verhaltensweisen, differenziertesten Reaktionen und Meinungen in Bezug auf das Erlebte und Bevorstehende an einem Ort, welcher fremd und ungewohnt ist, bedarf der professionellen *Betreuung* durch qualifizierte Helfer, welche sich als große organisatorische und emotionale Herausforderung darstellt. Diese unterscheidet sich in drei verschiedene Bereiche:

- **Psychisch-soziale (psychosoziale) Betreuung,**
  welche speziell für Menschen gedacht ist, die krankheitsbedingt (im psychologischen Sinne) betreut werden müssen bzw. sich derzeit psychisch in einer instabilen bzw. kritischen oder außergewöhnlichen und/oder alleine nicht tragbaren Belastungssituation befinden.
- **Soziale Betreuung**
  beinhaltet die Versorgung und Betreuung der Hilfsbedürftigen in ihren Grundbedürfnissen. Hierzu zählt auch die Versorgung mit Nahrungsmitteln und Hygieneartikeln. Ebenso soll den Hilfsbedürftigen ein Ansprechpartner zur Seite gestellt werden, der ihnen bei der praktischen Bewältigung ihrer Angelegenheiten in der Notsituation hilft.
- **Medizinische Betreuung**
  Hier werden die leichten medizinischen Fälle betreut, die nicht unbedingt einen stationären Aufenthalt in einem Krankenhaus benötigen, insbesondere dann, wenn der Verbleib in der Notunterkunft in absehbarer Zeit auch wieder aufgehoben werden kann. Auch Notfälle, welche während einer Nutzung der Unterkunft auftreten, können hier erstversorgt werden. Steht nicht genügend ausreichendes Personal zur Verfügung, sollte die Versorgung von Notfällen dem kommunalen Rettungsdienst überlassen werden.

Durch die Anwendung der drei typischen Betreuungsmethoden kann auch in einer Notunterkunft wieder etwas Normalität einkehren. Durch feste und gesicherte Essenszeiten, Anlaufpunkte für Fragen und Sorgen, medizinische Hilfe und eine eigene Schlafstätte können die psychosozialen und psychischen Grundbedürfnisse der untergebrachten Personen in einer ersten Stufe befriedigt werden.

Die Gemeinde als örtlich zuständige Gefahrenabwehrbehörde ist hierbei primär gegenüber ihren hilfsbedürftigen Bürgern in die Pflicht genommen. Sie ist dafür verantwortlich, dass im Zuge ihrer Gefahrenabwehrmaßnahmen den jeweiligen Einwohnern die Möglichkeit geboten wird, solche Notlagen sicher zu überstehen. Wie bereits im Kapitel 2.4 erwähnt, sind nicht alle Betroffenen in der Lage, bei Verwandten oder Freunden Zuflucht zu suchen. Die Gemeinde ist also gerade in Bezug auf besonders hilfsbedürftige

Menschen, welche u. U. auch im Normalfall nicht mehr in der Lage sind, sich selbst zu versorgen, der erste Ansprechpartner für die sichere Unterbringung in Notunterkünften.

Ist die Unterbringung über einen längeren Zeitraum notwendig, so muss der in der Anfangsphase meist gleichartige Planungsansatz nach den spezifischen Bedürfnissen erweitert und ausgebaut werden. Oft werden in diesem Zuge auch die Ansprüche an die einzelnen Räumlichkeiten detaillierter (z. B. Einrichtung einer Spielecke, Lernbereiche für Schulkinder). Um diesen Vorgang zu erleichtern, können die potenziellen einzelnen *Bedarfsräume* bereits bei der Erkundung eines Objekts eingeteilt und deren notwendige Ausstattung und Einrichtung vorab festgehalten werden.

2.7.2 Betreuungskonzepte

Wie bereits erwähnt, können nicht alle Betroffenen bei Freunden oder Verwandten untergebracht werden, sondern bedürfen einer Unterbringung, Betreuung und Versorgung durch das staatliche Hilfeleistungssystem. Für diese Personen muss eine Möglichkeit geschaffen werden, Krisenzeiten sicher zu überstehen. In den einzelnen Bundesländern wurden hierzu verschiedene Konzepte erarbeitet, die häufig unter Einbindung modularer Strukturen der Einsatzorganisationen Verbände zur Betreuung einer größeren Personenanzahl aufgestellt haben. Voraussetzung für den erfolgreichen Einsatz dieser Verbände ist das Vorhandensein entsprechend geeigneter Objekte. In der Regel werden in solchen Verbänden Einheiten aus den Bereichen *Betreuungs- und Verpflegungswesen, medizinische Versorgung und technische Unterstützung* unter einer gemeinsamen Führungskomponente zusammengefasst. Der Einsatz ist nach einem Einsatzauftrag der Gemeinde grundsätzlich ad hoc möglich, allerdings existieren landesspezifisch festgelegte Vorlaufzeiten, zu denen insbesondere beim Einsatz überörtlicher Einheiten auch eine Anfahrtszeit berücksichtigt werden muss.

Hinweis

Generell bleibt es jedoch der jeweiligen Gemeinde vorbehalten, ein Konzept aufzustellen, das die Betreuung/Verpflegung der betroffenen Einwohner in ausreichendem Maße und unter Berücksichtigung der jeweiligen Lage sicherstellt. Die Zusammenarbeit mit solchen Betreuungseinheiten stellt hierbei eine Möglichkeit dar, auf qualifiziertes Personal und routinierte Abläufe zurückgreifen zu können.

Hinweis

Bei den Katastrophenszenarien der letzten Jahre zeigte sich vermehrt die Einbindung von sog. „Spontanhelfern“ (Einwohner, die sich selbst zur Mithilfe organisiert haben) als sehr sinnvoll und unterstützenswert. Mit diesen Helfern kann definitionsgemäß nicht vorher geplant werden, eine Vorüberlegung, in welche Strukturen (Ansprechpartner) und mit welchen Aufgaben diese in der Schadenslage eingebunden werden sollen, ist jedoch dringend zu empfehlen.

2.7.3 Planung und Umsetzung der Verpflegung

Die Betreuung von Einwohnern ist immer dann wichtig, wenn nicht alle betroffenen Personen in der Lage sind, ihre Unterkunft und Versorgung selbst zu organisieren. Diese Personengruppen, Familien und Einzelpersonen gilt es dann, einem sicheren Bereich in einer Notunterkunft zuzuweisen. Selbst bei kurzen Unterbringungszeiten von bis zu vier Stunden sollten bereits Getränke an die Betroffenen ausgegeben werden. Falls die Unterbringung länger als vier Stunden dauern sollte, muss neben der Verpflegung mit Getränken auch eine Verpflegungsausgabe mit Warmspeisen erfolgen. Die Erfahrung zeigt, dass die sichere und regelmäßige Versorgung mit Nahrung und Getränken den Alltag in einer Notunterkunft erheblich strukturiert und zu einer positiveren Grundstimmung beiträgt. Der

Verpflegungsbedarf wird auch von der Zeit der Evakuierung abhängen. Es kann angenommen werden, dass bei einer Evakuierung am späteren Abend eher seltener mit einem Bedarf an Warmverpflegung nach vier Stunden gerechnet werden kann. Bei einer Evakuierung am späten Nachmittag hingegen dürften bereits vor dem Zeitraum von vier Stunden Verpflegungsanforderungen der Betroffenen zu erwarten sein.

Praxistipp

Ein Mangel im Bereich der Verpflegung sollte also dringend vermieden werden; eine Planung mit Überschuss ist hierbei im Zweifel einer exakten Planung, mit evtl. zu geringen Mengen, vorzuziehen. Ohne eine bewusste Ressourcenverschwendung betreiben zu wollen gilt hier zum Schutz der Betroffenen der Grundsatz *„Haben ist besser als Brauchen“*.

Dies gilt im Übrigen nicht nur für die Betroffenen, sondern im Grunde auch für alle Helfer. Hungernde Helfer sind bei Weitem nicht so leistungsfähig, wie sie für den Einsatz in Notunterkünften sein müssten. Berücksichtigt werden muss auch, dass die Helfer, je nach Einsatzort in der Unterkunft und je nach Stärkegrad der persönlichen Belastungssituation, einen enormen Bedarf an Kalorien und Getränken entwickeln können. Dies sollte bei der Planung der Verpflegung unbedingt berücksichtigt werden.

Die *Verpflegungsausgabe* ist eine nicht zu unterschätzende Einrichtung der Notunterkunft. An dieser Stelle werden den Betroffenen die zubereiteten Nahrungsmittel übergeben; geltende Hygienevorschriften sind hierbei zwingend einzuhalten. Eine schnelle Ausgabe ohne große Warte- und Verzögerungszeiten, ist für die strukturierte Essensverteilung unerlässlich. Evtl. können in einer Notunterkunft mehrere Ausgabestellen parallel aufgebaut werden, um die Wartezeiten zu verkürzen. So müssen auf ca. 1.000 Personen drei Ausgabestellen geplant werden. Wie viele Ausgabestellen konkret in einer Notunterkunft aufgebaut werden sollten, bestimmt sich aus der Zahl der Verpflegungsteilnehmer, der zur Verfügung stehenden Zeit, der Zahl der vorhandenen Einsatzkräfte, dem zur Verfügung stehenden Material und den zur Verfügung stehenden Räumlichkeiten für die Essensausgabe und die Einnahme der Mahlzeiten und muss an jede Unterkunft und Situation einzeln angepasst werden. Jedoch sollte die Nahrung beim Transport zur Ausgabestelle nicht erkalten oder unhygienischen Umständen ausgesetzt werden. Zudem sollte darauf geachtet werden, Portionen in ausreichender und immer gleichen Größe zu verteilen. Bereits vorab sollten bestimmte *Ausgabereihenfolgen* (Kinder und Mütter, ältere Menschen, kranke Menschen etc.) allen Betroffenen bekannt gegeben und um Verständnis gebeten werden. Überschüsse sollten ebenfalls nach dem Kriterium der Bekanntgabe ausgegeben werden. Bei Bedarf muss die Ausgabe von Diät- oder Schonkost an gesonderten Ausgaben erfolgen; diese sollten daher bei der Planung unbedingt berücksichtigt werden.

Die Ausgabestelle an sich sollte in ihrer Form den räumlichen Gegebenheiten angepasst werden. Jedoch sollte jeder zu Verpflegende diese einzeln passieren müssen und eine ordentliche Schlangenbildung in eine Flussrichtung möglich sein. Die Zulieferwege zur Versorgung mit Nachschub sollten sichergestellt und frei begehbar sein. Ist dies nicht möglich, kann die Ausgabe während der Belieferung gesperrt werden. Die Ausstattung der Ausgabestelle sollte es ermöglichen, die hygienespezifischen Anforderungen zu erfüllen. Grundlegend ist hierbei u. a. die Bereitstellung von Müllbehältnissen, Handschuhen, Reinigungsmaterial und die Möglichkeit für die Einsatzkräfte, sich die Hände zu waschen. Als notwendige Materialien für den Betrieb der Ausgabestelle gelten u. a. Besteck, Teller (je nach Gericht) und Trinkgefäße.

Oftmals bietet es sich an, sog. *Essenskarten* an die zu Verpflegenden auszuhändigen. Dies ermöglicht eine bessere Kontrolle der ausgegebenen Portionen, verhindert Tumulte an den Ausgabestellen durch die sichtbar gleiche Versorgung der untergebrachten Personen und strukturiert die Essensausgabe erheblich.

Hinweis

Wie und in welcher Anzahl konkret eine Essensausgabe in der jeweiligen Notunterkunft aufgebaut werden sollte, hängt maßgeblich von den o. g. Faktoren ab. Die Betreuungstrupps der Einsatzorganisationen stellen hierbei äußerst kompetente Ansprechpartner für die verantwortlichen Mitarbeiter der Städte und Gemeinden dar.

2.7.4 Betreuung von Einsatzkräften

Neben der Betreuung betroffener Personen hat auch die ausreichende Betreuung der eingesetzten Einsatzkräfte große Auswirkungen auf den Einsatzerfolg und die langfristige Sicherung der Einsatzbereitschaft. Grundsätzlich kann davon ausgegangen werden, dass die Einheiten des Katastrophenschutzes für einen autarken Betrieb in den ersten Stunden des Einsatzes ausgelegt sind. Bei längerfristigen Einsätzen ist eine Verpflegungsversorgung der eingesetzten Einsatzkräfte erforderlich. Weitestgehend kann hier auf die Planungen der Versorgung von Betroffenen zurückgegriffen werden. Es ist jedoch davon auszugehen, dass eine Ausgabelogistik mit Essenskarten für die Verpflegung der Einsatzkräfte nicht erforderlich ist.

Die Ausgabe der Verpflegung an Einsatzkräfte sollte nach Möglichkeit innerhalb von Bereitstellungsräumen erfolgen, um eine sichere Trennung von der Einsatzstelle zu ermöglichen und den Helfern gleichzeitig eine abgeschirmte Pause zu ermöglichen. Hierzu muss eine entsprechende Personalplanung erfolgen, um den Weiterbetrieb der Gefahrenabwehrmaßnahmen zu gewährleisten. In einzelnen Fällen kann es erforderlich sein, dass die Verpflegung von Einsatzkräften an der Einsatzstelle erfolgen muss. Dabei muss die notwendige Logistik geplant werden und es sollte angestrebt werden, den Einsatzkräften im sicheren Umfeld der Einsatzstelle geschützte Sitzgelegenheiten (z. B. in einem Zelt) zur Verpflegungsaufnahme sowie mobile oder bauliche Sanitäranlagen zur

Verfügung zu stellen. Aufgrund der häufig nicht vorhandenen Infrastruktur an Einsatzstellen müssen Planungen getroffen werden, wie auch bei Verpflegungsausgaben in der Nähe von Einsatzstellen die erforderlichen Hygienemaßnahmen eingehalten werden können und auch den Einsatzkräften bspw. eine Handreinigung vor der Nahrungsaufnahme ermöglicht werden kann.

2.7.5 Planung von Betreuungsszenarien

Die Einrichtung einer für alle betroffenen Personen passgenauen Notunterkunft ist oftmals nicht möglich. Viel eher sollen Notunterkünfte über einen bestimmten Zeitraum die Grundbedürfnisse nach einem Dach über dem Kopf, Nahrung und einem warmen Schlafplatz sicherstellen. Wird aber ein gewisses Maß an Vorplanung durch die Gemeinde in Zusammenarbeit mit dem o. g. Personenkreis investiert, so kann die Qualität der Notunterkunft erheblich verbessert und die Vorlaufzeit auf ein Minimum reduziert werden. Folgende Punkte sollten dabei mindestens durch die verantwortlichen Personen geprüft werden:

Ausstattung der Unterkunft

- Auswahl einer geeigneten Liegenschaft
- Aufbesserung/Anpassung von vorhandenen, infrastrukturellen Anschlüssen (zusätzliche Frischwasser- und Abwasserleitungen)
- Evtl. Bereitstellung von Toiletten- und Duschwagen
- Unterteilungselemente für Wohnparzellen (Messebauer)
- Schutzmaßnahmen für Hallenböden
- Feldbetten, Decken und Kopfkissen
- Nutzbares Mobiliar (Tische, Stühle, Bänke)
- Informationsschilder in verschiedenen Sprachen (ggf. Dolmetscher und Kontakte zu den verschiedenen Glaubensrichtungen)

Verpflegung/Betreuung

- Küchenmaterial für die Verpflegungsausgabe (Wasserkocher, Kaffeemaschinen, Warmhaltebehälter, Kühlschränke, Schneidbretter, Küchenmesser, Handzangen, Geschirr)
- Spülmöglichkeiten

- Absprache mit Krankenhausküchen/Caterern und Getränkelieferanten
- Kaltverpflegungen (morgens und abends)
- Warmverpflegung (mittags)
- Grundversorgung mit Mineralwasser, Tee, Kaffee, Milch/Kakao
- Informationsschilder und Systeme in verschiedenen Sprachen (ggf. Dolmetscher) und Kontakte zu den verschiedenen Glaubensrichtungen
- Bekleidung (Supermarkt/Bekleidungsketten/Kleiderkammern)
- Personal zur Kinderbetreuung

Hilfskräfte/Einsatzlogistik

- Geeignetes, eingewiesenes Personal zum Errichten und Betreiben (ggf. mit Unterstützung durch Einheiten des Katastrophenschutzes)
- Möglichkeit zur Verwaltung und Logistikdokumentation
- Räumlichkeiten und Rückzugsorte für Hilfskräfte und eigenes Personal
- Herstellung einer unabhängigen bzw. zusätzlichen Kommunikation
- Konkrete Verteilung von Aufgaben
- Notfallnummernliste (Ärzte/Hausmeister/verantwortliches Personal der Verwaltung)

Sicherheit/Hygiene

- Bevorratung von Hygienepacks für Frauen/Männer/Kinder/Säuglinge
- Reinigungs-, Hygiene- und Desinfektionsmittel
- Brandsicherheitswachen/Sicherheitsdienste

2.8 Eigene Betroffenheit der Behörde

Verschiedene Schadensereignisse können direkte oder indirekte Auswirkungen auf die Verwaltung der eigenen Gemeinde haben. Als Teil des staatlichen Verwaltungssystems muss die Gemeinde auch während Schadensereignissen unbedingt handlungsfähig bleiben, um damit zur Inneren Sicherheit in Deutschland beizutragen und das Vertrauen der Bevölkerung in die staatlichen Institutionen zu sichern.

2.8.1 Grundlegende Vorbereitung

Es ist davon auszugehen, dass bei größeren Schadensereignissen keine vollständige Fortführung aller Tätigkeiten einer Behörde gewährleistet werden kann. Gründe hierfür können bspw. Einschränkungen in der notwendigen Infrastruktur oder fehlende Personalressourcen sein. Während des Vorhandenseins größerer Schadenslagen ist damit zu rechnen, dass bestimmte Prozesse innerhalb der Behörde eine temporäre Verringerung ihrer Relevanz erfahren, während in anderen Bereichen mit einem erhöhten Arbeitsaufkommen und damit auch mit einem erhöhten Personalbedarf zu rechnen ist, der möglicherweise sogar die im Normalbetrieb verfügbaren Ressourcen überschreitet.

Um angemessen auf die veränderten Anforderungen der Bevölkerung an die Gemeinde reagieren zu können, ist eine vorherige Priorisierung der Behördenprozesse erforderlich. Dabei muss die Bewertung der Prozesse unbedingt unter Mitwirkung der Verwaltungsführung erfolgen. Auch eine Einbindung der Kommunalpolitik bei der Beschlussfassung kann je nach örtlichen Strukturen mögliche Konflikte minimieren. Eine Differenzierung der Prioritäten nach verschiedenen Schadensszenarien sollte erwogen werden. Auf der Basis der erarbeiteten Prioritätenlisten kann der Stab der gemeindlichen Gefahrenabwehr im Ereignisfall schnelle Entscheidungen über die notwendigen Handlungsschritte in der eigenen Behörde treffen. Ebenfalls herrscht durch die Priorisierung Klarheit darüber, aus welchen Prozessen Mitarbeiter zur personellen Verstärkung besonders herausgeforderter Organisationseinheiten herangezogen werden können. Die erstellten Priorisierungen können auch abseits umfangreicher Schadenslagen bei größeren Personalausfällen als Entscheidungshilfe genutzt werden.

Planungen der Personalverfügbarkeit werden immer mit großen Unsicherheiten behaftet sein. Dennoch sollte versucht werden, in regelmäßigen Abständen ein Lagebild über die persönlichen Rahmenbedingungen der Mitarbeiter zu erlangen, um eine Abschätzung über deren Verfügbarkeit im Schadensfall vornehmen zu können. Dabei sind Faktoren wie außerberufliche Verpflichtung (Pflege von Angehörigen, Kinderbetreuung etc.), ehrenamtliche Tätigkeit in einer Einsatzorganisation oder Distanz des Wohnorts zur Arbeitsstätte relevant. Zur Vorbereitung auf mögliche Versorgungsmangellagen ist ebenso die Ermittlung der Kraftstoffart, sowie des gemittelten Kraftstoffverbrauchs der eingeplanten Mitarbeiter sinnvoll. In einer solche Lage werden die Mitarbeiter die Mangelressource Kraftstoff für ihre privaten Fahrzeuge nur für dienstliche Zwecke aufwenden, wenn die Versorgung sichergestellt ist. Weitere Aspekte können nach lokaler Beurteilung ebenfalls eine große Relevanz aufweisen. Weiterhin sollte darauf hingewirkt werden, dass bei Krisenereignissen Arbeitszeiten außerhalb der regulären arbeitsvertraglich festgelegten Zeiten möglich sind. Hier ist zum einen eine Sensibilisierung der Mitarbeiter, zum anderen aber auch die Schaffung entsprechender Vereinbarungen erforderlich.

2.8.2 Mögliche Szenarien

Im Bereich der eigenen Betroffenheit der Behörde erscheint es sinnvoll, abseits der weiteren szenarienorientierten Planung drei Szenarien in die allgemeine Planung einzubeziehen. Grundsätzlich sollten für diese Vorplanung auf jeden Fall die Szenarien Spannungsausfall, Ausfall der IT-Infrastruktur sowie Ausfall von Verwaltungsgebäuden berücksichtigt werden.

2.8.2.1 Spannungsausfall

Der Ausfall der Spannungsversorgung hat neben großen Handlungsbedarfen in der Gefahrenabwehr auch eine starke eigene Betroffenheit der Behörde zur Folge. Die Möglichkeit des Weiterbetriebs der Verwaltungsprozesse hängt neben den verfügbaren personellen Ressourcen auch von den technischen Möglichkeiten ab. Können nicht alle Arbeitsplätze über eine Notstromversorgung weiterbetrieben werden, so müssen die Behördenprozesse hinsichtlich der erfolgten Priorisierung eingeschränkt werden. Je nach räumlichen Voraussetzungen kann es auch notwendig sein, relevante Prozesse in einzelnen Objekten oder Gebäudeteilen zu zentralisieren. Bei einer vorhandenen Notstromversorgung der IT-Technik kann zumindest der Zugriff auf lokal verfügbare Ressourcen weiter erfolgen. Häufig sind Behördenprozesse jedoch abhängig von zentralen Rechenzentren, auf die durch Ausfälle der Netzinfrastruktur häufig kein Zugriff mehr erfolgen kann. Daher ist es elementar, dass unbedingt notwendige Prozesse so resilient gestaltet werden, dass sie auch ohne externe IT-Infrastruktur weiter abgearbeitet werden können. Insbesondere die zur unmittelbaren Gefahrenabwehr notwendigen Ressourcen müssen im bestmöglichen Rahmen verfügbar bleiben.

Bei einem flächendeckenden Spannungsausfall ist auch mit einer stark verringerten Personalverfügbarkeit zu rechnen. Im Rahmen der vorbereitenden Abfragen kann zumindest eine grundlegende Planbarkeit gegeben werden, deren Genauigkeit sich jedoch nicht prognostizieren lässt. Zur Erhöhung der Personalverfügbarkeit sollte angestrebt werden, die Arbeitsmöglichkeit für die Beschäftigten möglichst attraktiv zu gestalten. So können bspw. eine Kindernotbetreuung eingerichtet werden, Lebensmittel zur Verfügung stehen oder eine Beheizung des Gebäudes bei entsprechenden Wetterlagen ermöglicht werden.

2.8.2.2 Ausfall der IT-Infrastruktur

Insbesondere durch Cyberangriffe, wie sie in den vergangenen Jahren vermehrt auch in öffentlichen Verwaltungen oder Einrichtungen der kritischen Infrastruktur erfolgt sind, kann es zu einem vollständigen Ausfall der IT-Infrastruktur kommen. Neben der allgemein notwendigen Forcierung von IT-Schutzmaßnahmen müssen Planungen zum Vorgehen bei Feststellung eines Cyberangriffs gegen die eigene Behörde getroffen werden. Aufgrund der großen Betroffenheit aller Organisationseinheiten ist es unbedingt erforderlich, den gemeindlichen Stab einzuberufen. Insbesondere für notwendige Sofortmaßnahmen sollten Checklisten geschaffen werden. Gute Hilfestellungen kann hierzu das Bundesamt für Sicherheit in der Informationstechnik bieten.

Auch aus weiteren Gründen kann es zu einem Ausfall wichtiger IT-Systeme kommen. Insbesondere die physische Beschädigung oder Zerstörung der Systemkomponenten durch Schadensereignisse oder Sabotage am Standort muss bedacht werden. Aus diesem Grund ist eine Sicherung wichtiger Daten immer auch an verschiedenen Orten zu lokalisieren, um gleichzeitige physische Schadensereignisse möglichst auszuschließen.

Durch den möglichen Ausfall aller IT-Prozesse sind Planungen zur alternativen grundlegenden Sicherung der Arbeitsfähigkeit auch ohne IT-System erforderlich. Die entsprechende Vorplanung sollte der zuvor erfolgten Priorisierung der Behördenprozesse folgen. Prozesse von herausragender Bedeutung, wie Systeme der unmittelbaren Gefahrenabwehr, müssen mit besonderen Schutzmaßnahmen vor Angriffen von außen geschützt werden. Dennoch kann auch bei besten Schutzmaßnahmen eine absolute Sicherheit nicht gewährleistet werden, sodass zusätzliche Planungen für den Ausfall der Systeme bestehen müssen. Eine weitergehende Betrachtung der notwendigen Vorbereitungen erfolgt in Kapitel: 2.8.3.2 Informationssicherheitsmanagement.

2.8.2.3 Ausfall von Gebäuden

Durch verschiedene Schadensereignisse kann es zum Ausfall von Verwaltungsgebäuden oder sonstigen Einrichtungen der Gemeinde kommen. Während bspw. Überflutungen häufig zu einer temporären Beeinträchtigung der Gebäudenutzung führen, können auch vollständige Gebäudeausfälle, z. B. durch Unfälle bei benachbarten Baustellen oder Kampfmittelfunden, nicht ausgeschlossen werden. Neben der direkten Betroffenheit der im jeweiligen Gebäude lokalisierten Prozesse können sich weitere Auswirkungen ergeben. Neben den im vorherigen Unterabschnitt bereits beschriebenen möglichen Auswirkungen auf die IT-Infrastruktur können auch im Gebäude gelagerte Papierakten bei Schadensereignissen vernichtet werden, sodass die digitale dezentrale Sicherung aller Daten angestrebt werden sollte.

Durch einen Gebäudeausfall ist über einen längeren Zeitraum mit dem Ausfall von Arbeitsplätzen zu rechnen. Anhand der erarbeiteten Prozesspriorisierung kann auch abgeleitet werden, welche Prozesse dringend an alternativen Standorten fortgeführt werden müssen. Insbesondere bei Prozessen ohne persönlichen Kontakt mit der Bevölkerung kann die Förderung von mobilem Arbeiten zu einer deutlichen Entspannung des Platzbedarfs beitragen. Möglicherweise können zur Fortführung von Prozessen auch sonstige Verwaltungsgebäude genutzt werden, wenn die originär darin beschäftigten Mitarbeiter im Rahmen der Möglichkeiten mobil tätig werden können (mobiles Arbeiten).

Weiterhin kann eine Nutzung für absehbare Zeiträume auch ohne direkten Schaden eingeschränkt oder sogar unmöglich sein. Beispiele hierfür können Evakuierungen aufgrund von Kampfmittelentschärfungen oder polizeiliche Lagen mit eigener Betroffenheit wie Bombendrohungen sein. In solchen kurzfristigen Lagen erscheint eine Stilllegung des Tagesgeschäfts der Gemeindeverwaltung für den Zeitraum der Lage als vertretbar. Dennoch müssen auch in diesen Fällen Planungen zum Weiterbetrieb der Gefahrenabwehr getroffen werden. So ist es erforderlich, dass Stäbe der Gefahrenabwehr auch Ausweichstandorte nutzen können. Dabei erscheint es in den meisten Fällen als wirtschaftlich nicht vertretbar, eine vollständige Redundanz der Stabsräumlichkeiten auf der Ebene kreisangehöriger Gemeinden zu schaffen. Dennoch sollten Vorplanungen bestehen, wie auch beim Ausfall des regulären Stabsraums ein mindestens rudimentärer Weiterbetrieb möglich ist. Für die Planungsverantwortlichen ist es von entscheidender Bedeutung in der Dokumentation den Nachweis erbringen zu können, dass Redundanzen und Ausweichstandorte zumindest geprüft und deren Nutzungsmöglichkeiten abgewogen wurden.

2.8.3 Entwicklung von Schutzmaßnahmen

In einer sich immer dynamischer entwickelnden Bedrohungslage für Behörden in Deutschland ist es unerlässlich, mögliche Gefahren und Entwicklungen stets im Blick zu behalten und sich entsprechend vorzubereiten. Blinder Aktionismus in Verbindung mit der Installation von rein technischen Sicherheitsmaßnahmen ist nicht zielführend. Es gilt, im Vorfeld von Maßnahmen zur Umsetzung zu ermitteln, mit welchen Gefahren man es in welchen Bereichen der Behörde zu tun hat und wer die möglichen Bedrohungsakteure sind. Erst mit diesem Wissen ist eine effektive Sicherheitsplanung zum Schutz der Mitarbeiter sowie der Liegenschaft überhaupt möglich.

2.8.3.1 Bedrohungsmanagement

Im Bedrohungsmanagement werden u. a. Instrumente, Abläufe und wirksame Maßnahmen implementiert, um ein Frühwarnsystem für die Organisation und die Mitarbeiter zu schaffen. So können potenziell gefährliche Entwicklungen und bedrohliches Verhalten präventiv und frühzeitig analysiert und entschärft werden, bevor es zu einer Eskalation kommt. Neben der Identifikation von Risiken und der Bewertung von Bedrohungen im Rahmen eines Bedrohungsmanagementsystems für die Behörde sind bauliche und organisatorische Maßnahmen sowie Maßnahmen- und Ablauf-Pläne zu erstellen, um im Bedrohungsfall reagieren zu können. Ein Bedrohungsmanagementsystem fungiert als Frühwarnsystem und warnt rechtzeitig vor gefährlichen Entwicklungen, welche auf die Organisation einwirken können.

Des Weiteren ist es wichtig, einen Überblick über Bedrohungsakteure zu erlangen, um Kenntnis zu haben: *„Wer könnte eine Bedrohung für unsere Organisation darstellen?“* An dieser Stelle ist z. B. die Implementierung eines bereichsübergreifenden Fallmanagements zu nennen, sodass die Mitarbeiter im Bereich X bei einem Termin informiert sind, dass eine bestimmte Person zu einem früheren Zeitpunkt bereits im Bereich Y auffällig gewesen ist. Denn so können gemäß den getroffenen Vorplanungen entsprechende Schutzmaßnahmen durchgeführt werden. Von enormer Wichtigkeit ist es ebenfalls, mögliche geopolitische Veränderungen im Blick zu behalten, die – auch langfristig – Auswirkungen auf die Organisation haben können. Es empfiehlt sich hier, die Veränderungen in einem permanenten und regelmäßig fortzuschreibenden Lagebild darzustellen und deren Auswirkungen zu bewerten (Monitoring von möglichen Entwicklungen und Bedrohungen).

Bestandsanalyse/Gefährdungsbeurteilung im Objekt

Der erste Schritt zur Erstellung und Einführung eines Sicherheitskonzepts für Bedrohungslagen ist die Durchführung einer Bestandsanalyse am Objekt. Dabei sind Vorfälle zu analysieren, die in der Gesamtorganisation stattgefunden haben, um ein aktuelles Lagebild zu erstellen. Die Ermittlung der bisher stattgefundenen Vorfälle ist die Grundlage zur Bewertung von Bedrohungen und bedingt die Notwendigkeit von angepassten Maßnahmen. Bei der Durchführung einer Gefährdungsbeurteilung sind alle Bereiche, Abteilungen und Tätigkeiten zu analysieren und auf die Schwachstellen zu prüfen, in denen ein Potenzial für Bedrohungen und/oder Übergriffe gegeben ist. Grundsätzlich ist immer in den Bereichen eine Gefährdungsbeurteilung durchzuführen, in denen Tätigkeiten mit Publikumsverkehr gegeben sind wie beispielsweise Bürgerbüros, Sozialämter, Finanzämter, Ausländerbehörden etc. Auch hier dient die genannte Bestandsanalyse als Basis, um Gefährdungen frühzeitig identifizieren zu können. Eine Risikobewertung der identifizierten Gefährdungen, in welcher Schadensschwere und Wahrscheinlichkeit gegenübergestellt werden, dient dann in der weiteren Bearbeitung auch der Prioritätensetzung bei der Implementierung von geeigneten Maßnahmen.

Im Fokus stehen Bereiche oder Tätigkeiten, in welchen es in der Vergangenheit bereits zu bedrohlichen Vorfällen gekommen ist. Hierbei sind nicht nur Ereignisse mit physischen Verletzungen der betroffenen Mitarbeiter zu berücksichtigen, sondern insbesondere auch die psychischen Auswirkungen, welche sich bis hin zu Langzeitfolgen entwickeln können. Diese müssen vorrangig behandelt werden und gegebenenfalls auch mit Sofortmaßnahmen belegt werden, z. B. die Bereitstellung eines professionellen Sicherheitsdienstes. Bei der Entwicklung von Maßnahmen (technisch, baulich, organisatorisch und personell) sind die Rahmenbedingungen jedes einzelnen Gebäudes zu berücksichtigen. Es gibt keine Musterlösung, die auf jedes Objekt anwendbar ist. Wichtig ist an dieser Stelle die Einbeziehung der örtlichen Polizeibehörde, die meist auch Fachberater für den passiven Objektschutz vorhält. Es empfiehlt sich bereits in der Vorplanung von technischen oder personellen Maßnahmen, die datenschutzrechtlichen Belange zu berücksichtigen. Darüber hinaus sollten der Personalbereich und im Besonderen die Gremien der betrieblichen Mitbestimmung (Personalrat, Betriebsrat, Schwerbehindertenvertretung) sowie sicherheitsrelevante Stellen (die Fachkraft für Arbeitssicherheit, die Fachstelle für Betriebsmedizin etc.) mit in die Maßnahmenplanung einbezogen werden.

Weitere Partner bei der Unterstützung einer Planung von Maßnahmen sind nach durchgeführter Gefährdungsbeurteilung die zuständigen Ansprechpartner der Polizei sowie der Feuerwehr und falls nicht integriert die zuständigen Leitstellen der Gefahrenabwehr. Die individuell geplanten Schutzmaßnahmen, welche bereichsspezifisch zu entwickeln und in den Gesamtkontext des Gebäudes einfließen und ineinandergreifen müssen, sind dann nicht nur zu implementieren, sondern auch deren Anwendung und Handhabung in Informationsveranstaltungen und Schulungen rechtzeitig im Vorfeld den Mitarbeiter zu erklären und diese auf die neuen Gegebenheiten zu schulen. Dies ist vor allem bei der Installation von technischen Maßnahmen mit einem höheren Schulungsaufwand verbunden und muss regelmäßig widerholt werden.

Nach der Einführung und Implementierung der Maßnahmen im Objekt ist in regelmäßigen Abständen (mindestens einmal jährlich bzw. immer nach einem Vorfall) zu evaluieren, ob die Schutzmaßnahmen wirksam und geeignet sind, sowie eine Handhabung bei technischen Maßnahmen von den Mitarbeiter reibungslos möglich ist. In der jeweils zu aktualisierenden Gefährdungsbeurteilung sollte geprüft werden, ob die in Abstimmung mit der Polizei ermittelte Bedrohungslage in ihrer Qualität und Quantität eine Veränderung erfahren und Schutzmaßnahmen adaptiert werden müssen. Hierzu haben sich regelmäßige Sicherheitskonferenzen als geeignetes Mittel etabliert.

Ebenso sind bei Veränderungen der Arbeitsorganisation und Arbeitsumgebung, die installierten Maßnahmen auf eine Anpassung zu prüfen und bei Bedarf zu erweitern oder an die geänderte Situation anzupassen. Hierbei sollten dann auch ineinandergreifende Prozesse zu anderen Bereichen/Abteilungen auf mögliche Anpassungen überprüft werden. Nach jeder Anpassung oder Änderung von Maßnahmen sind wieder Schulungen für die Mitarbeiter durchzuführen.

Präventionsmaßnahmen

Die Einführung von Präventionsmaßnahmen sollte immer im Gesamtkontext und unter Einbeziehung aller hier genannten Maßnahmen betrachtet werden. Technische, bauliche, organisatorische und personelle Maßnahmen sind aufeinander aufbauend und sich ergänzend zu planen und umzusetzen. Die reine Betrachtung von technischen Maßnahmen, ohne dass in einem Sicherheitskonzept auch die dazugehörigen organisatorischen und personellen Maßnahmen einschließlich der Prozessabläufe betrachtet werden, kann dazu führen, dass eine real nichtexistierende Schutzwirkung suggeriert wird, welche jedoch im Notfall dazu führt, dass an einer Stelle des Notfallprozesses ein Stillstand im Ablauf eintritt oder auch eine zusätzliche Gefährdung für Mitarbeiter geschaffen wird. Die Maßnahmen sind in der Analyse und Auswirkung immer in einem kausalen Gesamtkontext zu betrachten. Es ist z. B. wenig sinnvoll, einen Alarmknopf zu installieren, ohne eine Regelung im Gesamtprozess getroffen zu haben, wer als Hilfeleistender bei Betätigung des Alarmknopfs überhaupt infrage kommt und dann eine definierte Handlung vollzieht. Hierbei ist auch zwingend der Eigenschutz der eigenen Mitarbeiter zu berücksichtigen.

Ein weiterer Punkt, welcher in der Praxis häufig als Sofortmaßnahme nach Vorkommnissen eingeführt wird, ist die Bereitstellung eines Sicherheitsdienstes ohne dessen Einbindung in eine Gesamtnotfallbetrachtung (Gesamtnotfallorganisation). Auch hier gilt, dass für die Bereitstellung eines geschulten Sicherheitsdienstes Vorarbeiten und Planungen notwendig sind, um bei einem Schadenseintritt eine zusätzliche Sicherheitsoption zu haben. U. a. ist es hier wichtig, eine auf die Gegebenheiten im Objekt und der vorhandenen Organisation abgestimmte Dienstanweisung zu erstellen, in welcher die Kommunikation und als weiterer Kommunikations-Bestandteil auch die Anbindung an ggf. vorhandene Notfallmeldesysteme (intern oder extern an die Leitstellen der Gefahrenabwehr) als wichtiger Aspekt zu regeln sind. Als Grundlage für eine Vorplanung und Integration von technischen Systemen in vorhandene Sicherheitsprozesse kann hier der Leitsatz Anwendung finden: *„Taktik ohne Technik ist nutzlos, aber Technik ohne Taktik ist sinnlos.“*

Technische Maßnahmen

Es ist grundsätzlich wichtig, Regelungen zu schaffen, um einen unkontrollierten Zutritt in sämtliche Bereiche und Räumlichkeiten im Gebäude durch Dritte zu verhindern. Zum einen hat dies sicherheitstechnische Gründe, zum anderen auch datenschutzrechtliche Aspekte. Personenbezogene Daten sowie vertrauliche Dokumente sind Dritten gegenüber unzugänglich aufzubewahren. Dies bedeutet, dass ein Zugang zu beispielsweise Archiven, Registraturen, Meldestellen, aber auch Bürobereichen mit Zugängen zu IT-Infrastrukturen zu sichern ist. Eine solche Zugangssteuerung sollte für Bereiche erfolgen, in welchen der Zutritt in nicht öffentliche Bereiche (u. a. nicht öffentliche Bürobereiche, Bürobereiche mit Einzelarbeitsplätzen, Meetingbereiche, IT-Bereiche, Technikbereiche) nur durch autorisiertes Personal stattfinden soll. Hierzu sollten dann Zutrittsmedien wie Chips, Zutrittskarten, Fingerscan-Systeme oder Codetaster verwendet werden. Für Bereiche, in welchen besondere Anforderungen an die Zugangssicherheit gelten, wie z. B. IT- oder Technikbereiche, sollten Systeme verwendet werden, in welchen der Zugang mindestens durch ein Zwei-Faktor-Sicherheitssystem abgesichert ist. In einer Zwei-Faktor-Authentifizierung werden bestehende Sicherheitskomponenten wie eine Zutrittskontrollkarte um einen weiteren Sicherheitsfaktor wie z. B. einen Codetaster oder

Fingerabdrucksensor ergänzt. Durch die Kombination der beiden Sicherheitssysteme wird das Schutzniveau entsprechend erhöht. Aus sicherheitstechnischer Perspektive sollte folgende Anmerkung zu Chiplösungen und Zutrittskarten berücksichtigt werden und auch Bestandteil der regelmäßigen Sicherheitsunterweisung für die Mitarbeiter sein: Chips und Karten mit Aufdruck oder auch dem Logo der Behörde bzw. der Einrichtung, welche Rückschlüsse auf die Verwendung der Zutrittsmedien erlauben, sollten außerhalb der Arbeitsstelle nicht sichtbar getragen werden. Da durch einen unbemerkten Scan einer Chipkarte die Zugangsberechtigung ausgelesen werden kann oder durch die Fotografie eines Ausweises eine Kopie erstellt werden kann. Hinweis: Die suffizenten Versuche einzelner Influencer sich im Rahmen der EM 2024 Zutritt zu Sicherheitsbereichen der Stadien zu verschaffen zeigen, mit welch simplen Mitteln Zutrittskontrollsysteme überwunden werden können. In den konkreten Fällen reichten hochauflösende Bilder sowie niederschwelliges social-engineering aus um die Sicherheitsstandards der UEFA zu überwinden.[1]

Ein weiterer nicht zu vernachlässigender Punkt ist der Zugang über Aufzüge zu den einzelnen Etagen im Gebäude. Auch hier gilt, dass Externe nur Zugang in für ihren Besuch notwendige Bereiche haben sollten. Eine Möglichkeit zur Zugangskontrolle wäre hier, dass Externe nur in die Etagen gelangen können, in welchen sie z. B. einen Termin haben. Technisch ist eine solche Zugangsregelung über Videosprechstellen einfach in der Praxis umsetzbar. (Der Aufzug wird von den zuständigen Mitarbeitern aktiviert oder aber über ein codegesteuertes Lesemodul am Aufzug bedient. Der Code wird dem Besucher mit der Termineinladung verschickt und muss gescannt werden.) Um diesen Vorgang zu Ende zu denken, sind getroffene Maßnahmen für die Aufzüge dann auch auf Zugangstüren in Treppenräumen zu adaptieren. Auch hier gilt es, den Gesamtprozess zu betrachten. Bei der Planung von Alarmierungssystemen wie Alarmknöpfen oder PC-Alarmierungen über Tastaturkombinationen sollten nicht nur besonders von Vorfällen betroffene Bereiche betrachtet werden, sondern zwingend auch mindestens benach-

1 https://www.br.de/nachrichten/bayern/fake-maskottchen-offenbart-sicherheitsluecken-bei-em,UG3Gqvg

barte Bereiche, besser noch die Ausweitung des Alarmierungssystems auf das Gesamtgebäude. Bei einer Verlagerung einer vorherrschenden Gefährdungslage im Gebäude ist es wichtig, dass auch weiterführende Bereiche über Alarmierungssysteme kommunizieren oder lageabhängige Informationen erhalten können. Bei der weiteren organisatorischen und personellen Betrachtung von Alarmierungssystemen ist zu empfehlen, dass mindestens pro Bereich ein eigens angepasster Notfallplan erstellt wird. In einer Notfallplanung werden sowohl organisatorische wie auch szenariendefinierte Handlungsablaufe für Notfälle definiert und beschrieben. Bei der Notfallablaufplanung ist auch Integration des kommunalen Ordnungsdienstes (KOD) bzw. vor Ort vorhandener Vollzugskräfte mit zu berücksichtigen. Dabei zeigt sich eine Alarmierung über Telefonsysteme (sofern diese nicht über automatische Sammelrufe verfügen) als grundsätzlich ungeeignet, da hier nur mit aktiver Auswahl des Adressatenkreises und mit erheblicher Zeitverzögerung eine Information über aktive Bedrohungen weitergegeben werden kann. Ebenso wie es auch im Brandschutz seit Jahrzehnten Standard ist, muss eine Alarmierung zur Unterstützung gefährdeter Mitarbeiterr im Ereignisfall mittels eines simplen Auslösers (z. B. analog Handmelder einer GMA) möglich sein. Die Installation von Videotechnik in besonders gefährdeten Bereichen kann ebenfalls angedacht werden. Hierbei können Systeme verwendet werden, die nur über Betätigung des Alarmierungssystems aktiviert werden. Mit einem solchen System haben dann auch Polizeikräfte bei einer Bedrohungslage die Möglichkeit, in den Bereich „zu sehen", um die Lage besser einschätzen zu können. In allen Fällen der Installation von Videotechnik sind datenschutzrechtliche Belange rechtzeitig im Vorfeld zu betrachten und mit den hierzu beauftragten Personen abzustimmen.

Als grundsätzliche Sicherheitsmaßnahme sollten Gebäude oder Gebäudeteile außerhalb der Öffnungszeiten für den Publikumsverkehr geschlossen bleiben und für nicht autorisierte Personen unzugänglich sein. Ebenfalls ist in Prozessablaufplänen der Umgang mit Fremdfirmen und Reinigungspersonal außerhalb der regulären Öffnungszeiten zu betrachten. Insbesondere bei den Zugangsberechtigungen für Fremdfirmen und Reinigungspersonal muss definiert werden, welche (namentlich hinterlegten) Personen mit welcher Berechtigung einen Zugang zu welchen schützenswerten Bereichen haben. In der Praxis verfügen Fremdfirmen und Reinigungspersonal über die weitreichendsten Zutrittsberechtigungen aller Mitarbeiter und stellen gleichermaßen den i. d. R. am wenigsten überprüften Personenkreis dar. Hier ist sicherzustellen, dass Zutrittsberechtigungen immer nur an verantwortlich zeichnende natürliche Personen, welche einer Überprüfung unterzogen wurden ausgegeben werden und nicht an Firmen als juristische Personen in ihrer Gesamtheit. Es gilt, diese Prozesse nicht nur aus Sicht des Eigenschutzes der Mitarbeiter, sondern insbesondere auch vor dem Hintergrund des Geheimschutzes zu bewerten.

Bauliche Maßnahmen

Durch die Schaffung von baulichen Interventions- und Zonierungsmaßnahmen wie z. B.

- abgetrennte Backoffice-Bereiche,
- zentraler Empfang und Infobereich,
- gesicherte Rückzugsbereiche mit speziell gesicherten Türen und Verglasungen, Grundrissanpassungen von Besprechungsräumen und Büros,
- Änderung in der Büroeinrichtung und der Anordnung von Tischen und Stühlen sowie Regalen,
- Schaffung von Fluchtmöglichkeiten insbesondere in Einzelbüros,
- offene Verbindungstüren,
- zentrale Wartebereiche,
- vorgenannte Zugangskontrollen in Bereiche ohne Publikumsverkehr, durchgehende Fluchtmöglichkeiten in den einzelnen Büros,
- klare Wegeführung sowie deutliche und logische Beschilderung (auch mehrsprachigsowie mittels Piktogrammen in definierten Bereichen)

können bereits im Vorfeld viele Schutzmaßnahmen getroffen werden, um ein mögliches Eskalationspotenzial zu reduzieren, wie auch im Gefahrenfall den Schutz der Mitarbeiter deutlich zu erhöhen und die Möglichkeit zu haben, einen Gefahrenbereich auch schnell verlassen zu können.

Die Bildung von gesicherten Rückzugsbereichen schafft zusätzlich auch eine wichtige bauliche Intervention z. B. auch bei Amoklagen. Rückzugsbereiche sind vorgeplant definierte und speziell baulich geschützte Bereiche oder Räume, die den Mitarbeiter einen Schutz gegen Eindringen von Dritten bei Amoklagen oder Gewalttaten bieten. Diese Bereiche sind nur durch autorisierte Personen begehbar. Auch hier gilt, dass der Zugang in gesicherte Rückzugsbereiche nur mit einer Zutrittskontrolle möglich sein darf. An Türen und Verglasungen sind sicherheitstechnische Anforderungen (RC-Klassifizierungen) zu stellen. Es ist hier eine ausreichend lange Barriere zu schaffen. Verglasungen bei den Zugangstüren und Türelementen in gesicherten Rückzugsbereichen sollten nach Möglichkeit eine nicht komplett durchsichtige Verglasung haben (z. B. Milchglas), sodass keine freie Sicht auf die zu schützenden Bereiche gegeben ist.

Organisatorische Maßnahmen

Organisatorische Maßnahmen stellen eine wertvolle und zwingende Ergänzung zu den bereits genannten Maßnahmen dar. Auch hier gilt es, das Zusammenwirken aus Technik und Organisation kausal zu betrachten und aufeinander abzustimmen. Eine der wesentlichen organisatorischen Maßnahmen, die auch als Sofortmaßnahme umgesetzt werden kann, ist die Clean-Desk-Methode. Bei dieser gilt es, alle potenziell gefährlichen Gegenstände im möglichen Zugriffsbereich von Dritten zu entfernen. Es ist bei der Gefahrenbetrachtung von Arbeitsplätzen mit Publikumsverkehr darauf zu achten, dass an Empfangstheken keine Scheren, Tacker, Locher oder ähnliche Gegenstände (als Wurfgeschosse sowie improvisierte Hieb- und Stichwaffen) zugriffsbereit sind. Des Weiteren sind insbesondere in Einzelbüros mit Kundenkontakt sowie in Besprechungsräumen potenziell gefährliche Gegenstände zu entfernen oder so zu verstauen, dass ein direkter Zugriff nicht möglich ist (abgesperrte Schränke oder Rollcontainer). Dies gilt auch für Kaffeemaschinen, Wasserkocher, Thermoskannen o. ä. Gegenstände, die als Schlag- oder Wurfgeschosse eingesetzt werden könnten. Besonders in Einzelbüros ist es unabdingbar, für die dort tätigen Mitarbeiter einen zweiten baulichen Fluchtweg zu schaffen, über den sich diese von einem möglichen Angreifer in einen gesicherten Bereich entfernen können. Büros, in denen keine Fluchtmöglichkeit gegeben ist, ohne damit an einem Angreifer vorbei flüchten zu müssen, sind für konfliktträchtige Aufgabenbereiche mit Publikumsverkehr nicht geeignet. Das Vorhandensein einer technischen Alarmierungseinrichtung allein ist zur Kompensation eines nicht vorhandenen Fluchtwegs nicht ausreichend.

Ein weiterer organisatorischer Punkt ist die Terminorganisation. Es ist wichtig zu wissen, wer in die Einrichtung kommt, um im Vorfeld bei Personen, die in der Vergangenheit bereits negativ aufgefallen sind, ergänzende Maßnahmen für eine sichere Termindurchführung treffen zu können. Zudem ist es ratsam, keine Termine ohne vorherige Terminabstimmungen durchzuführen, um nicht durch die beschriebenen Punkte überrascht zu werden. In diesem Zuge kann intern geprüft werden, ob in anderen Bereichen bereits Erkenntnisse über gefährdendes Verhalten der in Rede stehenden Person vorliegen. Zusätzlich kann eine Abfrage auf mögliche Gefährder bei den Staatsschutzabteilungen der Polizebehörden bzw. im Rahmen des Konzept zur Früherkennung von und zum Umgang mit Personen mit Risikopotenzial, kurz PeRiskoP erfolgen. Wesentlich ist auch, dass Termine, wenn möglich, in speziell eingerichteten Besprechungsräumen mit korrekt angeordneter Möblierung stattfinden. Hierzu sollte im Vorfeld eine Abstimmung erfolgen, dass diese Räume nicht doppelt belegt werden und in Folge doch auf das Einzelbüro zur Termindurchführung zurückgegriffen werden muss.

Bei der Verwendung von internen Alarmierungssystemen wie PC-Alarmierungen und Alarm-App-Systemen empfiehlt es sich bereits im Vorfeld einer Planung von Notfallmaßnahmen, vordefinierte Textmitteilung für die einzelnen Notfallszenarien in die Systeme zu integrieren. Im Notfall erleichtert dies eine Kommunikation erheblich. Es können vorkonfigurierte Textmitteilungen verwendet werden, die beispielsweise lauten: „Wir haben in der Verwaltung eine Gefahrenlage. Es ist ein bewaffneter Täter im Bereich. Bitte bewahren Sie Ruhe und folgen Sie den Abläufen gemäß Notfallplan." Diese Textmitteilung muss weiterhin änderbar sind, sodass eine Anpassung an spezielle Lagen jederzeit möglich ist. Ziel ist es, in Stresssituation auf einen möglichst hohen Grad der Vorplanung zurückgreifen zu können, was die weiteren Abläufe erheblich erleichtert. Bei der Erstellung von Notfallplänen sollten sog. Amokpläne oder auch Notfallpläne für besondere Gefahrenlagen ebenfalls bereits mit geplant werden. Hierbei handelt es sich um Ablaufpläne und Handlungshinweise bei besonderen Gefahrenlagen (Amoklagen, Geiselnahmen usw.). Bei der Ausarbeitung solcher Unterlagen sind nicht nur interne Überlegungen zum jeweiligen Gefahrenfall anzustellen, sondern auch externe Partner (Polizei) zwingend mit in die Aufbau- und Ablauforganisation mit einzubeziehen.

Die interne Kommunikation ist ebenfalls maßgeblich für die Betrachtung von Notfallplänen und Abläufen. Speziell wenn in der Einrichtung mit Alarmierungssystemen wie Notfallapps oder PC-Alarmierung gearbeitet wird, sind die Ablaufpläne als Szenario-Vorlage mit in die Systeme zu integrieren. Wie vorgenannt, sollten auch hierzu Absprachen mit externen Partnern (Polizei) getroffen worden sein. Es sind Festlegungen im Vorfeld zu treffen, welche Personen oder Funktionen eine Räumung (Sofortmaßnahme) oder Evakuierung (Vorgeplante Maßnahme) einleiten dürfen, über die externe Krisenkommunikation bis hin zu ggf. speziell gesicherten Ausweichpunkten für die Mitarbeiter und den Umgang mit Externen (z. B. Kunden, Fremdfirmen).

Als weitere Maßnahme sollte in die interne Organisation mit implementiert werden, dass Räume grundsätzlich nach dem Verlassen gegen den Zutritt von Unbefugten zu schützen sind durch Absperren der Räume oder die Anbringung von Knopfgarnituren (außen mit feststehendem Knopf, welcher nur mit Schlüssel oder Zutrittskontrollmedium zu öffnen ist, und innen mit einem Türdrücker) an den Türen. Dies dient ebenfalls der Absicherung, damit sich keine nicht autorisierten Personen im Bereich verschanzen können.

Für die in der Risikoanalyse als relevant identifizierten Notfallszenarien sind eigens angepasste Notfallpläne zu erarbeiten. Hier gilt, je detaillierter diese Notfallpläne erstellt werden, umso klarer sind die enthaltenen Anweisungen und Verhaltensregelungen für die Anwendung der Mitarbeiter. Weitere Inhalte der Notfallpläne sollten zusätzlich zu den allgemeinen Verhaltensregelungen für alle Mitarbeiter auch spezielle Hinweise und Regelungen für Personen sein, welche im Gefahrenfall spezielle Aufgaben übernehmen sollen. Hierbei gilt es auch zu planen, wer (namentlich benannt, mit mehreren Vertretungen) die interne Kommunikation übernimmt und wer den Einsatzkräften von Polizei und Feuerwehr als Ansprechpartner zur Verfügung steht. In vielen Organisationen hat sich aktuell die Implementierung der Funktion eines Notfallbeauftragten als sinnvoll gezeigt. Diese Funktion plant und verantwortet das Notfallmanagement einer Gesamtorganisation auf Leitungsebene, i. d. R. als Stabsstelle. Unterstützt wird diese Stelle durch weitere Beauftragte (Mitarbeiter mit Zusatzfunktion) in den jeweiligen Bereichen und Abteilungen.

Grundsätzlich sind auf Basis der erstellten Notfallpläne Schulungen für die Mitarbeiter durchzuführen. Hierbei gilt der Grundsatz aus verschiedenen gesetzlichen Anforderungen der gesetzlichen Arbeitsschutzregeln wie z. B. ASR A2.2, 5, 5.1 (1) sowie 7.2 und ASR A2.3, 11 (1), dass Mitarbeiter mindestens einmal jährlich zu schulen sind, bei Neueinstellung ist diese Schulung vor Aufnahme der Tätigkeit durchzuführen und bei einem Wechsel des Arbeitsbereichs ist die Schulung auf den neuen Arbeitsbereich erweitert durchzuführen. Ebenfalls sollte nach einem Vorfall generell für alle betroffenen Mitarbeiter die Schulung, nach vorheriger Analyse des Ereignisses und ggf. Anpassung im Prozessablauf bei Notfallsituation, nachgeschult werden. In der Praxis hat es sich bewährt, keine reinen Theorieschulungen durchzuführen, sondern die zu vermittelnden Schulungsinhalte um praktische Übungen, auch direkt am Arbeitsplatz, zu ergänzen. Wichtig ist hierbei auch anzuführen, dass eine jährliche Begehung der Fluchtwege durchzuführen ist. Ebenso sollte das Verhalten am Sammelplatz bei Lagen außerhalb eines Brandereignisses, Bestandteil von Notfallplänen und Sicherheitsschulungen sein. Diese Schulungen sind grundsätzlich zu dokumentieren.

Neben den vorgeplanten Handlungshinweisen für Mitarbeiter zum Verhalten im Amokfall oder weiteren definierten Szenarien sind auch praktische Überlegungen wichtig. Bereits die Maßnahme der Eigensicherung in einem Raum muss praktisch geübt werden. Die reine theoretische Beschreibung in einem Ablaufplan reicht bei Weitem nicht aus. Es gilt also der Grundsatz, dass Notfallmaßnahmen nur suffizient sein können, wenn diese in der Praxis regelmäßig geübt werden. Damit die Mitarbeiter die Notwendigkeit dieser

Maßnahmen ernsthaft wahrnehmen, ist zu empfehlen, Fachberater der örtlichen Polizeibehörden sowie Vertreter von bereits betroffenen Organisationen einzuladen.

Hinweis: Das Einbeziehen von Mitarbeiter (auch anderer Behörden) welche bereits reale Erfahrungen mit Bedrohungen bzw. Übergriffen gemacht haben erhöht die Akzeptanz und Wahrnehmung der zu implementierenden Notfallmaßnahmen enorm.

Auch die genaue Funktion und Handhabung von Alarmierungssystemen ist spätestens bei der Schulung der Mitarbeiter zu diesem Szenario zu üben, wie auch die weiteren darauffolgenden Abläufe. Ebenfalls müssen die Funktion von Verschlusssystemen an Türen sowie der Fluchtwegeverlauf grundsätzlich allen Mitarbeiter bewusst sein. Im weiteren Verlauf ist in den Notfallplänen für besondere Gefahrenlagen auch die Thematik der Sammelplätze sowie das Verhalten an diesen zu unterweisen. Sammelplätze sind definierte Stellen außerhalb des Gebäudes, an welchen sich Personen zur Vollständigkeitskontrolle bei einem Brand- oder Schadensereignis sammeln. Ein weiterer Punkt, der auch das Verhalten an Sammelplätzen miteinschließt, ist das Notfallszenario Bombendrohung. Dies ist ein zwingender Bestandteil in der Erstellung von Notfallplänen für besondere Gefahrenlagen, welcher mit der örtlichen Polizeibehörde abzustimmen ist. Hinweis: Für das Szenario einer externen Bedrohungslage (z.B. Bombendrohung) sind in den Telefonzentralen Abfrageformulare zur systematischen Dokumentation eines Drohanrufes zu hinterlegen. Die Anwendung dieser Formulare sollte den Mitarbeiter vermittelt werden, damit auch in der zu erwartenden extremen Stresssituation die zur polizeilichen Lagebewertung erforderlichen Informationen gesammelt werden können.

Personelle Maßnahmen

Trotz aller Präventionsmaßnahmen und der bereits genannten möglichen baulichen, technischen und organisatorischen Maßnahmen kann die Anwesenheit eines professionellen Sicherheitsdienstes oder von behördlichen Vollzugskräften notwendig sein. Für Bereiche, in denen es bereits Vorfälle gab, kann als eine mögliche Sofortmaßnahme ein qualifizierter Sicherheitsdienst installiert werden. Es gilt, wie bei allen anderen Maßnahmen auch, den

Grundsatz des Eigenschutzes zu beachten. Das bedeutet, dass beim Vollzug von Sicherheitsmaßnahmen immer mindestens zwei geeignete und qualifizierte Mitarbeiter des Sicherheitsdienstes bereitzustellen sind. Der Einsatz eines professionellen und geschulten Sicherheitsdienstes im Objekt erfordert wie bereits beschrieben eine Vorplanung sowie eine Anpassung an das Objekt, um zu klären, wo die geeignete Position für den Sicherheitsdienst ist, wie die Mitarbeiter den Sicherheitsdienst erreichen können, wie und mit welchen Mitteln der Sicherheitsdienst in die interne Kommunikation eingebunden ist.

Ferner sollte bei geplanten Gesprächen mit Personen, welche bereits durch aggressives Verhalten aufgefallen sind, bereits im Vorfeld die Bereitstellung von Vollzugskräften erfolgen und nicht erst die mögliche erneute Eskalation abgewartet werden. Hierzu sollten für jeden einzelnen Termin individuell die erforderlichen Maßnahmen abgesprochen werden. Dies beinhaltet z. B. Auswahl der Räumlichkeiten für das Gespräch, Information an benachbarte Abteilungen, Anwesenheit einer zweiten Person im Gesprächsraum, Positionierung der Vollzugskräfte (sind diese vor dem Raum oder direkt im Raum postiert, je nach Gefahreneinschätzung) oder auch die Einrichtung eines Panikknopfs (Alarmierungssystem vgl. GMA) zur sofortigen Alarmierung der bereitstehenden Vollzugskräfte, was individuell geplant und abgesprochen werden muss.

Weiterführende Trainings

Ergänzend zu den genannten Schulungsmaßnahmen im Punkt organisatorische Maßnahmen können Schulungen zur Deeskalation und Vermeidung von tätlichen Übergriffen ein wichtiger Baustein in der Prävention von Gewalt in öffentlichen Einrichtungen darstellen. Jedoch ist anzumerken, dass reine Selbstverteidigungstrainings nicht ausreichend sind und je nach Trainingsinhalten auch ein gefährliches Sicherheitsgefühl vermitteln können. Teilweise sind diese sogar auch kontraproduktiv, da es bei nicht ausreichend trainierten Personen zu Fehlreaktionen kommen kann oder die grundlegende Situation wegen mangelnder Erfahrung falsch eingeschätzt wird.

Hinweis: So wichtig Kommunikations- und Deeskalationstrainings in der behördlichen Praxis sind, können diese keinesfalls die Bereitstellung professioneller Vollzugskräfte für den Ereignisfall ersetzen. Es kann und darf nicht Zusatzaufgabe der Mitarbeiter in der Verwaltung sein, sich physischen Bedrohungen eigenständig erwehren zu müssen. Eine Trennung der Professionalitäten ist hier zwingend indiziert.

Trainings zur interkulturellen Kompetenz unterstützen die Mitarbeiter zusätzlich, Verhaltensmuster oder religiöse Wertvorstellungen zu erkennen und besser einschätzen zu können, um so möglichen Missverständnissen bereits im Vorfeld bestmöglich zu begegnen. Bei der Auswahl von geeigneten Anbietern für solche Trainings sollten die Referenzen wie Zertifikate von autorisierten Stellen, z. B. der IHK oder Zertifizierungen im Rahmen der DIN 77200, im Vorfeld geprüft werden. Auch ein Trainingsablauf sollte im Vorfeld vom Anbieter erstellt werden, sodass dies bewertet und an die Bedürfnisse der jeweiligen Organisation angepasst werden kann. Von reinen Standardtrainings ohne Bezugnahme auf die Gegebenheiten vor Ort ist abzuraten, da diese in Stresssituationen wenig zielführend sind und für die Mitarbeiter ohne den Praxisbezug in der Örtlichkeit nicht abwendbar sein dürften. Es empfiehlt sich ebenfalls, die Trainingskonzepte mit der Ansprechperson der Polizei im Vorfeld abzustimmen.

Notfallmanagement und Nachsorge

Bei der Erstellung von Notfallplänen hat sich eine Unterteilung in drei Phasen bewährt.

1. Maßnahmen und Abläufe vor dem Ereignis
   - Aufbau eines Notfall- und Krisenmanagements
   - Einbeziehung bestehender und bereits erprobter Abläufe aus Notfallordnern Schule oder bestehenden Amokkonzepten
   - Notfallteam und Krisenstab einrichten
   - Zuständigkeiten und Verantwortlichkeiten definieren
   - Aufgaben festlegen (wer macht was)
   - Szenario-angepasste Notfallkarten (Handouts mit den für den jeweils einzelnen Mitarbeiter in seiner konkreten Funk-

tion heruntergebrochenen Handlungsanweisungen aus dem Notfallplan) für die Mitarbeiter erstellen
- Alarmierungsmöglichkeiten festlegen
- Interne und externe Kommunikation planen
- Schulung aller Beteiligten in die festgelegten Abläufe
- Beüben der erstellten Notfallpläne unter Betrachtung unterschiedlich möglicher Notfallszenarien
- Nachsorgekonzepte entwickeln mit Unterstützung von externen Partnern

Hierbei sind wichtige Punkte wie die psychologische Erstbetreuung, psychosoziale Notfallversorgung sowie die Nachbetreuung von Betroffenen mit den zuständigen Stellen mit einzubeziehen.

1. Maßnahmen und Abläufe während des Ereignisses
   - Alarmierung weiterer externer Einsatzkräfte, insbesondere der PSNV-Kräfte (psychosoziale Notfallversorgung)
   - Erstellung und Fortschreibung eines Lagebilds
   - Austausch in den Notfallteams und dem Krisenstab mit externen Partnern (Polizei, Feuerwehr, Rettungsdienst u. w.)
   - Krisenkommunikation mit Informationen an die Presse
   - Interne Kommunikation für die Mitarbeiter
2. Maßnahmen und Abläufe nach dem Ereignis
   - Dokumentation der Ereignisse
   - Befragung von Beteiligten und Betroffenen
   - Ereignisauswertung
   - Ableitung von erforderlichen Maßnahmen und ggf. Fortschreibung oder Anpassung der Notfallunterlagen sowie Krisenkonzepte
   - Schulungen für Beteiligte und Betroffene anbieten
   - Ablaufänderungen aufgrund von Anpassungen in Schulungen integrieren und Mitarbeiter schulen

Das beschriebene Zusammenwirken der Faktoren bauliche, technische, organisatorische und personelle Maßnahmen kann die Sicherheit in den Einrichtungen erheblich erhöhen. Durch eine bereichsübergreifende Kommunikation und einen Austausch über mögliche „Problemfälle“ kann rechtzeitig im Vorfeld mit der Installation von Maßnahmen reagiert werden, bevor etwas passiert. Abschließend ist der Umgang mit Bedrohungslagen in Behörden als kausales Zusammenwirken aller Elemente von der Prävention über die Schulung der Mitarbeiter, die technisch-baulichen Maßnahmen der Organisation bis hin zur Notfallplanung zu verstehen. Nur in der Gesamtheit aller Maßnahmen können die Mitarbeiter und somit die Organisation selbst geschützt werden.

2.8.3.2 Informationssicherheitsmanagement

„Hacker-Angriff: Etliche NRW-Kommunen immer noch lahmgelegt“ – so titelt der WDR eine Onlinemeldung[2]

Ein Angriff auf ein kommunales Rechenzentrum, das IT-Services für 72 Städte und Gemeinden sowie fünf Verwaltungsgebäude von Landkreisen anbietet, hat die Arbeitsfähigkeit dieser Behörden erheblich eingeschränkt. Die zunehmende Digitalisierung im Privatleben, in der Wirtschaft, aber auch in den staatlichen Einrichtungen und somit auch in den Städten und Gemeinden, erhöht die Auswirkung bei einem Ausfall von IT. So weist z. B. das Bundeskriminalamt in seinem Bericht „Bundeslagebild Cybercrime“ im Jahr 2023 auf eine Erhöhung von 23 % der Auslandsstraftaten hin.[3]

2 https://www1.wdr.de/nachrichten/westfalen-lippe/cyber-angriff-suedwestfalen-kommunen-100.html.

3 https://www.bka.de/SharedDocs/Downloads/DE/Publikationen/JahresberichteUndLagebilder/Cybercrime/cybercrimeBundeslagebild2023.html?nn=29746.

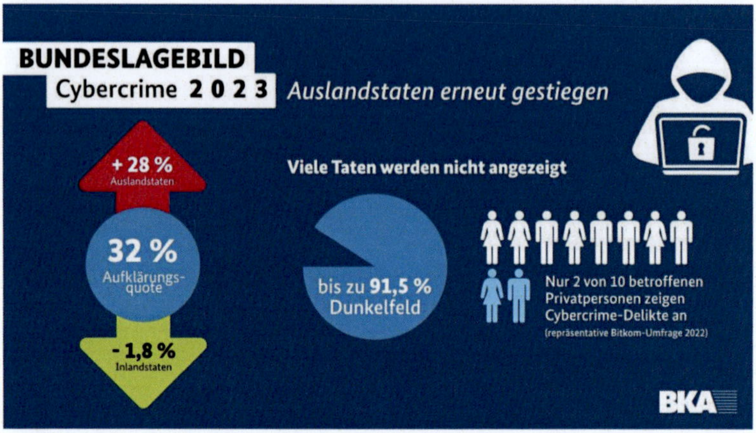

Bild 1: *Bundeslagebild Cybercrime (Quelle: BKA)*

Um besser die Motivation der Täter zu verstehen, macht es Sinn, die wichtigsten Schutzziele der Informationssicherheit zu betrachten:

- Vertraulichkeit: Informationen sind nur für die berechtigten Personen und Systeme zugänglich.
- Verfügbarkeit: Informationen und Systeme können jederzeit abgerufen bzw. genutzt werden.
- Integrität: Informationen liegen vollständig und unverändert vor.

Ein Angriff im Kontext der Informationssicherheit richtet sich immer gegen mindestens eines dieser Schutzziele. Bei der Kompromittierung der Vertraulichkeit hat der Täter das Interesse, möglichst unbemerkt an Informationen zu gelangen, um diese zu seinem eigenen Vorteil oder durch Weiterverkauf an einen Interessenten zu nutzen. Diese Informationen dienen oft auch zur Vorbereitung weiterer Straftaten, zur Erlangung eines Wettbewerbsvorteils oder eines sonstigen Vorteils. In Kommunalverwaltungen wird eine Vielzahl von personenbezogenen Daten verarbeitet. Der besondere Schutzbedarf und der damit verbundene Umgang werden durch die Datenschutz-Grundverordnung (DSGVO) festgelegt. Neben den personenbezogenen Daten liegen aber auch weitere Daten in der Verwaltung vor, deren Vertraulichkeit sich auch aus gesetzlichen Vorschriften heraus ergibt (z. B. ziviler Alarmplan, Evakuierungspläne, Pläne kritischer Infrastruktur, Kommunikationspläne, Einsatzpläne etc.).

Ein Angriff mit dem Ziel, die Verfügbarkeit zu reduzieren oder komplett einzuschränken, verhindert die Durchführung der von den Informationen und Systemen abhängigen Geschäftsprozesse und ggf. den kompletten Geschäftsbetrieb einer Organisation. Insbesondere dann, wenn kommunale Einrichtungen, die einen wesentlichen Beitrag zur Daseinsvorsorge leisten, ausgelöst durch einen IT-Vorfall nur eingeschränkt oder gar nicht mehr verfügbar sind, ergeben sich hieraus in der Folge weitere Herausforderungen. Hier sei speziell auf die Versorgung mit Elektrizität, mit Gas, mit Fernwärme, Trinkwasser, die Entsorgung von Abwässern, Einrichtungen der stationären medizinischen Versorgung, die Abfallsammlung und -entsorgung, die Verkehrsbetriebe, Einrichtungen der Verkehrssicherheit und -lenkung, IT- und Telekommunikationsanlagen sowie Feuerwehr und Rettungsdienste hingewiesen. In diesen überwiegend als kritische Infrastruktur eingeordneten Sektoren findet sich IT u. a. in der Steuer- und Regelungstechnik technischer Anlagen, in Software zur Personaleinsatzplanung, in IT-gestützten Kommunikationsmitteln und klassischen Büroanwendungen sowie ERP-Systemen[4] wieder. Oft gibt es keinen Plan B, der die Dienstleistungen oder die Prozesse ohne IT-Unterstützung sicherstellt.

Eine Störung der Integrität kann zu falschen Ergebnissen bei der Nutzung und Verarbeitung der Daten führen und in dessen Folge als Seiteneffekt auch die Verfügbarkeit gefährden. Nachfolgende Beispiele zeigen die Auswirkungen einer Störung der Integrität. Ein manipulierter Messsensor liefert falsche Daten, sodass die Steuer- und Regeltechnik einer Anlage eine falsche Ableitung trifft. Eine bewusst veränderte Kalkulation oder Dokumentation wird Basis für eine Fehlentscheidung. Auch eine Desinformationskampagne fußt auf der Verletzung der Integrität von Medieninformationen und deren Quellen.

Nachfolgende Tabelle klassifiziert die Angreifer nach ihren Zielen, Mitteln und Vorgehen.

[4] Enterprise-Resource-Planning (ERP).

***Tabelle 1:** „Klassizifierung von Angreifern"*
(Quelle: Stephan Giesen, Tim Eikelberg, F. Rinkens)

Angreifer	Ziele	Mittel	Vorgehen
Staatliche Akteure, Geheimdienste	• Information • Spionage, Bekämpfung von Kriminalität Schaden	• Enorme finanzielle Möglichkeiten • Nutzen wichtiger als Kosten	• Kaufen Wissen • Ausbildung • Unauffällige Angriffe • Nachhaltig
Terroristen	• Schaden • Aufmerksamkeit • Manipulation der Politik	Mittlere finanzielle Mittel	• Kaufen Wissen auf Schwarzmarkt • Physische und logische Angriffe
Kriminelle	• Geld	• Business • Geld verdienen • Fokus: Kosten/Nutzen	• Bestehende Gruppenbanden • Organisierte Spezialisten • Erpressungen
Hacktivists, Gruppen	• Aufmerksamkeit • Schaden • Hervorheben der Verwundbarkeit von Systemen	• Minimale Mittel • Große Band- und Reichweite	• Motivierte Amateure & Spezialisten • Eigendynamik
Vandalen, Skript Kiddes	• Ruhm • Ansehen • Aufmerksamkeit	• Minimale Mittel • Geringes Wissen	Einsatz von verfügbaren Tools

Dabei gehen staatliche Akteure/Geheimdienste, Terroristen und oft auch Kriminelle gezielt vor. Sonstige Angreifer nutzen oft einfach Gelegenheiten aus.

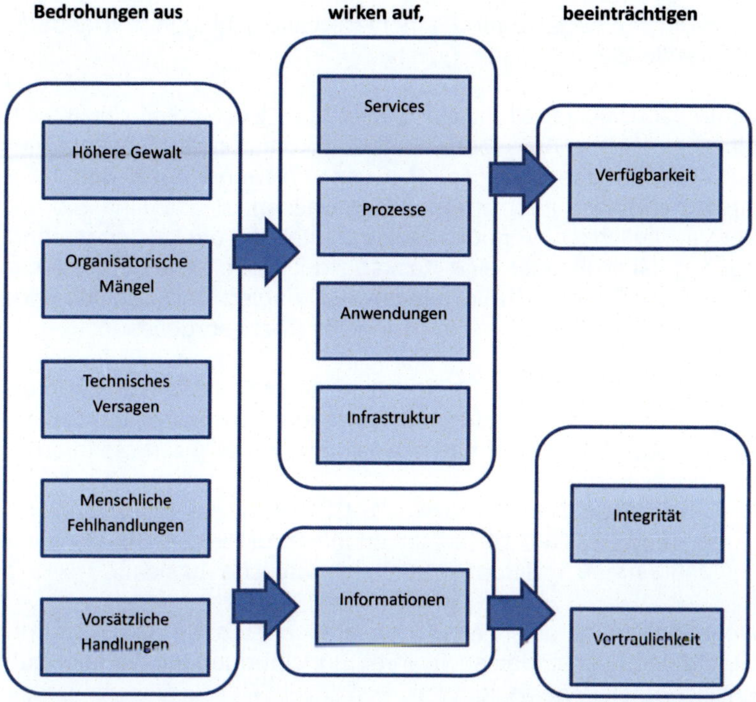

***Bild 2:** Folgekette Bedrohung, Wirkung, Beeinträchtigung in der Informationssicherheit (Quelle: Stephan Giesen, Tim Eikelberg, F. Rinkens)*

Die Abbildung 2 zeigt das Ursache-Wirkungs-Prinzip einer Verletzung von Vertraulichkeit, Verfügbarkeit und Integrität. Dabei ermöglichen Bedrohungen durch höhere Gewalt, organisatorische Mängel, technisches Versagen, menschliche Fehlhandlung und vorsätzliche Handlungen direkte Auswirkungen auf Services, Prozesse, Anwendungen, Infrastruktur oder Informationen. Die Folge kann eine Beeinträchtigung der Verfügbarkeit, Integrität und/oder Vertraulichkeit sein. Man erkennt unschwer, dass neben dem

IT-Angriff, also einer vorsätzlichen Handlung, weitere Möglichkeiten existieren, die Verfügbarkeit, die Integrität oder die Vertraulichkeit zu beeinträchtigen, beispielsweise durch Strom-, Telekommunikationsausfall, Feuer, Erdbeben etc. Das Bundesamt für Sicherheit in der Informationstechnik (BSI) hat in seinem Grundschutzkompendium[5] 47 sogenannte elementare Gefährdungen, mit anderen Worten die Bedrohungen, gelistet.

Informationssicherheit ist ein elementarer Bestandteil der Notfallplanung, da die Aufgabenerbringung kommunaler Einrichtungen auf IT-abhängige Services, Prozesse, Anwendungen und Infrastrukturen sowie Informationen angewiesen ist und eine Störung der Vertraulichkeit, Verfügbarkeit und Integrität die Leistungserbringung gefährden oder eine Kaskade der Notfallsituation auslösen kann. Aus diesem Grund hat die EU reagiert und nachfolgende Richtlinien zur Umsetzung in nationales Recht vorgesehen:

- Die NIS 2 steht für die „Richtlinie über Sicherheitsanforderungen für Netz- und Informationssysteme“ (Directive on Security of Network and Information Systems); sie reguliert die Informationssicherheit.
- Die EU/RCE Directive bzw. die CER-Richtlinie (EU 2022/2557) reguliert Resilienz bei kritischen Infrastrukturen in der EU durch Maßnahmen in Unternehmen und staatliche Aufsicht.

Unabhängig von einer Regulation ist eine intensive Befassung der Städte und Gemeinden sowie ihrer Einrichtungen mit der Informationssicherheit unablässig.

Informationsmanagementsystem

Informationssicherheit kann nur über Strukturen sichergestellt werden. Viele Unternehmen setzen hierbei auf ein Informationsmanagementsystem. Eines der bekanntesten Managementsysteme ist das Qualitätsmanagement-System nach ISO 9001. Darüber hinaus gibt es eine Vielzahl weiterer ISO-Normen, die, wenn sie einer

5 https://www.bsi.bund.de/SharedDocs/Downloads/DE/BSI/Grundschutz/IT-GS-Kompendium/IT_Grundschutz_Kompendium_Edition2023.html.

einheitlichen Kapitelstruktur folgen, mit High Level Structure (HLS) bezeichnet werden:

ISO 14001 – Umweltmanagement

ISO 22320 – Notfallmanagement

ISO 22301– Business Continuity Management

ISO 26000 – Nachhaltigkeitsmanagement

ISO 27001 – Informationssicherheit

ISO 31000 – Risikomanagement

ISO 45001 – Sicherheit und Gesundheit bei der Arbeit

ISO 50001 – Energiemanagement

Mehrere Managementsysteme mit HLS lassen sich zu einem integrierten Management-System zusammenführen. So kann z. B. bei einem bestehenden Managementsystem nach ISO 9001 die Informationssicherheit mit Synergieeffekten angeflanscht werden.

Denn die grundlegenden Anforderungen an ein Managementsystem sind gleich:

1. Festlegung des Kontexts der Organisation
   Hier werden interne und externe Themen, die die Organisation beeinflussen können, behandelt. Die relevanten Interessensgruppen (z. B. Bürger, Personalrat, Aufsichtsbehörden, Medien etc.) werden identifiziert und deren Anforderungen erfasst. Der Anwendungsbereich des Managementsystems (vollständige Behörde, Abteilung, Systeme, Prozesse) wird festgelegt.
2. Führung
   Zwingende Voraussetzung für ein Managementsystem ist das klare Bekenntnis der Leitung zum Managementsystem. Unterstrichen wird dies durch eine Leitlinie oder Politik.

3. Planung
   Ein Risikomanagement identifiziert Risiken und Chancen, bewertet diese und leitet Maßnahmen ein. Die Leitung legt Ziele fest und sichert die Zielerreichung durch geeignete Maßnahmen.
4. Unterstützung
   Die Leitung stellt die notwendigen Ressourcen zur Verfügung und steuert diese. Hierzu zählen insbesondere die Mitarbeiter. Hier gilt es, die Kompetenzen und das Bewusstsein der Mitarbeiter durch Aus- und Fortbildung zu fördern.
   Die Dokumentation ist in ausreichendem Maße sicherzustellen.
5. Betrieb
   Zum Betrieb eines Managementsystems gehören die Planung, Umsetzung und Steuerung von Prozessen zur Zielerreichung. Es werden geeignete Maßnahmen zur Steuerung und Lenkung von Tätigkeiten ergriffen.
6. Bewertung der Leistung
   Die stetige Überwachung, Messung, Analyse und Bewertung der Systemleistung sind ein Teil eines jeden Management-Systems. Diese werden auch durch die Durchführung von internen und externen Audits und Managementbewertungen erreicht.
7. Verbesserung
   Leitung und Mitarbeiter ergreifen Maßnahmen zur kontinuierlichen Verbesserung. Abweichungen vom beschriebenen Sollzustand erfordern Korrekturmaßnahmen.

Der Anhang A der ISO/IEC 27001 listet spezifische Sicherheitsmaßnahmen (in der überarbeiteten Version von 2022) in folgenden Bereichen:

1. Organisatorische Maßnahmen (37 Maßnahmen)
2. Personenbezogene Maßnahmen (8 Maßnahmen)
3. Physische Maßnahmen (14 Maßnahmen)
4. Technologische Maßnahmen (34 Maßnahmen)

Die lange Liste von Anforderungen, die die Norm zur Informationssicherheit stellt, wirkt abschreckend und lässt einen Laien zunächst überfordert zurück. Deswegen bedarf es der im nächsten Abschnitt dargestellten pragmatischen Herangehensweise.

Hilfsmittel für ein Informationsmanagementsystem in Städten und Gemeinden

In diesem Kapitel werden Quellen und Hilfsmittel vorgestellt, die auf dem Weg in ein Informationsmanagementsystem unterstützen. Es kann angezeigt sein, eine professionelle Unterstützung zur Begleitung der Einführung hinzuzuziehen. Das Bundesamt für Sicherheit in der Informationstechnik (BSI) hat über mehrere Jahre einen Standard zur Informationssicherheit, den IT-Grundschutz, entwickelt.

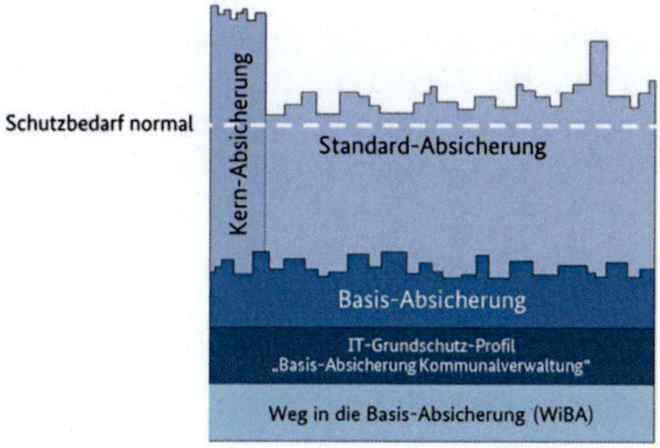

***Bild 3:** IT-Grundschutz (Quelle: BSI)*

Die Kern-Absicherung sichert die „Kronjuwelen", einen wichtigen Informationsverbund einer Behörde oder Organisation, ab. Die Standard-Absicherung kümmert sich um alle Belange der Informationssicherheit einer Behörde. Sowohl für die Kern- als auch die Standardabsicherung kann eine Zertifizierung nach ISO 27001 erfolgen. Nachfolgende Dokumente des BSI bilden die Grundlagen für den IT-Grundschutz:

- 200-1 Managementsysteme für Informationssicherheit (ISMS)[6]
- 200-2 IT-Grundschutz-Methodik[7]

---

6 https://www.bsi.bund.de/SharedDocs/Downloads/DE/BSI/Grundschutz/BSI_Standards/standard_200_1.pdf?__blob=publicationFile&v=2.

7 https://www.bsi.bund.de/SharedDocs/Downloads/DE/BSI/Grundschutz/BSI_Standards/standard_200_2.pdf?__blob=publicationFile&v=2.

- 200-3 Risikoanalyse auf der Basis von IT-Grundschutz[8]
- 200-4 Business Continuity Management[9]
- 100-4 Notfallmanagement[10]
- IT-Grundschutzkompendium[11]

Die Basisabsicherung stellt den absoluten Minimalschutz für eine Behörde oder Organisation da. Der Weg in die Basis-Absicherung (WiBA)[12] und das IT-Grundschutz-Profil „Basis-Absicherung Kommunalverwaltung" helfen, einen optimalen Einstieg zu erhalten. Sie sind selbstverständlich nicht ausreichend für kritische Infrastrukturen. Die erste Hürde hin zu einem aufwendigen Informationsmanagementsystem kann aber anhand konkreter Checklisten leichter genommen werden. Ergänzt wird die WiBA um das IT-Grundschutzprofil „Basis-Absicherung Kommunalverwaltung". Es definiert einen Mindeststandard der Informationssicherheit für eine Kommunalverwaltung.[13]

Eine Sensibilisierung der Mitarbeiter für das Thema Informationssicherheit und die Einbindung in die Umsetzung ist essenziell. Durch auf die Mitarbeiter abgestimmte Schulungsmaßnahmen kann der

---

[8] https://www.bsi.bund.de/SharedDocs/Downloads/DE/BSI/Grundschutz/BSI_Standards/standard_200_3.pdf?__blob=publicationFile&v=2.

[9] https://www.bsi.bund.de/SharedDocs/Downloads/DE/BSI/Grundschutz/BSI_Standards/standard_200_4.pdf?__blob=publicationFile&v=8.

[10] https://www.bsi.bund.de/SharedDocs/Downloads/DE/BSI/Publikationen/ITGrundschutzstandards/BSI-Standard_1004.pdf?__blob=publicationFile&v=2.

[11] https://www.bsi.bund.de/SharedDocs/Downloads/DE/BSI/Grundschutz/IT-GS-Kompendium/IT_Grundschutz_Kompendium_Edition2023.pdf?__blob=publicationFile&v=4#download=1.

[12] https://www.bsi.bund.de/SharedDocs/Downloads/DE/BSI/Grundschutz/WiBA/Weg_in_die_Basis_Absicherung_Vorgehensweise.pdf?__blob=publicationFile&v=3#download=1.

[13] https://www.bsi.bund.de/SharedDocs/Downloads/DE/BSI/Grundschutz/Hilfsmittel/Profile/Basis_Absicherung_Kommunalverwaltung.pdf?__blob=publicationFile&v=12.

Risikofaktor Mensch reduziert werden. Auch hier empfiehlt das BSI Basis-Verhaltensregeln am Arbeitsplatz[14]:

- E-Mails grundsätzlich kritisch prüfen.
  Über E-Mails kann Schadsoftware in Anhänge verpackt oder nachgeladen über Links im Text der E-Mail verbreitet werden. Wichtig ist, weder Anhänge noch Links ohne Prüfung zu öffnen bzw. anzuklicken. Passen Absender, Inhalt, Betreff und Anhänge zusammen? Wurde die E-Mail erwartet? Gibt es Möglichkeiten, z. B. über einen Anruf, die E-Mail auf Echtheit zu prüfen? Wurden Zertifikate zur Signatur der E-Mail benutzt?
- Verantwortungsvoller Umgang mit Zugangsdaten und Zugang/ Zutritt
  Zugangsdaten jeglicher Art sind persönliche Daten und dürfen nicht weitergegeben werden. Passwörter sind ausreichend sicher zu wählen, hier können Passwortgeneratoren und Passwortmanager eine wertvolle Hilfe sein. Passwörter wie „test123“ sind ebenso wenig sicher wie Passwörter, die im Umfeld des Schreibtischs notiert sind. Auch der physische Zutritt oder Zugang zu Daten ist zu beachten: Büros oder Schränke mit Unterlagen sind abzuschließen. Unbekannten oder unbefugten Personen ist der Zutritt zu sensiblen Bereichen zu verweigern bzw. diese sind zu begleiten. Bei der Entsorgung von Daten und Unterlagen ist eine angemessene Form zu wählen, z. B. Datenschutztonne, Aktenvernichter, zertifizierte Dienstleister. Ausweise, Schlüssel und Chipkarten sind stets so mitzuführen, dass ein Abfotografieren und Kopieren der Informationen verhindert wird. Es erfolgten bereits Angriffe durch Zugangsberechtigungen, welche auf Grundlage von Bildmaterial aus dem Alltag der betreffenden Mitarbeiter dupliziert werden konnten.

14 https://www.bsi.bund.de/DE/Themen/Verbraucherinnen-und-Verbraucher/Cyber-Sicherheitslage/Methoden-der-Cyber-Kriminalitaet/Social-Engineering/IT-Sicherheit-am-Arbeitsplatz/it-sicherheit-am-arbeitsplatz_node.html.

- Schutz sensibler Daten auf Endgeräten
  Endgeräte sind zu sperren und möglichst gegen Diebstahl zu sichern. Es sind nur Endgeräte der Behörde zu verwenden. Die Nutzung von USB-Sticks, insbesondere dann, wenn sie z. B. gefunden worden sind, ist zu vermeiden. Über diese kann leicht Schadsoftware in das Behördennetz gebracht werden. Es soll nur die Software genutzt werden, die die Behörde bereitgestellt hat.
- Sichere Nutzung des Internets
  Grundsätzlich soll das Internet nur zu dienstlichen Zwecken genutzt werden. So kann die Trennung von privaten und dienstlichen Daten sichergestellt werden und das Risiko der Minimierung mit Schadsoftware minimiert werden. Vorsicht ist geboten bei der Veröffentlichung von dienstlichen, aber auch privaten Daten in sozialen Netzwerken. Können diese für andere Zwecke missbraucht werden (Aufenthaltsorte, Bewegungsprofile, persönliche Daten zur Fälschung des Absenders etc.)?

Zusammenfassung

Informationssicherheit ist ein integraler Bestandteil der Notfallplanung einer Kommune. Ein Managementsystem für Informationssicherheit unterstützt hierbei. Dabei sind die Prozesse und Funktionen des Managementsystems in die übrigen Strukturen der Notfallplanung einer Kommune (z. B. SAE) zu integrieren. Der Weg hin zu einem Managementsystem für Informationssicherheit wird durch den Weg in die Basis-Absicherung (WiBa) und das IT-Grundschutzprofil „Basis- Absicherung Kommunalverwaltung“ unterstützt. Externe Dienstleister und der Dienstleister für die kommunalen IT-Services sollen hier hinzugezogen werden. Der Bedeutung der Informationssicherheit widmen BSI und BBK einen gemeinsam herausgegebenen Wegweiser „Kommunale IT-Krisen: Handlungsfähigkeit sichern“.[15]

[15] https://www.bbk.bund.de/SharedDocs/Downloads/DE/Mediathek/Publikationen/KRITIS/wegweiser-kommunale-it-krisen_download.pdf?__blob=publicationFile&v=10.

2.9 Abläufe und Verantwortlichkeiten in der Gemeinde

2.9.1 Die Gefahrenabwehr im Tagesgeschäft der Gemeinde

Die Aufgaben und Strukturen der Gefahrenabwehr auf Ebene der kreisangehörigen Städte und Gemeinden teilen sich organisatorisch in *zwei Phasen*. Zunächst obliegt es der örtlichen Ordnungsbehörde mit ihren Vollzugskräften, im Tagesgeschäft der Gemeindeverwaltung die Aufgaben der Gefahrenabwehrbehörde wahrzunehmen. Dabei ist dem juristischen Laien oftmals nicht bewusst, dass auch Aufgaben, die in der Öffentlichkeit als kritisch empfunden werden, wie z. B. die Überwachung des ruhenden Straßenverkehrs, eine Gefahrenabwehrmaßnahme darstellen. Spätestens dann, wenn aus dem widerrechtlich abgestellten Kraftfahrzeug in einem Zufahrtsbereich der Feuerwehr ein Hindernis geworden ist, das die Rettung von Menschen in einer Einsatzlage erheblich behindern kann, ist die Notwendigkeit dieser Überwachung ersichtlich.

Neben den Aufgaben zur Überwachung des ruhenden Straßenverkehrs gehören aber, je nach Landesrecht, auch Maßnahmen des Immissionsschutzes, der Vollzug des Ortsrechts, Zwangseinweisungen psychisch kranker Patienten oder die Beseitigung von Kampf mitteln zur Zuständigkeit der örtlichen Ordnungsbehörden. Wie im Kapitel 1 ausführlich erläutert, ist die örtliche Ordnungsbehörde dabei für alle Aufgaben der Gefahrenabwehr (allgemeine Gefahrenabwehr) zuständig – soweit nicht eine Sonderordnungsbehörde über eine spezialgesetzliche Zuständigkeit verfügt. Gerade in rural geprägten Flächenlandkreisen sind die Sonderordnungsbehörden jedoch oftmals in einer zentralen Verwaltungsstelle gebündelt und nicht in jeder kreisangehörigen Gemeinde vertreten. Daraus ergibt sich nicht selten die Notwendigkeit der Tätigkeit einer örtlichen Ordnungsbehörde im sachlichen Zuständigkeitsbereich einer Sonderordnungsbehörde. Es gibt keine andere Stelle innerhalb einer Gemeindeverwaltung, in der Aufgaben mit einem vergleichbar breiten Spektrum und einer entsprechend hohen Verantwortung für die Sicherheit der Einwohner abgearbeitet werden müssen.

Entgegen der weitläufigen Meinung in der Bevölkerung ist die Ordnungsbehörde keine eigenständige Behörde innerhalb der Gemeindeverwaltung, sondern ein aufgabenspezifisch abgegrenzter Teil der Gesamtorganisation. Der Begriff der Behörde im juristischen Sinne bezieht sich alleine auf den Bürgermeister als Hauptverwaltungsbeamten qua Person. Der Bürgermeister als (Ordnungs-)Behörde und als Person ist also gleichzusetzen. Der Natur der Sache nach kann dieser natürlich nicht alle Zuständigkeiten in eigener Person wahrnehmen bzw. alle Entscheidungen der Gemeinde selbst treffen. Daher delegiert der Bürgermeister seine Aufgaben spezifisch an bestimmte Organisationseinheiten, also Abteilungen in seiner Gemeinde. Die Aufgaben der Gefahrenabwehr, also die Herstellung von Sicherheit und Ordnung im Gemeindegebiet, überträgt dieser an die jeweiligen Vollzugskräfte der Ordnungsbehörde. Hierbei handelt es sich um einen nicht nur in der Rechtslehre, sondern auch in der Praxis relevanten Aspekt der *Aufgabenübertragung*. Gerade in der Zusammenarbeit mit anderen Einsatzorganisationen sollte Verständnis dafür geschaffen werden, dass die Entscheidungen z. B. des diensthabenden Leiters der Ordnungsbehörde im Rechtsverständnis nicht von der Person selbst getroffen werden, sondern im Namen, also im Auftrag des Bürgermeisters. Vor dem Hintergrund der übergeordneten Entscheidungskompetenz des Bürgermeisters kann dies bei der Anordnung von Maßnahmen mit erheblicher Tragweite (z. B. Evakuierungsmaßnahmen) von großer Bedeutung sein.

Die örtliche Ordnungsbehörde als Gefahrenabwehrbehörde bedient sich dabei, entsprechend der landesspezifischen Gesetzgebung (Einheitssystem vs. Trennungssystem), eigener Vollzugskräfte im Außendienst, die für die Sachbearbeiter des Innendiensts tätig werden. Neben den spezialgesetzlichen Ermächtigungen und Verordnungen, nach denen bestimmte Aufgaben, wie z. B. die Beseitigung von Kampfmitteln, Aufgaben der Ordnungsbehörde darstellen, stützen sich die Maßnahmen im Tagesgeschäft meist auf die sog. *Generalermächtigung* der Ordnungsbehördengesetze. Für die Abwehr von Gefahren für die öffentliche Sicherheit und Ordnung im Einzelfall oder generell durch eine ordnungsbehördliche Verordnung steht der Gemeinde als Gefahrenabwehrbehörde ein weiter Handlungsrahmen zu. Aus diesem weiten Zuständigkeits- und Entscheidungsrahmen entsteht aber auch eine große Verantwortung für den wichtigsten Aspekt staatlichen Handelns, nämlich die Sicherheit der Bevölkerung.

2.9.2 Anpassung der gemeindlichen Gefahrenabwehr

Im örtlichen Zuständigkeitsbereich der kreisangehörigen Städte und Gemeinden kommt es nicht häufig, aber mit einer gewissen Regelmäßigkeit, zu Gefahrenlagen, die mit den Ressourcen der örtlichen Gefahrenabwehrbehörde nicht mehr abgearbeitet werden können. Auch unter Einbeziehung der Vollzugshilfe anderer Behörden (z. B. der Polizei) in der Unterstützung der eigenen ordnungsbehördlichen/ordnungspolizeilichen Vollzugskräfte bestehen bei größeren Lagen Defizite. Dabei kann es ab einer ortsspezifisch zu definierenden Größenordnung des Ereignisses erforderlich sein, die Gemeinde in ihrer Aufgabe als Gefahrenabwehrbehörde durch Mitarbeiter aus anderen Bereichen zu unterstützen. Die Defizite bestehen dann aber auch auf der Entscheidungsebene, welche in ihrer Alltagsstruktur (z. B. Gemeindevorstand, Verwaltungsvorstand etc.) nicht dazu geeignet ist, zu jeder Tages- und Nachtzeit Entscheidungen der Gefahrenabwehr in Stunden und Minuten zu treffen, sondern darauf ausgelegt ist, möglichst detailgenaue und rechtssichere Verwaltungsentscheidungen für mittel- bis langfristige Zeiträume zu treffen. Es handelt sich hierbei in beiden Richtungen nicht um eine Wertung, sondern um eine Anregung für die Entscheidungsträger, ihre eigenen Organisationsstrukturen einer Belastungsprobe zu unterziehen, damit die Handlungskompetenz zur Sicherheit der Einwohner auch im Falle einer größeren Schadenslage bzw. in einer Krisensituation erhalten bleibt.

Neben der personellen Verstärkung der örtliche Gefahrenabwehrbehörde kann es notwendig sein, die Koordinierung einer solchen Gefahrenabwehrmaßnahme aus dem Räderwerk der täglichen Verwaltungsarbeit herauszuziehen und in eine spezielle Führungsorganisation zu überführen. Eine solche Organisationsmaßnahme wird unter zeitkritischen Bedingungen jedoch nicht sachgerecht erfolgen können, sondern bedarf einer umfassenden Vorbereitung und Planung in der Gemeinde. Kapitel 3 befasst sich daher mit den Grundlagen zur Einrichtung von Stäben der örtlichen Gefahrenabwehr sowie deren Funktionserhalt.

Es gilt dabei der Grundsatz, sich als Entscheidungsträger des jeweils passenden Werkzeugs zur Koordination zu bedienen. Genauso wie die Leitungsorganisation der Gemeindeverwaltung speziell darauf ausgerichtet ist, sachgerechte administrative Entscheidungen im Tagesgeschäft zu treffen, sind die gemeindlichen Stäbe darauf spezialisiert, Führungsentscheidungen in Schadenslagen bzw. Krisensituationen zu treffen und dem Bürgermeister als Handlungswerkzeug seiner Gesamtverantwortung zu dienen.

Praxistipp

Krisensituationen können nur mit Mitteln des Krisenmanagements gelöst werden. Die Alltagsstruktur ist hierzu per Definition ungeeignet.

2.10 Prüfung von Ressourcen und Strukturen

Im Rahmen der Notfallplanung wurden Fähigkeitsanforderungen bestimmt, die aus verschiedenen Planungen und Bemessungsszenarien resultieren. Um planen zu können, welche Maßnahmen zur Verbesserung der gemeindlichen Gefahrenabwehr erforderlich sind, muss zunächst ein Abgleich der Soll-Anforderungen mit dem Ist-Stand durchgeführt werden.

Ressourcen der administrativen Gefahrenabwehr

Aus der Sicht kreisangehöriger Gemeinden ist es elementar, funktionierende Führungsstrukturen etabliert und vorgeplant zu haben. Zur Erfassung der Ressourcen der administrativen Gefahrenabwehr ist ein guter Anhaltspunkt die Dienstanweisung des gemeindlichen Stabes. Diese definiert klar, welche Personen mit welcher Funktion und welcher Verantwortung welche Rolle im Rahmen der Gefahrenabwehr einnehmen. Voraussetzung ist dabei selbstverständlich, dass die entsprechende Dienstanweisung auch praktisch umgesetzt wurde.

Ressourcen der operativen Gefahrenabwehr

Kommt es nun tatsächlich zu einem außergewöhnlichen Ereignis, kann dieses selbstverständlich nicht allein durch den Stab der örtlichen Gefahrenabwehr abgearbeitet werden. Unterstützung von außen wird hierbei benötigt; die Vernetzung im Bereich der Gefahrenabwehr beginnt ihre Wirkung zu entfalten: Das operative Handeln der Einsatzorganisationen zeigt seine Bedeutung. Dem Gefahrenabwehrstab stehen im Gemeindegebiet hierfür diverse Ressourcen zur Verfügung. Diese können untergliedert werden in folgende drei Hauptkomponenten:

- Mensch (Einsatzkräfte verschiedener Organisationen)
- Material (Fahrzeuge und Spezialgerätschaften)
- Konzepte (Vorplanungen und Strukturen)

Bevor jedoch gewiss ist, welche Ressourcen im Gemeindegebiet auch tatsächlich zur Verfügung stehen und im Ernstfall eingesetzt werden können, muss eine Bestandsaufnahme durchgeführt werden – damit kann im Notfall kostbare Zeit gespart werden. Eine Möglichkeit hierbei ist es, die Ressourcenpunkte Mensch und Material zusammen zu erfassen. Denn nur ein kleiner Teil des benötigten Materials ist auch ohne das zugehörige Wissen der jeweils ausgebildeten Einsatzkräfte im Notfall sinnvoll nutzbar. Plakativ könnte man hier die Bereitstellung eines Rettungstransportwagens ohne die medizinisch qualifizierte Besatzung nennen. Die Planungen und Konzepte einer Gemeinde sind also nur umsetzbar, wenn die Ressourcen Mensch und Material in der Kombination ausreichend vorhanden sind. Wichtig ist hierbei zu definieren, wie viele Einsatzkräfte mit dem für ihre spezifischen Aufgaben benötigten technischen Material ausgestattet sind. Man spricht dann von *taktischen Einheiten*, die ein bestimmtes Ausmaß einer geplanten Aufgabe in einer bestimmten Zeit eigenständig erledigen können. In diesem Zusammenhang gilt zu beachten, dass die primär zu erfüllenden Aufgaben im Rahmen eines Einsatzes zunehmen können und somit auch die Größe der taktischen Einheit dynamisch ansteigen muss.

Das Beispiel des Rettungstransportwagens erneut aufgreifend, kann dieser, mit der zugehörigen Besatzung, als eine taktische Einheit aufgefasst werden. Diese besteht meist aus einem Notfallsanitäter, einem Rettungssanitäter, dem zugehörigen Fahrzeug sowie dem notwendigen medizinischen Material, welches genauer in der DIN EN 1789:2020-12 spezifiziert ist. Die primäre Aufgabe dieser taktischen Einheit ist die qualifizierte Patientenversorgung und -stabilisierung sowie der notfallmäßige Transport des Patienten in das nächste geeignete Krankenhaus. Werden nun die Ressourcen einer Gemeinde erfasst, kann eine bestimmte Anzahl an taktischen Einheiten protokolliert werden, die eine bestimmte Aufgabe in einer bestimmten Zeit selbstständig erledigen kann. Das Potenzial der taktischen Einheit kann somit klar eingeschätzt und der mögliche Beitrag zur Bewältigung einer Schadenslage definiert werden.

Hinweis

Möglich ist auch die Erfassung übergeordneter taktischer Einheiten, die bei größeren Schadensumfängen hinzugezogen werden können. So ist beispielsweise eine Vielzahl von Verletzten schwer mit nur einigen wenigen Rettungstransportwagen schnell und angemessen zu versorgen. Zur Bewältigung solcher Schadensszenarien sind erweiterte Konzepte notwendig, die u. U. sogar einen Behandlungsplatz vor Ort vorsehen. Die Erfassung übergeordneter taktischer Einheiten beinhaltet dabei immer die Schwierigkeit, dass in der Regel kein direkter Zugriff der Gemeinde auf diese Einheiten besteht. Im Bedarfsfall kann eine Anforderung an übergeordnete Gefahrenabwehrbehörden gestellt werden, deren Erfüllung jedoch insbesondere bei großflächigen Einsatzlagen nicht immer gewährleistet werden kann. Dennoch ist eine Erfassung der Einsatzwerte solcher taktischen Einheiten wichtig, um eine auf bestehende Konzepte aufgebaute Einsatzplanung zu ermöglichen.

Hinweis

Die Kenntnis der Anzahl und Einsatzmöglichkeiten taktischer Einheiten in der Gemeinde kann also bei der Abarbeitung diverser Lagen erhebliche Vorteile bieten. Hierbei muss jedoch nicht jedes Stabsmitglied die genaue Zusammensetzung der vorhandenen Einheiten kennen, vielmehr ist es von Bedeutung, hierzu den jeweiligen Fachberater der Einsatzorganisation miteinzubeziehen und aufgrund dessen Erfahrung und Ratschlag auf bestimmte taktische Einheiten zurückzugreifen.

Es ist abschließend festzustellen, dass die singuläre Betrachtung der Technik bzw. des Materials ohne das zugehörige qualifizierte Personal sinnlos ist. Daher definiert sich der Wert eines Einsatzmittels immer als die Kombination aus Personal und Material in einer sogenannten taktischen Einheit.

2.10.1 Sicherheitsarchitektur in Deutschland

Die Sicherheitsarchitektur in Deutschland ist gleich einer Pyramide strukturiert. An der Basis stehen die Gemeinden, deren Aufgabe es ist, den Brandschutz sicherzustellen, technische Hilfe zu leisten, im Katastrophenschutz sowie insbesondere im Zivilschutz mitzuwirken, die lokale Gefahrenabwehr sicherzustellen und die Nachbargemeinden in diesen Punkten zu unterstützen. Die nächsthöhere Ebene bilden die Landkreise und kreisfreien Städte. Zu ihren Aufgaben gehören die Einrichtung einer Leitstelle (ggf. auch in Kooperation mit anderen Landkreisen) für die Feuerwehr und den Rettungsdienst, die Leitung und Koordinierung der Einsatzkräfte im Katastrophenfall (damit einhergehend die Organisation des Katastrophenschutzes als untere Katastrophenschutzbehörde) und die Einrichtung von Einheiten für Brandschutz und technische Hilfeleistung im Rahmen der überörtlichen Hilfe. In der Mitte der Pyramide stehen die Bundesländer mit den (soweit vorhanden) dazugehörigen Regierungsbezirken (Landesmittelbehörden). Diese stellen die oberen und obersten Katastrophenschutzbehörden und so auch die Fachaufsicht über die Katastrophenschutzbehörden der Kreise sicher. Zusätzlich haben die Regierungsbezirke die Möglichkeit, die Leitung und Koordination der Einsatzkräfte im Rahmen der überörtlichen Hilfe zu übernehmen. Jedes einzelne Bundesland stellt mit der jeweiligen obersten Katastrophenschutzbehörde die Kompetenz der Gesetzgebung, zentralen Ausbildung sowie der Förderung des Brandschutzes und der Hilfeleistung sicher. Auch hier besteht die Möglichkeit, die Leitung und Koordination der Einsatzkräfte im Katastrophenfall durch das jeweilige Landesministerium des Inneren zu übernehmen. An der Spitze steht der Bund. Dieser ergänzt die Ausstattung des Katastrophenschutzes so, dass die auf den vorangegangenen Ebenen getroffenen Maßnahmen auch für den Zivilschutz geeignet sind. Auch wenn im Rahmen größerer Schadenslagen übergeordnete Gefahrenabwehrbehörden die Leitung und Koordination des Gesamteinsatzes übernehmen, so verbleiben die Gemeinden in jedem Fall in der Pflicht, die örtlichen Gefahrenabwehrmaßnahmen zu leiten.

Der Bund bündelt seine Kompetenzen im Bereich des Zivilschutzes in Form des Bundesamts für Bevölkerungsschutz und Katastrophenhilfe (BBK) in Bonn. Von hier aus können die restlichen Ebenen in verschiedenen Fachbereichen beraten bzw. unterstützt werden, beispielsweise im Bereich der Gewinnung, Aufarbeitung und Verbreitung von Informationen durch das Gemeinsame Melde- und Lagezentrum für Bund und Länder (GMLZ) oder durch die Bundesakademie für Bevölkerungsschutz und Zivile Verteidigung (BABZ) im Bereich der Ausbildung von Führungskräften der verschiedenen Ebenen und Organisationen. Siehe hierzu auch die Einführung in Kapitel 1.

2.10.2 Einsatzkräfte

2.10.2.1 Die Einsatzorganisationen

Der Sammelbegriff *Einsatzorganisationen* beinhaltet alle Organisationen, die in einem Schadensfall jede Art von Hilfe leisten oder unterstützend tätig werden. Es kann i. A. unterschieden werden zwischen Organisationen, deren Kernkompetenz im Brandschutz, im Sanitätsdienst, in der Betreuung, in der Wasserrettung, der Bergrettung oder in der technischen Hilfeleistung liegt. In jeder Ebene der oben skizzierten Pyramide lassen sich die Einsatzorganisationen mit einer äquivalenten Organisationsebene wiederfinden.

Die hauptsächlichen in Deutschland am Bevölkerungsschutz beteiligten anerkannten Hilfsorganisationen sind folgende:

- Arbeiter-Samariter-Bund (ASB)
- Deutsches Rotes Kreuz (DRK bzw. in Bayern BRK)
- Johanniter-Unfall-Hilfe (JUH)
- Malteser Hilfsdienst (MHD)
- Deutsche Lebens-Rettungs-Gesellschaft (DLRG)

Dabei umfasst das Aufgaben- und Leistungsspektrum des DRK als nationaler Hilfsgesellschaft, sowie der weiteren anerkannten Hilfsorganisationen mehrere Fachgebiete wie z. B. Sanitätsdienst, Betreuung, Bergrettung, Wasserrettung etc. Zusätzlich finden sich auch private Firmen, die ihre Dienste, von kleinen Sanitätsdiensten über Rettungsdienstleistungen bis zur Hilfeleistung bei Großschadensereignissen, anbieten. Die einzige Organisation, die den Rettungsdienst auf der deutschen Nord- und Ostsee sicherstellt, ist die Deutsche Gesellschaft zur Rettung Schiffbrüchiger (DGzRS). Auch sie wirkt in den Küstenbereichen in der Gefahrenabwehr mit. Die Einsatzorganisationen werden durch die verschiedenen Arten von Feuerwehren, beispielsweise die Berufs- und freiwilligen Feuerwehren, sowie durch die Bundesanstalt Technisches Hilfswerk (THW) komplettiert.

Eine weitere Organisation, die keine primäre Kompetenz und keinen direkten Auftrag im Katastrophenschutz besitzt, jedoch auch in diesem Kontext genannt werden sollte, ist die Bundeswehr. Sie kann im Rahmen der dringenden Soforthilfe bzw. im Rahmen eines Amtshilfeersuchens ihre vielseitigen Kompetenzen in allen Bereichen zum Einsatz bringen. Die dringende Soforthilfe kann, wie der Name schon erahnen lässt, sofort geleistet werden. Eine andere Möglichkeit, von der in den meisten Fällen Gebrauch gemacht wird, ist die Rechts- und Amtshilfe, die in Artikel 35 Abs. 1 Nr. 1 GG verankert ist. Entgegen der geläufigen Meinung ist für diesen Artikel nicht die Feststellung des Katastrophenfalls notwendig. Zu beachten ist bei der Anforderung der Bundeswehr, dass im Rahmen der Amtshilfe immer der Anfordernde für die Rechtmäßigkeit verantwortlich ist. Um die rechtlichen Bestimmungen einzuhalten, stellt die Bundeswehr im Rahmen der zivil-militärischen Zusammenarbeit im Inland (ZMZ-I) jedem Kreis ein Kreisverbindungskommando (KVK) zur Seite, welches in der Regel durch Reservisten betrieben wird. Neben der Beratung des Gefahrenabwehrstabs ist es die Aufgabe des KVK, Anforderungen des Stabs an die jeweiligen Landeskommandos der Bundeswehr weiterzuleiten.

Die folgende Tabelle zeigt einen Überblick über die bekanntesten Einsatzorganisationen (kein Anspruch auf Vollständigkeit). Hierbei gilt es jedoch zu beachten, dass einige Organisationen auf mehreren Ebenen als der jeweils genannten aktiv sind; die privaten Unternehmen werden hierbei nicht berücksichtigt, können sich aber auch in unterschiedlichen Bereichen wiederfinden.

Tabelle 1: *Überblick über die bekanntesten Einsatzorganisationen und deren Wirkfelder*

Brandschutz	Sanitäts- und Betreuungsdienst	Technische Hilfe	Wasserrettung
• Kommunale Feuerwehren • Betriebliche Feuerwehren • Bundeswehrfeuerwehr	• ASB • DRK (BRK) • JUH • MHD	• THW • Feuerwehr	• DLRG • DRK (BRK) • DGzRS

2.10.2.2 Aufbau und Ausstattung der Feuerwehr

In jeder Gemeinde ist eine leistungsstarke und den örtlichen Verhältnissen angepasste Feuerwehr zur Bekämpfung von Schadfeuern und Unglücksfällen vorzuhalten. Diese Verpflichtung ist in den jeweiligen Landesfeuerwehrgesetzen festgeschrieben. Zur Bestimmung der Verhältnismäßigkeit hat sich das Instrument der Feuerwehrbedarfsplanung (in unterschiedlicher Benennung in den Bundesländern) etabliert. Hierin werden das Gefahrenpotenzial und die daraus resultierenden Anforderungen an die Feuerwehr analysiert und festgeschrieben. Ebenfalls wird definiert, welche Planungsziele in den jeweiligen Gemeinden erreicht werden können. Unter dem Begriff Planungsziele versteht die Arbeitsgemeinschaft der Leiter der Berufsfeuerwehren in der Bundesrepublik Deutschland (AGBF Bund) drei Qualitätskriterien, die je nach Einsatzart spezifisch festgelegt werden können.

1. Hilfsfrist (Zeit vom Eingang des Notrufs bis zum Eintreffen am Einsatzort)
2. Funktionsstärke (Anzahl und Art von Mannschaft und Gerät am Einsatzort)
3. Zielerreichungsgrad (vorgegebener Prozentsatz, in wie vielen Fällen die Planungsziele 1 und 2 erreicht werden müssen)

Vorrangig aus den ersten beiden Kriterien lässt sich dann ableiten, welche Fahrzeuge, welche Funktionsstärke und welche Infrastruktur in den einzelnen Feuerwehren vorzuhalten ist, um die Planungsziele einhalten zu können. Dem Zielerreichungsgrad kommt nur eine gering planerische Bedeutung zu, hierbei handelt es sich vorrangig um ein retrospektives Kontrollinstrument.

Um auch in größeren Einsatzlagen bestehen zu können, beschreibt der Feuerwehrbedarfsplan noch eine weitere Ebene. Diese geht über die einfache Erfüllung der Planungsziele im Rahmen des Grundschutzes hinaus. So werden beispielsweise Einsatzmittel für den Katastrophenschutz vorgehalten, um auch bei abgelegenen Einsatzstellen die Wasserversorgung über lange Wegstrecken sicherzustellen. Solche Vorhaltungen können bei Bedarf auch im täglichen Einsatzgeschehen eingesetzt werden, sind jedoch aufgrund der Ausrichtung auf Großschadensereignisse nicht in jeder Feuerwehr vorhanden.

2.10.2.3 Aufbau und Ausstattung des Rettungsdiensts

Neben der Kenntnis über die Leistungsfähigkeit der Feuerwehr ist eine weitere wichtige Komponente die Kenntnis über die Kapazitäten und die Aufstellung bzw. die Möglichkeiten des Rettungsdiensts. Genaue Informationen sind, analog zum Brandschutz, im Rettungsdienstbedarfsplan des jeweiligen Landkreises zu finden. Neben dem Regelrettungsdienst sollte an dieser Stelle auch noch die Möglichkeit erwähnt werden, die Kapazitäten des Rettungsdiensts durch Einheiten des Spitzenbedarfs zu erhöhen. In der Regel bestehen hierzu Konzepte, wie eine kurzfristige Aufstockung der Bewältigungskapazitäten durch den Einsatz von dienstfreiem Personal mit Reservefahrzeugen oder mit Unterstützung der Hilfsorganisationen erfolgen kann.

Der Regelrettungsdienst stößt bei einem Massenanfall von Verletzten (MANV), wie einem Busunfall, schnell an seine Grenzen. Oftmals ist es im Rahmen solcher Lagen nicht mehr möglich, jeden Patienten zeitnah ausgiebig und individualmedizinisch zu versorgen und abzutransportieren. Diese Grenze liegt in jedem

Landkreis unterschiedlich hoch und hängt stark ab von den vorhandenen taktischen Einheiten und den Reservebesatzungen und -fahrzeugen. Bei der Einsatzplanung ist auch zu berücksichtigen, dass nicht alle Ressourcen des Regelrettungsdiensts für die Bewältigung eines MANV herangezogen werden können, da weiterhin der Grundschutz des Versorgungsgebiets für andere Notfallereignisse gewährleistet werden muss. Um diese Versorgungslücke zu schließen, sind in den meisten Kreisen die sog. *Schnelleinsatzgruppen* (SEG) eingerichtet worden. Bei den SEG handelt es sich um sanitätsdienstliche Einheiten, die das Hilfeleistungssystem durch die Stellung weiterer Versorgungs- und Transportkapazitäten wirkungsvoll ergänzen können.

Die rettungsdienstliche Absicherung geplanter Veranstaltungen wird in der Regel von einem Sanitätsdienst durchgeführt. Bei bestimmten Veranstaltungen werden zusätzlich die Kapazitäten des Rettungsdiensts durch die Indienststellung von Fahrzeugen des Sonderbedarfs erhöht. Zur Stellung dieses Bedarfs werden in der Regel Reservefahrzeuge zusätzlich durch hauptamtliche Mitarbeiter besetzt und es werden weitere Rettungsmittel durch die Hilfsorganisationen zur Verfügung gestellt. Der Sanitätsdienst ist zur Entlastung des Regelrettungsdiensts gedacht, da aufgrund der Vielzahl von Menschen an einem bestimmten Ort mit einem erhöhten Einsatzaufkommen zu rechnen ist. Durch die Positionierung des Sanitätsdiensts auf dem Veranstaltungsgelände ist von kurzen Hilfsfristen auszugehen. Eine sanitäts- bzw. rettungsdienstliche Versorgung kann so auch innerhalb der vorgegebenen Hilfsfristen gewährleistet werden, wenn die Eintreffzeit des Regelrettungsdiensts aufgrund erschwerter Anfahrtsbedingungen verlängert ist.

Die Hilfsfristen von Regelrettungsdienst, Sanitätsdienst und SEG variieren. So benötigt der Regelrettungsdienst etwa zehn bis 15 Minuten (je nach landesrechtlicher Vorgabe der Hilfsfrist), um vor Ort zu sein. Die Eintreffzeit eines Sanitätsdiensts hängt stark von der jeweiligen Veranstaltung ab. Grundsätzlich sollte jedoch eine Eintreffzeit unterhalb der vorgegebenen regulären Hilfsfrist gewährleistet werden. Einheiten des Spitzen- und Sonderbedarfs sowie der SEG haben sehr unterschiedliche Eintreffzeiten. Die Ausrückzeit wird stark durch die Verfügbarkeit des Personals und dessen Anfahrtszeiten beeinflusst. Nach Besetzung der Fahrzeuge hängt die Anfahrtszeit zur Einsatzstelle von den räumlichen Voraussetzungen des Kreisgebiets ab.

2.10.3 Zusammenarbeit in Verwaltungsstab und Einsatzleitung (Stäbe der örtlichen Gefahrenabwehr)

In der Gefahrenabwehrplanung sollte jede mögliche Unterstützung zurate gezogen werden, sodass der Stab der örtlichen Gefahrenabwehr gut über die lokalen Einsatzorganisationen und deren Einsatzfähigkeiten informiert ist und somit, bei drohenden Gefahren bzw. Schadenseinritt, schnell entscheiden kann, welche dieser Organisationen herangezogen werden kann und auch sollte.

Die in der alltäglichen Gefahrenabwehr im Gemeindegebiet tätigen Einsatzorganisationen sind den mit der Planung beauftragten Mitarbeitern der Gemeinde i. d. R. aus der Zusammenarbeit bekannt. Es ist aber sinnvoll, für die Planung größerer Lagen in einem ersten Schritt bei den übergeordneten Ebenen sowie den bekannten Ansprechpartnern Erkundigungen über das Vorhandensein von Spezialkräften der Organisationen einzuholen. Einheiten mit besonderen Spezialfähigkeiten finden sich v. a. auf der Kreis-, Bezirks- oder Landesebene wieder und sollten den Planern mit ihren spezifischen Fähigkeiten und ihrem Einsatzwert geläufig sein. Die Gefahrenabwehrbehörde muss wissen, welche Kompetenzen die jeweiligen Organisationen besitzen und welche Spezialisierungen für bestimmte Schadenslagen bestehen.

In einem weiteren Schritt sollten den Mitgliedern des Stabs der örtlichen Gefahrenabwehr die jeweiligen Ansprechpartner der Organisationen bekannt bzw. zumindest eine stets aktualisierte Kontaktliste an zentraler Stelle hinterlegt sein. Weiterhin dienliches Detailwissen ist die Kenntnis über Art und Umfang der Führungsfunktionen in den einzelnen Organisationen sowie deren Einsatzerfahrung und deren Ausbildungsstand. Sollte dieses Detailwissen nicht zentral erfasst werden, kann der jeweilige Fachberater ausreichende Auskunft darüber geben. Die Anforderungswege von Fachberatern (z. B. über die Leitstelle) müssen vorgeplant und bekannt sein.

Planung und Verbesserung der Zusammenarbeit

Praxistipp

Da der Katastrophenschutz wie o. g. in das Aufgabengebiet der einzelnen Länder fällt, finden sich viele verschiedene und unterschiedliche Konzepte und Vorgehensweisen. Um eine gemeinsame Planung zwischen örtlichem Gefahrenabwehrstab und Einsatzorganisationen voranzutreiben, ist es sinnvoll, sich bei den Einsatzorganisationen über die Konzepte des Landes, des Kreises sowie ggf. über die der benachbarten Landkreise zu informieren. Während in einigen Bundesländern kombinierte Einheiten des Sanitäts- und Betreuungsdiensts etabliert sind, werden diese in anderen Bundesländern strikt getrennt.

Diese Tatsache muss speziell in Gemeinden entlang der Grenzen von Bundesländern berücksichtigt werden, da sich eine Zusammenarbeit aufgrund der unterschiedlichen Organisationsstrukturen über die Ländergrenzen hinweg als schwierig erweisen kann.

Ein bundesweit weitestgehend einheitliches Konzept hat sich durch Großveranstaltungen wie den Weltjugendtag 2005 und die Fußball-Weltmeisterschaft 2006 bereits durchgesetzt: der Behandlungsplatz. Zentrales Ziel dieses Einsatzkonzepts ist es, eine zunächst autarke medizinische Versorgungsstruktur zu errichten, die in der Lage ist, eine große Patientenanzahl adäquat zu versorgen.

Gute Möglichkeiten, die Strukturen kennenzulernen, bieten gemeinsame Übungen von Einsatzszenarien. In solchen Übungen zeigt sich nicht nur der Einsatzwert taktischer Einheiten, auch die regelmäßige Zusammenarbeit zwischen den Stäben der örtlichen Gefahrenabwehr als Organ der administrativen (teils auch operativ-taktischen) Gefahrenabwehr und den technisch-taktischen Einsatzorganisationen kann im tatsächlichen Ernstfall einen enormen Mehrwert bieten. Durch die Zusammenarbeit in Übungen werden die jeweiligen Arbeitsweisen und Prioritäten kennengelernt. Eventuelle Unstimmigkeiten in der Vorgehensweise können in den Nachbesprechungen klargestellt und zukünftige, gemeinsam festgelegte Vorgehensweisen etabliert werden. Aus der gemeinsamen Übung potenzieller Gefahren- und Schadenslagen (evtl. auch gemeindeübergreifend) können also gemeinsame Pläne zur Vorgehensweise im Ernstfall entstehen – unter Mitwirkung aller Beteiligten.

Um sinnvoll üben zu können, muss man sich jedoch zunächst die Frage stellen, wer bei welchen Schadenslagen mit wem konkret zusammenarbeitet. Oftmals ergeben sich hier folgende Konstellationen:

1. Zusammenarbeit mit anderen (Gemeinde, Einsatzorganisationen, Presse)
2. Zusammenarbeit ohne andere (Gemeinde)
3. Zusammenarbeit der anderen (Einsatzorganisationen)

Für eine effiziente und v. a. vertrauensvolle Zusammenarbeit ist es dringend geboten, die Führungskräfte der Einsatzorganisationen sowie die Entscheidungsträger der Behörden persönlich zu kennen und dieses Verhältnis auch außerhalb der Einsätze zu pflegen. Es gilt der Leitsatz:

In Krisen Köpfe kennen (KKk).

Das persönliche Kennenlernen der Führungskräfte bereits vor einem außergewöhnlichen Ereignis ist daher zwingend notwendig für die erfolgreiche Zusammenarbeit. Dies trifft sowohl auf die jeweiligen Pressevertreter als auch auf die Führungskräfte der Einsatzorganisationen zu. Diese sollten sich einerseits untereinander kennen, andererseits sollten aber auch dem Personal des Stabs diese Führungskräfte idealerweise bekannt sein. Nicht zu vergessen ist, dass auch die Mitarbeiter des Stabs sich unbedingt vor der Abarbeitung scharfer Lagen kennengelernt haben sollten. Erfolgt dies erst, wenn zeitkritische Entscheidungen gefordert sind und eine enge Zusammenarbeit unerlässlich ist, bleibt keine Zeit für die Etablierung einer guten Gruppendynamik zur Bewältigung des Geschehens. Vor allem im Bereich der Führung ist dies aber unerlässlich, da das Verhalten der verantwortlichen Führungskräfte bis zu den

Einsatzkräften am Ort des Geschehens ausstrahlen kann und das Ergebnis des jeweiligen Einsatzes somit erheblich beeinflusst.

Welche Möglichkeiten haben nun Gemeinden, die Zusammenarbeit und das Kennenlernen zu stärken? Auch hier soll wieder auf die iterative Durchführung von gemeinsamen Übungen verwiesen werden: Im Rahmen einer Übung lässt sich die Zusammenarbeit mit allen potenziell Beteiligten proben – sowohl intern unter den Mitgliedern des örtlichen Gefahrenabwehrstabs als auch extern im Außenverhältnis zu den Einsatzorganisationen und den Vertretern der Presse. In der ersten Planung ist jedoch genau abzustimmen, was und wie umfangreich geübt werden soll. Um ein ausgeglichenes Verhältnis zwischen Aufwand und Nutzen zu finden und die Übung möglichst nach den Bedürfnissen der Übenden zu gestalten, bieten sich verschiedene Arten von Übungen an.

- **Planbesprechung**
  In kleiner Runde, z. B. in einem Konferenzraum, kann ein eng umrissenes Szenario auf dem Papier geübt werden. Über das Vorgehen kann in Ruhe diskutiert werden, sodass Für und Wider ohne große Auswirkungen nach außen diskutiert werden können.
- **Stabsübung**
  Die Stabsübung kann im entsprechenden Stabsraum stattfinden. Der Übungsleiter befindet sich außerhalb des Raums und fungiert als Außenwelt. Er stellt das Einsatzgeschehen und die Einsatzbeteiligten außerhalb des Stabsraums dar.
- **Stabsrahmenübung**
  Im Unterschied zur Stabsübung wird in dieser Übungsform eine zusätzliche Hierarchieebene durch weitere anwesende Übungsteilnehmer eingebunden.
- **Simulationsunterstützte Übung**
  Im Hintergrund der Übung simuliert ein Computerprogramm beispielsweise die Bewegung der eingesetzten Fahrzeuge und schafft so ein sehr realistisches Bild. Hierbei wird beispielsweise deutlich, wie lange einzelne Einheiten wirklich von der Alarmierung bis zum Eintreffen am Einsatzort benötigen.

- **Vollübung**
  In der Vollübung wird mit allen in das jeweilige Szenario passenden Einheiten geübt. Diese Art der Übung erfordert die umfangreichste Vorbereitung mit der größten Teilnehmerzahl.

Neben der Durchführung einer Übung ist eine weitere Möglichkeit zur Verbesserung der Zusammenarbeit die gemeinsame Ausbildung. Solche Ausbildungen werden beispielsweise vom Bund angeboten. Sie sollen neben der Vermittlung neuen Wissens das Netzwerken und die interorganisationale Zusammenarbeit fördern.

Zusammenarbeit mit der Polizei

Auch in der Zusammenarbeit mit der Polizei sollte nach dem o. g. Grundsatz klar sein, wer konkret der jeweilige Ansprechpartner ist und wo dieser seinen Dienstsitz hat. Der Leitsatz *„In der Krise Köpfe kennen"* sollte auch hier gelten.

Einige Lagebilder setzen eine enge, andere eine weniger enge Zusammenarbeit bis hin zu einer reinen Informationsweitergabe voraus. Solche Lagebilder sollten im Vorfeld abgestimmt werden, ebenso wie der genaue Kommunikationsweg zwischen dem Stab der örtlichen Gefahrenabwehr und der rückwärtigen Einsatzleitung der Polizei.

Zusammenarbeit mit externen Akteuren

Neben den Einsatzorganisationen und der Polizei kann auch eine Zusammenarbeit mit externen Akteuren wertvolle Fähigkeiten für die Gefahrenabwehr mit sich bringen. So können durch lokale Unternehmen teilweise besondere technische Fähigkeiten zur Verfügung gestellt werden, die die Arbeit der Einsatzorganisationen vereinfachen oder relevant ergänzen können. Auch andere Unterstützungsmöglichkeiten wie die Gestellung von Räumlichkeiten können wichtige Bewältigungsressourcen bereitstellen.

Bereits in der Planung ist es erforderlich, mit Vertretern kritischer Infrastrukturen und vulnerabler Einrichtungen eng zusammenzuarbeiten. Nur so ist es möglich, die Auswirkungen von Schadenslagen gut abschätzen zu können. Die in der Planung begründete vertrauensvolle Zusammenarbeit kann bei konkreten Schadensereignissen einen wichtigen Beitrag dazu leisten, dass der Stab der örtlichen Gefahrenabwehr bereits frühzeitig über sich entwickelnde Auswirkungen in diesen Einrichtungen detailliert informiert ist und diese in seine Einsatzplanungen einbeziehen kann.

2.10.4 Soll-Ist-Vergleich

Die Erfassung des Ist-Zustands ermöglicht einen umfangreichen Einblick in die zur Verfügung stehenden Bewältigungskapazitäten. Eine langfristige Weiterentwicklung kann jedoch nur gegeben sein, wenn ein regelmäßiger Abgleich der aus der Notfallplanung resultierenden Soll-Anforderungen der Fähigkeiten mit dem Ist-Stand erfolgt. Eine festgestellte Unterdeckung der Fähigkeitsanforderungen wird auf gemeindlicher Ebene in der Regel nicht dazu führen, dass entsprechende Einheiten neu aufgestellt werden müssen. Es ist jedoch erforderlich, dass Fähigkeiten durch eine vertiefende Planung bereitgestellt werden und die interne Struktur entsprechend ausgelegt wird.

3 Stäbe der örtlichen Gefahrenabwehr

3.1 Grundlagen

3.1.1 Entwicklungen in der Führungslehre

Die Führungsarbeit in Form von Stäben hat sich im militärischen Bereich entwickelt und verfügt besonders in Deutschland über eine lange und traditionsreiche Vergangenheit, welche den Ursprung heutiger ziviler Stabsarbeit darstellt. Bereits Ende des 19. Jahrhunderts wurde im preußischen Generalstab die Auffassung vertreten, dass ein Stab aus Fachleuten verschiedener Kompetenzen zusammengesetzt sein sollte. Die Summe des Fachwissens und Fachverstandes all seiner Stabsmitglieder sollte dabei den Stab gegenüber den Fähigkeiten einer einzelnen Führungskraft überlegen machen. Moderne Kriegsführung auf technisch hoch entwickeltem Niveau und das Zusammenwirken vieler Nationalitäten in gemeinsamen Einsatzoperationen wären ohne das Instrument der stabsmäßigen Führung nicht durchführbar. Die Führung größerer Einheiten durch den Kommandierenden kann nur dann sachgerecht erfolgen, wenn diesem ein Stab mit Fachberatern und Führungsgehilfen zur Verfügung steht. Es wurde bereits vor langer Zeit erkannt, dass eine effektive und effiziente Führungsarbeit nicht durch den einen Befehlshabenden allein geleistet werden kann, sondern eine in Aufbau und Ablauf organisierte Führungsmethodik erfordert. Hierzu gehört es auch, mittels eines Führungsstabs und der eingesetzten Fachberater und Führungsgehilfen in Zusammenhängen zu denken. Wichtig ist es, den Überblick zu bewahren und einen Blick für das Wesentliche zu behalten, damit eine sachgerechte Gewichtung der Entscheidungsgrundlagen erfolgt.

Im Bereich der zivilen Führungsarbeit wurde der Stab als Organisationsform zunächst nur bei der polizeilichen Gefahrenabwehr eingeführt. Bereits zum Ende der 1960er-Jahre waren bei bestimmten

Großlagen der Polizei erste Ansätze von stabsmäßiger Führung erkennbar. Mit Einführung der *Polizeidienstvorschrift 100* (PDV 100) im Jahr 1974 wurde die Stabsarbeit in der zivilen Gefahrenabwehr erstmals definiert. Es vergingen jedoch noch einige Jahre, bis sich die notwendigen strukturellen Veränderungen, bis hin zur ministeriellen Ebene, vollzogen hatten. Aus der Erkenntnis positiver Erfahrungswerte bei der Polizei wurde die Methodik der stabsmäßigen Führung im Jahr 1981 mit der *Katastrophenschutzdienstvorschrift 100* (KatS DV 100) auch für die nichtpolizeiliche Gefahrenabwehr eingeführt. Vor dem Hintergrund der Erwartung einer Eskalation des Ost-West-Konflikts und der damit verbundenen Schadensauswirkungen auf das gesamte damalige Bundesgebiet waren die Führungsstrukturen der Gefahrenabwehr damals noch stark auf der Bundes- und Landesebene konzentriert.

Nach dem Ende des Kalten Krieges, in den frühen 1990er-Jahren, wurden die Mittel der zivilen Gefahrenabwehr in erheblichem Umfang zurückgefahren. Einen spürbaren Einschnitt stellte 1996 die Reform des damaligen Bundesministers des Inneren, Manfred Kanther, dar. Dabei wurden die Mittel des Zivilschutzes sowie des erweiterten Katastrophenschutzes, mit denen der Bund die Länder bei ihren Aufgaben unterstützte, erheblich reduziert. Da man nicht mehr mit kriegerischen Handlungen und deren Auswirkungen auf die Bevölkerung rechnete, sollten Ausstattung und Ausrüstung von fast 70.000 ehrenamtlichen Helfern nicht mehr durch den Bund getragen werden. Erst durch Katastrophenereignisse, wie z. B. das Jahrhunderthochwasser der Oder 1997, der Zugunfall 1998 in Eschede oder auch der Terroranschlag auf das World Trade Center 2001, fand der Bevölkerungsschutz wieder die notwendige Beachtung. Vor diesem Hintergrund wurde im Jahr 2002 die *neue Strategie zum Schutz der Bevölkerung in Deutschland* durch die Innenministerkonferenz beschlossen. Die Corona-Pandemie beginnend in 2020 und die Flutkatastrophe in Nordrhein-Westfahlen und Rheinland-Pfalz in 2021 verstärkten den Druck, gut ausgebildete und ausgestattete Stäbe vorhalten zu müssen.

Wenngleich der Spannungs- und Verteidigungsfall als mögliche Szenarien der Gefahrenabwehr nicht ausgeschlossen werden können, wie die kriegerische Auseinandersetzung zwischen Russland und der Ukraine ab 2022 zeigt, muss der Gefahrenabwehr in Friedenszeiten eine höhere Priorität zukommen. Die Führung in der Gefahrenabwehr muss sich daher den Anforderungen aus den Erfahrungen mit Unfällen, Naturkatastrophen und Terroranschlägen der letzten 20 Jahre stellen. Die *Ständige Konferenz für Katastrophenvorsorge und Katastrophenschutz* (SKK) hat mit der Dienstvorschrift *Führung und Leitung im Einsatz* (DV 100 SKK) die wichtigste Grundlage zur Führung in der nichtpolizeilichen Gefahrenabwehr geschaffen. In dieser Basisvorschrift wird die Führung der technisch-taktischen sowie der operativ-taktischen Ebene beschrieben. Für die Tätigkeit der Verwaltungsstäbe, bis hin zur Ebene der Kreise und kreisfreien Städte, gibt es länderspezifische Regelungen und Empfehlungen, in denen Stabsaufbau und Stabsorganisation geregelt sind.

Die Arbeitsgemeinschaft der Leiter der Berufsfeuerwehren (AGBF) hat in der Arbeitsgruppe Zivil- und Katastrophenschutz bereits im Jahr 2005 die Thesen zur *Führung und Leitung im Katastrophenschutz in der Bundesrepublik Deutschland* veröffentlicht. Dem Abschnitt A) ist in Teil 2 die ausdrückliche Aufforderung zu entnehmen, dass die Struktur der Verwaltungsstäbe als Organ der administrativ-organisatorischen Führung bundesweit einheitlich sein muss. Die Empfehlungen der Innenministerkonferenz für die Bildung der Verwaltungsstäbe sollten in allen Bundesländern Beachtung finden und auch tatsächlich in einheitliche Strukturen umgesetzt werden. Leider steht die bundesweit einheitliche und verbindliche Umsetzung dieser Strukturen bis heute aus.

3.1.2 Das Führungssystem in der Gefahrenabwehr

Dieser Abschnitt vermittelt Führungskräften der kommunalen Verwaltung Einblick, wie das Führungssystem der Organisationen in der nichtpolizeilichen Gefahrenabwehr funktioniert, um eine gemeinsame, reibungslose Zusammenarbeit im Ereignisfall sicherzustellen. Bevor näher auf die Funktions- und Arbeitsweise eines Stabs eingegangen wird, müssen Kenntnisse darüber bestehen, wie *Führung und Leitung* in der zivilen, nichtpolizeilichen Gefahrenabwehr grundlegend funktioniert.

Grundlage ist hierzu die Dienstvorschrift 100 *Führung und Leitung im Einsatz*, welche von allen Einsatzorganisationen in der Gefahrenabwehr ganz oder zumindest in weiten Teilen übernommen wurde. Sie stellt aber eine wichtige Grundlage und Hilfe in Entscheidungsprozessen dar. Auch in örtlichen Verwaltungsstäben, die sich durch eine Trennung von der operativen Komponente auszeichnen, ist es notwendig, die Grundlagen der Führung zu verstehen. In Stäben, die ein Gesamtstabsmodell bzw. ein integriertes Modell bevorzugen, ist das Führungssystem die Grundlage des Handelns.

Das Führungssystem nach der DV 100 unterscheidet die *Führungsorganisation* (Aufbau), den *Führungsvorgang* (Ablauf) sowie die *Führungsmittel* (Ausstattung). Nur durch das gesteuerte Zusammenwirken dieser drei Elemente ist es möglich, das System der Führung in der Gefahrenabwehr zu betreiben. Der Erfolg bemisst sich hierbei am Grad der Zielerreichung sowie an der Möglichkeit, auf Änderungen der Lage dynamisch reagieren zu können.

Ein Führungssystem beantwortet nachfolgende strukturelle Fragen:

Führungsorganisation

- **Wer** sind die handelnden Funktionen?
- **Was** sind die Aufgaben der unterschiedlichen Funktionen?

Führungsvorgang

- **Wann** müssen Entscheidungen wirken?
- **Wo** müssen Entscheidungen wirken?

Führungsmittel

- **Womit** (mit welchen Hilfsmitteln/Fähigkeiten) wird der Führungsvorgang unterstützt?

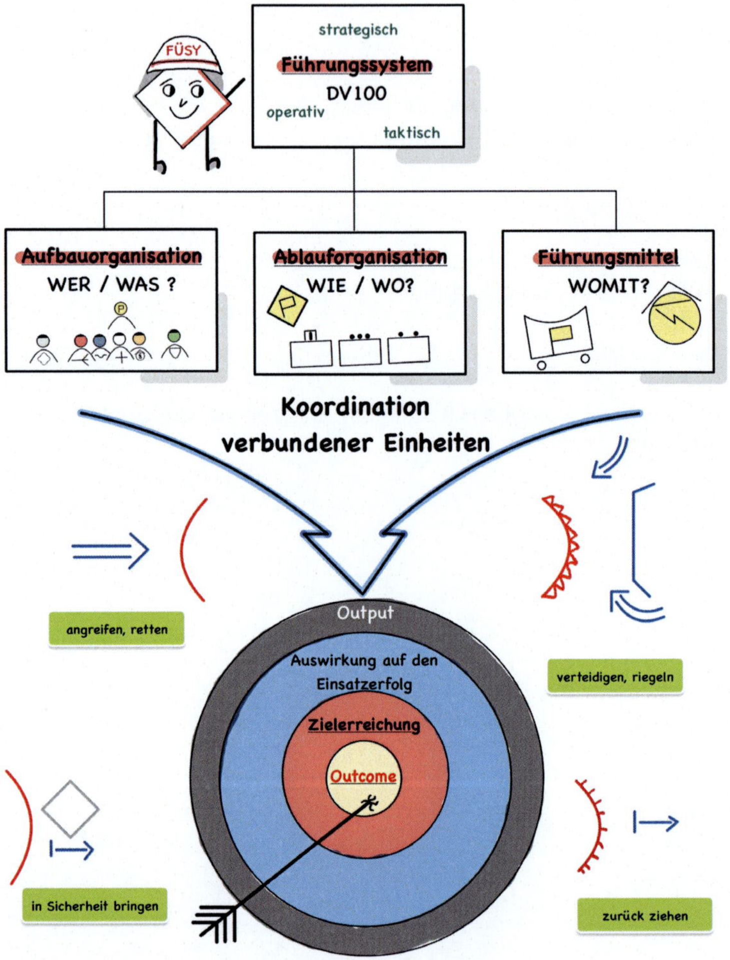

***Bild 1:** DV 100 (Quelle: KOBRA GmbH A. Rehbein)*

Organisation der Führung (Aufbauorganisation)

Unter Organisation der Führung versteht man die Zuordnung von Personen/Funktionen mit ihren Aufgaben in eine Hierarchie, um sicherzustellen, dass eine Organisation effektiv geführt wird. Diese Hierarchie kann unterschiedliche Ebenen und Funktionen umfassen, je nach Größe und Komplexität der Organisation. Die Aufbauorganisation wird durch ein Organigramm (Führungsharke) dargestellt. Die bei der nichtpolizeilichen Gefahrenabwehr übliche Linienorganisation stellt sicher, dass für jedes Element innerhalb des Organigramms Über- und Unterstellung eindeutig sind. Die übergeordnete Führungsebene beauftragt die Ebene unter ihr. Die untergeordnete Ebene setzt um und meldet an die übergeordnete Führungsebene.

Es gilt dabei die sog. *2/5-Regel,* nach der einer Führungsebene zwei bis fünf Organisationseinheiten untergeordnet werden können. Das Maß für den Umfang der Unterstellung ist die *Leitungsspanne* der Führungsfunktion.

In der Organisationslehre werden drei Managementebenen beschrieben:

- **1. Führungsebene (Top Management)**
- **2. Führungsebene (Middle Management)**
- **3. Führungsebene (Low Management)**

Ähnlich sieht auch die Projektmanagement Methode PRINCE2® drei Ebenen vor:

- **lenken**
- **managen**
- **liefern**

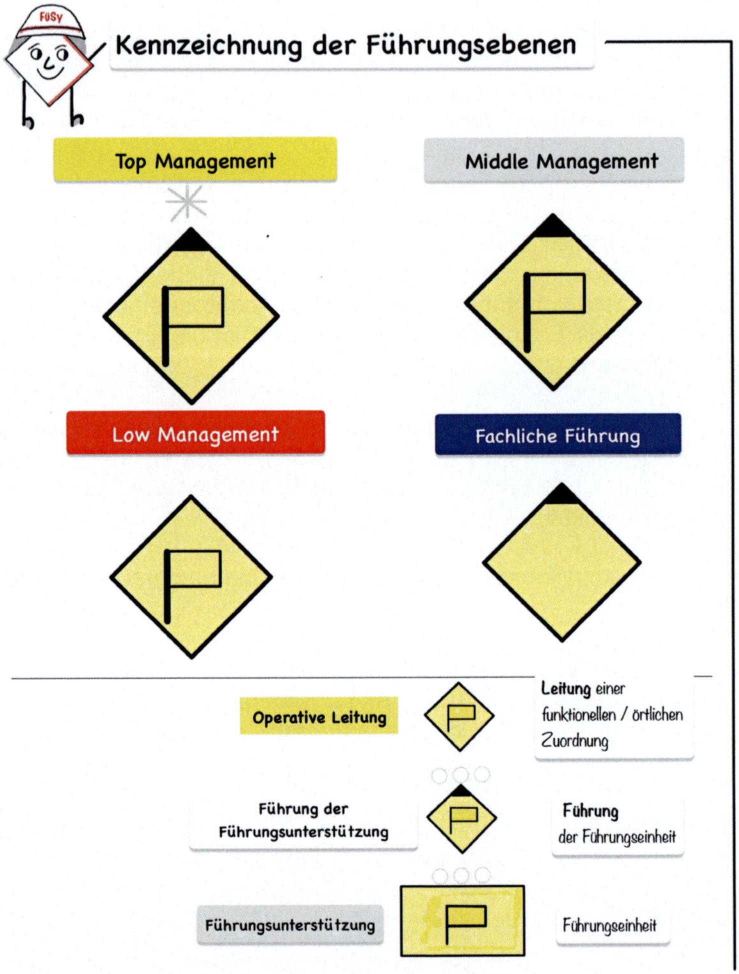

***Bild 2:** Führungsebenen (Quelle: KOBRA GmbH A. Rehbein)*

Die Anwendung dieser dreiteiligen Gliederung der Führungsebene auf die Aufbauorganisation in der Gefahrenabwehr hilft die Unterschiedlichkeit des Führens zu verdeutlichen.

Die 1. Führungsebene wird durch eine Funktion wahrgenommen, die weisungsbefugt in der kompletten ihr unterstellten Organisation ist. Für eine Gemeinde oder Stadt ist dies der Hauptverwaltungsbeamte. Er trifft die Entscheidungen in letzter Instanz und trägt die Gesamtverantwortung. Die 1. Führungsebene legt die strategischen Ziele der Organisation fest und setzt Planung und Umsetzung durch.

Die 2. Führungsebene hat eine Bereichsverantwortung inne. Die Führungskraft operationalisiert die strategischen Vorgaben aus der 1. Führungsebene; hier entsteht ein Operationsplan mit konkreten Aufträgen.

Die Bearbeitung der Aufträge wird durch die 3. Führungsebene vorgenommen. Die eigentliche Realisation erfolgt auf der Wirkebene (fachliche Führung).

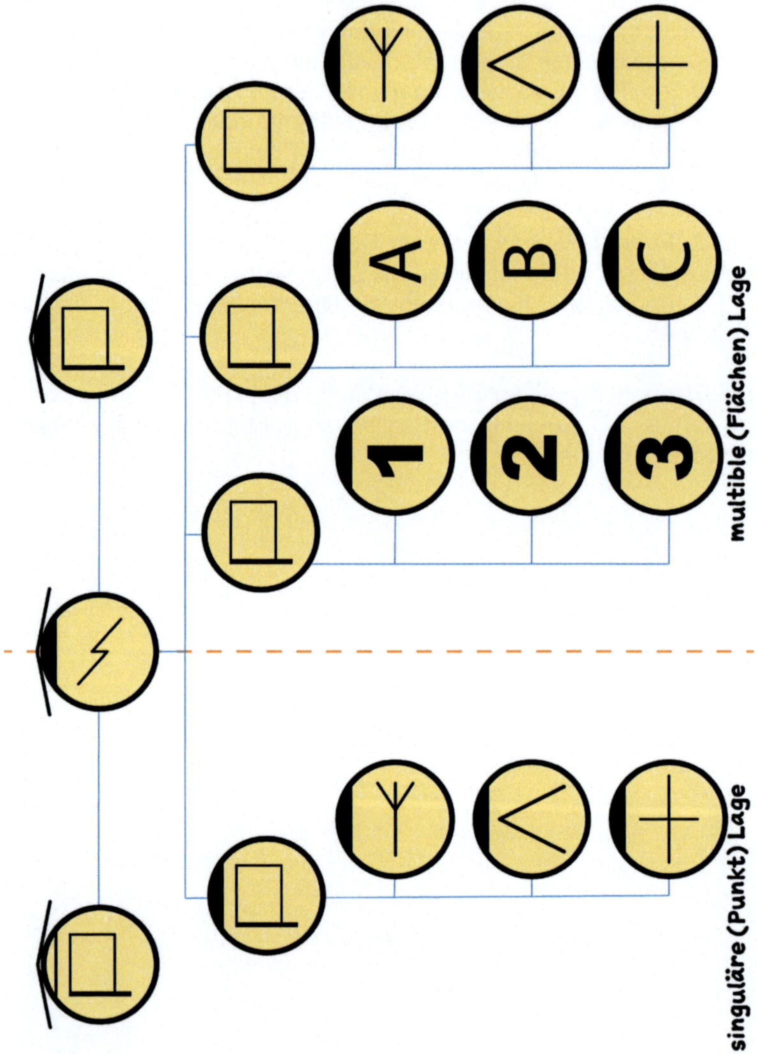

***Bild 3:** Führungsorganisation punktuelle und Flächen-Lagen (Quelle: KOBRA GmbH A. Rehbein)*

Vorgang der Führung (Ablauf)

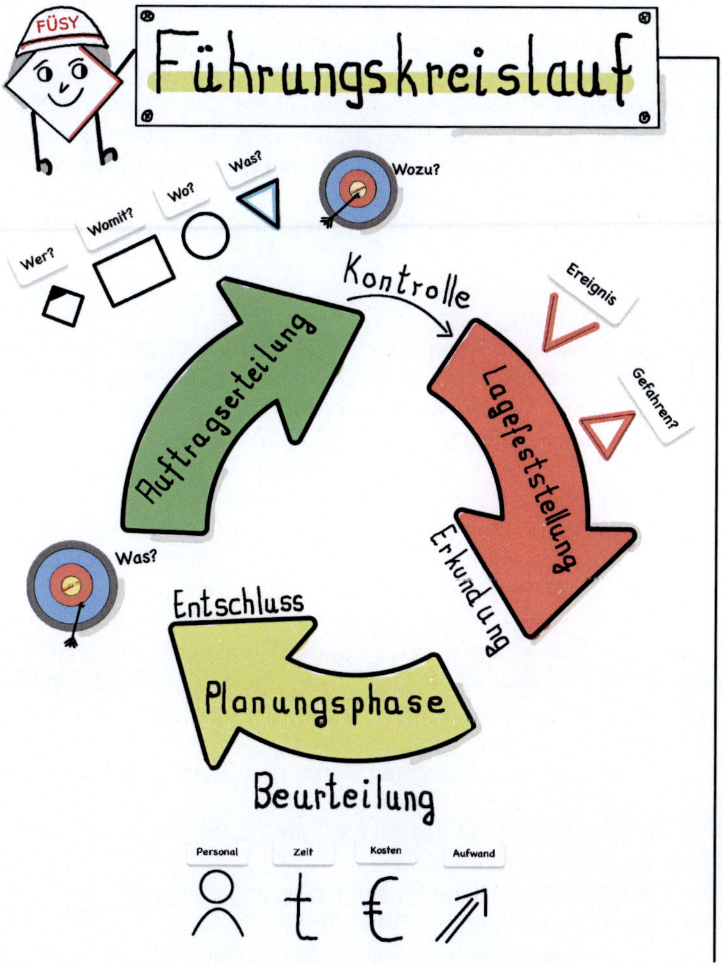

***Bild 4:** Führungskreislauf (Quelle: KOBRA GmbH A. Rehbein)*

Der Vorgang der Führung ist ein vordefinierter Ablauf im Denken und Handeln, welcher zur Sicherstellung des Einsatzerfolgs immer wieder durchlaufen werden muss. Vereinfacht ausgedrückt geht es darum, einen vorher erlernten Ablauf immer wieder zu vollziehen, um Entscheidungen sachgerecht treffen zu können sowie die bereits getroffenen Entscheidungen zu überprüfen. Den Führungsvorgang durchlaufen alle Führungskräfte auf allen Ebenen immer wieder. Dabei gilt der Grundsatz, die richtigen Mittel zur richtigen Zeit am richtigen Ort einzusetzen. Um dieses Ziel auch in einer Einsatzsituation unter Stress und belastenden Rahmenbedingungen erfüllen zu können, bedarf es eines erlernten Führungsvorgangs. Dieser Führungsvorgang wird in drei Abschnitte segregiert: die Feststellung der Lage, die Planung und die Entscheidung (Handlungsanweisung) selbst.

- **Lagefeststellung**
  Zunächst müssen Informationen beschafft und gesammelt und bewertet werden. In der ersten Phase geht Geschwindigkeit vor Genauigkeit. Lageinformationen können aus verschiedenen Quellen, wie z. B. der Medienwelt, der Meldung unter- oder übergeordneter Stellen oder dem Bericht von Betroffenen, stammen. Der Entscheidungsträger sollte sich selbst auch ein Bild über die Lage verschaffen und hierzu Erkundungen durchführen bzw. durchführen lassen. Auch Social Media kann eine Quelle für Lageinformationen sein (vgl. Kapitel 5.12 VOST).
  Das Lagebild wird umso besser, je höher die Anzahl verifizierter Lagemeldungen ist. Das Lagebild sollte die verschiedenen Aspekte abdecken und folgende Fragen zur Bewältigung der Schadenslage beantworten:
  - Was ist passiert? (Ereignis/Anlass)
  - Welche Gefahren können durch das Ereignis hervorgerufen werden?
  - Wer ist betroffen? (Bevölkerung/Kunden)
  - Wer hat das Kommando?
  - Womit soll die Schadenslage beseitigt werden?
  - Wo befinden sich die Orte, Punkte, Stellen?
  - Welche Maßnahmen werden zur Schadensbewältigung ergriffen?
  - Gibt es zeitliche Abhängigkeiten?

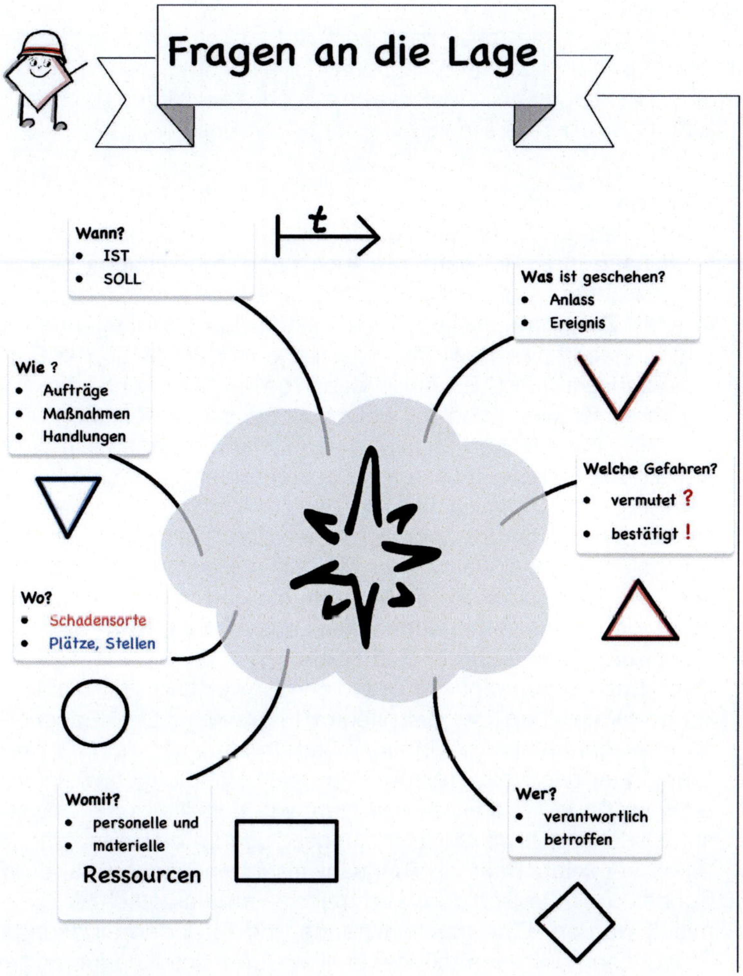

Bild 5: *Fragen an die Lage*
(Quelle: KOBRA GmbH A. Rehbein/Stephan Giesen)

Praxistipp

Wird der Führungsablauf erneut durchlaufen, erfolgt bei der Feststellung der Lage auch eine Überprüfung der Auswirkungen bzw. der Suffizienz der bereits vorher getroffenen Entscheidungen.

- **Planung**
  In der Planung ist es wichtig, die erhaltenen Informationen sowohl nach ihrer Relevanz als auch nach ihrer Zuverlässigkeit zu gewichten. Abschließend erfolgt eine Bewertung der Lage in einer Zusammenfassung aller Fakten und Informationen im sog. Lagebild. Die Bewertung der Lage ist Grundlage der Entscheidungsfindung. Es muss dabei bewertet werden, welche Gefahren für wen (also für welche Schutzziele) bestehen und wie (also mit welchen Mitteln) diese Gefahren abgewehrt werden können. Dabei müssen die bestehenden Handlungsalternativen, unter Berücksichtigung der zur Verfügung stehenden Mittel, gegeneinander abgewogen werden. Letztlich muss der Entschluss gefasst werden, welche Mittel wie und wo einzusetzen sind bzw. ob weitere Mittel angefordert werden müssen, oder aber ob die vorhandenen Mittel ausreichend sind.
- **Handlungsanweisung (Befehlsgebung)**
  Dem Entschluss folgt die Handlungsanweisung zur tatsächlichen Umsetzung der getroffenen Planungen. Der Entscheidungsträger soll hierbei in einer klar strukturierten und für den Empfänger nachvollziehbaren Form eine Handlungsanweisung erteilen. Dabei ist stets abzuwägen, wie detailliert eine Anweisung erfolgt und wie viel Handlungsspielraum dem Empfänger damit verbleibt. Die Handlungsanweisungen können dabei in Schriftform, mündlich oder auch mittels Fernmeldetechnik übermittelt werden. Eine funktionierende und für jeden eindeutige Führungsorganisation mit klaren Über- und Unterordnungsverhältnissen ist hierzu unabdingbar. Natürlich dürfen nur Handlungsanweisungen gegeben werden, die tatsächlich durchführbar und mit geltendem Recht vereinbar sind.

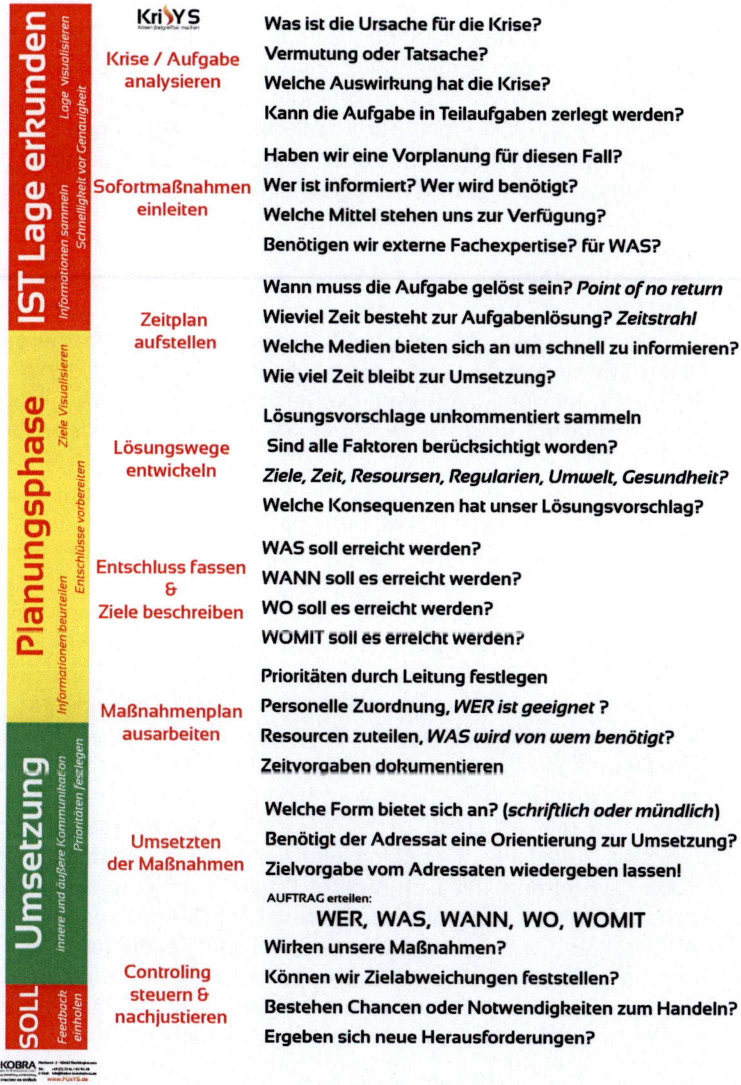

Bild 6: *8 Phasen der Stabsarbeit (Quelle: KOBRA GmbH A. Rehbein)*

Mittel der Führung (Ausstattung)

Führungsmittel sind das Handwerkszeug, mit dem eine Führungskraft arbeitet, um den Einsatzerfolg gewährleisten zu können. Es kann sich dabei um Mittel zur Gewinnung sowie zur Verarbeitung oder Übertragung von Einsatzinformationen handeln. Dabei steht die Führungskraft nicht nur im Recht, sondern auch in der Pflicht, alle tatsächlich und rechtlich verfügbaren Mittel für den Einsatzerfolg zu verwenden.

- **Informationsgewinnung**
  Die Mittel zur Informationsgewinnung können so vielfältig sein wie die möglichen Ereignisse. Es ist dabei wichtig, sich bereits in der Planung und vor dem tatsächlichen Ereignis mit den verfügbaren Informationsquellen vertraut zu machen, die grundlegend relevant sind. Die kommunale Notfallplanung der Gemeinde bzw. die Gefahrenabwehrplanung auf Ebene der Kreise und kreisfreien Städte ist dabei die wichtigste Grundlage. Aus Kartenmaterial, Evakuierungsplänen, Ortsbeschreibungen und Bedarfsplanungen können Informationen über die Rahmenbedingungen eines Einsatzgeschehens abgeleitet werden. Neben den Planunterlagen stehen der Führungskraft heutzutage aber auch diverse Online- und Offline-Datenbanken zur Verfügung. Dabei reicht die Bandbreite von einem digitalen Verzeichnis über Gefahrstoffe bis hin zu elektronisch abrufbaren Objektplänen.
- **Informationsverarbeitung**
  Da die gewonnenen Informationen nicht immer sofort als Werkzeug innerhalb des Führungsvorgangs genutzt werden können, bedarf es hier regelmäßig der Verarbeitungsmöglichkeit. Einfachstes Beispiel ist die mittlerweile weitgehend selbstverständliche Ausstattung mit Computern. Diese werden sowohl zum Abrufen digitaler Datenbanken als auch zur Dokumentation und Aufbereitung von Informationen verwendet. Natürlich zählen auch die klassischen Mittel einer Büroausstattung zum Bedarf der Informationsverarbeitung. Ein wesentliches Element der Informationsverarbeitung ist die Lagedarstellung.

- **Informationsübertragung**
  Hinter dem Begriff der Informationsübertragung verbirgt sich ein Werkzeug, dem eine immer wichtigere Bedeutung zukommt und auch weiter zukommen wird. Der Bereich *Information und Kommunikation* wird nicht umsonst durch einen eigenen Sachgebietsleiter (S 6) in Einsatzleitungen vertreten. Mit der Masse der zur Verfügung stehenden Informationen und dem Anspruch an die Aktualität dieser Informationen steigt die Informationsdichte erheblich an. Dies stellt Anforderungen an die Lagebewertung, bedingt aber v. a. die Möglichkeit, eine Information schnell und zuverlässig von einem Ort an den anderen übertragen zu können. Die zur Verfügung stehenden Mittel der Informationsübertragung werden im Bereich der Fernmeldebetriebsstelle eines Stabs ausführlich dargestellt. Beispielhaft seien hier aber Handfunkgeräte zum Sprechfunk an der Einsatzstelle, Fahrzeugfunkgeräte zur Kommunikation mit der Leitstelle oder auch das eigene Smartphone als bekanntestes Mobilfunkgerät genannt. Der Einsatz von Kommunikationsmitteln wird in der Dienstvorschrift 800 (DV 800) *Einsatz der Fernmeldemittel* bzw. der Dienstvorschrift 810 (DV 810) *Sprechfunkdienst* geregelt.

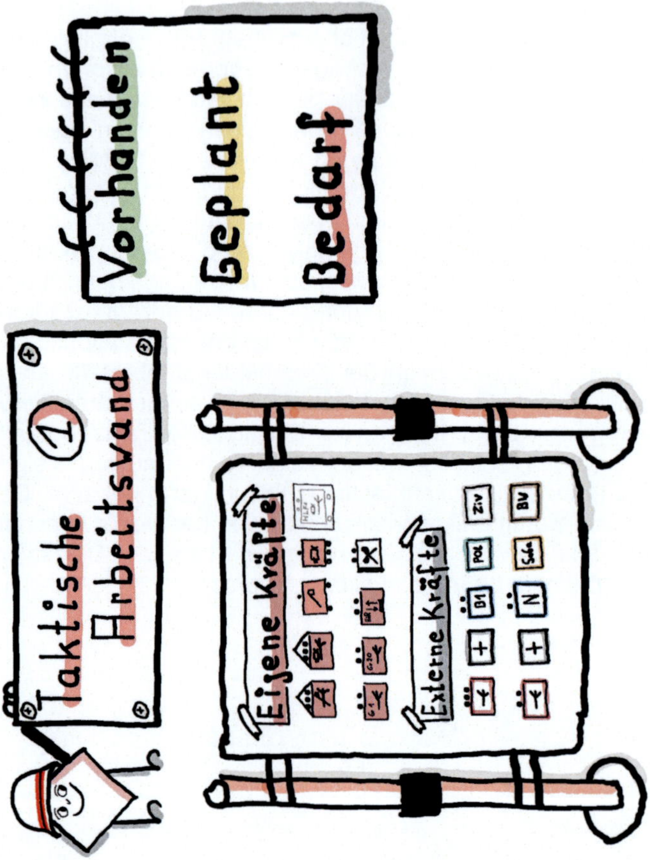

Bild 7: *Taktische Arbeitswand Mittelübersicht und Status (Quelle: KOBRA GmbH A. Rehbein)*

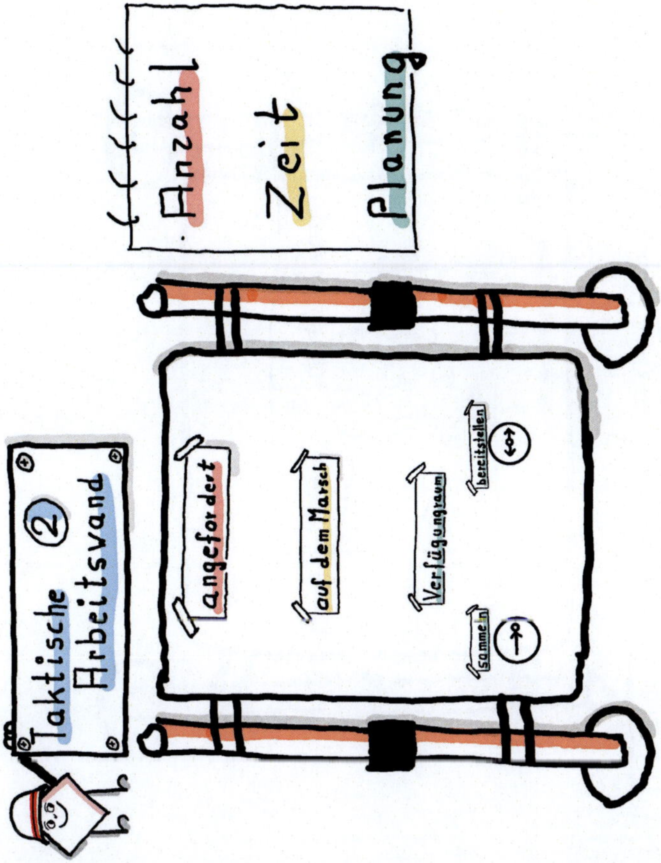

***Bild 8:** Taktische Arbeitswand Lagebild und Dashboard (Quelle: KOBRA GmbH A. Rehbein)*

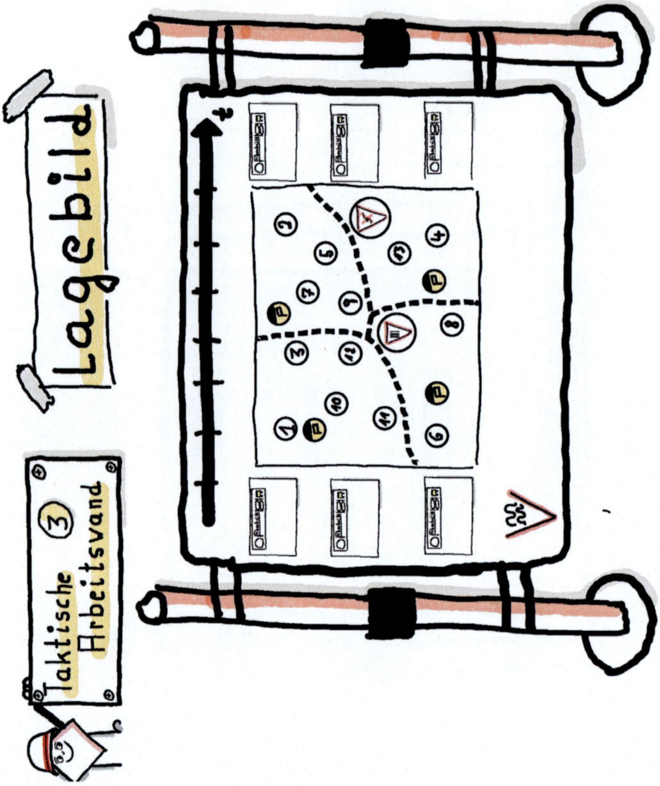

Bild 9: *Leitungsboard (Quelle: KOBRA GmbH A. Rehbein)*

Hinweis

Nur durch ein einheitliches, nachvollziehbares und standardisiertes Führungssystem, wie es in der Dienstvorschrift 100 *Führung und Leitung im Einsatz* dargestellt wird, kann operative Führung im Einsatz erfolgen. Wer in Extremsituationen unter Stress und hoher Belastung Entscheidungen mit solch einer Tragweite treffen muss, wie es sie nur in der Gefahrenabwehr gibt, muss sein eigenes Denken und Handeln strukturieren und immer wieder hinterfragen. Zur Umsetzung der dargestellten Grundlagen bedarf es einer umfassenden Ausbildung der Führungskraft und nicht zuletzt der realen Erfahrung in Schadenslagen verschiedener Größenordnung und Schadensarten. Dabei ergibt die Summe aus Fachwissen, Führungsausbildung sowie der Einsatzerfahrung den Qualifikationsrahmen, in dem eine Führungskraft eingesetzt werden kann. Wenngleich nicht alle Elemente der operativen Führung übertragen werden können, so muss zumindest auf der administrativen Komponente bzw. bei den politischen Entscheidungsträgern ein Grundverständnis dafür bestehen, was wie und warum etwas an einer Einsatzstelle vor Ort geschieht.

3.2 Struktur und Aufgaben von Stäben der örtlichen Gefahrenabwehr

3.2.1 Motivation zur Einrichtung von Stäben

Ereignisse wie die Flutkatastrophe 2021 in Rheinland-Pfalz und Nordrhein-Westfahlen zeigen eindrücklich, dass Ereignisse in der Gefahrenabwehr immer unmittelbar vor Ort wirken (siehe hierzu auch Kapitel 1). Das Ereignis kann hierbei als Vorfall definiert werden, von dem entweder einzelne Menschen vor Ort oder aber auch Teile bis hin zur Gesamtheit der gemeindlichen Bevölkerung betroffen sind. Die Wirksamkeit der Gefahrenabwehr kann nur vor Ort entstehen, selbst wenn die Grundlagen eines Einsatzerfolgs auch durch die Arbeit in den Stäben der übergeordneten Verwaltungsebenen ab der unteren Katastrophenschutzbehörde gelegt werden müssen.

Dabei kommt dem verantwortlichen Entscheidungsträger auf der Gemeindeebene, also meist dem Hauptverwaltungsbeamten, eine besondere Bedeutung zu. Die Lage muss erfasst, visualisiert, beurteilt werden und Prioritäten müssen festgelegt werden. Eine Vielzahl von Maßnahmen und Entscheidungen muss geplant, ausgeführt und auf Wirksamkeit überprüft werden. Dies geschieht alles unter der Berücksichtigung von personellen und materiellen Kapazitäten sowie eines Informationsbedürfnisses der Bevölkerung, der Einsatzkräfte und der Medien. Der Stab oder die Stäbe (vgl. Einstabs- oder Zweistabs-Modell) ist/sind hierbei eine maßgebliche Unterstützung.

Bei einem *Stab* handelt es sich im Allgemeinen um eine Organisationsform der rückwärtigen Führung, die aus mehreren Fachpersonen, Assistenz- und Hilfspersonen sowie einer Leitung besteht. Dieser Aufbau folgt der Zielsetzung einer Bündelung von Fach- und Entscheidungskompetenz an einer zentralen Stelle. Dabei wird der verantwortliche Entscheidungsträger erheblich entlastet und in die

Lage versetzt, priorisierte Führungsentscheidungen aus vorgelegten Handlungsalternativen zu treffen. Der Stab der örtlichen Gefahrenabwehr unterstützt bei den Ereignissen, die auf kommunaler Ebene nicht mehr durch standardisierte Abläufe aufgrund einer Vielzahl paralleler Einzelereignisse, Logistik- und Kapazitätsfragen an Fachpersonal und Material oder sonstiger Besonderheiten bewältigbar ist.

Wenngleich die Akzeptanz noch nicht überall gegeben ist, muss jedoch festgestellt werden, dass Führungs- und Organisationsstrukturen der alltäglichen Verwaltungsarbeit zur Bewältigung einer Schadenslage nicht immer ausreichend geeignet sind. Es muss das Bewusstsein geschaffen werden, mit der temporären Einrichtung eines Stabs auf Gemeindeebene die alltäglichen Strukturen zu durchbrechen und Aufgaben nach Fachkompetenzen und Führungsqualitäten neu zu ordnen.

Die Bestellung zur Leitung eines Bereichs oder einer Abteilung im alltäglichen Verwaltungsgeschehen befähigt nicht automatisch auch dazu, Führungsaufgaben in einem Stab wahrnehmen zu können. Ausnahme sind hier lediglich die Mitarbeiter, die auch im Tagesgeschäft bereits für Aufgaben der Gefahrenabwehr bzw. des Bevölkerungsschutzes verantwortlich sind.

Hinweis

Beispielsweise kann ein Verwaltungsmitarbeiter Abteilungsleiter des Gebäudemanagements sein, damit ist dieser jedoch nicht zwangsläufig für die technischen Aufgaben fachlich qualifiziert und kann seine Abteilung in diesem Sinne vertreten. Bei einer elektrotechnischen Prüfung gemäß DGUV V3, „Elektrische Anlagen und Betriebsmittel“, ist die Fachentscheidung, z. B. eines Elektrotechnikers, erforderlich und kann nicht durch die administrative Funktion eines Abteilungsleiters ersetzt werden.

Hinweis

In der Gesamtbetrachtung kann also festgestellt werden, dass es sich bei einem Stab der örtlichen Gefahrenabwehr um die Zusammenführung und Organisation von definiertem qualifiziertem Personal auf der kommunalen Ebene zu einem aus dem alltäglich erwarteten Rahmen herausragenden Vorfall handelt, welchem in der Bevölkerung eine besondere Wahrnehmung zuteil wird.

3.2.2 Begründung zur Einrichtung von Stäben der örtlichen Gefahrenabwehr

Die örtliche Gefahrenabwehr obliegt grundsätzlich der Gemeinde in eigener Zuständigkeit. Zur Wahrnehmung dieser Aufgaben unterhält die Gemeinde eine leistungsfähige Feuerwehr, ist für die Umsetzung des Zivilschutzes zuständig, kann im Rettungsdienst mitwirken, fördert Hilfsorganisationen und richtet eine Ordnungsbehörde ein. Mit der Bereitstellung von Material, Personal und der Zusammenarbeit mit den Hilfsorganisationen endet die Verantwortung der Gemeinde jedoch nicht. Nur mit einer zentralen Leitung und Koordinierung aller Maßnahmen im Gebiet der Gemeinde ist es möglich, größere Schadensereignisse, bis hin zu Katastrophenfällen und dem Zivilschutzfall, gemeinsam mit dem Kreis abzuarbeiten und den Schutz der Bevölkerung sicherzustellen. Bei einem Stab der örtlichen Gefahrenabwehr handelt es sich keinesfalls um ein optionales Beiwerk der Gefahrenabwehr, sondern um die Basis jeder größeren Gefahrenabwehrmaßnahme, ohne die eine koordinierte Zusammenarbeit von Feuerwehr, Rettungsdienst, Deutschem Rotem Kreuz (DRK), Malteser Hilfsdienst (MHD), Technischem Hilfswerk (THW), Katastrophenschutz, Ordnungsbehörde, Polizei und Bundeswehr nicht erfolgen kann.

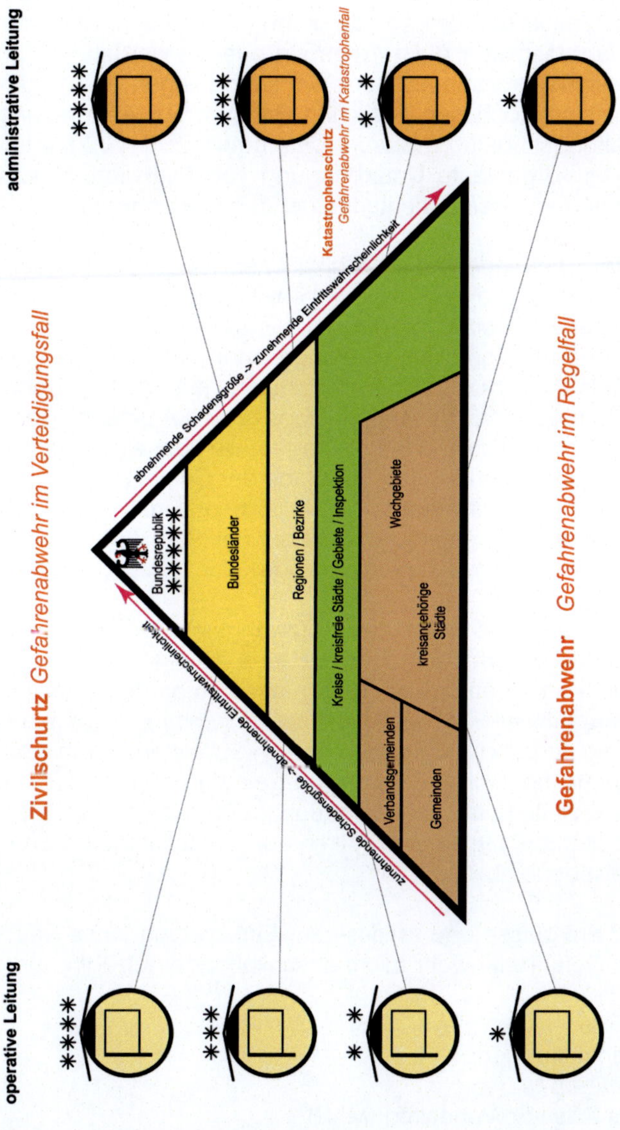

Bild 1: *Zuständigkeitspyramide (Quelle: KOBRA GmbH A. Rehbein)*

Neben den Schadenslagen nach den Feuerschutz- und Katastrophenschutzgesetzen der Länder können in einem Stab der örtlichen Gefahrenabwehr auch Aufgaben erledigt werden, die im regulären Zuständigkeitsbereich der Gemeinde liegen und weder vorhersehbar sind noch den zeitlichen Rahmen zur Abarbeitung in der Verwaltungsstruktur zulassen. Dies betrifft z. B. Großveranstaltungen, die vorgeplante Unterbringung von Evakuierten oder Kampfmittelsondierungen mit entsprechenden Maßnahmen.

Auf Ebene der Gemeinden ist die Indikationsschwelle der Notwendigkeit zur Einrichtung eines Stabs wesentlich geringer als auf der Kreisebene oder den weiter übergeordneten Stellen. Dies bedeutet, dass ein Schadensereignis mit lokal begrenzten Auswirkungen die Führung mittels eines Stabs erforderlich macht, jedoch nicht unbedingt die Einberufung des Verwaltungstabs oder der Einsatzleitung auf Ebene der Landkreise. Bei Flächenlagen, die über einen lokalen Wirkungskreis hinausgehen, sind die Stäbe der Gemeinden jedoch ebenfalls an erster Stelle gefordert. Kein stabsmäßiges Führungsorgan ist näher am Geschehen vor Ort als der Stab der örtlichen Gefahrenabwehr der betroffenen Gemeinde.

Hierbei ist zu berücksichtigen, dass Führungsstrukturen der Gefahrenabwehr aufeinander aufbauen und eine Tätigkeit der übergeordneten Ebenen erst nach Einrichtung eines Stabs der gemeindlichen Gefahrenabwehr möglich ist. Der Verwaltungsstab eines Landkreises agiert auf einer übergeordneten Ebene und kann auch nur diese Ebene bedienen. Ohne einen gemeindlichen Stab sind auch z. B. kreisweite Evakuierungsmaßnahmen, Ausfälle der regionalen Infrastrukturen, Gefahrstoffwolken aus Störfallbetrieben usw. nicht auf Kreisebene abzuarbeiten.

Beispiele für Ereignisse und Anlässe zur Einberufung eines Stabs der örtlichen Gefahrenabwehr (nicht abschließende Aufzählung):

- Großbrände
- Großveranstaltungen
- Unwetterlagen
- Massenanfälle von Verletzten (MANV)
- Kampfmittelfunde

- Flugzeugabstürze
- Kernkraftwerksunfälle im In- und Ausland
- Freisetzung von Gefahrstoffen
- Öl- und Giftalarm
- Ausfall der Energie- oder Wasserversorgung
- Hochwasser
- Sturmschäden
- Großunfälle im Straßenverkehr
- Epidemien, Pandemien
- Tierseuchen
- Lebensmittelvergiftungen größeren Ausmaßes
- Umweltstörungen größeren Ausmaßes
- Internationale Spannungslagen
- Verteidigungsfall

Bei der Begründung zur Einrichtung eines Stabs der örtlichen Gefahrenabwehr findet jedoch auch die in den letzten Jahren veränderte öffentliche Wahrnehmung Beachtung. Es muss berücksichtigt werden, dass auch Ereignisse mit geringeren tatsächlichen Auswirkungen zu einer großen Verunsicherung in der Bevölkerung und zu einer gesteigerten medialen Würdigung führen können. So kann z. B. auch eine geographisch weit entfernte Epidemie, auf einem anderen Kontinent, bei einer hohen Letalität (z. B. Ebola-Verdachtsfälle in 2014) der Betroffenen zu einer hohen Verunsicherung in Ländern führen, die faktisch von keiner unmittelbaren Auswirkung betroffen sind. Dabei wird es immer wichtiger, das Lagebild der Medien in die professionelle Stabsarbeit einzubeziehen und die Reaktionen der Bevölkerung in den sozialen Netzwerken zu beobachten. Eine Gemeinde sollte bei einer entsprechenden Verunsicherung der eigenen Bevölkerung, auch im Falle einer nur indirekten Betroffenheit, nicht der Auffassung erliegen, die Lage mit Alltagsmitteln abarbeiten zu können. Der später näher beschriebene Bereich „Bevölkerungsinformation und Medienarbeit als Bestandteil des Stabs der örtlichen Gefahrenabwehr“ wird notwendigerweise die Presselage sowie die ganzheitliche Information der Bevölkerung übernehmen müssen.

Die Notwendigkeit der Einrichtung von Stäben begründet sich jedoch nicht allein durch die Art und Weise der möglichen Schadensereignisse, sondern ebenso durch den Bedarf, schnelle Führungsentscheidungen treffen zu müssen. Schadenslagen mit der höchsten Schadensauswirkung sind meist jene, die nicht vorhersehbar gewesen sind und daher auch nicht vorgeplant wurden. Die Gefahrenabwehrplanung einer Gemeinde muss sich daher auf die sog. „Ad-hoc-Lagen“ konzentrieren und allgemeine Vorbereitungen für unerwartete spezifische Schadensereignisse treffen. In der überwiegenden Zahl der Fälle ist also davon auszugehen, dass ein Schadensereignis bereits eingetreten ist, bevor die Alarmierung und Einrichtung eines Stabs erfolgt sind. Der Stab befindet sich dabei „hinter der Lage“ und muss mittels höchst effizienter Führungsprozesse schnellstmöglich „vor die Lage“ kommen, d. h., er muss befähigt werden, Entscheidungen im Hinblick auf die zukünftigen und zu erwartenden Lageänderungen treffen zu können.

Bild 2: *Prinzip der Auftragstaktik (Quelle: KOBRA GmbH A. Rehbein)*

Hinweis

Gib einer Führungskraft einen Befehl und sie wird bei dem ersten Problem warten und es von Vorgesetzten lösen lassen. Werden Führungskräfte mit Zielen (wozu und warum) gelenkt, werden sie Wege finden, das Ziel zu erreichen. Vertrauen in die Fähigkeiten der Führungskräfte ist wichtig.

Zeit ist in einer Schadenslage ein äußerst kostbares Gut, welches mit dem Einsatz aller verfügbaren personellen und materiellen Ressourcen sowie einer umfassenden Vorplanung erhalten werden muss. Bei Hilfsfristen für Feuerwehr und Rettungsdienst von acht bzw. zwölf Minuten (wie z. B. in NRW) ist eine schnelle Reaktionsfähigkeit der Einsatzorganisationen selbstverständlich. In diesem operativen Rahmen sind die Führungskräfte der Einsatzorganisationen darin geschult, innerhalb von kürzester Zeit weitreichende Entscheidungen zu treffen. Dies kann und muss selbst dann erfolgen, wenn dem Einsatzleiter noch nicht alle Lageinformationen zur Verfügung stehen, die er benötigt. Bei großen Schadenslagen bis hin zu Katastrophenfällen reicht es aber auch nicht aus, schnelle Entscheidungen ohne umfassende Planung und die Unterstützung durch Führungsassistenten zu treffen. Das Führungssystem muss dann erweitert und in eine andere Ebene überführt werden.

Vor dem Hintergrund der Hilfeleistungsfristen und der schnellen Reaktionsfähigkeit der Einsatzorganisationen scheinen die geplanten Rüstzeiten eines Stabs der örtlichen Gefahrenabwehr meist sehr realitätsfern. Natürlich kann der Stab einer Gemeinde nicht an den Ausrückzeiten einer Einsatzorganisation gemessen werden, dennoch muss es die Bestrebung eines jeden Planers sein, die Zeit vom Eintritt des Schadensereignisses bis hin zur Herstellung der Arbeitsfähigkeit eines Stabs so weit als möglich zu verkürzen. Dabei wird besonderer Wert auf die Betrachtung der „Herstellung der Arbeitsfähigkeit“ eines Stabs gelegt und nicht auf die bloße Anwesenheit der Stabsmitglieder im Führungsraum. Im Gegensatz zu einer Führungskraft vor Ort kann ein Stab im Regelfall nicht sofort mit der Arbeit beginnen, sondern muss Lageinformationen einholen, diese bewerten und dann einen Lagevortrag zur ersten Unterrichtung durchführen.

Die regulären Führungsstrukturen einer Gemeindeverwaltung sind darauf ausgelegt, rechtssichere und fachlich fundierte Entscheidungen in einem Planungszeitraum von Tagen, Wochen und Monaten zu treffen. Eine oftmals viele Ebenen umfassende hierarchisch geprägte Organisationsstruktur und eine Vielzahl von Abstimmungsprozessen und Beteiligungen machen das Führungshandeln einer Gemeindeverwaltung für die Gefahrenabwehr zu schwerfällig und ineffizient. Eine Abarbeitung von größeren Schadenslagen ist unter diesen Rahmenbedingungen weder sinnvoll noch tatsächlich und rechtlich zu verantworten. Im Bereich der Führung in der Gefahrenabwehr müssen sich die Gemeinden als Gefahrenabwehrbehörden daher als weit mehr als eine Einsatzorganisation der Verwaltung begreifen und dieses Selbstverständnis auch leben. Von der Einrichtung einer schnell agierenden Führungsstruktur bis hin zur Sicherstellung einer dauerhaften Erreichbarkeit müssen sich die Gemeinden daher ein Vorbild in den Einsatzorganisationen suchen.

Im Gegensatz zu den Entscheidungsfristen im Verwaltungsalltag sind zur Führung in einer Schadenslage auf Ebene des Stabs Entscheidungen in Minuten bis Stunden zu treffen, also einem Zeitrahmen, der eine Reaktion durch die Gemeinden in ihrer regulären Aufbauorganisation unmöglich macht. Hierzu kann sich der Entscheidungsträger eines Stabs bedienen, dessen Organisation mit besonders qualifizierten Führungskräften kurzfristige Entscheidungen ermöglicht. Dabei kommt es der Entscheidungsdichte zugute, dass es sich um ein Organ handelt, dessen ureigentliche Funktion alleine die Koordinierung von Maßnahmen ist. Es werden direkte Kommunikationsverbindungen eingerichtet, Erreichbarkeiten hergestellt, festgelegte Positionen besetzt und schnelle Entscheidungen in einer vordefinierten Führungssystematik getroffen. Ohne die Einrichtung und den Funktionserhalt eines Stabs kann auf der Gemeindeebene keine verantwortungsvolle Gefahrenabwehr zum Schutz der Bevölkerung bei größeren Lagen erfolgen. Der Stab sollte dabei als ein universelles Werkzeug der Gemeinde zur Bearbeitung von Lagen mit einem besonderen Koordinierungsbedarf verstanden werden.

3.2.3 Aufbau eines Stabs im Allgemeinen

Ohne an dieser Stelle bereits auf die verschiedenen denkbaren Modelle einer Stabsorganisation einzugehen, stellt sich die Frage, wie ein Stab grundsätzlich aufgebaut ist und über welche Komponenten dieser verfügen sollte. Der Stab ist eine besondere Organisationsform der Führungsunterstützung. Dabei muss er keine ständige Einrichtung sein, sondern wird oft nur ereignisbezogen zur Koordinierung einer bestimmten Lage, für einen begrenzten Zeitraum, nach einem definierten Organisationsplan, gebildet.

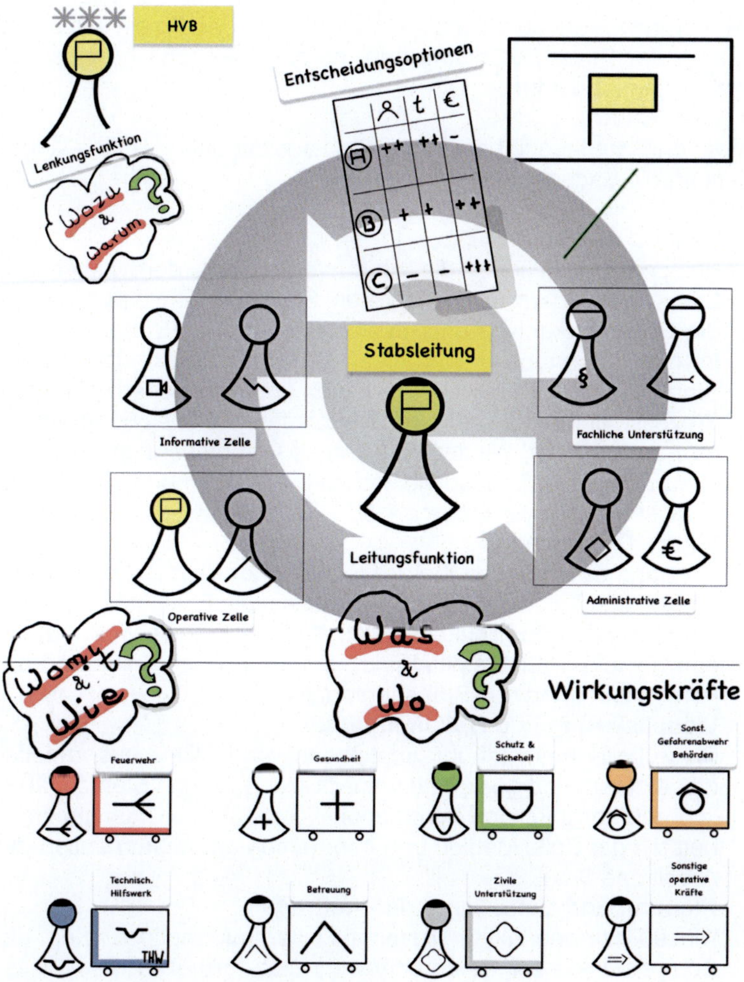

***Bild 3:** Leitungsstab mit Führungszellen*
(Quelle: KOBRA GmbH A. Rehbein)

Unabhängig davon, ob ein Stab operativ-taktisch, technisch-taktisch oder administrativ-organisatorisch bezeichnet wird, sind die Rollen in einem Stab immer dieselben.

Eine übergeordnete Stelle setzt einen Stab zur Unterstützung seines Verantwortungsbereichs ein und entscheidet, ob sie selbst die Leitung des Stabs übernimmt oder ob sie eine fachlich geeignete Person damit beauftragt.

In seinen Grundzügen besteht ein Stab aus folgenden Rollen, angelehnt an die Sachgebiete der DV 100:

- **Leitung des Stabs**
  Bei der Stabsleitung, die grundsätzlich aus dem Leiter des Stabs und einem oder mehreren Stellvertretern besteht, liegt die Gesamtverantwortung für das Handeln des Stabs. Der Leiter des Stabs muss hierzu einen Gesamtüberblick über die im Stab ablaufenden Prozesse behalten und ggf. steuernd in diese Prozesse eingreifen, um die Funktionsfähigkeit des Führungsorgans zu erhalten. Wichtig ist es, dass sich dieser hierzu auf die Meta-Ebene begibt, also die Prozesse *von oben* beobachtet und nicht selbst Teil der Prozesse ist.
- **Innere Organisation**
  In Abgrenzung zur Leitung des Stabs organisiert diese Rolle die Einsatzfähigkeit des Stabs. Dies umfasst die Einrichtung und Sicherung der Räumlichkeiten des Stabs, die Bereitstellung der erforderlichen Arbeitsmittel, die Versorgung des Stabs und die Personalplanung des Stabspersonals.
- **Visualisierung und Dokumentation**
  Diese Rolle beschafft Informationen, wertet diese aus, bereitet diese durch eine geeignete Visualisierung für den Stab zugänglich auf, sorgt für den Informationsfluss in enger Zusammenarbeit mit der Rolle Medien und Information und dokumentiert die Arbeit des Stabs.
- **Planung und Umsetzung des Auftrags**
  Diese Rolle beurteilt die bereitgestellten Informationen, legt die Schwerpunkte zur Gefahrenabwehr fest, formuliert die Arbeitsaufträge für die dem Stab nachgeordneten Ebene bzw. die Entscheidungsoptionen für die übergeordnete Ebene vor.
- **Management der personellen und materiellen Ressourcen**
  Diese Rolle organisiert den Prozess des Ressourcenmanagements. Dies bedeutet konkret, personelle und materielle Ressourcen ausfindig zu machen, zu alarmieren oder zu bestel-

len, an Stellen zu sammeln, frühzeitig Reserven einzuplanen, Schichtpläne und Kräfte- sowie Materialübersichten zu erstellen.

- **Beschaffung und Finanzen**
  Diese Rolle stellt die zur Gefahrenabwehr notwendigen Verbrauchsgüter und die Versorgung sowie die Unterbringung von Personen sicher. Die Planung und Erwirkung der Freigabe der finanziellen Ressourcen gehören ebenfalls zur Aufgabe dieser Rolle.
- **Medien und Information**
  Diese Rolle bereitet die Informationen, die der Stab nach außen gibt, adressatengerecht auf. Zu den Adressaten zählen: das eigene Personal, übergeordnete Stellen, die Bevölkerung und die Medien (auch soziale). Die landesspezifischen Regularien zur Kommunikation mit der Bevölkerung sind zu berücksichtigen.
- **Informations- und Kommunikationswesen/Technik**
  Über die grundsätzliche Bereitstellung von Arbeitsmitteln hinaus bedarf es zur Sicherstellung der IT-/funkgestützten Kommunikationswege und -mittel einer Rolle, die die Arbeitsfähigkeit des Stabs und aller nachgeordneten Ebenen auf diesem Gebiet plant und sicherstellt.
- **Externes Know-how und Fachberatung**
  Ereignisspezifisch benötigt der Stab temporär oder permanent zusätzliches Fachwissen, über das die Mitglieder des Stabs nicht verfügen. Dieses kann in Form von Fachberatern im Stab verankert werden. Verbindungspersonen stellen sicher, dass der Informationsfluss zwischen Stäben sichergestellt ist.

Bei dieser Aufzählung handelt es sich um eine Darstellung der notwendigen Rollen, ohne die ein Stab der Gefahrenabwehr nicht funktionieren kann. Dort, wo keine gesetzlichen Anforderungen bestehen, liegt es im Ermessen einer jeden Gefahrenabwehrbehörde, die Strukturen ihres Stabs an die örtlichen Gegebenheiten anzupassen. Die verschiedenen Rollen können zu Funktionen und Funktionseinheiten zusammengefasst werden. Dabei gilt es, die Fähigkeiten im eigenen Organisationsbereich zu kennen und die entsprechenden Personen mit der Rollenwahrnehmung mit einer klaren Funktionsbeschreibung zu beauftragen (siehe auch Beispiel einer Dienstanweisung). Hierdurch wird maßgeblich sichergestellt, dass bei einem ohnehin herausfordernden, außergewöhnlichen Ereignis auf im Alltag trainiertes Verhalten und angewendetes Wissen zurückgegriffen werden kann.

3.2.4 Organisatorischer Aufbau eines Stabs der örtlichen Gefahrenabwehr

Die Festlegung von Funktionen und deren Besetzung mit geeignetem Personal differieren in den Gemeinden nach der jeweiligen Größenklasse, Infrastruktur sowie den verfügbaren Mitarbeitern. Es gibt jedoch einige Grundfunktionen, über deren Besetzung sich die geschäftsführende Stelle des Stabs der örtlichen Gefahrenabwehr Gedanken machen muss. Dieser Abschnitt soll dabei helfen, die verschiedenen Begrifflichkeiten von Funktionsbezeichnungen in Einsatzleitungen und Verwaltungsstäben den oben allgemein beschriebenen Rollen zuordnen zu können.

Für die Gemeindeebene gibt es derzeit in den meisten Bundesländern keine verbindlichen Vorgaben zur Besetzung eines Stabs der örtlichen Gefahrenabwehr und Bezeichnung der Funktionen. Dies sollte jedoch nicht als Nachteil, sondern auch als Chance zur organisatorischen Gestaltung gesehen werden.

Funktionsbezeichnungen in einer Einsatzleitung (Stab)

Für Einsatzleitungen (operativ-taktische und technisch-taktische Stäbe) legt die DV 100 „Führen und Leiten" in Anlage 2 die funktionale Zuordnung der oben beschriebenen Rollen in sechs Sachgebiete fest:

- **S1 Personal/Innerer Dienst**
  (Ressourcenmanagement mit Schwerpunkt Personal, Innere Organisation)
- **S2 Lage**
  (Visualisierung und Dokumentation)
- **S3 Einsatz**
  (Planung und Umsetzung des Auftrags)
- **S4 Versorgung**
  (Ressourcenmanagement mit Schwerpunkt Material, Beschaffung und Finanzen)

- **S5 Presse- und Medienarbeit**
  (Medien und Information)
- **S6 Informations- und Kommunikationswesen**
  (Informations- und Kommunikationswesen/Technik)

Ergänzt wird diese Gliederung des Stabs um eine stichpunktartige Kurzbeschreibung der Aufgaben.

Darüber hinaus werden auch Angaben dazu gemacht, wie Sachgebiete zusammengefasst werden können, z. B. um bei einer absehbaren Einsatzlage (Unwetterwarnung) mit wenig Personal erste Vorbereitungen zu treffen oder trotz personeller Unterdeckung eine effektive Aufgabenaufteilung zu realisieren. So können die Sachgebiete S4 mit S1, S2 mit S3, S5 zu S2 und S6 zu S3 zusammengefasst werden. In diesen Fällen spricht man von Führungszelle oder Rumpfstab. Die personelle Besetzung eines Rumpfstabs stellt dabei die Mindestvoraussetzung zur Funktionsfähigkeit eines Stabs dar.

3.2.4.1 Funktionsbezeichnungen in einem Verwaltungsstab

Leiter der Koordinierungsgruppe/Koordinierungsgruppe (KGS)

Der Leiter der Koordinierungsgruppe eines Stabs ist für die stabsinternen Abläufe sowie den Funktionserhalt, die Personalplanung, die Dokumentation und die Kommunikation verantwortlich. Er versteht sich dabei als oberster Dienstleister des Stabs und macht mit seiner Koordinierungsgruppe die Arbeit eines Verwaltungsstabs überhaupt erst möglich. Er regelt die Abläufe innerhalb der Koordinierungsgruppe und arbeitet dem Leiter des Stabs zu. Als Lagedienstführer sammelt und bewertet er Informationen und hält den Lagevortrag vor dem gesamten Stab. Er ist Vorgesetzter aller Mitarbeiter, die in der Koordinierungsgruppe tätig sind. Im Fall einer kurzzeitigen Abwesenheit oder eines Ausfalls des Stabsleiters kann dieser durch den Leiter der Koordinierungsgruppe vertreten werden. Grundsätzlich sind hier Vertretungsregelungen für die Leitung des Stabs zu schaffen.

Da bei der Leitung der Koordinierungsgruppe weniger die übergeordnete disziplinarische Führung, sondern v. a. die fachliche Führung relevant ist, müssen an diese Funktion sehr hohe Anforderungen in verschiedenen Bereichen gestellt werden. Er beobachtet dabei nicht einfach die Prozesse in der Koordinierungsgruppe, sondern er muss fachlich in die Arbeit integriert sein. Nur so kann er z. B. auf Grundlage der Arbeit seines Lagediensts einen Lagevortrag zusammenfassen und vor dem Stab halten. Ebenso muss er fundierte Kenntnisse der Führungsstrukturen, der örtlichen Belange, des eingesetzten Personals, der Dokumentation sowie der Kommunikation haben. Diese Funktion sollte mit einem verantwortlichen Mitarbeiter besetzt sein, der auch im Alltag im Bereich der Gefahrenabwehr mit vergleichbaren Aufgaben betraut ist. Idealerweise verfügt der Leiter der Koordinierungsgruppe sowohl über Kenntnisse der Arbeit eines Verwaltungsstabs als auch einer Einsatzleitung.

Ständige Mitglieder des Stabs (SMS)

Ständige Mitglieder eines Verwaltungsstabs sind entscheidungsbefugte Vertreter ihrer Organisationseinheiten und müssen über die Fachkompetenz zur inhaltlichen Beratung des Stabs verfügen. Ihre Anwesenheit gilt bei allen Ereignissen als notwendig.

Aus folgenden Bereichen können ständige Mitglieder erforderlich sein:

- Sicherheit und Ordnung,
- Feuerwehr,
- Bevölkerungsschutz (Zivil- und Katastrophenschutz),
- Gesundheit,
- Hoch-/Tiefbau, Bauaufsicht,
- Umwelt,
- Soziales,
- Einsatzleitung (Verbindungsperson).

Es ist nicht zwingend erforderlich, dass ständige Mitglieder zwangsläufig Verwaltungsführungskräfte sein müssen, um in diese Funktionen berufen werden zu können. Sofern die Entscheidungs- und Vertretungsbefugnisse übertragen werden, ist es sinnvoll, die fachkundigsten Mitarbeiter der Abteilungen heranzuziehen. Dies können – müssen aber nicht – immer die Verwaltungsführungskräfte qua Person sein. In größeren Verwaltungsorganisationen kann es sein, dass der Disziplinarvorgesetzte so viele Organisationseinheiten führt, dass er diese nicht alle im Detail fachkundig vertreten kann. Im Idealfall treffen bei den ständigen Mitgliedern des Stabs sowohl die Entscheidungsbefugnis als auch die detaillierte fachliche bzw. technische Kompetenz aus der Behörde zusammen. Es muss anhand der örtlichen Gegebenheiten und des Aufgabenverteilungsplans in der Verwaltung überlegt werden, welche Bereiche Querschnittsaufgaben wahrnehmen und grundsätzlich am Prozess der Stabsarbeit in einer Lage beteiligt werden müssen.

Ereignisspezifische Mitglieder des Stabs (EMS)

Neben den Abteilungen und Organisationen, die Kernaufgaben der Gefahrenabwehr wahrnehmen, kann es sich aus den spezifischen Belangen eines Schadensereignisses bzw. einer Krise ergeben, dass weitere Unterstützung mit in die Stabsarbeit einbezogen werden muss. Dabei sollte keine Scheu davor bestehen, sich alle verfügbare Fachkompetenz in den Stab zu holen, auch wenn nicht alle vor Ort vorhandenen Unternehmen und Organisationen sich mit in die Stabsarbeit einbinden lassen. Der Leiter des Stabs hat bei der Entscheidungsfindung mit zu berücksichtigen, dass im Stab beteiligte betroffene Unternehmen möglicherweise Eigeninteressen vertreten.

Damit nicht erst nach Eintritt des Schadensereignisses damit begonnen werden muss, Ansprechpartner heranzuziehen, sollten auch vorher schon Kontakte geknüpft und Informationen ausgetauscht werden. Besonders im Fall von Unternehmen, die unter die Störfallverordnung fallen und oder zur Kritischen Infrastruktur gehören und deren Zuständigkeitsbereich im Gemeindegebiet liegt, muss ein fortwährender Kontakt gewährleistet sein. Auch hier sollte Wert auf eine Entscheidungskompetenz der Vertreter im Stab gelegt werden. Es ist nicht hilfreich, wenn Unternehmen oder Organisationen Mitarbeiter entsenden, die bei jeder Entscheidung zunächst eine Absprache mit ihrer Geschäftsführung treffen müssen. Getreu dem Grundsatz *„in Krisen Köpfe kennen"* sollte der Kontakt zu gefahrenrelevanten Unternehmen, den Versorgungsbetrieben oder auch dem ÖPNV etc. aufgenommen werden, bevor es zu einem relevanten Schadensereignis kommt.

Fachberater vertreten ihre jeweiligen Behörden, Organisationen oder Unternehmen als entscheidungsbefugte Vertreter. Sie verfügen über die Kenntnisse der Strukturen und Leistungsfähigkeit ihrer Organisation sowie über ein Spezialwissen in der eigenen Zuständigkeit.

- Fachberater Feuerwehr
- Fachberater Technisches Hilfswerk
- Fachberater Rettungs-/Sanitätsdienst
- Fachberater Betreuung
- Fachberater Wasserrettung/Bergrettung etc.
- Fachberater CBRNE (Chemische-, Biologische-, Radiologische-, Nunkleare-, Explosivstoffe)
- Fachberater PSNV (Psychosoziale Notfallversorgung)
- Fachberater ÖPNV (Öffentlicher Personennahverkehr)
- Fachberater Technischer Umweltschutz/Wasserbehörde etc.
- Fachberater externer Unternehmen

Verbindungsbeamte fungieren als reine Mittler der Informationen. Dies betrifft sowohl die Kreispolizeibehörde für die polizeiliche Gefahrenabwehr als auch die Bundeswehr für die militärische Gefahrenabwehr. Auf Ebene eines gemeindlichen Stabs wird eine Mitwirkung der Bundeswehr jedoch nur in Ausnahmefällen erforderlich sein und bedarf keiner ständigen Vertretung.

- Polizei (Verbindungsperson)
- Bundeswehr (Verbindungsperson)

Sowohl Fachberater als auch Verbindungspersonen sollten bereits bei Planung und Einrichtung des Stabs berücksichtigt werden und durch den Hauptverwaltungsbeamten in ihre jeweilige Funktion bestellt werden. Hierzu sind bereits vor dem Eintritt eines Ereignisses Abstimmungen mit allen örtlichen Beteiligten sowie übergeordneten Stellen zu treffen.

Leiter Bevölkerungsinformation und Medienarbeit

Die Leitung des Bereichs *Bevölkerungsinformation und Medienarbeit* ist für die strategische Planung und Koordinierung der Medienarbeit sowie die umfassende Information der Bevölkerung verantwortlich. Dabei sind die in Kapitel 5 erläuterten Grundsätze anzuwenden.

Zur Leitung dieses Bereichs sollte idealerweise der hauptamtliche Presseverantwortliche der Gemeinde (Pressesprecher, Presseferent) bestellt werden. Dabei muss z. B. berücksichtigt werden, dass seine Aufgabe im Verwaltungsstab sich auf die Planung und Koordinierung der Pressearbeit beschränkt und nicht vorsieht, selbst am Schadensort tätig zu werden. Auch in einem Trennungsmodell ist es üblich, dass der *S 5*, also der Presse- und Medienverantwortliche der Einsatzleitung, dem Leiter BuMA im Verwaltungsstab unterstellt ist und diesem zuarbeitet. Unabhängig vom gelebten Stabsorganisationsmodell muss aber eine fortwährende enge Zusammenarbeit zwischen dem Presseverantwortlichen der Gemeinde und den Pressesprechern der Einsatzorganisationen bestehen. Aufgabenteilungen im Schadens- bzw. Krisenfall sind dringend angeraten. So kann es sinnvoll sein, die Betreuung der Pressevertreter vor Ort durch den Pressesprecher der eigenen Feuerwehr oder beteiligter Einsatzorganisationen übernehmen zu lassen. Abgesehen von der Leitung der Pressekonferenzen innerhalb des Gebäudes, in dem sich auch der Stabsraum befindet, ist der Leiter BuMA nicht der Pressesprecher vor Ort, sondern hält sich in seiner Aufgabenwahrnehmung im Stabsraum auf. Die landesspezifischen Regelungen bei der Bevölkerungsinformation und Medienarbeit sind zu berücksichtigen (siehe z. B. Polizeidienstvorschrift 100 „Führen und Leiten" Landesteil M).

Funktionsbezeichnungen in beiden Stäben

In diesem Abschnitt werden die Funktionen beschrieben, welche sowohl in einem administrativen (Verwaltungsstab), als auch in einem operativen (Einsatzleitung) Stab auf Ebene der Gemeinden besetzt werden müssen.

Leiter des Stabs

Der Leiter eines Stabs versteht sich als übergeordnetes Organ für richtungsweisende Entscheidungen mit Wirkung nach innen und den Funktionserhalt des Stabs. Er darf dabei nicht inhaltlich in die Führungsarbeit einbezogen sein, sondern muss den Überblick über die Abläufe innerhalb des Stabs wahren. Er beobachtet das Verhalten der Stabsmitglieder, prüft die laufenden Prozesse auf ihre Suffizienz und greift gelegentlich korrigierend in den Ablauf der Stabsarbeit ein. Im Regelfall verantwortet der Leiter des Stabs auch das Melde- und Berichtswesen zu den übergeordneten Stellen und nimmt diese Aufgabe für den Entscheidungsträger (HVB/Einsatzleiter) wahr. Zur Wahrnehmung seiner Funktion muss er gegenüber allen Mitgliedern des Stabs weisungsbefugt sein. In operativ-taktischen Stäben (Einsatzleitung) ist der Leiter des Stabs oftmals auch der Vertreter des Einsatzleiters bei dessen kurzzeitiger Abwesenheit.

Diese Funktion muss mit einer in der Führungslehre bzw. im Krisenmanagement hochqualifizierten und vor allem in der Stabsarbeit erfahrenen Person besetzt werden. Eine tiefgreifende Detailkenntnis über die Strukturen und Abläufe innerhalb einer Stabsorganisation ist dabei ebenso notwendig wie eine umfangreiche Erfahrung in der Menschenführung. Der Leiter des Stabs kann und muss dabei keine fachliche Omnikompetenz besitzen, aber er muss die Führungsarbeit seiner untergeordneten Funktionen beurteilen können und über praktische Erfahrung in der Stabsarbeit v. a. im Bereich des Krisenmanagements verfügen.

Die Übernahme der Funktion als Stabsleiter darf sich aber nicht alleine in der Übertragung des Amtes als Leiter einer Organisationseinheit begründen. Allem voran muss der Leiter des Stabs sich an den Landesfeuerwehrschulen bzw. der BABZ für seine Funktion ausbilden lassen und diese Kenntnisse in regelmäßigen Fortbildungen weiterentwickeln. Für den Leiter des Stabs, ebenso wie für alle anderen Funktionen, muss eine Vertretungsregelung bestehen, die auch in der Krisensituation praktisch anwendbar ist. So muss z. B. bei Ausfall oder anderweitiger Abwesenheit des Stabsleiters eine sofortige Vertretung erfolgen, da sonst die Funktionsfähigkeit des Stabs nicht mehr gegeben ist. Es kann sich nicht damit beholfen werden, einen Vertreter zu benennen, der nicht im Stabsraum anwesend bzw. verfügbar ist (vgl. Leiter Koordinierungsgruppe/S 3 Einsatz).

Sichter

In einem Stab gibt es eine Funktion, die nicht umsonst auch als *Dirigent des Stabs* bezeichnet wird. Dem Sichter obliegt es dabei nicht nur, in der Funktion eines internen Boten Informationen innerhalb des Stabs von einer Funktion zur anderen zu verbringen. Er ist ein elementarer Bestandteil der Stabsorganisation und muss über breite Fachkenntnisse im Bereich der Stabsarbeit und der inneren organisatorischen Zuständigkeiten verfügen. Der Sichter trägt die Verantwortung dafür, dass jede Stabsfunktion die notwendigen Informationen in ihrem Zuständigkeitsbereich erhält, jedoch nicht mit irrelevanten Informationen überlastet wird.

Lagekartenzeichner

Ebenso wie dem Sichter obliegt es dem Lagekartenzeichner (LK), für einen einheitlichen und aktuellen Informationsstand des Stabs zu sorgen. Dies erledigt er aber nicht mittels der Verteilung von Dokumenten, sondern durch die Visualisierung der Gesamtlage an einer zentralen Stelle des Stabsraums. Der Lagekartenzeichner bedient sich hierzu einer sog. *Lagekarte*, welche einen zusammengefassten Überblick über das Ereignisgebiet, die Gefahren sowie die eingesetzten Mittel ermöglicht. Er erhält die erforderlichen Informationen und stellt die wesentlichen Änderungen des Lagebilds auf der Lagekarte dar. Auf Ebene der gemeindlichen Gefahrenabwehr kann es ratsam sein, die Lagekarte analog zu führen. Dabei werden Magnettafeln, vergrößerte Katasterpläne, Karten sowie taktische Zeichen nach der DV 102 *Taktische Zeichen* verwendet. Sollten ausreichende Mittel zur Verfügung stehen, kann die Einrichtung einer digitalen Lagekarte viele Vorteile bieten und insbesondere die automatische Dokumentation erheblich erleichtern.

Wie bereits im vorher verwendeten Beispiel bei der Personalplanung gezeigt, eignen sich für diese Funktion idealerweise technische Zeichner, Bauzeichner, Planungs- oder Vermessungsingenieure, die in ihrer täglichen Routine bereits mit der Visualisierung von Daten und Fakten beschäftigt sind. Für diese nicht zu unterschätzende Tätigkeit sind regelmäßige Übung und die sichere Kenntnis der taktischen Zeichen sowie der Begriffe im Bereich der Gefahrenabwehr zwingend erforderlich.

Einsatztagebuchführer

Der Einsatztagebuchführer (ETB) ist Kernelement der Dokumentation der Führungsarbeit im Stab. Neben der Funktion als Nachschlagewerk für die Stabsleitung kommt dem *Einsatztagebuch* v. a. als Beweismittel eine immer größere Bedeutung zu. Aus der übergeordneten Führungsarbeit eines Stabs ergibt sich auch eine erhebliche straf- und haftungsrechtliche Verantwortung, der die Ermittlungsbehörden detailliert nachgehen werden. Die rechtssichere Arbeit eines Stabs wird durch extremen Stress und hohen Zeitdruck, bei Entscheidungen im Minutentakt, erschwert. Dabei stehen den Ermittlungsbehörden Monate und Jahre zur Verfügung, um die Richtigkeit der getroffenen Entscheidung im Nachhinein zu prüfen. Jeder verantwortliche Stabsleiter wird daher großen Wert auf eine umfassende, saubere und rechtssichere Dokumentation aller Entscheidungen und Abläufe in seinem Stab legen müssen.

Das Einsatztagebuch selbst besteht im Wesentlichen aus einer Vorgangsliste, in der die für alle Entscheidungen relevanten Informationen innerhalb des Stabs, aber auch Meldungen von außerhalb mit einem Zeitstempel versehen und dokumentiert werden. Als Zeitstempel wird hierzu die sog. *taktische Zeit* (NATO-Timecode) verwendet, welche gerade bei mehrtägigen Ereignissen die Orientierung im Ablauf erleichtert. Durch die Verwendung dieses Zeitformats erfolgt eine automatische Ordnung nach den jeweiligen Ereignistagen. Zu den dokumentierten Vorgängen werden die erforderlichen Anlagen mit einer Zuordnung beigefügt. Geht z. B. eine wichtige Lagemeldung ein, wird diese nicht nur vermerkt, sondern im Original als Anlage beigefügt und der Meldung zugeordnet. Bei jeder Schichtübergabe in den Funktionen des Stabsleiters sowie des Einsatztagebuchführers sowie bei Abschluss der Lage ist die Einsatzdokumentation persönlich zu unterzeichnen bzw. die rechtssichere Zuordnung und Übergabe der Personen in den Funktionen auf elektronischem Wege sicherzustellen.

Bei der Besetzung dieser Funktion sind naturgemäß Mitarbeiter zu bevorzugen, die schnell, sauber und ordentlich arbeiten können und dabei ein gutes schriftliches Ausdrucksvermögen besitzen. Ohne grundlegende Kenntnisse der Stabsabläufe und der Begriffe im Bereich der Gefahrenabwehr kann aber auch diese Funktion nicht erfolgreich wahrgenommen werden.

Der folgende Aufbau entstammt der DV 100 und bietet eine Orientierung für ein eigenes Einsatztagebuch:

Einsatztagebuch der/des ....; Blatt					
Lfd. Nr.	**Datum/ Uhrzeit**	**Meldung von**	**Meldung an**	**Darstellung der Ereignisse, Maßnahmen, Überlegungen**	**Anlage Nr.**

IT

Zeitgemäße Stabsarbeit muss sich unausweichlich der Informationstechnologie als Führungsmittel bedienen. Ohne eine IT-Infrastruktur mit leistungsfähigen Bildschirmarbeitsplätzen kann eine suffiziente Stabsarbeit nur eingeschränkt erfolgen. Neben der Planung von IT-Mitteln, der Beschaffung und der Einrichtung bedarf es aber auch im Betrieb des Stabs immer wieder einer Wartung. Bei kleineren und mittleren Gemeinden stehen oftmals keine separaten Stabsräume zur Verfügung, sondern es handelt sich um Räume mit dualer Nutzung. Daher muss im Einsatzfall auch das Fachpersonal zur Verfügung stehen, um den Stab mit seinen IT-Mitteln in einen arbeitsfähigen Zustand zu versetzen. Selbst bei der Verfügbarkeit eines ständig eingerichteten Stabsraums muss aber während der Stabsarbeit immer auch ein IT-Techniker zur Verfügung stehen. Es ist keinesfalls ausreichend, den entsprechenden Mitarbeiter bei

Ausfall der IT in einem Ereignisfall erst anzufordern bzw. zum Stabsraum anreisen zu lassen.

Keine noch so kleine Gemeindeverwaltung kann heutzutage ihre Aufgaben ohne eine IT-Abteilung erledigen. Daher sollten die betreffenden Mitarbeiter von der Einrichtung bis hin zum Betrieb des Stabsraums einbezogen werden. Dabei versteht sich die IT als technischer Dienstleister und Teil des Informations- und Kommunikationswesens, ohne selbst am Führungsprozess teilzunehmen.

Fernmelder

Die Fernmeldebetriebsstelle ist die Informations- und Kommunikationszentrale des Stabs und damit das Sprachrohr zu allen über-, unter- und nebengeordneten Kommunikationsstellen. Eine Kommunikation mit den v. g. Stellen muss zwingend auch bei einem Spannungsausfall unterbrechungsfrei und dauerhaft sichergestellt werden.

Die Wahrnehmung dieser fernmeldetechnischen Aufgabe erfolgt durch sog. *Fernmelder* oder auch auf die Sprachkommunikation bezogen, *Sprechfunker*. Diese stellen die Besetzung sämtlicher Kommunikationsmittel des Stabs (Telefon, E-Mail, Fax, Funk, Satellitentelefon etc.) sicher. Innerhalb einer Gemeindeverwaltung ist qualifiziertes Personal für diese Funktion selten zu finden, daher bedingt sich eine enge Kooperation mit den Einsatzorganisationen und der eigenen Feuerwehr zur Bereitstellung und Ausbildung von geeignetem Personal. Auch die Ausbildung von interessierten Verwaltungsmitarbeitern ist sinnvoll, sofern diese regelmäßige Fortbildung erfahren und Umgang mit z. B. dem Sprechfunk der BOS pflegen.

Sicherungspersonal/Boten

Die gesicherte Funktionsfähigkeit des Stabs und das störungsfreie Arbeiten sind von grundlegender Bedeutung für den Erfolg der Gefahrenabwehrmaßnahmen. Ebenso kann es aber zu Situationen kommen, in denen Außenstehende Informationen erhalten wollen, auf die sie keinen Anspruch haben, oder sich mit den Entscheidungsträgern direkt auseinandersetzen wollen. Störende Eingriffe in die Arbeit des Stabs müssen in der Vorplanung zur Einrichtung eines Stabs berücksichtigt werden. Daher ist es ratsam, Mitarbeiter zur Sicherung und Zugangskontrolle im Eingangsbereich des Gebäudes abzustellen. Um die in einer solchen Lage häufig ausgelasteten Vollzugsbeamten der Ordnungsbehörden/ Ortspolizeibehörden zu entlasten bietet es sich an, zur Übernahme der Sicherung von Stabsräumen vorherige Rahmenverträge mit qualifizierten Sicherheitsdienstleistern (vgl. DIN 77200) abzuschließen.

Ebenso bedarf es der temporären Bereitstellung von Mitarbeitern zur Wahrnehmung von Botenfahrten zu über-, unter- und nebengeordneten Führungsstellen. Auch in Zeiten digitaler Informationsverarbeitung kann diese Funktion zum Transport von Datenträgern, analoger Informationsquellen, Originaldokumenten sowie bei einem Ausfall der Infrastruktur erforderlich sein.

3.2.5 Arbeitsweise und Arbeitsablauf eines Stabs

Bildung einer Führungszelle (Rumpfstab) als Vorbereitung der Einsatzfähigkeit des Stabs und der nachgeordneten Stellen

Der Stab wird grundsätzlich zur Abarbeitung einer durch ein eingetretenes Ereignis entstandenen Lage durch eine gesamtverantwortliche Führungskraft (z. B. HVB) eingesetzt. Oft macht es aber Sinn, dass bei einem absehbaren Ereignis der Stab bereits in einer kleineren Zusammensetzung als Führungszelle oder Rumpfstab mit wenigen Funktionen aktiviert wird. Diese Option wird in vielen bestehenden Dienstanweisungen für Stäbe auf Ebene der Gemeinden noch nicht berücksichtigt, hier bietet sich die Chance zur Optimierung. Die nachfolgend beschriebene Phase *„Vorbereitung der Einsatzfähigkeit des gesamten" Stabs* wird in einer vereinfachten Form durchlaufen:

- Der Stabsraum wird vorbereitet und Technik in Funktion gesetzt.
- Es werden Lageinformationen gesammelt, bewertet und ein Lagebild wird vorbereitet bzw. fortgeschrieben.
- Das Stabspersonal des gesamten Stabs wird ggf. in Voralarm versetzt. Das Personal erhält den Hinweis, dass ein Einsatz bevorstehen könnte.

- Rückmeldungen der Verfügbarkeit des Stabspersonals werden gesammelt und ausgewertet.
- Die personelle Besetzung der Stabsfunktionen wird vorgeplant.
- Der verantwortliche Entscheidungsträger (z. B. HVB) erhält in regelmäßigen Abständen ein schriftlich oder fernmündlich übermitteltes Lagebild.

Auftrag des Stabs in dieser Phase ist, für den Entscheidungsträger die Informationen stets aktuell so aufzubereiten, dass er zum richtigen Zeitpunkt entscheiden kann, die Leitung bzw. die Gesamtverantwortung zu übernehmen. Ab diesem Zeitpunkt erscheint dann eine Aktivierung des gesamten Stabs als sinnvoll. Die Tätigkeit des Rumpfstabs kann dabei nicht die Funktion des originären Stabs der örtlichen Gefahrenabwehr dauerhaft ersetzen.

Hinweis

Bei einer Unwetterwarnung wird durch die Meteorologen des Deutschen Wetterdiensts (DWD) teilweise Tage vorher schon ein mögliches Unwetter-Szenario skizziert. Erfahrungswerte der Vergangenheit lassen mögliche Schadensereignisse erwarten. In einer solchen Situation kann ab einem Zeitpunkt der Rumpfstab in Vorbereitung des originären Stabs proaktiv die Lage visualisieren, dokumentieren und informieren.

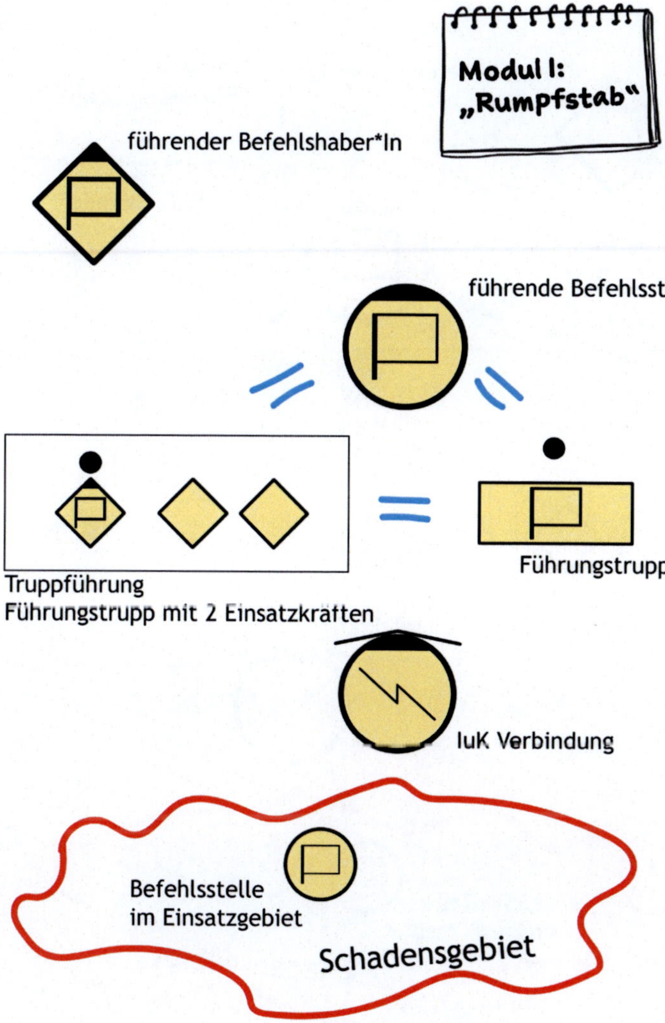

Bild 4: *Leitung als Rumpfstab (Quelle: KOBRA GmbH A. Rehbein)*

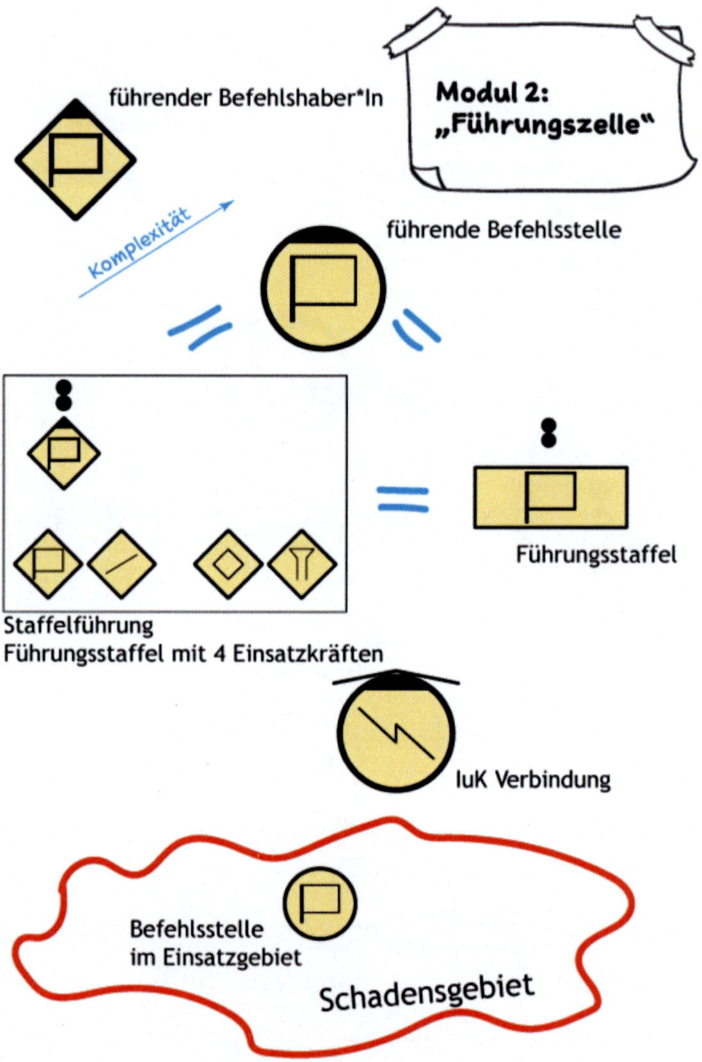

***Bild 5:** Modulaufbau mit Führungszellen (Quelle: KOBRA GmbH A. Rehbein)*

Vorbereitung der Einsatzfähigkeit des gesamten Stabs

Die Einsatzfähigkeit eines Stabs wird entscheidend durch die Rolle „innere Organisation" vorangetrieben. Entweder wie im Verwaltungsstab durch die Koordinierungsgruppe oder durch das Sachgebiet S1 der Einsatzleitung werden die Räumlichkeiten, insofern diese nicht permanent vorbereitet sind, entsprechend einem Plan hergerichtet und alle erforderlichen Arbeitsmaterialien bereitgestellt. Insbesondere zählen hierzu das Herrichten einer Lagekarte (taktischen Arbeitswand), das Setzen der Tische und der Bestuhlung, die Vorbereitung der Bildschirmarbeitsplätze, die Sicherstellung der Versorgung des Stabs (Wasser, Nahrungsmittel, Sanitäranlagen) und die Sicherung der Stabsräume vor unbefugtem Zutritt.

Parallel wird die Alarmierung des Stabspersonals und der Fernmeldebetriebsstelle durchgeführt. Rückmeldungen der persönlichen Verfügbarkeit der Stabsmitglieder und Unterstützungskräfte werden direkt bei der Planung der Zuteilung der Funktionen berücksichtigt. Bei Eintreffen wird das Personal registriert und einer Funktion zugeteilt. Es ist zu empfehlen, die Funktionsträger mittels Kennzeichnungswesten oder Funktionsschildern an der Kleidung für alle sichtbar zu machen. Jeder prüft seinen zugeteilten Arbeitsplatz auf Funktionsfähigkeit und stellt die persönliche Einsatzbereitschaft und Arbeitsfähigkeit sicher.

Hierzu gehört insbesondere die Generierung eines ersten Lagebilds durch die Rolle Visualisierung und Dokumentation (Sachgebiet S2 oder Koordinierungsgruppe) auf der taktischen Arbeitswand. Ein initialer Lagevortrag zur Unterrichtung bringt den gesamten Stab auf einen einheitlichen und gemeinsamen Informationsstand. Die Arbeit des Stabs beginnt mit der Meldung der Einsatzfähigkeit.

Meldung der Einsatzfähigkeit

Sobald die Einsatzfähigkeit des Stabs hergestellt wird – dies schließt auch die Arbeitsfähigkeit der Fernmeldebetriebsstelle mit ein –, erfolgt die Meldung der Einsatzfähigkeit gegenüber dem zu unterstützenden Entscheidungsträger (z. B. dem HVB). Es kann erforderlich sein, die Meldung über die Einsatzfähigkeit den über- und untergeordneten Stellen ggf. zur Anpassung der Kommunikationswege mitzuteilen. Wenn zeitgleich mit der Einsatzfähigkeit die

Übernahme der Gesamtverantwortung des zu unterstützenden Entscheidungsträgers („Übernahme der Einsatzleitung“) erfolgt, dann ist dies nicht damit gleichzusetzen, dass der „Stab übernimmt“; der Stab ist und bleibt ein Gremium zur Entscheidungsunterstützung. Nur so kann der zu unterstützende Entscheidungsträger seine Gesamtverantwortung wahrnehmen. Ihm bleibt es allerdings frei, der Leitungsfunktion des Stabs erweiterte Befugnisse zu übertragen. Alle Funktionen des Stabs handeln im Auftrag des Entscheidungsträgers, dessen Befugnisse in Teilbereichen auf die Funktionsträger ausstrahlen. Daher sind Entscheidungen und Weisungen z. B. der Sachgebietsleiter eines Stabs im Auftrag des Entscheidungsträgers so umzusetzen, als wären diese vom Entscheidungsträger selbst übermittelt worden.

Besprechungsphase

Die Stabsbesprechungen dienen der Unterrichtung der Stabsmitglieder über die Lage, der Entscheidungsvorbereitung und -findung sowie der Erteilung von Aufträgen und Richtlinien für die Durchführung bestimmter Aufgaben. Sie finden auf Anordnung und unter Moderation des Stabsleiters regelmäßig zu festen Zeiten oder nach Bedarf statt. Der Zeitpunkt der jeweils nächsten Lagebesprechung ist für alle Mitglieder gut sichtbar im Stabsraum zu visualisieren. Es ist zu empfehlen fünf Minuten vor dem Beginn der nächsten Lagebesprechung alle Mitglieder nochmals an diese zu erinnern, damit die aktuellsten Informationen nochmals aufbereitet werden können und zum Beginn der Lagebesprechung abrufbereit sind.

Zu Beginn der Besprechungsphase erfolgt die Abfrage der aktuellen lagespezifischen Aufgabenstellungen der anwesenden Organisationseinheiten unter Moderation des Stabsleiters sowie die Dokumentation durch den Bereich Dokumentation der KGS auf der „Aufgabenliste“ im Stabsraum. Diese Aufgaben werden unmittelbar Aufgaben- bzw. Einsatzschwerpunkten zugeordnet und priorisiert.

Anschließend werden aus den erkannten Aufgaben konkrete Aufträge für die Sachgebiete und/oder externe Stellen herausgearbeitet und durch den KGS Bereich Dokumentation auf der Auftragsliste dargestellt. Abschließend werden die konkretisierten Aufträge durch den Leiter des Stabs priorisiert und zur Umsetzung freigegeben. Die

KGS stellt die Erfassung der Entscheidungen sowie aller entscheidungsrelevanten Anmerkungen und Hinweise der Stabsmitglieder im Einsatztagebuch sicher.

Die Stabsbesprechung besteht inhaltlich z. B. aus

- den Beiträgen der Mitglieder des Stabs,
- dem Lagevortrag des Verbindungsbeamten der Einsatzleitung (sofern besetzt) sowie
- der Lagedarstellung durch den Leiter der Koordinierungsgruppe / S 2 Lage.

Die Lagevorträge und Beiträge der Mitglieder des Stabs sollen eine Beurteilung der Gesamtlage ermöglichen und Grundlage für die Abstimmung zu treffender Entscheidungen sein.

Lagevortrag

Grundsätzlich wird zwischen Lagevortrag zur Unterrichtung und Lagevortrag zur Entscheidung unterschieden. Der Lagevortrag zur Unterrichtung findet zum Start der Arbeit eines Stabs, bei der Übergabe und zur Vorbereitung einer Pressekonferenz statt.

Im Lagevortrag sind jeweils von den Funktionen folgende Informationen abzufragen:

1. **Was habe ich bisher getan/umgesetzt?**
2. **Was will ich erreichen/Was werde ich als Nächstes umsetzen?**
3. **Was benötige ich, um meinen Auftrag zu erfüllen?**

„Priorisierung, Herausarbeiten von Optionen, Abwägung und Auftragserteilung“

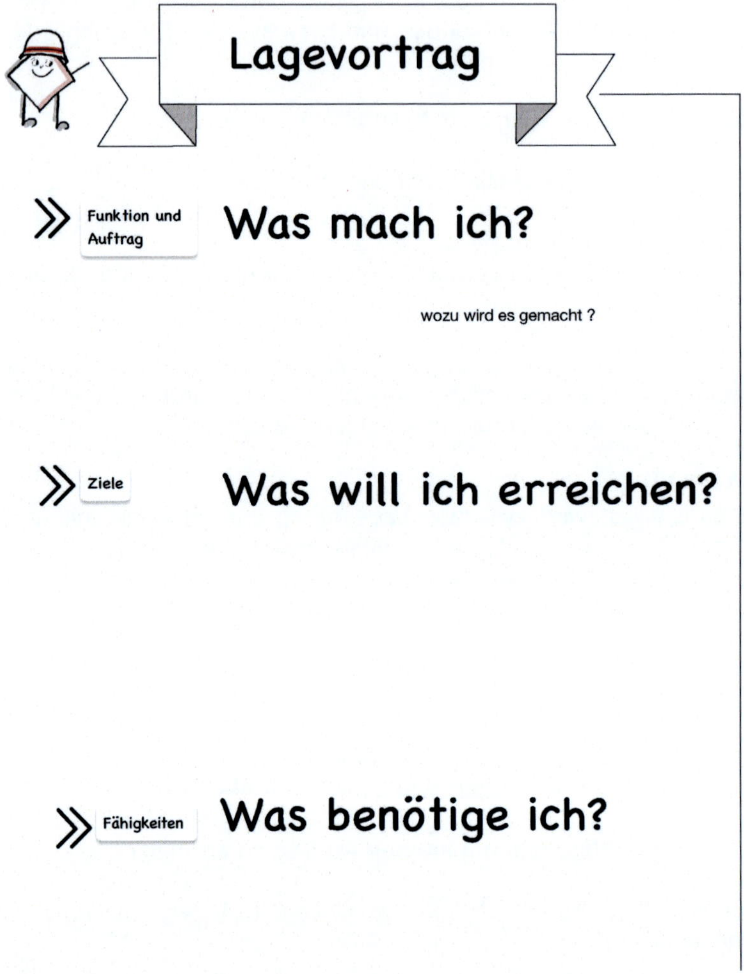

Bild 6: *Lagevortrag (Quelle: KOBRA GmbH A. Rehbein)*

Arbeitsphase

Nach dem Abschluss der Besprechungsphase kehren die administrativen Mitglieder eines Stabs der örtlichen Gefahrenabwehr (Verwaltungsstab) in ihre Organisationseinheiten zurück und setzen die aus dem Stab erhaltenen Aufträge im Rahmen ihrer regulären Aufbauorganisation um. Die operativen Mitglieder (Einsatzleitung) arbeiten dauerhaft in ihrer Stabsfunktion und werden unterbrechungsfrei abgelöst und vertreten.

Hinweis

Die Skizzierung der Arbeitsweise und des Arbeitsablaufs eines Stabs dient der ersten Befassung mit dem Thema. Sie soll dabei helfen, einen Einstieg und ein Grundverständnis zu vermitteln. Sie ersetzt aber nicht eine fundierte Aus- und Fortbildung der Mitglieder eines Stabs.

3.3 Vor- und Nachteile verschiedener Stabsorganisationsmodelle

Zur Gewährleistung des Einsatzerfolgs in der nichtpolizeilichen Gefahrenabwehr bedarf es auf Ebene der Gemeinden eines belastbaren und funktionstüchtigen Führungssystems. Um den regelmäßigen Gefahren für die eigene Bevölkerung begegnen zu können, stehen der Gemeinde im Alltag eine leistungsfähige Feuerwehr, der Rettungsdienst, die Polizei und eine Ordnungsbehörde mit Vollzugskräften zur Verfügung. Für die Bewältigung von größeren Schadenslagen vor Ort bis hin zu Katastrophenfällen oder Zivilschutzlagen ist es jedoch erforderlich, sich eines übergeordneten Führungsorgans, also eines Stabs der örtlichen Gefahrenabwehr, zu bedienen.

Da es derzeit noch keine einheitlichen rechtlichen Vorgaben dieser gemeindlichen Stäbe gibt, soll dieses Kapitel den für die Einrichtung zuständigen Mitarbeitern eine Hilfestellung geben und einen Überblick verschaffen. Natürlich können nicht alle in der Theorie denkbaren Organisationsmodelle behandelt werden. Grundlegend kann aber zwischen dem Trennungsmodell, also dem sog. *Zweistabs-Modell*, sowie den Gesamtstabsmodellen, also dem *Einstabs-Modell*, unterschieden werden. Alle diese Modelle der zivilen Gefahrenabwehr kennzeichnen sich aber durch eine übergeordnete politisch-gesamtverantwortliche Ebene. Dieses Buch soll aber gerade für die Entscheidungsträger aus der Verwaltungsebene eine Hilfestellung bei der Einrichtung eines Stabs für die örtliche Gefahrenabwehr darstellen.

3.3.1 Trennungsmodell: Zweistabs-Modell

Das Trennungsmodell zeichnet sich vor allem durch die strikte Abgrenzung zwischen administrativ-organisatorischer und operativ-taktischer Aufgabenstellung in zwei vollkommen unabhängige Stäbe aus. Der politisch-gesamtverantwortlichen Komponente werden hierzu, auf einer gleichberechtigten Ebene, sowohl ein administrativ-organisatorischer Verwaltungsstab als auch eine operativ-taktische Einsatzleitung unterstellt. Je nach länderspezifischer Regelung ist diese Trennung sogar eindeutig vorgeschrieben, um keine Vermischung der Aufgaben zu erzeugen. So sind beispielsweise in Nordrhein-Westfahlen der *Krisenstab* (Verwaltungsstab) als administrative und die *rückwärtige Einsatzleitung* (Führungsstab) als operative Komponente in einem ministeriellen Erlass definiert worden. Dieses Modell findet jedoch auch in anderen Bundesländern wie z. B. Sachsen oder Baden-Württemberg Verwendung.

Vorteil dieses Modells ist die eigenständige und klar voneinander abgegrenzte Arbeitsweise, in der jeder Stab ausschließlich seine originären Zuständigkeiten wahrnehmen muss. Dadurch stehen insgesamt mehr Kapazitäten zur Bewältigung der Gesamtlage zur Verfügung, und jede Komponente kann ihre Mittel auf den begrenzten Aufgabenbereich konzentrieren. Dabei wird die Einsatzleitung dauerhaft besetzt, um bei Lageänderungen ad hoc reagieren zu können. Eine dauerhafte Besetzung des Verwaltungsstabs ist nicht erforderlich; er tritt meist nur zum Lagevortrag bzw. der Entscheidungsfindung zusammen und erledigt seine Aufgaben ansonsten innerhalb der regulären Verwaltungsstrukturen. Lediglich eine Koordinierungsgruppe innerhalb dieser Komponente bleibt ständig besetzt, um Lageinformationen zu sammeln, aufzubereiten und die Erreichbarkeit sicherzustellen. Der Informationsfluss zwischen den beiden Komponenten wird durch den gegenseitigen Austausch von Verbindungspersonen sichergestellt. Diese Verbindungspersonen vertreten den jeweils anderen Stab, jedoch nicht als Entscheidungsträger, sondern agieren im Wesentlichen nur als Vermittler der Informationen aus dem und in den Stab.

Die strikte Trennung der beiden Elemente bedeutet in der Konsequenz dann aber auch die Notwendigkeit einer eigenständigen Logistik und Infrastruktur für beide Stäbe. Es müssen also zwei völlig unabhängige Stäbe mitsamt den Führungsgehilfen, Boten, Fernmeldern und dem weiteren Hilfspersonal in mehreren Schichten besetzt werden. Ebenso müssen zwei unabhängige Führungsräume, Fernmeldebetriebsstellen, Aufenthaltsräume, Logistikbereiche etc. nebeneinander vorgehalten und betrieben werden. In kreisfreien Städten, sowie den dichter besiedelten Landkreisen, ist dies bereits seit Jahren übliche Arbeitsweise. Die Voraussetzungen hierzu wurden bereits mit hohem Aufwand geschaffen. Für strukturschwache Landkreise, insbesondere aber für die kreisangehörigen Städte und Gemeinden, ist es nicht immer möglich, duale Ressourcen in der erforderlichen Größenordnung einzurichten und aufrechtzuerhalten.

Abschließend muss auch darauf hingewiesen werden, dass die Dauer der *Meldewege* (Dauer des Informationsflusses von der Einsatzstelle vor Ort in den Stab und wieder zurück) auf Ebene der Gemeinden wesentlich kürzer ist und ein indirekter Informationsaustausch durch Verbindungspersonen als zu langwierig angesehen werden muss. Es sollte also speziell in den Gefahrenabwehrstrukturen der Gemeinden hinterfragt werden, ob es sinnvoll ist, Entscheidungsträger von z. B. Feuerwehr und Ordnungsbehörde/ Ortspolizeibehörde, die täglich zusammenarbeiten, im Falle einer größeren Schadenslage auseinanderzuziehen und von der direkten auf die indirekte Kommunikation umzusteigen.

Hinweis

Bei einem Kampfmittelfund ohne aktivierten Säurezünder ist z. B. in NRW die örtliche Ordnungsbehörde für die Gefahrenabwehr, sowie die Evakuierung der Bevölkerung zuständig. Sie bedient sich hierzu eines Verwaltungsstabs und ersucht die Einsatzorganisationen um die Durchführung der operativen Maßnahmen im Rahmen der Amtshilfe.

In einem zweiten Stab, der Einsatzleitung planen die Einsatzorganisationen (z. B. die Feuerwehr) die Umsetzung der Maßnahmen und leiten deren Durchführung.

3.3.2 Gesamtstabsmodell: Einstabs-Modell

Beim Gesamtstabsmodell schwindet die Aufgabenabgrenzung. Dabei werden der Verwaltungsstab und die Einsatzleitung zusammengeführt, bleiben aber weiterhin der politischen Gesamtverantwortung des Hauptverwaltungsbeamten unterstellt. Die Tätigkeiten werden also sowohl organisatorisch als auch in der Fernmeldebetriebsstelle zusammengefasst. Neben einigen kleineren und mittleren kreisangehörigen Gemeinden in Nordrhein-Westfalen, die sich bereits vor mehreren Jahren mit der Einrichtung von SAE beschäftigt haben, werden z. B. auch in Niedersachsen Gesamtstabsmodelle gelebt.

Die Vorteile der Zusammenfassung von Verwaltungsstab und Einsatzleitung in einem integrierten Stab sind vielfältig. Entscheidend ist v. a. das Zusammenwirken der Entscheidungsträger an einer Stelle, wodurch Entscheidungsprozesse beschleunigt werden können. Durch die lokale Konzentration des Personals werden auch die Fachkompetenzen an einem Ort zusammengeführt. Absprachen zwischen den Komponenten sowie zeitaufwendige Rückfragen über die Verbindungsbeamten können vermieden werden. Ziel ist eine direkte und unmittelbare Kommunikation, bei der sowohl die Entscheidungs- als auch die Fachkompetenzen an einer zentralen Stelle gebündelt werden. Für strukturschwache Landkreise sowie die kleineren und mittleren kreisangehörigen Städte und Gemeinden bietet das Gesamtstabsmodell entscheidende Synergieeffekte im Bereich der Logistik und Infrastruktur. Sämtliche Einrichtungen der Komponenten, die sonst dual vorgehalten werden müssten, können ihre Arbeit an einer Stelle verrichten. So kann z. B. eine zentrale Fernmeldebetriebsstelle eingerichtet werden, die sämtliche Information und Kommunikation zwischen dem Stab im Führungsraum und der Einsatzleitung vor Ort bearbeitet. Auch die Vorhaltung von Logistikräumen mit einer entsprechenden Mittelbevorratung sowie die Nutzung von Aufenthaltsräumen für das Personal können auf je ein Modul reduziert werden.

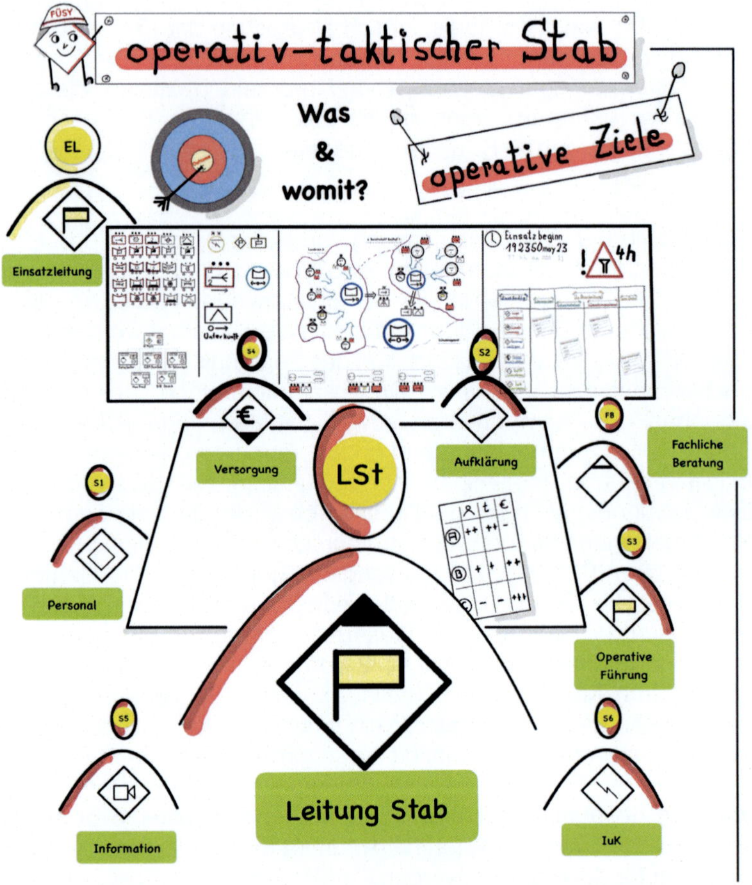

Bild 1: *Operativ-Taktischer Stab (Einsatzleitung) (Quelle: KOBRA GmbH A. Rehbein)*

Gegenüber den organisatorischen und strukturellen Vorteilen liegt ein grundsätzliches Problem kleinerer Behörden beim Heranziehen und der Qualifizierung der notwendigen Führungskräfte sowie des Hilfspersonals im Stab. Bei den unterstützenden und helfenden Tätigkeiten innerhalb des Stabs können Funktionen wie z. B. Lagekartenzeichner, Boten oder Fernmelder von einem Mitarbeiter analog besetzt werden. Dadurch kann der für einen reibungslosen Betrieb des Stabs in einem Schichtsystem erforderliche Personalaufwand in erheblichem Umfang reduziert werden. Im Idealfall werden die Mitglieder des Gesamtstabs sowohl in der administrativen als auch in der operativen Führung ausgebildet. Dies stellt zwar einen höheren Anspruch an die Führungsqualitäten der Mitarbeiter und bedarf einer langen Ausbildungszeit, jedoch kann dann auch auf ein interdisziplinäres Verständnis für die Lage zurückgegriffen werden. Bei einer Verringerung der Quantität der Stabsmitarbeiter kann gleichzeitig die Chance ergriffen werden, das Qualifikationslevel zu erhöhen. Dies entspricht auch einem Grundsatz der Führungslehre, nach dem Entscheidungsgremien personell klein zu halten sind, dabei aber möglichst qualifiziert zu besetzen sind.

Nachteile der Konzentration von Fach- und Führungskompetenz sind aber auch eine hohe Entscheidungsdichte bei den Führungskräften sowie eine deutlich höhere Informationsdichte im Bereich des Lagediensts und der zentralen Fernmeldebetriebsstelle. Dies bedeutet eine höhere Belastung des Stabspersonals und kann zusätzlichen Stress verursachen. Wenngleich die Zusammenfassung von Hilfsfunktionen des Stabs vorteilhaft ist, kann es aber – je nach Schärfe der Abgrenzung zwischen den Teilaufgaben administrativer und organisatorischer Führung – zu Unklarheiten der Zuständigkeiten kommen. Dies gilt es, durch organisatorische Maßnahmen sowie eine konsequente Lenkung der Maßnahmen durch den Leiter des Stabs zu verhindern.

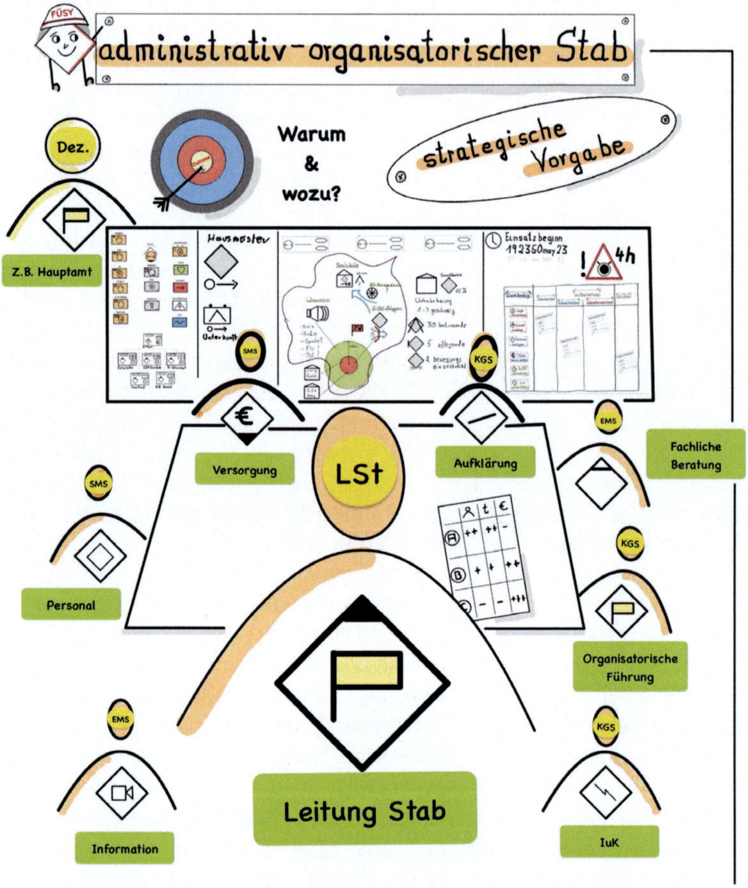

Bild 2: *Administrativ-Organisatorischer Stab (Verwaltungsstab)*
(Quelle: KOBRA GmbH A. Rehbein)

Hinweis

Bei einem Großbrand in einer Schule in einer kleinen kreisangehörigen Gemeinde kann der Stab der örtlichen Gefahrenabwehr die Einsatzleitung entlasten. Für die Vielzahl an Aufgaben, die bei einem solchen Ereignis zusätzlich zum Kernauftrag Menschenrettung und Brandbekämpfung auf die Einsatzleitung zukommen, fehlt oft die erforderliche Kapazität aufseiten der Feuerwehr: Einrichtung eines Bereitstellungsraums, Information und Betreuung der Eltern, Unterstützung bei der Medienarbeit etc. Durch die Unterstützung des Stabs der örtlichen Gefahrenabwehr verbleibt die Verantwortung bei der in den Feuerschutzgesetzen der Länder festgelegten Einsatzleitung.

Zur Realisierung der Doppelqualifikation ist – im Idealfall – ein hohes Engagement der Mitarbeiter erforderlich, welches bei einer Tätigkeit, die neben dem regulären Dienstgeschäft zu verrichten ist, nicht unbedingt erwartet werden kann. Hier besteht der Zielkonflikt, einerseits mit wenig verfügbaren Mitarbeitern einen Stab bilden zu müssen, und andererseits, diese motivierten Mitarbeiter nicht über Gebühr zu belasten.

Hinweis

Bei dem hier skizzierten Gesamtstabsmodell besteht weiterhin eine konsequente Trennung zwischen polizeilicher Gefahrenabwehr und nichtpolizeilicher Gefahrenabwehr. Ein sog. *joint-staff model* aus dem anglo-amerikanischen Raum, bei dem auch diese beiden Bereiche in einem Stab zusammengefasst werden, ist in Deutschland rechtlich unzulässig. Das Mitwirken der Polizei bzw. der Bundeswehr im Rahmen des Verbindungskommandos beschränkt sich auf die Entsendung von Verbindungspersonen.

3.3.3 Abschließender Vergleich

Befassen sich die Entscheidungsträger einer Gemeinde mit der Einrichtung eines Stabs der örtlichen Gefahrenabwehr, ist es wichtig, die vorbezeichneten Organisationsmodelle, unter Einbeziehung der örtlichen Gegebenheiten, gegeneinander abzuwägen. Die Einrichtung eines Stabs als gemeindliches Führungsorgan kann nur in Kooperation und enger Zusammenarbeit mit den übergeordneten Stäben und den untergeordneten örtlichen Einsatzorganisationen erfolgen. Dabei kann die Vorstellung einer idealen und leistungsstarken Stabsarbeit oftmals durch die tatsächlich zur Verfügung stehenden Ressourcen limitiert werden. Die Entscheidungsträger sollten sich bewusst sein, dass sie ihre Verantwortlichkeit gegenüber der Bevölkerung nicht abgeben oder übertragen können. Auch wenn übergeordnete Stäbe eingerichtet wurden, entbindet dies die Gemeinde nicht von ihren gesetzlichen Verpflichtungen in der Gefahrenabwehr für die Einwohner. Daher ist auch ein personell kleiner Stab mit minimalen technischen Mittel immer noch einer Unterlassung dieser Pflichtaufgabe vorzuziehen.

Die mit der Planung beauftragten Mitarbeiter sollten vor der Einrichtung eines Stabs der örtlichen Gefahrenabwehr prüfen, ob ausreichende personelle und materielle Ressourcen zum Betrieb eines Zweistabs-Modells bestehen. Ist diese Voraussetzung gegeben, kann die Aufgaben- und Zuständigkeitstrennung in Verwaltungsstab und in Einsatzleitung Vorteile bringen. Für die meisten Gemeinden der kleineren Größenklassen wird diese Option an der tatsächlichen Undurchführbarkeit scheitern. Daher sollte die Einrichtung eines Gesamtstabs, unter Würdigung aller Vor- und Nachteile sowie der aufgezeigten Problemstellungen, erwogen werden.

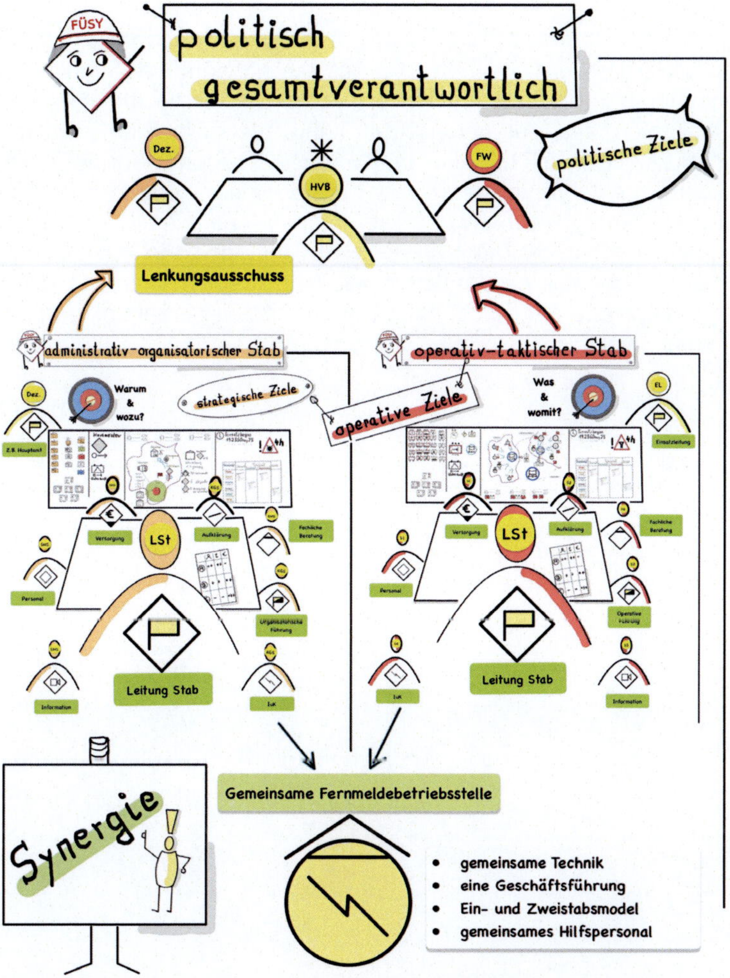

Bild 3: *Übersicht der Stabsarbeit (Quelle: KOBRA GmbH A. Rehbein)*

Praxistipp

Die Gemeinde muss den Stab als ein notwendiges Werkzeug verstehen, ohne das die Abwehr von Gefahren für die Bevölkerung nicht sachgerecht erfolgen kann. Stabsarbeit auf der Gemeindeebene ist dabei keine Modeerscheinung, sondern die konsequente Vervollständigung der nationalen Führungsstrukturen in der Gefahrenabwehr. Die Tatsache, dass eine Gemeinde bisher noch nicht mit einer großen Schadenslage oder einem Katastrophenfall konfrontiert wurde, stellt dabei nur einen zufälligen Umstand dar, mit dessen Ende jederzeit gerechnet werden muss.

3.4 Dienstanweisung

3.4.1 Sinn und Zweck einer Dienstanweisung

Der Stab der örtlichen Gefahrenabwehr ist derzeit kein in der Gemeindeordnung (oder einer anderen gesetzlichen Grundlage) definiertes Organ der Gemeindeverwaltung. Um einen solchen Stab aber in der gemeindlichen Struktur zu implementieren, bedarf es eines rechtlichen und organisatorischen Rahmens. Der Stab muss durch Einführung mittels einer Dienstanweisung, unter Beteiligung der Personalvertretung, begründet und in seiner Entscheidungsbefugnis legitimiert werden. Diese Entscheidungskraft darf nicht nur nach außen, also gegenüber den Einsatzkräften wirken, sondern muss ebenso innerhalb der Verwaltungsstruktur etabliert sein. In einer Schadenslage darf es nicht zu einem Kompetenzgerangel innerhalb der Gemeinde kommen, es müssen klar definierte Über- und Unterstellungsverhältnisse bestehen. Dabei gibt es keine Mischformen, entweder befindet sich die Behörde in ihrer Allgemeinen Aufbauorganisation, oder in der Besonderen Aufbauorganisation des Krisenmanagements.

Dabei muss im Kern ein Bewusstsein dafür geschaffen werden, dass die reguläre Aufbauorganisation der Gemeinde nicht geeignet ist, in Krisensituationen erfolgreich zu agieren. Wie bereits dargestellt, lassen die erforderlichen kürzeren Reaktionszeiten und Entscheidungsfristen kein reguläres Verwaltungshandeln zu. Es bedarf des Stabs als besonderes Organisationsmodell in der Gemeinde, um diese Pflichtaufgabe wahrzunehmen. Mittels einer Dienstanweisung (vgl. Stabsdienstordnung) wird diese Organisationsform definiert und gegenüber allen Mitarbeitern begründet. Dabei können umfangreiche Eingriffe in Arbeitszeitregelungen, Stellenbeschreibungen sowie Entscheidungsbefugnisse und Zuständigkeiten notwendig sein, die eine Beteiligung der Personalvertretung erfordern. Es muss bei allen Beteiligten Klarheit herrschen, wann der Stab eingerichtet wird, welche Aufgaben zu übernehmen sind und welche Entscheidungsbefugnisse bestehen.

Grundsätzlich sollten die Mitarbeiter und Führungskräfte der Verwaltung natürlich innerhalb ihrer regulären Zuständigkeiten eingesetzt werden, sofern dies in einer Krisensituation als sinnvoll erscheint. Dabei sollten Kompetenzen, die ihrer Natur nach in einem Zusammenhang stehen, bei der Personalauswahl berücksichtigt werden. Es ist z. B. sinnvoll, einen technischen Zeichner, der im Alltag mit der Visualisierung von Daten beschäftigt ist, für die Verwendung als Lagekartenzeichner vorzusehen und auszubilden.

Nicht nur zur Einrichtung, sondern v. a. zur Aufrechterhaltung der Funktionsfähigkeit des Stabs sollte eine *geschäftsführende Stelle* des Stabs in der regulären Aufbauorganisation der Verwaltung eingerichtet werden. Aufgrund des Aufgabenzusammenhangs ist es sinnvoll, diese Stelle im Bereich *„Sicherheit, Ordnung, Bevölkerungsschutz"* als Schnittstellenfunktion zu den Stellen und Einrichtungen der Gefahrenabwehr im Tagesgeschäft einzurichten. Obwohl der Stab keine ständige Einrichtung der Gemeinde ist, sondern nur ereignisspezifisch zusammentritt, sind in der geschäftsführenden Stelle regelmäßig Aufgaben zu erledigen. Von der kontinuierlichen Qualifizierung des Personals über die Aktualisierung von Datenbeständen bis hin zur Planung und Durchführung von Stabsrahmenübungen müssen auch außerhalb der Schadenslage wichtige Aufgaben erledigt werden.

Auch die Motivation zur Mitwirkung der Mitglieder in einem Stab der örtlichen Gefahrenabwehr und deren Erhalt muss bereits in der Planungsphase Berücksichtigung finden. Da es auf Ebene der kreisangehörigen Gemeinden nicht realistisch ist, Funktionen des Stabes in einen dauerhaften Bereitschaftsdienst zu versetzen, sind kreative Methoden zur Motivation zu schaffen. Dies kann z. B. ein zusätzlicher jährlicher Urlaubstag für die fest besetzten Funktionen im Stab sein, oder aber die Berücksichtigung dieser verantwortungsvollen Tätigkeit in den individuellen Stellenbewertungen. In jedem Fall sollte unter Beteiligung der Personalvertretung ein Motivationsmodell geschaffen werden, welches dauerhaft geeignet ist die Mitarbeit aller Beteiligten aufrecht zu erhalten und nicht nur einen Stab zu schaffen, welcher nur auf dem Papier existiert.

3.4.2 Inhalte der Dienstanweisung

Da bei der Einrichtung eines Stabs die jeweiligen örtlichen Gegebenheiten des Gemeindegebiets sowie der Aufbau der regulären Verwaltungsstruktur zu berücksichtigen sind, erfolgt an dieser Stelle ausdrücklich eine allgemeine Vorlage zu den Aspekten, die eine Dienstanweisung des Stabs der örtlichen Gefahrenabwehr beinhalten kann. Diese Vorlage soll eine Orientierung ermöglichen und zugleich eine Argumentationshilfe für die mit der Planung des Stabs beauftragen Mitarbeiter darstellen. Diese Vorlage muss natürlich eine Anpassung an die örtlichen Belange der jeweiligen Behörde erfahren. Aus der Rückmeldung der Leser ist jedoch der Wunsch erkennbar zumindest exemplarische organisatorische Vorgaben zur Argumentationshilfe erhalten zu können. Im vorliegenden Beispiel wurde das Modell eines Gesamtstabs gewählt.

Begründung und Zweckbestimmung

Zunächst sollte tatsächlich und rechtlich begründet werden, warum der Stab eingerichtet werden muss:

Der Gesetzgeber sieht die Aufgaben der Koordinierung des Zivilschutzes im Verteidigungsfall auf der Bundesebene (Artikel 73 Nummer 1 GG) und die Aufgaben der Koordinierung des Katastrophenschutzes bei den Bundesländern (Artikel 30 bzw. 70 Absatz 1 GG), die diese in der Hauptsache weiter an die Kreise und kreisfreien Städte delegieren. Den Gemeinden obliegt jedoch gem. § 5 ZSKG die wesentliche Durchführung des Zivilschutzes im Rahmen der Bundesauftragsverwaltung. Die Gefahrenabwehr obliegt grundsätzlich den Gemeinden (Ordnungsbehördengesetze der Länder, Brand- und Katastrophenschutzgesetze der Länder) in eigener Zuständigkeit. Dies bedeutet auch, dass die Indikationsschwelle geringer und damit die Häufigkeit der notwendigen Einberufung eines Führungsorgans der Gefahrenabwehr auf der Gemeindeebene deutlich höher ist als auf den übergeordneten Ebenen. Hierbei ist zu berücksichtigen, dass Führungsstrukturen der Gefahrenabwehr aufeinander aufbauen und eine Tätigkeit der übergeordneten Ebenen ohne die gemeindlichen Strukturen nicht möglich ist. Die Erfahrungen der Vergangenheit zeigen, dass mehrheitlich mit lokalen

Lagen im Gemeindegebiet zu rechnen ist, jedoch auch bei gemeindegebietsübergreifenden Lagen (Flächenlagen) ist eine Führung der örtlichen Gefahrenabwehr sowie eine enge Zusammenarbeit mit den übergeordneten Führungsebenen (Krisenstab des Kreises bzw. Verwaltungsstab) zwingend erforderlich.

Bei der Begründung der Einrichtung eines Stabs der örtlichen Gefahrenabwehr findet jedoch auch die in den letzten Jahren veränderte öffentliche Wahrnehmung Beachtung. Es muss berücksichtigt werden, dass auch Ereignisse mit geringeren tatsächlichen Auswirkungen zu einer großen Verunsicherung in der Bevölkerung und zu einer gesteigerten medialen Würdigung führen können. Hierdurch wird weiterer, zusätzlicher Führungsbedarf der gemeindlichen Gefahrenabwehr verursacht, dem nur durch die Einrichtung eines Stabs der örtlichen Gefahrenabwehr begegnet werden kann.

Des Weiteren muss die **Zweckbestimmung** erläutert werden:

Alternative Ein-Stabsmodell: Die Einrichtung des Stabs der örtlichen Gefahrenabwehr folgt dem Erfordernis eines gemeinsamen zentralen Führungsorgans der Gefahrenabwehr im Gemeindegebiet, das zu jeder Zeit unverzüglich handlungsfähig ist. Der Stab leitet alle Gefahrenabwehrmaßnahmen und ist gegenüber allen an der Gefahrenabwehr mitwirkenden Stellen im Gemeindegebiet weisungsbefugt. Der Stab nimmt aufgrund der örtlichen Gegebenheiten hierbei nicht nur die administrativ-organisatorischen Kompetenzen der Verwaltung wahr, sondern auch die operativ-taktische Führung der unterstellten Einsatzkräfte. Die Aufgaben und Befugnisse der technisch-taktischen Ebene sowie die organisationsinternen Führungskompetenzen der Einsatzorganisationen bleiben hiervon unberührt. Bei diesem integrierten Modell, in dem der Stab der örtlichen Gefahrenabwehr einen administrativ-organisatorischen und operativ-taktischen Gesamtstab zur Lenkung und Koordinierung aller Gefahrenabwehrmaßnahmen im Gemeindegebiet bildet, sind Mehrfachfunktionen unumgänglich. Folglich ist auch die Qualifizierung der Stabsmitglieder in beiden Komponenten zwingend erforderlich. Der Stab der örtlichen Gefahrenabwehr als Gesamtstab untersteht dem Hauptverwaltungsbeamten und – im Falle der Verhinderung – seinen allgemeinen Stellvertretern im Amt als der politisch gesamtverantwortlichen Ebene.

Alternative Zwei-Stabsmodell: Dem Stab der örtlichen Gefahrenabwehr-Verwaltung obliegt hierbei die Zuständigkeit für alle administrativ-organisatorischen Maßnahmen im Stadtgebiet. Er leitet und koordiniert alle Verwaltungsaufgaben der Gefahrenabwehr im Zusammenhang mit der Schadenslage. Bei diesem Trennungsmodell erfolgt eine klare Abgrenzung der Aufgaben zwischen administrativ-organisatorischen und operativ-taktischen Maßnahmen. Dabei arbeitet er mit der rückwärtigen Einsatzleitung (bzw. dem Führungsstab) eng zusammen und führt einen Informationsaustausch mittels Verbindungsbeamter durch. Stab der örtlichen Gefahrenabwehr (Verwaltungsstab) und Stab der örtlichen Gefahrenabwehr (Einsatzleitung) können unabhängig voneinander lagespezifisch einberufen werden. Der Stab der örtlichen Gefahrenabwehr als administrativ-organisatorisches Organ untersteht dem Bürgermeister und – im Falle der Verhinderung – seinen allgemeinen Stellvertretern im Amt als der politisch gesamtverantwortlichen Ebene sofern er hierzu keine fachlich geeignete Person bestellt hat..

Zuständigkeit und Aufgaben

Der Stab der örtlichen Gefahrenabwehr ist eine besondere Organisationsform innerhalb der Gemeindeverwaltung sowie der Strukturen der operativen Gefahrenabwehr. Er ist keine ständige Einrichtung, sondern wird ereignisabhängig für einen bestimmten Zeitraum nach dem in dieser Dienstanweisung vorgegebenen Organisationsplan gebildet. Die Einberufung des Stabs der örtlichen Gefahrenabwehr ist erforderlich, wenn aufgrund eines besonderen Ereignisses im Gemeindegebiet ein über das gewöhnliche Maß hinausgehender hoher Koordinierungs- und Entscheidungsbedarf besteht. Dies ist insbesondere bei Schadenslagen oder Ereignissen bzw. sich anbahnenden Ereignissen nach Ermächtigung durch das/die jeweils gültige(n) Brand- und Katastrophenschutzgesetz(e) oder umfangreichen Maßnahmen, nach dem jeweils gültigen Ordnungsbehördengesetz / Polizeigesetz, der Fall. Dies kann u. a. bei folgenden Ereignissen zutreffen (Aufzählung nicht abschließend):

- Großbrände
- Gefahrstoffaustritte (CBRNE)
- Unwetterlagen
- Massenanfälle von Verletzten (MANV)
- Kampfmittelfunde
- Katastrophenfälle
- Zivilschutzfall

Außerhalb von Schadenslagen nach der v. g. Definition werden im Stab der örtlichen Gefahrenabwehr Verwaltungsaufgaben (Koordinierung bei großen ordnungsbehördlichen Maßnahmen, Planung und Einsatz bei Großveranstaltungen, Kampfmittelfunde usw.) erledigt, die im unmittelbaren Zuständigkeitsbereich der Gemeinde liegen und unvorhergesehen und kurzfristig wahrgenommen werden müssen. Der Stab der örtlichen Gefahrenabwehr kann auch bei Ereignissen einberufen werden, bei denen keine Einsatzkräfte erforderlich bzw. eingesetzt sind. Dies gilt insbesondere, wenn durch ein Ereignis nur geringe Auswirkungen eintreten, aber eine starke Beunruhigung der Bevölkerung eingetreten oder nicht auszuschließen ist.

Einberufung und Alarmierung

Die Entscheidung über die Einberufung und Alarmierung der Mitglieder des Stabs treffen

1. der Bürgermeister, der erste Beigeordnete oder der zuständige Fachbereichsleiter als Vertreter im Amt,
2. bei Ereignissen, die keinen Aufschub dulden, einer der bestellten örtlichen Einsatzleiter. Der Bürgermeister und/oder der erste Beigeordnete sind in diesen Fällen unverzüglich zu unterrichten.

Die Alarmierung des Stabs wird von den Berechtigten auf Weisung durch die Leitstelle des Kreises veranlasst. Der Leiter des Stabs, sein Stellvertreter sowie der Leiter der Koordinierungsgruppe sind zur Sicherstellung der Redundanz über einen zusätzlichen Weg zu alarmieren. Die Alarmierung wird im Stab dokumentiert. Die Angehörigen des Stabs haben nach der Alarmierung unverzüglich den Führungsraum des Stabs aufzusuchen. Wurde der Krisenstab (Verwaltungsstab) des Kreises einberufen, ist unverzüglich der Stab der von der Schadenslage betroffenen Gemeinde einzurichten. Der Stab bleibt für die Dauer der Arbeit des Krisenstabs des Kreises arbeitsfähig. Wenn der Stab einer kreisangehörigen Gemeinde einberufen ist, wird die Einsatzbereitschaft der Koordinierungsgruppe (KGS) des Krisenstabs (Verwaltungsstabs) des Kreises hergestellt. Bei größeren Einsätzen sowie sich anbahnenden Ereignissen, die eine Einberufung des Stabs bedingen könnten, hat der zuständige Einsatzleiter über die Leitstelle unverzüglich den Leiter des Stabs, seinen Stellvertreter sowie den Leiter der Koordinierungsgruppe zu benachrichtigen. Den Führungskräften des Stabs sind zu jeder Zeit alle Informationen über Vorgänge der Gefahrenabwehr im Gemeindegebiet zugänglich zu machen.

Zur Sicherstellung der Erreichbarkeit der Mitglieder des Stabs führt der Leiter der Koordinierungsgruppe eine tagesaktuelle Liste mit den Kontaktdaten aller Mitglieder. Die Angehörigen des Stabs haben Änderungen ihrer Kontaktdaten unverzüglich zu melden. Im halbjährlichen Intervall wird eine Probealarmierung des Stabs zur Überprüfung der Erreichbarkeit durch die Kreisleitstelle durchgeführt. Die Arbeitsfähigkeit des Stabs ist innerhalb von spätestens 120 Minuten (je nach örtlichen Gegebenheiten) nach Abschluss der Alarmierung herzustellen. Die Arbeitsfähigkeit des Stabes ist mit dem Abschluss der ersten Lagebesprechung des Gesamtstabes, oder ggf. eines Rumpfstabes hergestellt.

Führungsstruktur und Aufgabenverteilung

Der Stab der örtlichen Gefahrenabwehr gliedert sich in die ständigen Mitglieder des Stabs und die ereignisspezifischen Mitglieder. Die Mitglieder, die für eine ständige Stabsarbeit vorgesehen sind (und ihre Stellvertreter), werden bei jeder Einberufung alarmiert. Als ereignisspezifische Mitglieder können Mitarbeiter mit speziellen Fachkompetenzen aus allen Organisationseinheiten der Gemeinde sowie externe Fachberater hinzugezogen werden. Der Vertreter der Kreispolizeibehörde im Stab bringt als Verbindungsbeamter die Entscheidungen, die von der Leitung des Polizeieinsatzes getroffen werden, in den Stab der örtlichen Gefahrenabwehr ein. Die Geschäftsführung und die Sicherstellung der Arbeitsbereitschaft bzw. Funktionsfähigkeit des Stabs liegen in der Verantwortung der für den Bevölkerungsschutz zuständigen Stelle. Alle Abteilungen und

Fachbereiche sind verpflichtet, im Rahmen ihrer Zuständigkeit dabei mitzuwirken. Die in den Stab entsandten Mitarbeiter der Gemeinde sind verpflichtet, bei Einberufung des Stabs auch außerhalb ihrer regulären Dienstzeiten zu arbeiten. Diese Verpflichtung entfällt bei vorheriger Dienstunfähigkeit oder begründeter besonderer anderweitiger Verhinderung. Dienstzeiten außerhalb der regelmäßigen Arbeitszeiten gelten als genehmigte Überstunden. Die Mitglieder des Stabs sind mittels einer Urkunde in ihre jeweilige Funktion zu bestellen und in dieser Funktion mit entsprechenden Dienstausweisen zur Legitimierung und Zugangskontrolle zu versehen.

Gliederung des Stabs der örtlichen Gefahrenabwehr (Verwaltungsstab)

Der Stab besteht grundsätzlich aus folgenden Funktionen:

- dem Leiter des Stabs und seinem Stellvertreter (L-SAE)
- dem Leiter der Koordinierungsgruppe (L-KGS)
- den Mitgliedern der Koordinierungsgruppe (KGS)
- dem Bereich Bevölkerungsinformation und Medienarbeit (BuMA)
- den ständigen Mitgliedern des Stabs (SMS)
- den ereignisspezifischen Mitgliedern des Stabs (EMS)

Im Stab sind diese Funktionen grundsätzlich eingerichtet und personell besetzt. Anlass- oder einsatzbezogen kann diese Besetzung erweitert werden.

Leitung des Stabs (L-Stab)

Die Leitung des Stabs obliegt der hierzu vom Hauptverwaltungsbeamten bestellten, fachlich und persönlich geeigneten Person. (Hinweis: Hier ist insbesondere auch die Erfahrung im Krisenmanagement relevant, nicht die Funktion im Tagesgeschäft.) Sie ist für die Dauer der Einberufung Vorgesetzter aller Mitarbeiter der Gemeinde, die im Stab tätig sind. Dem Leiter des Stabs obliegt die Leitung und Koordinierung der Arbeit des Stabs und damit die Gefahrenabwehrleitung für das Gemeindegebiet (sofern der Leiter des Stabs nicht gleichzeitig der Hauptverwaltungsbeamte ist). Die operativtaktische Einsatzleitung ist weiterhin alleinige Aufgabe des jeweils bestellten örtlichen Einsatzleiters. Er ist im Rahmen der Erfüllung seiner Aufgaben allen Mitgliedern des Stabs sowie allen Stellen der Gefahrenabwehr im Gemeindegebiet gegenüber weisungsbefugt. Zur Sicherstellung und Aufrechterhaltung der Gefahrenabwehr im Gemeindegebiet ist er berechtigt, Mitarbeitern aus allen Bereichen der Gemeinde dienstliche Weisungen zu erteilen. Der Leiter des Stabs unterrichtet die zuständige Leitstelle unverzüglich über die Einberufung, Arbeitsaufnahme und Erreichbarkeit des Stabs.

Koordinierungsgruppe des Stabs (KGS)

Die Koordinierungsgruppe des Stabs gliedert sich in die Bereiche:

- Innerer Dienst
- Lage und Dokumentation
- Fernmeldebetriebsstelle

Der Leiter der KGS (L-KGS) ist für den gesamten Inneren Dienst sowie auch für die Bereiche Lage und Dokumentation und die Fernmeldebetriebsstelle verantwortlich. Er regelt die Arbeitsabläufe im Stab, führt die notwendigen Personalplanungen und Schichtwechsel durch und hält als Lagedienstführer die Lagevorträge. Er ist für die Dauer der Einberufung des Stabs Vorgesetzter der Mitarbeiter der Gemeinde, die in der Koordinierungsgruppe tätig sind. Bei Ereignissen, die keinen Aufschub dulden, ist der Leiter KGS gegenüber dem Stab weisungsbefugt, sofern der Leiter des Stabs kurzzeitig verhindert ist. Der Innere Dienst innerhalb der KGS ist die geschäftsführende Stelle des Stabs im Einsatzfall und wird im Alltag von der für den Bevölkerungsschutz zuständigen Stelle wahrgenommen. Im Inneren Dienst des Stabs werden nach Bedarf folgende Funktionen besetzt:

- Führungsgehilfen
- IT-Techniker
- Fahrer/Boten
- Sicherheitspersonal

Zum KGS Bereich Lage und Dokumentation gehören die Aufgaben der Ermittlung/Erkundung, Darstellung und Dokumentation der Lage. Die Dokumentation schließt die Entscheidungen und angeordneten Maßnahmen innerhalb des Stabs sowie deren Auswirkungen (Prognosen) auf die Schadenslage ein. Im KGS Bereich Lage und Dokumentation werden folgende Funktionen grundsätzlich eingerichtet und besetzt:

- Lagekartenzeichner
- Einsatztagebuchführer
- Sichter
- Erkunder (bei Bedarf)
- Sicherungspersonal

Der Sichter erhält alle eingehenden und – je nach dem von den Mitgliedern des Stabs gewählten Kommunikationsmittel – auch die ausgehenden Nachrichten und Informationen. Er entscheidet, für welchen Bereich bzw. welche Bereiche die Nachricht oder Information von Bedeutung und Wichtigkeit ist. Er veranlasst bei Bedarf eine entsprechende Vervielfältigung und Verteilung und stellt sicher, dass die Mitglieder des Stabs mit den für sie relevanten Nachrichten und Informationen versorgt werden. Die Fernmeldebetriebsstelle ist die Kommunikationszentrale des Stabs und für die technische Abwicklung des Informationsflusses zuständig. Sämtliche elektronischen Kommunikationsmittel, darunter insbesondere die Fernmeldetechnik zur Verbindung zwischen dem Schadensort (Einsatzstelle) und dem Führungsraum, werden hier vorgehalten und betrieben. Die Fernmeldetechnik der Betriebsstelle muss mit einem Funktionserhalt im Spannungsausfall von mindestens 24 Stunden ausgestattet sein. Zur Herstellung der Arbeitsfähigkeit des Stabs müssen folgende Funktionen besetzt werden:

- Fernmelder (Datenkommunikation)
- Sprechfunker (Sprachkommunikation)

Bevölkerungsinformation und Medienarbeit (BuMA)

Der Aufgabenbereich BuMA wird im Stab vom Presseverantwortlichen der Gemeinde wahrgenommen. Im Falle der Verhinderung kann dieser durch den Presseverantwortlicher der Feuerwehr vertreten werden. Der Bereich organisiert sich personell grundsätzlich unmittelbar selbst und sollte mit wenigstens einem Mitarbeiter ständig im Stab vertreten sein. Der Leiter BuMA des Stabs ist verantwortlich für die Koordination, Betreuung und Information der Presse und anderer Medien sowie für die Auswertung der aus der Presse und aus anderen Medien verfügbaren Informationen und deren Weitergabe an den KGS Bereich Lage und Dokumentation.

Zur Unterstützung der Bevölkerung in besonderen Schadenslagen können ein Bürgertelefon sowie eine gesonderte Internetseite oder eine Informationsmöglichkeit in sozialen Netzwerken eingerichtet werden. Ein Bürgertelefon soll kurzfristig dann eingerichtet werden, wenn die Anzahl der Anrufe aufgrund eines besonderen Ereignisses ansteigt und die normalen Arbeitsabläufe der Verwaltung bzw. des Stabs behindert werden. Über Anforderung und Besetzung entscheidet der Leiter des Stabs auf Vorschlag des Pressesprechers der Gemeinde. Hierzu werden i. d. R. die Mitarbeiter der Abteilung Bürgerservice bzw. des Bürgerbüros herangezogen. Die Abteilung IT stellt sicher, dass entsprechende Telefonschaltungen und die Einrichtung einer Bandansage kurzfristig verfügbar sind. Für das Bürgertelefon ist vorab eine zentral geschaltete Rufnummer zu definieren und bekannt zu machen. Die Rufnummer ist im Bedarfsfall geschaltet. Das Bürgertelefon soll von Mitarbeitern der Gemeinde besetzt werden. Geeignete Räumlichkeiten für die Unterbringung der Mitarbeiter des Bürgertelefons und die technische und materielle Ausstattung für die Wahrnehmung der Aufgaben sind von der Gemeinde vorzuhalten. Die Mitarbeiter des Bürgertelefons sind für die Dauer der Einberufung des Stabs dem Leiter des Bereiches Presse und Medienarbeit unterstellt. Den Mitarbeitern des Bürgertelefons müssen in einem Schadensfall mindestens die Informationen zukommen, die aus dem Stab auch an die Presse weitergegeben werden. Ebenso sollte die Bürgerinformation bzw. die Bearbeitung von Bürgeranfragen mit einer vorher eingerichteten E-Mail-Adresse möglich sein. Ferner sollte die Einrichtung einer Website speziell für bestimmte planbare Schadenslagen, eine sog. „Blackpage“ vorbereitet sein und unverzüglich, auch mobil von der BuMA leitenden Person geschaltet werden können.

Anfragen der Bürger zum Aufenthalt von bspw. evakuierten, vermissten oder in Notunterkünften untergebrachten Personen werden vom Bürgertelefon direkt an die Personenauskunftsstelle (PASS) des Kreises weitergeleitet. Dort werden Personen und deren Aufenthaltsorte zentral erfasst und in eine Datenbank eingepflegt.

Ständige Mitglieder im Stab (SMS)

Als ständige Mitglieder sind bei jeder Einberufung des Stabs grundsätzlich zu alarmieren:

- ein Vertreter des Bereichs Sicherheit und Ordnung
- ein Vertreter des Bereichs Bevölkerungsschutz (Zivil- und Katastrophenschutz)
- ein Vertreter der Feuerwehr
- der Fachberater der örtlichen Hilfsorganisationen
- der Fachberater des zuständigen THW-Ortsverbands
- der Verbindungsbeamte der Kreispolizeibehörde

Die ständigen Mitglieder entscheiden im Rahmen ihrer Fachkompetenzen für ihre Zuständigkeitsbereiche, bereiten Entscheidungen des Stabs vor und veranlassen die Durchführung der Maßnahmen zur Bewältigung von Schadenslagen. Vertretungen werden in eigener Zuständigkeit sichergestellt. Schichtwechsel werden für die Erstellung von Schichtplänen mit dem KGS Bereich Innerer Dienst abgestimmt.

Praxistipp

Die in diesem Beispiel dargestellte Zusammenstellung der ständigen Mitglieder des Stabs ermöglicht in Kombination mit der entsprechend erweiterten und qualifizierten Koordinierungsgruppe die Aufgabenwahrnehmung eines Gesamtstabs mit administrativen und operativen Aufgaben. Die Einsatzorganisationen sind mit ihren entscheidungsbefugten und organisationskundigen Fachberatern vertreten und bringen damit ihre Kompetenzen ein. Durch das Prinzip *Führen mit Auftrag* – also einer Auftragstaktik – werden dabei keine Kompetenzen überschritten. Der jeweils bestellte örtliche Einsatzleiter bleibt weiterhin der abschließende Entscheidungsträger über die Leitung der operativ-taktischen Maßnahmen.

Ereignisspezifische Mitglieder im Stab (EMS)

Die ereignisspezifischen Mitglieder des Stabs haben die gleichen Aufgaben wie die ständigen Mitglieder des Stabs. Sie werden aber nicht grundsätzlich bei der Alarmierung des Stabs mit einberufen, sondern nur angefordert, wenn sie für die Schadensbewältigung benötigt werden.

EMS können entscheidungsbefugte Vertreter der Abteilungen

- Bauaufsicht,
- Tiefbau,
- Bürgerservice,
- Soziales,
- Wohnen,
- Schule

sowie Vertreter

- des Gesundheitsamts des Kreises,
- des Veterinäramts des Kreises,
- des Umweltamts des Kreises,
- der Versorgungsbetriebe,
- des ÖPNV sowie
- sonstiger Behörden und Organisationen

sein, die zur Schadensbekämpfung oder der Stabsarbeit durch ihre spezifischen Kenntnisse beitragen können. EMS sind Verbindungspersonen zu ihren entsendenden Behörden und Organisationen. Sie müssen nicht ständig im Stab anwesend sein, sondern erledigen ihre Stabsarbeit zum Teil innerhalb ihrer regulären Arbeitsbereiche (Büros der Verwaltung bzw. des Unternehmens).

Ausstattung und Sitz des Stabs

Für den Stab müssen geeignete Führungsräume in ausreichender Zahl zur Verfügung stehen. Neben dem eigentlichen Stabsraum muss in unmittelbarer Nähe wenigstens ein weiterer Raum vorhanden sein, in dem Besprechungen durchgeführt und Pressekonferenzen abgehalten werden können. Die Arbeitsräume sollen den Mitgliedern des Stabs zu jeder Zeit zugänglich sein, müssen jedoch so gesichert sein, dass ein Betreten von Personen (auch unbefugten Einsatzkräften), die nicht dem Stab angehören, verhindert wird. Die Arbeitsräume des Stabs müssen über eine zur Herstellung der Funktionsfähigkeit ausreichende Informations- und Kommunikationsausstattung verfügen. Hierzu müssen jedem ständigen Mitglied des Stabs ein Bildschirmarbeitsplatz mit dem Zugang zu allen Informationen der Gefahrenabwehr des jeweiligen Bereichs sowie ein Festnetztelefon zur Verfügung stehen. Die telefonische Erreichbarkeit muss unabhängig von der Nebenstellenanlage der Gemeinde sichergestellt werden. Zusätzlich zu den Telefonanschlüssen ist jeweils ein Telefaxanschluss für ankommende bzw. abgehende Telefaxe erforderlich. Im Stabsraum müssen Möglichkeiten für die Führung der Lagekarte und eine sofortige Dokumentation der Entscheidungen des Stabs vorhanden sein. Es muss durch eine Ersatzstromversorgung gewährleistet sein, dass die Arbeitsfähigkeit des Stabs für einen Zeitraum von mind. 24 Stunden ohne fremde Hilfe gegeben ist. Die Ersatzstromversorgung sollte unterbrechungsfrei im Falle eines Spannungsausfalls funktionsfähig sein. Zur Sicherstellung der externen Kommunikation und zur Informationsübermittlung an die Leitstelle und die nachgeordneten technisch-taktischen Kräfte ist die Einrichtung einer Fernmeldebetriebsstelle notwendig. Hierzu ist die fernmeldetechnische Ausstattung zur Aufrechterhaltung eines Sende- und Empfangsbetriebs auf mind. zwei überörtlichen Funkkanälen (4-m-Band/TETRA) und auf mind. zwei örtlichen Funkkanälen (2-m-Band) dauerhaft betriebsbereit vorzuhalten. Für die Kommunikation mit den Anlaufstellen der Bevölkerung (z. B. Bevölkerungsschutzleuchttürmen), sowie allen anderen Stellen des Bevölkerungsschutzes (Verwaltungsgebäude, Baubetriebshöfe etc.) bei einem Spannungsausfall ist eine unabhängige Sprechfunkverbindung einzurichten.

Die Abteilung IT gewährleistet in Absprache mit dem Leiter der KGS die Einrichtung und Aufrechterhaltung der Funktionsfähigkeit der technischen Ausstattung des Stabs. Hierzu ist die technische Ausstattung regelmäßig auf ihre Funktionsfähigkeit hin zu prüfen und auf dem notwendigen und aktuellen Stand der Technik zu halten. Seitens der IT muss sichergestellt werden, dass die Arbeitsfähigkeit des Stabs innerhalb von spätestens 120 Minuten (Empfehlung, je nach örtlichen Belangen) nach der Alarmierung hergestellt ist.

Die Beschaffung und Bevorratung von Büromaterial sowie von Verbrauchsmaterial für die Arbeit des Stabs liegt beim Inneren Dienst der Koordinierungsgruppe.

Datensicherheit und Informationen

Aufzeichnungen in jeglicher Form, die personenbezogene Daten enthalten und/oder bei denen es durch eine Veröffentlichung zu kritischen Störungen der Stabsarbeit kommen kann, sind als Verschlusssachen zu behandeln und entsprechend (VS) zu kennzeichnen. Dies gilt insbesondere für den Alarmplan des Stabs, den Evakuierungsplan der Gemeinde und die Ortsbeschreibungen mit ihren spezifischen Daten. Im Stabsraum bzw. im Raum der KGS müssen sichere Aufbewahrungsmöglichkeiten für Dokumente bestehen, die als Verschlusssachen zu behandeln sind. Eine Abstimmung mit dem Datenschutzbeauftragten, sowie dem Geheimschutzbeauftragten sind hier zwingend erforderlich.

Dem Stab, als höchstem Führungsorgan der Gefahrenabwehr im Gemeindegebiet, sind jederzeit alle Informationen im Bereich der Gefahrenabwehr zugänglich zu machen. Nur so kann der Stab seiner Aufgabe zur Erstellung eines umfassenden Lagebilds zeitnah nachkommen.

Zusammenarbeit mit Aufsichtsbehörden

Die Einrichtung, Arbeitsaufnahme und Erreichbarkeit des Stabs sind der Leitstelle unverzüglich mitzuteilen. Die Leitstelle erstellt hierzu eine Sofortmeldung an das Lagezentrum der Bezirksregierung (oder vergleichbare Stelle je nach Bundesland) und alarmiert im Bedarfsfall die KGS des Krisenstabs/Verwaltungsstabs des Kreises. Nach Arbeitsaufnahme der KGS im Krisenstab/Verwaltungsstab des Kreises gehen die Melde- und Berichtspflichten auf den Krisenstab/Verwaltungsstab des Kreises über. Sollte die Einrichtung der KGS des Krisenstabs/Verwaltungsstabs des Kreises nicht erforderlich sein, obliegt die Melde- und Berichtspflicht dem Stab selbst.

Aus- und Fortbildung

Die Angehörigen des Stabs müssen für die Wahrnehmung ihrer besonderen Führungsaufgaben regelmäßig geschult werden. Die Führungskräfte des Stabs müssen hierzu sowohl über die Schulungen im administrativ-organisatorischen Bereich als auch über eine operativ-taktische Führungsausbildung verfügen. Die Aus- und Fortbildung soll in gemeinsamen Übungen regelmäßig, wenigstens einmal jährlich, erprobt werden. Es ist sicherzustellen, dass für alle Funktionen mindestens zwei Mitarbeiter qualifiziert werden, um eine Redundanz zu gewährleisten. Die Stabsmitglieder werden für die Schulungen freigestellt.

3.5 Personalplanung

3.5.1 Planungsgrundsätze

Bei der Auswahl des geeigneten Personals für die Besetzung von Führungs- und Führungsunterstützungsfunktionen in einem Stab der örtlichen Gefahrenabwehr müssen die hohen Anforderungen an ihre Aufgaben berücksichtigt werden. Dabei sind nicht nur Anforderungen an die fachliche Eignung zu stellen, sondern insbesondere die psychosozialen Faktoren in der persönlichen Eignung zu gewichten. Wenngleich es in einer Gemeindeverwaltung schwer vermittelbar ist, muss der Fokus der Personalauswahl jedoch auf der Eignung für die besonderen Anforderungen in einem Krisenfall liegen. Dabei kann nicht automatisch davon ausgegangen werden, dass eine Leitungskraft der Verwaltung, die den Anforderungen im Tagesgeschäft mit Bravour gewachsen ist, diese Eignung auch in einer Extremsituation erfüllt. In einem Krisenfall bzw. einer größeren Schadenslage wird nicht nur qualifiziertes, sondern v. a. stressresistentes, belastbares und persönlich geeignetes Personal benötigt. In kleineren und mittleren Gemeinden steht meistens nur eine geringe Anzahl von Einsatzkräften mit einer Führungsqualifikation mit Stabsausbildung zur Verfügung. Daher ist es nicht nur sinnvoll, sondern auch notwendig, persönlich geeignete Verwaltungsmitarbeiter für die Arbeit im Stab der örtlichen Gefahrenabwehr zu qualifizieren.

Bevor eruiert wird, welche Funktionen in einem Stab der örtlichen Gefahrenabwehr wie besetzt werden können und müssen, sollen einige praxisorientierte Grundsätze der Personalauswahl in der Stabsarbeit vorgestellt werden.

Verfügbarkeit

Der Aspekt der Verfügbarkeit wird bewusst vorangestellt, denn alle weiteren Auswahlfaktoren verlieren ihre Bedeutung, wenn das „gold team“, also das beste Personal, tatsächlich nicht verfügbar ist. Bevor also mit der individuellen Betrachtung von Eignung und Qualifikation der Mitarbeiter begonnen werden kann, muss geprüft werden, wer in einem Krisenfall überhaupt und, wenn ja, in welcher

Zeit verfügbar ist. Die für die Stabsarbeit eingeplanten Mitarbeiter müssen also unter Berücksichtigung der Entfernung ihres Wohnorts zum Stabsraum und der Verkehrsinfrastruktur innerhalb einer bestimmten Zeit vor Ort sein können. Dabei können die Stabsmitglieder zwar Sonderrechte in Anspruch nehmen, verfügen jedoch grundsätzlich nicht über Einsatzfahrzeuge und können daher keine zeitrelevanten Wegerechte in Anspruch nehmen.

Bei der Anfahrt muss auch der Zeitpunkt der Alarmierung berücksichtigt werden: Besonders in den Ferienzeiten und im täglichen Berufsverkehr ist mit erheblichen Verzögerungen zu rechnen. Es lohnt sich also, vorab anhand des Kartenmaterials bzw. eines Routenplaners die Anfahrtswege der betreffenden Mitarbeiter in Augenschein zu nehmen. Natürlich müssen auch die Erfahrungswerte der betreffenden Mitarbeitenden in diese Planung einbezogen werden. So z. B. die eigene Erfahrung, wie sehr sich die Anfahrt im Berufsverkehr verzögern könnte oder wie schnell die Verfügbarkeit am Wochenende hergestellt werden kann. Es ist letztlich nur dann sinnvoll, Mitarbeiter in den Alarmplan mit einzubeziehen, wenn diese so rechtzeitig vor Ort sein können, dass der Beginn der Stabsarbeit (Funktionsfähigkeit) in dem jeweils festgelegten Rahmen möglich ist.

Neben der technischen Frage der Verfügbarkeit fließen in diese Betrachtung auch persönliche und familiäre Gegebenheiten mit ein. Durch die Notwendigkeit der einerseits möglichst schnellen Verfügbarkeit und der andererseits stunden- bis tagelangen Stabsarbeit in einem Krisenfall muss die persönliche Situation, im Falle einer Alarmierung, realistisch betrachtet und offen besprochen werden (z. B. Betreuung der Kinder, pflegebedürftige Angehörige, Mitgliedschaft in Einsatzorganisationen etc.). Im Krisenfall müssen die Mitarbeiter sich auf ihre Aufgaben konzentrieren können und dürfen nicht durch persönliche Belange abgelenkt sein. Dabei gilt allem voran die Fürsorgepflicht des Dienstherrn gegenüber seinen Mitarbeitern.

Qualität vor Quantität

Zu den immer wieder gelehrten Grundsätzen der Führungsarbeit gehört es, Stäbe personell möglichst klein zu halten, dabei aber qualitativ möglichst hochwertig zu besetzen. Bei einer meist geringen Anzahl verfügbarer Mitarbeiter in den Gemeinden ist die Beachtung dieses Grundsatzes umso wichtiger. Die Personalauswahl steht natürlich unter der Prämisse, in jeder Gemeinde mindestens zwei Schichten eines Stabs der örtlichen Gefahrenabwehr personell besetzen zu können. Die Abwägung zwischen Qualität und Quantität ist eine sicherlich schwierige Aufgabe, bei der es einer guten Menschenkenntnis und eines besonderen Feingefühls in der Menschenführung bedarf. Dabei können die Qualifikationen meist objektiv miteinander verglichen und bewertet werden. Je nach Stabsorganisationen müssen die Stabsmitglieder über eine operativ-taktische und/oder eine administrativ-organisatorische Führungsausbildung verfügen. Dabei sollten alle vorhandenen Qualifikationen gewichtet werden, denn neben der reinen Führungsausbildung lebt ein Stab von der Einbringung des individuellen Fachverstandes eines jeden Mitglieds. So kann z. B. eine Ausbildung in der Gastronomie Vorteile im Bereich der Planung von Versorgung und Verpflegung bringen oder ein technischer Zeichner besondere Vorkenntnisse zur Lagedarstellung einbringen. Es sollte aber immer ein Mindeststandard festgelegt werden, der durch die Mitglieder des Stabs gehalten und durch Fortbildung weiterentwickelt werden muss.

Hinweis

Der beschriebene Grundsatz zur Besetzung von Stäben bezieht sich v. a. auf die Führungskräfte und Führungsassistenten und nicht auf das eingesetzte Hilfspersonal in unterstützenden Tätig keiten (z. B. Boten, Kraftfahrer, Erkunder, Sicherungspersonal).

Belastbarkeit

Neben den arbeitsrechtlichen Vorgaben sieht es auch die Führungslehre in Stäben als zwingend erforderlich an, die Funktionen eines Stabs spätestens alle acht Stunden nach einer qualifizierten Übergabe (Lagevortrag) durch neues Personal zu besetzen. Dieser Grundsatz ist auch unter aller Berücksichtigung der Fürsorgepflicht nicht immer einzuhalten. In einer Schadenslage, bei der Tausende Menschen sowie große Kontingente der technisch-taktischen Ebene auf eine suffiziente Stabsarbeit angewiesen sind, kann der Wunsch nach dem Schichtende nicht immer berücksichtigt werden. Führungs- und Führungsunterstützungskräfte, die sich bereit erklären, in einer Extremsituation, unter sehr hohem Stress, mit viel Verantwortung Entscheidungen zu treffen und Handlungen auszuführen, müssen physisch und psychisch belastbar sein.

Die körperliche Eignung eines Stabsmitglieds muss sich selbstverständlich nicht an den Vorgaben der Einsatzkräfte auf der technisch-taktischen Ebene orientieren, es sollte aber (ggf. auch durch eine amtsärztliche Untersuchung) sichergestellt werden, dass die Arbeitsfähigkeit unter hohem Stress temporär ohne gesundheitliche Risiken möglich ist. Dem Leiter des Stabs obliegt es dabei, die individuellen Belastungen und Belastungsgrenzen der Stabsmitglieder zu beobachten und seiner Fürsorgepflicht als Vorgesetzter gerecht zu werden.

Andererseits müssen die betreffenden Mitarbeiter auch in ihrer psychischen Konstitution für die vorgesehene Einsatzmöglichkeit geeignet sein. Aus dem Verhalten in Alltagssituationen lässt sich dieses jedoch nur schwer bis unmöglich ableiten. Es sollten Gespräche mit den interessierten Mitarbeitern geführt werden, bei denen auch die Motivation sowie der persönliche Erfahrungshorizont betrachtet werden müssen. Abgesehen von den Mitarbeitern, die in Einsatzorganisationen tätig sind, verfügen jedoch meist nur die Mitarbeiter der örtlichen Ordnungsbehörde über Erfahrungswerte in vergleichbaren Stresssituationen.

Eine Analyse und Wertung der persönlichen Erfahrungen für die Stabsarbeit gestalten sich wesentlich schwieriger. Sofern in der Gemeinde noch keine Erfahrungswerte mit Krisensituationen vorliegen und es sich nicht um Mitarbeiter handelt, die an anderer Stelle bereits Erfahrungen sammeln konnten, bleibt nur die Bewertung des Verhaltens bei Übungsszenarien. Zur Analyse der persönlichen Eignung sowie des fachgerechten Verhaltens von Stabsmitgliedern eignen sich jedoch v. a. externe Berater. Sowohl bei den Landesschulen der Feuerwehren als auch bei den Führungsakademien der Hilfsorganisationen und nicht zuletzt an der Bundesakademie für Bevölkerungsschutz und Zivile Verteidigung (BABZ) – der früheren Akademie für Krisenmanagement, Notfallplanung und Zivilschutz (AKNZ) – gibt es die Möglichkeit, Stabsübungen durchzuführen und diese analysieren zu lassen. Der externe Fachverstand, vor dem Hintergrund der Neutralität gegenüber den Stabsmitgliedern, sollte in jedem Fall genutzt werden.

Anpassungsfähigkeit

Ein in der Lehre kaum betrachteter Aspekt bei der Auswahl von Personal zur Mitarbeit in einem Stab der örtlichen Gefahrenabwehr ist die Fähigkeit, sich einer besonderen Situation stellen zu können. Dies umfasst natürlich v. a. die vorgenannte physische und psychische Belastbarkeit. Über diese Grundlagen hinaus sollte jedoch auch die Bereitschaft der geeigneten Mitarbeiter hinterfragt werden, sich in einer außergewöhnlichen Situation besonderen Belastungen zu stellen und sich dabei in eine besondere Organisationsform zu integrieren.

Bei praktischen Übungen mit Stäben aus dem Bereich der Verwaltung zeigt die Erfahrung oftmals, dass Mitarbeiter ihre im Tagesgeschäft vorgesetzten Leitungskräfte um Entscheidungen ersuchen, obwohl diese in der Organisation des Stabs eine andere bzw. nicht übergeordnete Funktion besitzen. Dies gilt ebenso für die Beanspruchung von Führungskompetenz im Stab, die sich dann fälschlicherweise auf der Position in der regulären Verwaltungsstruktur begründet. Je nach individueller Eignung kann es in dieser besonderen Organisationsform möglich sein, dass die Über- und Unterordnungsverhältnisse im Stab nicht die Strukturen des Regelbetriebs widerspiegeln. Diese Problematik muss sensibel behandelt werden; der Leiter des Stabs bzw. die Übungsleitung muss dabei ein besonderes Augenmerk auf die konsequente Einhaltung der Stabsorganisation und der für jede Funktion definierten Zuständigkeiten legen. Die Arbeit in einem Stab sollte als besondere Aufgabe mit besonderen Herausforderungen verstanden werden, die nicht in einem direkten Zusammenhang mit der alltäglichen Arbeit steht und spezieller Fähigkeiten bedarf.

Psychosoziale Notfallversorgung (PSNV)

Obwohl die Mitglieder eines Stabs, auch auf Ebene der Gemeinden, im Regelfall nicht an der Einsatzstelle, sondern in einem abgegrenzten Führungsraum mit eigener Infrastruktur tätig werden, können sich besondere Belastungen ergeben. Es muss berücksichtigt werden, dass in einem Stab der örtlichen Gefahrenabwehr, abhängig vom Organisationsmodell, mehr oder weniger direkte Entscheidungen über die Abwehr von Gefahren für Menschen getroffen werden müssen. Besonders bei Entscheidungen über Evakuierungen, von denen die körperliche Unversehrtheit, aber auch die wirtschaftliche Existenz vieler Einwohner betroffen sein kann, besteht eine im Alltag unvorstellbare Verantwortung. Dieser extremen Verantwortung müssen sich die Führungskräfte des Stabs in einer meist zeitkritischen Situation ohne ein umfassendes Lagebild stellen. Die Grenzen dieser Belastbarkeit werden durch Ausbildung, Übung und individuelle Erfahrung stets weiter verschoben. Es muss dabei aber immer die momentane Lage der Mitarbeiter betrachtet werden. Vor dem Hintergrund einer belastenden familiären Situation oder sogar einer persönlichen Betroffenheit kann die Belastungsfähigkeit der Stabsmitglieder erheblich verringert sein.

Vor diesem Hintergrund ist es wichtig, bereits in den Übungen des Stabs möglichst an die Grenzen der Belastbarkeit zu gehen – als Training für die eingesetzten Mitarbeiter, aber auch, um dem Leiter des Stabs die Gelegenheit zu geben, sich mit dem Verhalten seiner Stabsmitglieder unter hohem Stress vertraut zu machen. Es muss eine offene und vertrauensvolle Gesprächskultur innerhalb des Stabs und gegenüber der Stabsleitung bestehen. Zur Fürsorge des Stabsleiters bzw. der Führungsfunktionen gehört es auch, die Sorgen, Ängste und Belange der Mitarbeiter ernst zu nehmen und auf diese einzugehen. Bei den Einsatzorganisationen ist es guter Standard, nach belastenden Einsätzen grundsätzlich eine Nachbesprechung durchzuführen und hierzu auch ggf. Fachpersonal aus dem Bereich der Psychosozialen Notfallversorgung (PSNV) heranzuziehen. Innerhalb eines Stabs sollte es im Nachgang des Einsatzfalls ebenso selbstverständlich sein, gemeinsame interne Besprechungen durchzuführen. Bei der Einrichtung eines örtlichen Stabs der Gefahrenabwehr muss also bereits präventiv der Fachberater PSNV der Feuerwehr oder einer Hilfsorganisation mit eingebunden werden. Es muss für den Notfall eine Infrastruktur für die qualifizierte Nachsorge bei den Stabsmitgliedern bestehen. Zur Hilfe können hier auch die sog. CISM-Teams (Critical Incident Stress Management) der Hilfsorganisationen herangezogen werden.

3.6 Erreichbarkeit und Alarmierung

3.6.1 Erreichbarkeit und Verfügbarkeit

Bei aller Planung und Vorbereitung, selbst bei größtem Engagement aller Beteiligten kann effektive Stabsarbeit nur dann erfolgen, wenn alle notwendigen Funktionen eines Stabs in der erforderlichen Zeit besetzt sind. Diese sog. *Rüstzeit*, also vom Eingang der Alarmierung bis zur Funktionsfähigkeit des Stabs, ist ein elementarer Faktor und wird in der Planung oftmals nur unzureichend berücksichtigt. Bei den Verantwortlichen muss das Bewusstsein dafür geschaffen werden, dass ein Stab, der nur auf dem Papier existent, aber real nicht – oder nicht rechtzeitig – verfügbar ist, keinen Einsatzwert besitzt. Vor allem auch in der juristischen Nachbereitung durch die Staatsanwaltschaft wird im Zweifelsfall detailliert nachgewiesen werden müssen, wer wann und auf welchem Wege alarmiert wurde und wann bzw. warum der Stab nicht rechtzeitig funktionsfähig gewesen ist.

Wer sich zur Mitarbeit im Stab der örtlichen Gefahrenabwehr seiner Gemeinde bereit erklärt, sollte sich über die jederzeitige mögliche Alarmierung zu einem realen Ereignis bewusst sein. Da die Alarmierungen für den Ernstfall bei einem Stab der örtlichen Gefahrenabwehr seltener als bei z. B. den Hilfsorganisationen erfolgen, bedarf es hierzu einer fortwährenden Sensibilisierung der Mitarbeiter. Denn wenn der Einsatz des Stabs der örtlichen Gefahrenabwehr erforderlich wird, sind die faktische Tragweite und mediale Wirkung der Angelegenheit auch wesentlich höher als im alltäglichen Einsatzgeschehen. Umso mehr sind regelmäßige Übungen (mehrmals im Jahr) sowie eine möglichst direkte Zusammenarbeit mit den Einsatzorganisationen erforderlich. Letztlich entscheidet der Mitarbeiter freiwillig, ob er erreichbar ist oder nicht. Es sollte aber vermittelt werden, dass Ausbildung und Bereitschaft zur Mitarbeit sinnlos sind, wenn die Funktionen im Ernstfall tatsächlich nicht besetzt werden können.

Neben den Mitarbeitern ist aber insbesondere die Gemeinde gefordert, die Erreichbarkeit und Verfügbarkeit ihres obersten Führungsorgans der Gefahrenabwehr sicherzustellen. Dabei ist grundsätzlich zu berücksichtigen, dass Stabsarbeit in der Gefahrenabwehr nicht nur innerhalb der regulären Dienstzeiten erfolgen kann.

Praxistipp

Es muss verinnerlicht werden, dass der Stab letztlich eine Einsatzorganisation darstellt und es ebenso selbstverständlich ist, dass dieser zu jeder Tages- und Nachtzeit innerhalb der vorgegebenen Rüstzeit verfügbar ist. Wenn dieses Verständnis nicht besteht bzw. der Stab als ein Instrument der regulären Verwaltungsarbeit eingeordnet wird, kann eine Abwehr von Gefahren für die Einwohner de facto nicht erfolgen.

Umso wichtiger ist es, unter Kooperation aller beteiligten Verwaltungsstellen, mit den für die Stabsarbeit vorgesehenen Mitarbeitern eine einvernehmliche Lösung zu finden. Dabei muss realistisch betrachtet werden, welche Mitarbeiter über welche Qualifikationen verfügen und wie diese erreichbar sind bzw. wann sie im Führungsraum eintreffen können. Dies gilt ebenso für die Führungskräfte der Gemeindeverwaltung bis hin zum politisch Gesamtverantwortlichen, welcher mit einer Vertretungsregelung ebenfalls jederzeit erreichbar und verfügbar sein muss.

Letztlich stellt sich hierbei die Frage, ob alle Stabsfunktionen durch die alarmierten Mitarbeiter, unter Berücksichtigung der Anfahrtszeiten, in der Lage sind, den Stabsraum so rechtzeitig zu erreichen, dass die Rüstzeit des Stabs eingehalten wird.

3.6.2 Funktionsweise der Alarmierung

Alarmierungstechnik

- **Telefon/Smartphone**
  Das wohl einfachste und bekannteste Mittel zur Benachrichtigung von Personengruppen innerhalb eines kurzen Zeitfensters ist die Durchführung einer telefonischen Alarmierung. Bei mehreren deutschen Anbietern besteht die Möglichkeit, sich in einem vorgegebenen System Anruflisten zu erstellen, welche anschließend automatisiert angewählt werden, wobei entweder eine vorher eingesprochene Audiodatei abgespielt wird oder aber ein Sprachgenerator einen Text vorliest. Dabei handelt es sich um eine meist relativ kostengünstige Möglichkeit, Personengruppen zu benachrichtigen.
  Nachteilig ist, dass elektronisch generierte Ansagen oftmals schwer verständlich und Rückfragen bei der automatischen Wahl ausgeschlossen sind. Des Weiteren beansprucht das Abhören einer längeren Ansage Zeit und kann in einer lauten Umgebung oder bei schlechtem Empfang kaum vollzogen werden. Da der Netzausbau im ruralen Raum nicht bei allen Anbietern auf gleicher Versorgungsstufe erfolgt, ist die Erreichbarkeit stark vom gewählten Netzanbieter der zu alarmierenden Stabsmitglieder abhängig. Im urbanen Raum besteht das hohe Risiko eines Netzausfalls aufgrund der Überlastung in einem Schadensfall. Eine Vorrangschaltung ist nach heutigem Stand nur noch temporär für bestimmte vorgeplante Ereignisse zu erhalten. Früher wurde in einigen Hilfsorganisationen die Praxis der Telefonkette gelebt, bei der ein Angerufener jeweils einen weiter definierten Kreis an Personen benachrichtigt und sich dieses Prinzip im Schneeballsystem fortsetzt. Dieses Instrument ist jedoch nicht zur sicheren Alarmierung eines Stabs geeignet und birgt die große Gefahr einer Funktionsunfähigkeit, wenn einer der Verteiler ausfällt bzw. nicht erreichbar ist. Auch bei der Weitergabe von Nachrichten ist eine hohe Disziplin gefordert, damit der Nachrichteninhalt nicht von Ebene zu Ebene einer Veränderung unterworfen ist.

- **Short Massage Service**
  Ein mittlerweile bei den Einsatzorganisationen häufig verwendetes Mittel ist die Alarmierung der Einsatzkräfte mittels einer Alarm-SMS (z. B. Group-Alarm) auf dem Mobiltelefon. Dabei sind SMS-Verteiler eines oder mehrerer Stabsmitglieder kein probates und sicheres Mittel. Es besteht jedoch auch hier die kostengünstige Möglichkeit, diese Dienstleistung bei diversen Anbietern über das Internet einzukaufen. Dort können verschiedene Listen mit Alarmgruppen erstellt und vorgefertigte Alarmtexte hinterlegt werden. Ein wesentlicher Vorteil ist die Möglichkeit, alle Mitglieder des Stabs – sofern diese Mobilfunkempfang haben – nahezu gleichzeitig und auf relativ sicherem Wege mit einer klar verständlichen Nachricht zu alarmieren. Dabei besteht zusätzlich die Option, sich den Empfang der Alarmmeldung sowie die Bereitschaft, sich im Stabsraum einzufinden, mittels einer Antwort-SMS quittieren zu lassen.
  Die Auslösung eines solchen Alarms kann auf mehreren Wegen erfolgen. Idealerweise wird die SMS-Alarmierung direkt von der Leitstelle durchgeführt. Sofern dies nicht möglich ist, sollte die Leitstelle aber einen direkten Zugriff auf den Server des externen Anbieters erhalten, um eine Alarmierung selbst und mit eigener Dokumentation durchführen zu können. Ebenso kann aber auch eine Auslösung der Alarmierung über ein Mobiltelefon mittels eines Codes oder über ein internetfähiges Gerät auf einer Weboberfläche erfolgen. Alle Gruppenlisten, Alarmtexte und Hintergrunddaten können jederzeit von den zuständigen Mitarbeitern eingesehen und verändert werden.
  Ein Nachteil der Alarmierung per SMS ist, wie bei der telefonischen Benachrichtigung, die Abhängigkeit vom GSM-Netz der privaten Anbieter. Aufgrund des Datenvolumens kann der Empfang einer SMS in einer Überlastungssituation des Netzes zwar als wahrscheinlicher, jedoch keinesfalls als sicher angesehen werden.
- **Alarmierungs-Apps**
  In den letzten Jahren sind Apps (z. B. DIVERA) für Smartphones mit Android- und iOS- Betriebssystemen entwickelt worden, die funktionale Erweiterungen gegenüber der Alarmierung durch Short Message Services haben. Im Gegensatz zu SMS wird jedoch eine mobile Netzwerkverbindung (umgangssprachlich

mobile Daten) zum Austausch zwischen App und Alarmierungsplattform (-server) benötigt. Zur Nutzung der auf dem Smartphone installierten App benötigt jede Person einen eigenen Zugang mit Benutzernamen und Passwort. Auf der Alarmierungsplattform kann ein Administrator die verschiedenen registrierten Benutzer zu Alarmierungsgruppen zusammenfassen und weitere Funktionen der App freischalten. Je nach App ist das Angebot zusätzlicher Funktionen unterschiedlich: Rückmeldefunktion, Abwesenheitsmeldung, Chatfunktionen etc. Im Wesentlichen steigt der Komfort in der Nutzung gegenüber der SMS-Alarmierung. Die Alarmierungs-Apps können sowohl über eine Leitstelle angebunden werden als auch als selbstadministrierte Lösung von einem der Anbieter bezogen werden. Zur Abwägung der Eignung dieser Alarmierungsoption sind nachfolgende Punkte wichtig: Verfügbarkeit der Alarmierungsplattform und Verfügbarkeit der Anbindung der Alarmierungsplattform ans Internet, Verfügbarkeit der Netzverbindung des Smartphones im Ereignisfall. Ebenso muss die Bereitschaft der Installation der App auf einem privaten Smartphone bzw. die Bereitstellung dienstlicher Smartphones berücksichtigt werden.

- **E-Mail**
  Während des regulären Dienstbetriebs kann ein E-Mail-Verteiler der Stabsmitglieder ein sinnvolles Werkzeug der gemeinsamen Kommunikation darstellen. Theoretisch wäre es auch denkbar, einen Stab, dessen Mitglieder mit internetfähigen Mobiltelefonen ausgestattet sind, mittels einer E-Mail zu alarmieren. Abgesehen von der Tatsache, dass die meisten Mitarbeiter nicht bereit sein werden, ständig per E-Mail erreichbar zu sein, bestehen erhebliche technische Nachteile. Beim Empfang einer Alarm-E-Mail besteht nicht nur die Abhängigkeit vom Empfang innerhalb des Netzes, sondern auch von der sicheren Datenübermittlung aller Server, die an der Versendung beteiligt sind.
- **Pager**
  Alle bisher dargestellten Alarmierungsmöglichkeiten stehen in Abhängigkeit von der Funktionsfähigkeit des öffentlichen Mobilfunknetzes, welches von Privatunternehmen betrieben wird. Da alle Privatnutzer sich im Mobilfunknetz einbuchen und die Kapazitäten im Falle einer Schadenslage sehr schnell erschöpft sind, kann eine möglichst sichere Alarmierung nicht garantiert

werden. Neben dem Mobilfunknetz existiert in Deutschland derzeit noch ein Paging-Netz, welches ebenfalls von privaten Unternehmen zur Verfügung gestellt wird. Die Alarmierung eines Stabs der örtlichen Gefahrenabwehr mittels eines privaten Paging-Diensts zeichnet sich durch die Unabhängigkeit vom Mobilfunknetz aus und stellt auch in Krisensituationen eine sichere Benachrichtigungsmöglichkeit dar.
Dies gilt jedoch nur, insoweit die privaten Paging-Dienste ihre Netze für den störungsfreien Betrieb bei einem Spannungsausfall ausgerüstet haben. Nachteilig ist jedoch auch die Notwendigkeit der Beschaffung und Wartung von Endgeräten (Pagern), welche zum Empfang der Benachrichtigungen erforderlich sind. Auch die Grundgebühren zur Nutzung dieses Angebots sind wesentlich höher angesiedelt als die Nutzung eines Internetdiensts für die Telefon- oder SMS-Alarmierung. Dies begründet sich in der Tatsache, dass die Paging-Anbieter eine eigene und unabhängige Infrastruktur vorhalten müssen. Stand heute sind Paging-Dienste nur noch lokal etabliert und die bestehenden bundesweiten Netze nicht mehr dauerhaft verfügbar.

- **BOS-Meldeempfänger**
  Ein zentrales Element der Alarmierung von Einsatzkräften in der nichtpolizeilichen Gefahrenabwehr ist seit Jahrzehnten der Einsatz sog. Funkmeldeempfänger (FME), welche in den letzten Jahren größtenteils durch die digitalen Meldeempfänger (DME) abgelöst wurden. Dabei erfolgt die Alarmierung grundsätzlich durch die zuständige Leitstelle des Kreises bzw. der Region in einem vollkommen unabhängigen behördlichen Netz. Die Behörden und Organisationen mit Sicherheitsaufgaben (BOS) unterhalten deutschlandweit ein technisch und strukturell unabhängiges Funknetz, in dem früher die Alarmierung der FME auf einem analogen Funkkanal erfolgte. In weiten Teilen Deutschlands erfolgt die Alarmierung der Einsatzorganisationen heutzutage mittels DME in einem kreis- oder regionalweit ausgebauten digitalen Funknetz. Dieses Netz ist für einen Zeitraum von mind. sechs Stunden netzunabhängig und verfügt teilweise über eine Verschlüsselung der übertragenen Informationen. Das Alarmierungsmittel, welches in ständiger Verwendung durch nahezu alle Einsatzorganisationen in Deutschland steht, ist mit Sicherheit auch die Ideallösung zur Alarmierung des Stabs der

örtlichen Gefahrenabwehr. Nutzungsgebühren fallen für die gemeindliche Gefahrenabwehr als BOS nicht an.
Die Nachteile dieser Option sollen hier jedoch ebenfalls zur Sprache kommen. Denn dem unabhängigen und eigenständigen Funknetz mit einem hohen Sicherheitsstandard und einer geprüften Übertragungssicherheit stehen die hohen Anschaffungskosten der Endgeräte gegenüber. Diese Endgeräte müssen nicht nur einmalig beschafft, sondern auch regelmäßig geprüft und gewartet werden. Allerdings müssen die Gemeinden für ihre Feuerwehren oder ggf. auch Rettungswachen sowieso DME beschaffen, zusätzliche Geräte sollten dabei kein Hindernis darstellen. Ebenso muss bedacht werden, dass der Wirkbereich (Empfangsreichweite) der Alarmierung sich meist nur auf das Gebiet des Landkreises beschränkt und alle Stabsmitglieder, die ihren ständigen Wohnsitz außerhalb dieses Bereichs haben, nicht alarmiert werden können.

Bild 1: *BOS-Meldeempfänger (EuroBOS WP) (Quelle: EuroBOS GmbH)*

Hinweis

In der Betrachtung und Gewichtung aller Vor- und Nachteile der aufgezeigten Möglichkeiten zur Alarmierung eines Stabs der örtlichen Gefahrenabwehr zeigt sich, dass kein System ohne Nachteile verwendet werden kann. Ebenso muss berücksichtigt werden, dass jedes wie auch immer geartete System eine spezifische Ausfallwahrscheinlichkeit im Falle eines Schadensereignisses bzw. einer Krisensituation hat. Für die Stabsmitglieder, die ihren Wohnsitz innerhalb des Kreisgebiets haben, sollte die Ausstattung mit einem digitalen bzw. Funk-Meldeempfänger selbstverständlich sein, da dieses System entscheidende Vorteile bietet. Für Stabsmitglieder, die nicht innerhalb dieses Gebiets wohnen, sollte eine Alarmierung mittels SMS oder App über das Mobilfunkgerät erfolgen. Die SMS- oder die App-Alarmierung stellt dann für die mit einem FME/DME ausgestatteten Stabsmitglieder eine wichtige und sinnvolle Redundanz dar. Zur Nutzung aller örtlich bzw. regional verfügbaren Möglichkeiten sollte eine enge Zusammenarbeit und Abstimmung mit der Leitstelle des Kreises erfolgen.

3.7 Stabsraum und Fernmeldebetriebsstelle

3.7.1 Sinn und Zweck eines Stabsraums

Zur sachgerechten und erfolgreichen Führung in der gemeindlichen Gefahrenabwehr bei einer größeren Schadenslage bzw. in einem Krisenfall sind bestimmte Rahmenbedingungen herzustellen. Diese Bedingungen bestehen einerseits aus einem geeigneten Stabsraum (Führungsraum) mit Nebenräumen sowie der technischen Ausstattung des Stabs. Es handelt sich dabei um Führungsmittel, welche zur Durchführung eines effektiven Führungsprozesses benötigt werden. Ebenso wie bei allen anderen Aspekten, welche bei der Einrichtung eines Stabs der örtlichen Gefahrenabwehr berücksichtigt werden müssen, ist auch hier das Verständnis einer Tätigkeit als Einsatzorganisation immanent. Die reguläre Verwaltungsarbeit in der Gemeinde ist nicht mit der Arbeit in einem Stab der Gefahrenabwehr vergleichbar und kann daher auch nicht mit den gleichen Mitteln und in den gleichen Räumen erfolgen. Material und Ausrüstung müssen nicht nur in ausreichender Menge vorhanden sein, sondern auch Redundanzen aufweisen und gegen Ausfälle gesichert sein. Dies alles sind Eigenschaften, die eine Stabsarbeit in den Büros einer Gemeindeverwaltung ausschließen – sofern nicht ganze Rathäuser unabhängig abgesichert und mit Fernmeldetechnik ausgestattet werden. Die Einrichtung eines Stabsraums in einem vom Rathaus separierten Gebäude, wie z. B. einem geeigneten Feuerwehrgerätehaus oder einer Rettungswache, ist jedoch grundsätzlich den eigentlichen Verwaltungsgebäuden vorzuziehen. Insbesondere bei mittel- und langfristigen Lagen, in denen die Verwaltungsarbeit weiterhin geleistet werden muss, bieten sich viele Vorteile in der räumlichen Abgrenzung. Eine solche Maßnahme kann zusätzlich auch einen Sicherheitsaspekt darstellen, da Stabsmitglieder für Bürger und Presse nicht sofort greifbar sind.

Ohne Arbeitsräume, Dokumentations- und Kommunikationsmittel sowie Versorgung und Logistik für den Stab können auch die engagiertesten Führungskräfte nicht arbeiten. Umgekehrt müssen die eingesetzten Führungskräfte und Führungshelfer auch ausreichend qualifiziert sein, um mit den vorhandenen Führungsmitteln arbeiten zu können. Es muss ihnen in regelmäßigen Übungen die Gelegenheit gegeben werden, sich mit der ihnen zugewiesenen Ausrüstung vertraut zu machen.

Praxistipp

Dabei gilt der Grundsatz, dass Führungskräfte ohne ausreichende Führungsmittel hilflos und Führungsmittel ohne qualifizierte Führungskräfte sinnlos sind.

Im Stabsraum (Führungsraum) sind die einzelnen Funktionen nach einem geordneten und verbindlich definierten Schema anzuordnen. Dabei gilt es, die unmittelbar zusammenwirkenden Funktionen so anzunähern, dass möglichst kurze Wege benötigt werden, gleichzeitig aber eine gegenseitige Störung in der Arbeit verhindert wird. In der Fachliteratur gibt es für alle Stabsmodelle verschiedenste Empfehlungen zur Anordnung der Funktionen in einem Stabsraum – je nach Ebene, rechtlichen Vorgaben des Bundeslandes oder gelebter Praxis. Letztlich obliegt es aber den Verantwortlichen der jeweiligen Gemeinde, zu planen, zu üben und zu entscheiden, welches Modell sich zur örtlichen Führungsarbeit am besten eignet.

3.7.2 Ausstattung und Führungsmittel eines Stabsraums

Die Notwendigkeit der Beschaffung und Bereitstellung von Ausrüstung, Ausstattung und Führungsmittel eines Führungsraums für die gemeindliche Stabsarbeit richtet sich natürlich auch nach den örtlichen Gegebenheiten und Anforderungen. Die nachfolgend dargestellten, meist digitalen Führungsmittel sollen den Planern einen Überblick verschaffen, um über die Mindestvoraussetzungen informiert zu sein. Insbesondere beim Einsatz digitaler Führungsmittel und technisch komplexer Ausstattung gilt es, neben der Redundanz- und Krisenfähigkeit die Zweckmäßigkeit zur Umsetzung der Aufgabe und den erforderlichen Ausbildungsbedarf der Nutzenden zu berücksichtigen. Mitunter ist eine einfache, analoge Lösung hinsichtlich Nutzen, Krisenfestigkeit und Anwendbarkeit die bessere Wahl.

Telefonie

Ebenso wie bei jedem Arbeitsplatz in der Verwaltung, ist es auch erforderlich, jede Funktion innerhalb des Stabs mit einem zuverlässigen Telefon auszustatten. Mit diesen Telefonen muss es möglich sein, Gespräche sowohl intern (innerhalb des Gebäudes) als auch extern (in deutsche Netze) führen zu können. Dabei müssen die jeweiligen Geräte mittels einzelner unabhängiger Rufnummern erreichbar sein. Obwohl die Kommunikation grundsätzlich über die Fernmeldebetriebsstelle erfolgt, gehört die Telefonie zur Grundausstattung eines jeden Arbeitsplatzes im Stab. Für die Planer ist es wichtig, die Telefonanlage des betreffenden Gebäudes ausreichend zu dimensionieren und mit der Möglichkeit zur individuellen Programmierung zu versehen. Die Planung der Telefonie muss sich dabei an die Belange der Stabsorganisation anpassen und nicht umgekehrt. Eine hohe Flexibilität, bei einem großen Komfort, kann durch den Einsatz von IP-Telefonen erreicht werden. Diese Telefone werden dabei als Bestandteile des regulären lokalen Netzwerks in die IT-Infrastruktur eingebunden. Wird idealerweise für jede Funktion ein Telefon mit eigener Rufnummer vorgesehen, muss neben der Kapazität der Telefonanlage auch eine ausreichende Anzahl von Leitungen beim Netzanbieter eingekauft werden. Die erforderliche Anzahl von Leitungen muss dabei dauerhaft funktionsbereit sein und kann nicht erst im Schadensfall beim Anbieter hinzugebucht werden.

Netzwerk

Zur Basisausstattung des Gebäudes muss eine vollständige Vernetzung mit Ethernet (drahtgebundenes Computernetzwerk) gehören, die es ermöglicht, jederzeit und mit ausreichender Geschwindigkeit Informationen in diesem Netzwerk auszutauschen und im Internet zu recherchieren. Angeschlossen an dieses Ethernet-Netzwerk ist ein File-Server, der über eine umfangreiche und dem aktuellen Stand der Technik entsprechende Speicherkapazität für größere Datenmengen verfügen muss, welche von mehreren Arbeitsplätzen gleichzeitig abgerufen werden können sollten. Dabei muss bedacht werden, dass vor allem Datenmaterial, wie hochauflösende

Luftbilder, Katasterdaten, Einwohnermeldedaten u. v. m., jederzeit und v. a. auch ohne Anbindung zum jeweiligen Rechenzentrum abrufbar sein müssen. Netzwerkverbindungen zu den gemeindlichen Rechenzentren können im Krisenfall keinesfalls als gesicherte Verbindung angesehen werden. Es muss so geplant werden, dass eine Unabhängigkeit von dieser Datenquelle besteht. Möglicherweise müssen für bestimmte hochsensible Anwendungen, welche Verbindungen zu übergeordneten Stäben oder sicherheitsrelevanten Datenbanken enthalten, sog. VPN-Tunnel eingerichtet werden. Es handelt sich dabei um eine verschlüsselte Übertragung der Daten über öffentliche Netze. Auch die Verbindungskräfte anderer Behörden und Organisationen werden teilweise eine eigenständige Internetverbindung für sich nutzen wollen. Für die Internetanbindung sollten dem Stab mindestens zwei physisch unabhängige Leitungen zur Verfügung stehen. Ebenso wie bei der Telefonie handelt es sich hier um einen komplexen technischen Sachverhalt, bei dessen Lösung die jeweilige IT-Abteilung eingebunden und herangezogen werden muss.

Bildschirmarbeitsplätze

Zeitgemäße Arbeit in den Stäben der Gefahrenabwehr ist auch durch die Verwendung von Software gekennzeichnet. In Stäben kommen mittlerweile auch Stabssoftware-Produkte (wie z. B. STABOS in NRW) zum Einsatz, welche eine digitale und bis auf die Dokumentation weitgehend papierlose Informationsverteilung und -verarbeitung ermöglichen. Darüber hinaus sind Informationsverarbeitung sowie jegliche sonstige Verwaltungstätigkeit ohne entsprechende Software undenkbar. Selbstverständlich muss daher jeder einzelnen Stabsfunktion ein vollwertiger und v. a. leistungsfähiger Bildschirmarbeitsplatz zur Verfügung stehen. Im Idealfall ist der Stab mit seiner gesamten Ausstattung ständig eingerichtet und muss im Einsatzfall lediglich hochgefahren werden. Dies lässt sich aufgrund der Haushaltssituationen und der begrenzten finanziellen Ressourcen vieler Gemeinden jedoch nicht im erforderlichen Maß umsetzen. Daher sollte von der dualen Nutzung der Räumlichkeit und einer temporären Einrichtung des Stabsraums ausgegangen werden. Dabei werden sinnvollerweise Notebooks verwendet, welche zwar bei gleicher Leistung Mehrkosten verursachen, jedoch als einziges Mittel schnell genug aufgebaut und eingerichtet werden können. Bei diesen Notebooks muss auf die zur dauerhaften Stabsarbeit erforderliche Mindestgröße der Bildschirme von 17 Zoll geachtet werden – sofern keine externen Monitore angeschlossen werden. Die Hardware dieser Geräte muss ca. alle zwei Jahre an den notwendigen technischen Stand angepasst werden. Ebenso müssen regelmäßig Softwareupdates durchgeführt und Datenabgleiche vollzogen werden. Ein Notebook für die regulären Stabsfunktionen muss jedoch nicht im oberen Preissegment angesiedelt werden; auch mit Geräten der Mittelklasse kann die Stabsarbeit für einen Zeitraum von zwei bis drei Jahren erfüllt werden.

Lagekarte

Lediglich der Arbeitsplatz des Lagekartenzeichners stellt eine besondere Ausnahme dar. Hier muss entweder bei Verwendung einer digitalen Lagekarte primär, oder aber zur Ergänzung der analogen Lagekarte sekundär, mit großen Datenpaketen gearbeitet werden können. Hochauflösende Luftbilder sowie gesamte Stadtpläne und Katasterdaten müssen verzögerungsfrei abgerufen und bearbeitet werden können. Hierzu bieten die meisten Länder mittlerweile sehr gute grafische Grundlagen, z. B. Tim-Online NRW. Auch 3D-Karten stehen kostenfrei zur Verfügung. Bei der Beschaffung eines smarten Monitors steht die Bedienbarkeit zur Visualisierung der Aufklärungsarbeiten im Vordergrund. Achten Sie darauf, dass Objekte gesperrt werden können und Sie in verschiedenen Layern arbeiten können. Je nach Logistik und Anfahrtsmöglichkeiten kann es sinnvoll sein, dass der Lagekartenzeichner seinen regulären Arbeitsrechner bzw. ein Arbeitsnotebook mit in den Stab verbringt. Dabei müssen dann jedoch die Redundanzen hergestellt werden, falls der eigentliche Lagekartenzeichner verhindert ist.

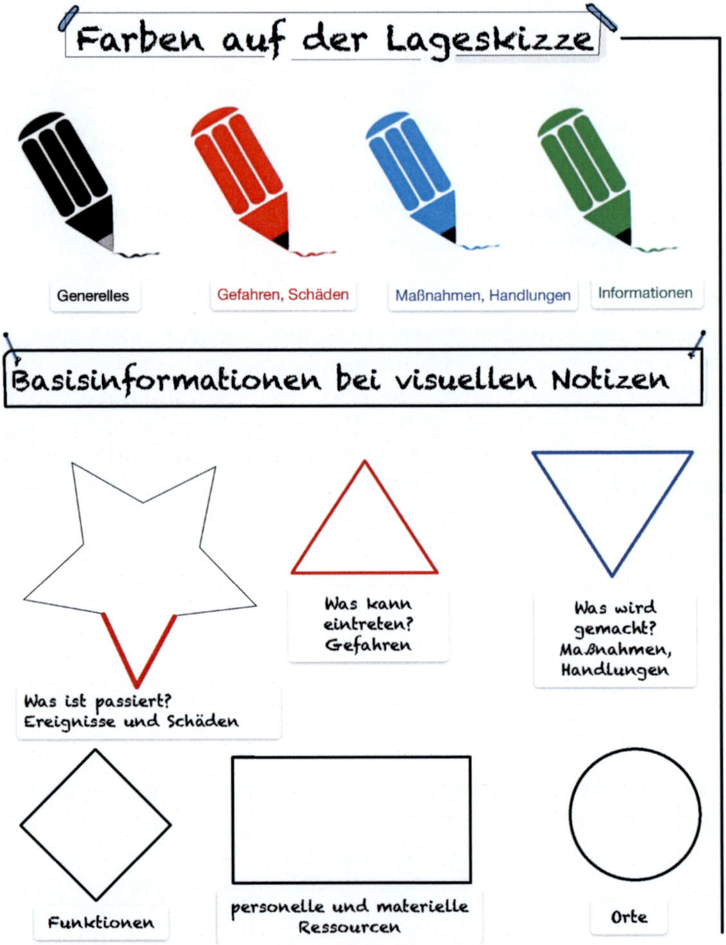

Bild 1: *Grundlagen (Quelle: KOBRA GmbH A. Rehbein)*

- Mobile Tafelanlagen mit Stellwänden 900 x 1200 mm
- Schiebetafelanlagen ca. 3 m x 1,20 m

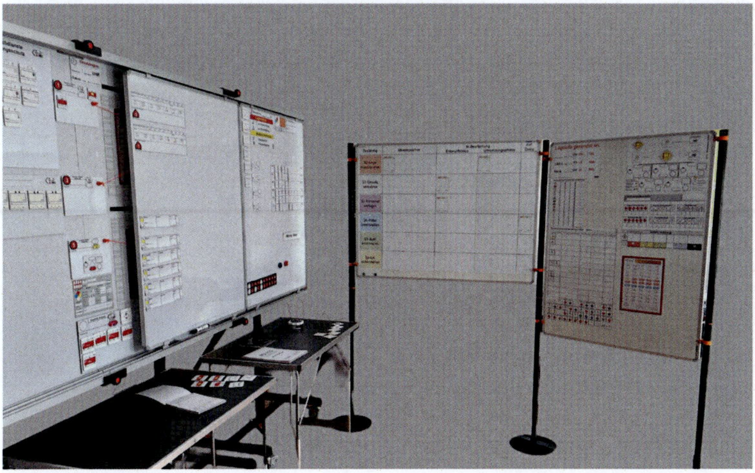

***Bild 2:** Beispiel mobile Arbeitswand (Quelle: KOBRA GmbH A. Rehbein)*

Vordrucke und taktische Zeichen der zur Verfügung stehenden und erwarteten Ressourcen

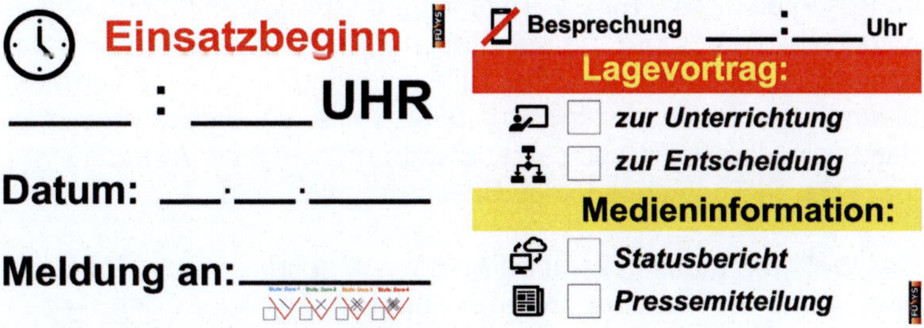

***Bild 3:** Darstellung Schema Lagevortrag (Quelle: KOBRA GmbH A. Rehbein)*

Besprechungsraum/Konferenzraum

Direkt an den eigentlichen Stabsraum muss ein ausreichend dimensionierter Besprechungs- und Konferenzraum angegliedert sein, in dem der Bereich *BuMA* die Möglichkeit hat, Pressekonferenzen fachgerecht durchzuführen, ohne dabei den Betrieb des Stabs zu stören. Alleine aus diesem Grund bieten sich größere Feuerwachen als Räumlichkeiten an, da diese i. d. R. über mindestens einen großen Besprechungsraum für die Mannschaft verfügen, welcher für Pressekonferenzen genutzt werden kann. Diese können sicherlich auch in den Ratssälen durchgeführt werden, dann müssen jedoch Anfahrtswege und Zeitverluste in Kauf genommen werden. Falls möglich, sollte den Pressevertretern auch mindestens eine ausreichende Anzahl von Steckdosen zur Verfügung gestellt werden.

Küche/Sanitäranlagen

Zur Aufrechterhaltung der Arbeitsfähigkeit eines Stabs ist es immanent, für die ausreichende Verpflegung zu sorgen. Dabei ist es mangelhaft, auf die Selbstversorgung der Mitarbeiter zu vertrauen – ein Prinzip, welches auch an der Einsatzstelle nicht funktioniert. Den Führungskräften des Stabs sollten eine Küche zur Zubereitung und Lagerung von kalten und warmen Speisen sowie ein Kaffeeautomat zur Verfügung stehen. Die Beauftragung eines Cateringunternehmens ist aus kulinarischer Sicht sicherlich wünschenswert, kann aber keine Versorgungssicherheit in der Schadenslage bzw. im Krisenfall bieten. Eine Vorratshaltung von notwendigen Lebensmitteln für die Versorgung der Stabsmitglieder über einen Zeitraum von mind. 48 Stunden sollte selbstverständlich sein. Falls diese Maßnahme auf Unverständnis stoßen sollte, sei darauf verwiesen, dass der Bevölkerung selbst – nicht grundlos – eine Vorratshaltung für mind. 14 Tage seitens des BBK empfohlen wird.

Des Weiteren müssen sanitäre Anlagen in ausreichender Zahl, v. a. aber getrennt von allen anderen Funktionsbereichen des Gebäudes, vorgehalten werden. Die Stabsmitglieder sollten sich grundsätzlich in einem separierten und autark funktionstüchtigen Arbeitsbereich aufhalten können.

Klimatisierung

Nicht nur bei einer Wärmebeaufschlagung des Stabsraums bei starker Sonneneinstrahlung im Sommer, sondern auch bedingt durch die vielen Bildschirmarbeitsplätze, entsteht im Betrieb eines Stabsraums eine nicht zu unterschätzende Wärmebelastung. Es muss vermieden werden, dass die hochgradig geforderten Stabsmitglieder zusätzlich durch übermäßige Wärme belastet werden. Daher gehört eine Klimaanlage zur Standardausstattung eines Stabsraums.

Unabhängige Spannungsversorgung/Netzersatzanlagen (USV)

Alle vorgenannten Ausstattungsmerkmale eines Stabsraums sind bedingt durch die dauerhafte und v. a. auch ausreichend dimensionierte Spannungsversorgung des Gebäudes durch den Energieversorger. Nicht umsonst handelt es sich dabei um eine Kritische Infrastruktur, welche eine der höchsten Ausfallwahrscheinlichkeiten birgt. Daher ist die unabhängige Stromversorgung des Stabsraums, mit seinen Nebenanlagen, ein so elementarer Bestandteil der Einrichtung eines Stabs der örtlichen Gefahrenabwehr, dass eine Stabsplanung ohne USV praktisch unterbleiben kann. Der Stab der örtlichen Gefahrenabwehr muss dabei für einen Zeitraum von mind. 24 Stunden durch eine unabhängige Stromversorgung gesichert sein, die bei einem Netzausfall nach spätestens 15 Minuten zur Verfügung stehen muss. Konzepte, die auf dem Einsatz größerer Stromaggregate der Einsatzorganisationen beruhen, sind als nicht suffizient anzusehen, da davon ausgegangen werden muss, dass diese im Einsatzfall bereits vor der Einberufung des Stabs an der Einsatzstelle gebunden sind. Zum Betrieb der vorhandenen Netz-ersatzanlagen, über einen Zeitraum von 24 bis 72 Stunden (z. B. bei einem flächendeckenden Spannungsausfall), sind vorherige vertraglich gesicherte Absprachen mit Kraftstofflieferanten zu treffen. Empfohlen ist hier die Eigenversorgung, z. B. durch Bevorratung von Kraftstoffreserven in den Betriebstankstellen der Baubetriebshöfe oder bei den Feuerwehren. Eine Einbindung von Tankstellen ist hierzu nicht geeignet, da diese als öffentliche Orte eine Anziehungswirkung auch für nicht berechtigte Nutzer entwickeln und eine Kraftstoffabgabe bei einem Spannungsausfall im Regelfall nicht gewährleistet werden kann.

3.7.3 Sinn und Zweck einer Fernmeldebetriebsstelle

Die *Fernmeldebetriebsstelle* ist die Kommunikationszentrale des des Stabes der örtlichen Gefahrenabwehr. In ihr laufen alle internen und externen Fernmeldewege zusammen, und Informationen werden verarbeitet. Aus Sicht der Gemeindeverwaltung kann berechtigterweise hinterfragt werden, weshalb ausgerechnet für den Betrieb eines Stabs eine solche Zentrale eingerichtet werden muss und weshalb die Telefonzentrale des Verwaltungsgebäudes nicht ausreichend sei. Der Vergleich zwischen Fernmeldebetriebsstelle und einer Telefonzentrale im Verwaltungsbetrieb ist in Teilen durchaus zulässig und kann zur Erklärung herangezogen werden. Die entscheidende Differenzierung muss jedoch sowohl bei der technischen Ausstattung als auch bei der Verfügbarkeit und nicht zuletzt bei der Ausbildung des Personals vollzogen werden. Ebenso wie ein Einsatzleitfahrzeug (ELW) am Schadensort die zentrale Kommunikation sicherstellt, muss sich der Stab der örtlichen Gefahrenabwehr einer Fernmeldebetriebsstelle als Führungsmittel bedienen.

Zur Sicherstellung ihrer Funktion als Bindeglied der Kommunikation mit allen über- und nachgeordneten Stellen der Gefahrenabwehr bedarf die Fernmeldebetriebsstelle, ebenso wie alle anderen Funktionen des Stabs, einer lückenlosen Erreichbarkeit und Verfügbarkeit des Personals. Dieses Personal muss nicht alleine aus der Gemeindeverwaltung gestellt werden; es ist anzuraten, eine Zusammenarbeit mit den örtlichen Fernmeldeeinheiten zu suchen und ggf. aus diesem Bestand das erforderliche Personal zu rekrutieren. Wichtig ist, dass dem Leiter des Stabs für seine Fernmeldebetriebsstelle ausgebildete und geübte Fernmelder bzw. Sprechfunker zur Verfügung stehen. Im Gegensatz zum Regelbetrieb einer Gemeindeverwaltung wird die Kommunikation nicht nur per Telefon, sondern weitgehend über analogen oder digitalen Sprechfunk der Behörden und Organisationen mit Sicherheitsaufgaben abgewickelt. Grundlage ist hierzu die Dienstvorschrift 800 (DV 800) *Einsatz der Fernmeldemittel* sowie die Dienstvorschrift 810 (P/DV 810) *Sprechfunkdienst*.

Im Ernstfall, also einer Schadenslage bzw. einem Krisenfall, ist mit einer extrem hohen Informationsdichte zu rechnen. Zur Abwicklung und Verarbeitung dieser Informationsströme bedarf es erfahrenen und belastbaren Personals. Dabei müssen Informationen aus verschiedensten Quellen (vom Telefon über Fax bis hin zum Sprechfunk) innerhalb kürzester Zeit entgegengenommen, dokumentiert und über den Sichter an die Stabsfunktionen weitergegeben werden. Umgekehrt muss die Fernmeldebetriebsstelle gewährleisten, dass alle Anordnungen, Anweisungen und Rückfragen aus dem Stab an die Einsatzleitung vor Ort oder aber auch an den übergeordneten Stab auf Kreisebene weitergeleitet werden. Abgesehen von den Fachberatern, welche häufig eine direkte Verbindung zu ihren Einsatzorganisationen unterhalten, ist die zentrale Abwicklung auch aus Dokumentationsgründen erforderlich.

Praxistipp

Um die Relevanz einer funktionierenden und ausreichend ausgestatteten Fernmeldebetriebsstelle zu verdeutlichen, muss sich der Planer darüber bewusst sein, dass ein Stab ohne diese Stelle sowohl stumm (Kommunikation nach außen) als auch taub (Kommunikation nach innen) ist.

3.7.4 Ausstattung einer Fernmeldebetriebsstelle

Entsprechend der Größenordnung des gemeindlichen Stabs sowie der Ausdehnung des Stadtgebiets und dessen technisch-taktischen Unterbaus der Einsatzorganisationen müssen mehr oder weniger Kommunikationswege zur Verfügung stehen. Diese definierten Kommunikationswege müssen unabhängig von der Energieversorgung und – falls möglich – unabhängig von der allgemeinen Infrastruktur gesichert funktionsfähig sein.

Telefon (Festnetz)

Wie bereits in der Ausstattung des Stabsraums beschrieben, stellt die drahtgebundene Kommunikation die Grundlage der Informationsweitergabe dar. Abgesehen von den über eine separate Rufnummer erreichbaren Stabsfunktionen sollte eine zentrale Rufnummer für den Stab in der Fernmeldebetriebsstelle auflaufen. Die dauerhafte Besetzung dieser Leitung muss durch entsprechende Personalplanung mit Ablösungen sichergestellt werden. Wichtige Informationen müssen mit Inhalt, Datum und Uhrzeit erfasst und an den Einsatztagebuchführer zur Dokumentation weitergegeben werden.

Fax (Festnetz)

In vielen Landkreisen ist es üblich, Einsatzbenachrichtigungen als Redundanz der Alarmierung sowie zur Dokumentation als Telefax an die Feuer- und Rettungswachen zu übersenden. Auch die Einsatzdisposition bei Unwetterlagen hat sich mittels der Faxübermittlung vielfach bewährt. Daher sollte es auch selbstverständlich sein, den gemeindlichen Stab mittels einer zentralen Faxrufnummer, welche in der Fernmeldebetriebsstelle aufgeschaltet ist, erreichen zu können. Das zentrale Faxgerät muss für den Empfang von Meldungen mit besonderer Priorität dauerhaft besetzt sein.

E-Mail

Die elektronische Post (E-Mail) über das Internet stellt eine äußerst vielfältige Kommunikationsmöglichkeit für den Stab der örtlichen Gefahrenabwehr dar. Einige Produkte aus dem Bereich der Software zur Abwicklung von Stabsarbeit nutzen E-Mails als Ersatz zu den Standardvordrucken in analoger Form. Grundsätzlich muss der Stab aber über eine zentrale E-Mail-Adresse verfügen, damit der Empfang von digitalen Daten fortwährend gesichert ist. Sollte die Gemeinde eine E-Mail-Adresse für Anfragen aus der Bevölkerung einrichten, gehört diese aber in den nachgeordneten Bereich *BuMA* und nicht in die Fernmeldebetriebsstelle des Stabs.

TETRA (70-cm-Band)

Der digitale Sprechfunk der Behörden und Organisationen mit Sicherheitsaufgaben (BOS) wird als TETRA (Terrestrial Trunked Radio) bezeichnet. Nachdem in weiten Teilen Deutschlands bereits die

Umstellung vom analogen auf den digitalen Sprechfunk vollzogen wurde, stellt das 70-cm-Band den primären drahtlosen Kommunikationsweg zwischen dem Stab und den Einsatzorganisationen vor Ort dar. Der neue Standard bietet die Möglichkeit, anstelle von Kanälen mit verschiedenen Frequenzen Benutzergruppen zu schalten. Des Weiteren wird der Funkverkehr gem. der Behördenverschlüsselung für EU-Länder (TAE-2) verschlüsselt und gewährleistet damit, im Gegensatz zum Analogfunk, eine relativ abhörsichere und geschützte Kommunikation. Für die Fernmeldebetriebsstelle eines gemeindlichen Stabs sollten mindestens zwei unabhängige Digitalfunkverbindungen schaltbar sein. Hier ist eine enge Abstimmung mit der zuständigen Leitstelle erforderlich. Insbesondere bei der Installation von Feststationen sind besondere Genehmigungsvoraussetzungen zu erfüllen.

Analoger BOS-Funk (4-m-Band)

Die Kommunikation im 4-m-Band des analogen Sprechfunks wurde mittlerweile als Standard durch den digitalen Funk abgelöst. Es muss jedoch bedacht werden, dass derzeit teilweise noch ausgebaute analoge Funknetze mit entsprechenden Relaisstationen vorgehalten werden. Der Analogfunk dient immer noch zur direkten Kommunikation zwischen Fahrzeugen an der Einsatzstelle und dem Stab, sofern diese nicht über die Leitstelle abgewickelt wird. Im Falle einer langfristigen Spannungsunterbrechung ist der Funktionserhalt des Digitalfunknetzes, je nach örtlicher Infrastruktur, nur für wenige Stunden gesichert. Danach steht für den Sprechfunkverkehr innerhalb eines Kreis- bzw. Stadtgebiets nur noch der Analogfunk zur Verfügung. Im Gegensatz zum Digitalfunk kann der Ausfall eines Relais im Analogfunk kurzfristig und mit einfachen Mitteln kompensiert werden. Es ist also auch bei der Neueinrichtung einer Fernmeldebetriebsstelle durchaus noch sinnvoll, ein analoges Funkgerät im 4- m-Band zu installieren.

Analoger BOS-Funk (2-m-Band)

Das analoge 2-m-Band wird als Standardmittel der Einsatzstellenkommunikation noch fast überall in Deutschland verwendet. Eine Ablösung durch die Direktkommunikation (DMO) im Digitalfunk ist bisher nicht erfolgt bzw. steht in einer Testphase. Bei flächenmäßig kleineren Gemeinden, welche die Möglichkeit haben, ihren Stab in einem zentral gelegenen Gebäude einzurichten, kann es sehr nützlich sein, eine Feststation im 2-m-Band einzurichten. Gerade bei Evakuierungsmaßnahmen ist es von Vorteil, über die Möglichkeit zu verfügen, mehrere Trupps mit Handfunkgeräten im 2-m-Band koordinieren zu können. Es muss jedoch vermieden werden, den Einsatzstellenfunk anderer Gemeinden durch Überreichweiten zu behindern.

Satellitentelefonie

Als Rückfallebene zur Telefonie, bei einem mittel- bis langfristigen Spannungsausfall, hat sich die Vorhaltung eines Satellitentelefons bewährt. Einfache Geräte sind bereits für den vergleichbaren Preis eines digitalen Handfunkgeräts zu erwerben und werden bei einigen Herstellern auch mit Prepaid-Karten angeboten. Eine einmalige Beschaffung reicht daher für viele Jahre aus, ohne laufende Kosten zu verursachen. Im Gegensatz zur gängigen Telefonie im GSM-Netz müssen die Endgeräte nicht bereits nach wenigen Jahren ausgetauscht werden. Zur Nutzung der Satellitentelefonie wird aber ein hindernisfreier Außenbereich benötigt, indem der Empfang nicht durch Bäume, hohe Gebäude etc. behindert wird. Ein Betrieb direkt innerhalb des Gebäudes ist daher ohne eine gesonderte Satelliten-Außenantenne nicht möglich und bedarf einer Nachrüstung am Gebäude.

Des Weiteren kann auch die Nutzung von Satellitenverbindungen des IP-basierten Datenfunks wie z. B. StarLink eine wichtige Rückfallebene darstellen. Insbesondere in der aktuellen Übergangsphase von analoger Stabsarbeit in die digitale Arbeit mittels Führungssoftware, welche die Stäbe der Gefahrenabwehr auf über-, unter- und nebengeordneter Ebene vernetzt, ist eine Redundanz zu den kabelgebundenen Datenverbindungen dringend zu empfehlen. Hier ist besonders das Szenario eines flächendeckenden Spannungsausfalls zu berücksichtigen, bei dem alle nicht besonders hierzu beauftragten Datenverbindungen nicht mehr verfügbar sind.

3.8 Fazit

Viele kleinere und mittelgroße Gemeinden in Deutschland stehen vor der Aufgabe, sich den Anforderungen einer zeitgemäßen und suffizienten Gefahrenabwehr zu stellen. Die Erfahrungen der letzten Jahre, insbesondere aber auch der Blick über die Staatsgrenzen hinweg, zeigen, dass gemeindliche Gefahrenabwehr nicht auf den Schultern einer einzigen Einsatzorganisation – meist der Feuerwehr – abgeladen werden darf, sondern die Gemeinde selbst ihrer Rolle als Gefahrenabwehrbehörde gerecht werden muss. Dabei ist zu berücksichtigen, dass die Gefahrenabwehr auf der Gemeindeebene bei allen Schadensereignissen und Krisensituationen in ihren Zuständigkeitsbereich eingebunden ist und die übergeordneten Stellen auf dieser Ebene aufbauen. Dabei ist eine fortwährende und intensive Zusammenarbeit mit allen Einsatzorganisationen anzustreben und in gemeinsamen Übungen zu leben.

Die Gemeinde kann ihren Zuständigkeiten in der Gefahrenabwehr nicht ohne die notwendigen organisatorischen und technischen Voraussetzungen nachkommen. Der Stab der örtlichen Gefahrenabwehr ist das Werkzeug der Gemeinde zur erfolgreichen Bewältigung von Schadensereignissen und Krisen, sodass ein sachgerechter Schutz der Bevölkerung möglich ist. Die Verantwortlichen sollten es dabei nicht erst auf den realen Einsatzfall ankommen lassen, um zu verstehen, dass die Leitung von Gefahrenabwehrmaßnahmen in den relevanten Szenarien nicht innerhalb der regulären Strukturen einer Verwaltungsbehörde erfolgen kann. Dort, wo Entscheidungen nicht in Wochen und Monaten, sondern in Minuten getroffen werden müssen, muss sich der Stab der örtlichen Gefahrenabwehr als eine Einsatzorganisation begreifen und sich dementsprechend in die vorhandenen Strukturen einfügen.

Das Führungssystem, bestehend aus Führungsorganisation, Führungsvorgang und Führungsmitteln, ist die Handlungsgrundlage zur Leitung von Maßnahmen der Gefahrenabwehr. Zur Führungsorganisation gehört es, dass sich die Planer Gedanken darüber machen, welches Organisationsmodell eines Stabs zu ihren örtlichen Belangen bestmöglich passt. Dabei muss berücksichtigt werden, dass gerade bei den kleineren und mittelgroßen Gemeinden nur sehr begrenzte Ressourcen zur Bildung eines Stabs zur Verfügung stehen. Daher kann auch die Einrichtung eines Gesamtstabs im Zusammenschluss von Verwaltungsstab und Einsatzleitung eine mögliche Option darstellen.

Die geplante Struktur einer Führungsorganisation muss jedoch auch mit Leben gefüllt werden. Dazu wird belastbares und fachlich hochqualifiziertes Personal benötigt, das in der Lage ist, auch unter extremem Stress Entscheidungen zu treffen und so den Führungsvorgang zu initiieren. Ohne die notwendige technische Ausstattung eines Stabsraums und der Fernmeldebetriebsstelle fehlt es den Führungskräften jedoch an Handlungsmöglichkeiten, um den wichtigen Aufgaben nachzukommen. Dazu müssen Mittel und Ressourcen bereitgestellt werden, die im Tagesgeschäft einer Gemeindeverwaltung größtenteils nicht benötigt werden, im Falle einer Schadenslage bzw. einer Krise jedoch alternativlos sind. Hierzu muss ein besonderes Bewusstsein bei den Verantwortlichen geschaffen werden, damit die Zuständigkeit einer Gemeinde als Gefahrenabwehrbehörde nicht als Last, sondern als elementare Pflichtaufgabe zum Schutz der Bevölkerung begriffen wird.

Hinweis

Dieses Kapitel kann die Ausbildung der Stabsmitglieder nicht ersetzen und auch nicht alle örtlichen Belange berücksichtigen. Es soll jedoch den Mitarbeitern, die mit Planung und Einrichtung eines Stabs auf der Gemeindeebene beschäftigt sind, einen Anhaltspunkt und eine Orientierung bieten, welche derzeit mangels verpflichtender einheitlicher Vorgaben für diesen Bereich in der Bundesrepublik noch nicht vorhanden sind.

4 Die Schadenslage

4.1 Szenarienorientierte Notfallplanung

In der Gefahrenabwehr ist die Planung von Schadenslagen, die potenziell eintreten könnten, durch einen hohen Grad an Abstraktion gekennzeichnet. Gerade bei komplexeren Ereignissen kann nur selten persönliche Erfahrung in die tatsächliche Notfallplanung miteinbezogen werden, sofern diese auf Großereignisse mit extremen Auswirkungen vorbereiten soll. Aus diesem Grund wird die Planung auf Grundlage von durchgeführten Risikoanalysen und statistischen Daten, beispielsweise einem Bemessungshochwasser oder auf Erfahrungen aus Schadensereignissen, die sich in anderen Gebieten ereignet haben, zurückgegriffen. Es können auch Ereignisse geplant werden, die so noch nirgendwo eingetreten sind. Die Tatsache, dass sich eine bestimmte größere Schadenslage im Gemeindegebiet oder in der näheren Umgebung noch nicht ereignet hat, kann dabei als Glücksfall angesehen werden, mit dessen Ende jederzeit gerechnet werden muss.

Als szenarienorientierte Notfallplanung wird die Vorplanung für ein potenzielles Schadensereignis bezeichnet, die an einem vorher definierten spezifischen Ereignisrahmen orientiert durchgeführt wird. Das generelle Ziel dieser Art von Notfallplanung ist es, den Grad der Planungsabstraktion möglichst zu verringern und die potenziellen Schadensauswirkungen real begreifbar zu machen. Dadurch ist eine Sensibilisierung der beteiligten Akteure und Entscheidungsträger besser möglich. Durch den starken Realitätsbezug sollen die zu planenden Maßnahmen bestmöglich an das potenzielle Schadensszenario angepasst werden und damit einhergehend eine höchstmögliche Effizienz erzielt werden. In die szenarienorientierten Notfallplanung werden bestimmte Orte des Gemeindegebiets einbezogen, für die potenzielle Gefahren bereits absehbar sind (z. B. Krankenhäuser, Störfallbetriebe oder auch kritische Infrastrukturen). Ist also der mögliche Eintritt eines potenziellen Schadensszenarios in einem bestimmten Gebiet bereits offensichtlich erkennbar, so sollte dies unbedingt szenarienorientiert durchgeplant werden, um im Ernstfall schnell Maßnahmen ergreifen zu können. Beispielhaft können hier Wohngebiete in hochwassergefährdeten Zonen genannt werden. Welche Schadenslagen in einer Stadt/Gemeinde zu erwarten sind, ist hierbei lokalspezifisch zu beurteilen und bedarf einer genauen Ortskenntnis. Eine detaillierte Risikoanalyse wie in Kapitel 2.2 beschrieben und eine Gefährdungsanalyse können gute Anhaltspunkte bieten. Dennoch sollte nach dem Grundsatz *plane das Unplanbare* kein potenzielles Schadensszenario komplett außer Acht gelassen werden – es sei denn, der Eintritt kann mit nahezu vollkommener Wahrscheinlichkeit ausgeschlossen werden. Dabei ist im Zweifel immer von der Möglichkeit des Schadenseintritts auszugehen, sofern dieser Möglichkeit nicht objektive Tatsachen entgegenstehen. Die Priorisierung der zu planenden Szenarien erfolgt in Verantwortlichkeit der zuständigen Gefahrenabwehrbehörde und muss alle verfügbaren Datenbestände und Erfahrungswerte mit einbeziehen.

Wird ein Szenario für ein bestimmtes – oder evtl. sogar das gesamte – Gemeinde- bzw. Stadtgebiet angenommen, so sollten folgende Aspekte zwingend beantwortet und auch dokumentiert werden:

- Welche Auswirkungen hat das Schadensszenario?
- Welche Besonderheiten müssen darüber hinaus berücksichtigt werden?
- Welche Kaskadeneffekte müssen als Folge des Szenarios berücksichtigt werden?
- In welcher Reihenfolge müssen Maßnahmen getroffen werden, um genau dieses spezifische Szenario abzuarbeiten?
- Welches Szenario hat noch Ähnlichkeit und können Maßnahmen übertragen werden?
- (Wie) ist die Bevölkerung zu warnen?
- Wer kann den Gefahrenabwehrstab und den Einsatzleiter vor Ort als Fachberater bei diesem Szenario unterstützen?
- Welche Ansprechpartner werden darüber hinaus benötigt?

Durch die Fokussierung der Notfallplanung auf einzelne Szenarien ist es möglich, Abläufe direkt so zu definieren, dass Zuständigkeiten, Schnittstellen und Verantwortlichkeiten für Entscheidungen schon früh festgelegt werden. Idealerweise ist für eine bestimmte Schadenslage dann bereits eine szenarienorientierte Notfallplanung vorhanden, die sofort eingesetzt und abgearbeitet werden kann. Dabei muss diese spezifische Notfallplanung niedrigschwellig anwendbar sein; es muss also auch für Entscheidungsträger, welche nicht täglich mit der Gefahrenabwehr zu tun haben, möglich sein, die Notfallpläne unkompliziert anzuwenden und für ihre Zwecke nutzbar zu machen. Durch ein Einbinden in der Planungsphase können die Akteure mit eingebunden und so besser abgeholt werden. An folgendem Beispielszenario wird nun dargestellt, wie solch eine szenarienorientierte Notfallplanung ablaufen könnte.

Beispiel

Die Kreisleitstelle erreicht ein Notruf aus dem Gewerbegebiet der Gemeinde X. Ein Mitarbeiter einer Spedition meldet einen Unfall: Beim Beladen eines LKW für Gefahrgüter seien zahlreiche Transportgehälter beschädigt worden. In den beschädigten Behältern befanden sich verschiedene flüssige Stoffe, die durch den Unfall ausgelaufen sind. Die Flüssigkeiten scheinen miteinander zu reagieren und es könnten sich große Mengen höchstwahrscheinlich giftiger gasförmiger Stoffe gebildet haben, die unter Berücksichtigung von Witterungslage und Windrichtung direkt in ein angrenzendes Wohngebiet getragen werden könnten.

Dieses Szenario ist vordergründig zunächst noch im Rahmen der alltäglichen Gefahrenabwehr durch die örtliche Feuerwehr und den Regelrettungsdienst zu bewältigen. Mit dem Aufsteigen giftiger gasförmiger Stoffe in ein Wohngebiet beginnt nun jedoch in dem o. g. Szenario die ortsspezifische Notfallplanung zu greifen, denn die Evakuierung des Gebiets ist nicht mehr auszuschließen. Wenn sich nun herausstellt, dass in diesem Wohngebiet eine Schule, ein Kindergarten oder ein Seniorenheim liegt, ist dieses Szenario wahrscheinlich mit der alltäglichen Gefahrenabwehr nicht mehr zu bewältigen. In der Praxis spielt es keine Rolle mehr, welcher giftige Stoff dort austritt oder ob das Gebiet aufgrund eines Kampfmittelfunds evakuiert werden muss.

Praxistipp

Die planende Gemeinde, bzw. der mit der Gefahrenabwehr beauftragte Mitarbeiter, sollte für dieses theoretische Szenario nun alle bei ihm anfallenden und notwendigen Entscheidungen auflisten (z. B. Einberufung der gemeindlichen Stäbe, Beginn der Evakuierung, Verbringung der Personen etc.) und abarbeiten. Es muss auf einen einfach anzuwendenden, aber gleichzeitig umfassenden Notfallplan zurückgegriffen werden können. Im Idealfall liegt dieser ereignisspezifische Plan bei den betreffenden Einsatzorganisationen ebenfalls vor und kann so zeitgleich an mehreren Stellen und auf mehreren Ebenen, ohne den Bedarf umfangreicher Rücksprachen, angewendet werden. Unterstützend sollten alle notwendigen Fachberater bzw. Führungskräfte der Einsatzorganisationen in diese theoretische Einsatzabarbeitung einbezogen werden.

Eine umfängliche Planung in der Präventionsphase reduziert also die Planungs- und Entschlusszeiträume in der repressiven Phase erheblich. Treten dennoch ungeplante Situationen auf, die eine individuelle Entscheidung oder Lösung erfordern, so sind die entsprechenden Entscheidungen und Vorgehensweisen zu dokumentieren, um im Nachgang die bestehenden Planungen zu verbessern. In einer ausführlichen Notfallplanung werden auch Punkte geplant, die in einer realen Lage nicht immer abgearbeitet werden müssen, da sich die Lage in eine andere Richtung entwickelt oder das Ereignis sich weniger dramatisch darstellt, als dies in der Planung angedacht wurde. Natürlich muss eine Abwägung zwischen Aufwand und Nutzen einer beabsichtigten Planung, unter Berücksichtigung der Verhältnismäßigkeit, erfolgen. Ebenso müssen sich die Entscheidungsträger aber auch darüber bewusst sein, dass es seitens der Öffentlichkeit nach einem Schadenseintritt selten den Vorwurf einer überzogenen, häufig aber den Vorwurf einer unzureichenden Notfallplanung gibt. Anders kann das im politischen Umfeld aussehen; hier wird auch bei einer maßvollen Planung schnell von „Aktionismus" gesprochen.

Den Mittelweg zu finden zwischen einer zu detailreichen und gar keiner Planung ist hierbei eine der größten Schwierigkeiten. Diese Aussage bezieht sich sowohl auf die Notfallplanung als auch auf die Aufstellung geeigneter Szenarien und in der Konsequenz auch auf die Umsetzung der geplanten Maßnahmen. Oftmals ist dies durch die mangelnde Erfahrung bestimmter Schadenslagen zu erklären. Diese wäre allerdings notwendig, um bestimmte Feinheiten bei der Planung und Erstellung eines Szenarios zu erkennen und zu berücksichtigen. Die Analyse von außergewöhnlichen Ereignissen in anderen Gemeinden kann, ebenso wie der Austausch über diese Ereignisse mit Beteiligten, zum Erwerb dieser Kompetenz beitragen. Auch ein interorganisationaler Erfahrungsaustausch sowie der fachübergreifende Wissensaufbau fördern das Lernen aus Fehlern und bestimmten Erfahrungen. In diesem Zusammenhang kommt dem Grundsatz *in der Krise Köpfe kennen* eine besondere Bedeutung zu. Nur so kann, ohne die jeweilige Schadenserfahrung, ein hilfreiches Szenario erstellt und vorgeplant werden. Die Ressource der persönlichen Erfahrung von Fachexperten und Führungskräften der Einsatzorganisationen ist für die szenarienorientierte Planung das höchste Gut. Darüber hinaus ist es sinnvoll, die Fachexperten im Rahmen der o. g. Risikoanalyse und der darauffolgenden Planung mit einzubinden. Diese können aus der jeweiligen Sicht die Auswirkungen von Schadensereignissen entsprechend bewerten und geeignete Gefahrenabwehrmaßnahmen ableiten. Auch als Kommune ist es möglich, eine interdisziplinäre Arbeitsgruppe der entsprechenden Akteure zusammenzustellen und so gemeinsam die Planung voranzutreiben.

Insbesondere zur Identifizierung von Kaskadeneffekten ist die Einbindung von Vertretern externer Akteure von großer Wichtigkeit. Im Rahmen der Vorplanung kann so ein Überblick erstellt werden, von welchen Rahmenbedingungen andere Akteure abhängig sind und welche Konsequenzen bei einem Ausfall dieser Bedingungen zu erwarten sind.

Beispiel

Bei einer Gasmangellage ist durch den Ausfall von Gaskraftwerken mit Einschränkungen der Stromversorgung zu rechnen. Gleichzeitig wird das Stromnetz durch eine verstärkte Nutzung alternativer Heizsysteme auf Strombasis stärker als üblich belastet. Aus dieser Kombination ergibt sich eine erhöhte Wahrscheinlichkeit für den Ausfall der Stromversorgung, sodass es nicht nur kalt, sondern auch noch dunkel ist. Die Verfügbarkeit der Stromversorgung ist wiederum eine elementare Voraussetzung für beinahe alle Bereiche des öffentlichen Lebens und der üblichen Strukturen der Gefahrenabwehr.

Auch ohne Auswirkungen auf die Stromversorgung kann eine Gasmangellage oder eine lokale Einschränkung der Gasversorgung weitere Konsequenzen haben. Möglicherweise betreiben örtliche Krankenhäuser eine Dampfsterilisation für medizinische Geräte, für deren Betrieb eine Gasversorgung notwendig ist. Bei einem Ausfall der Gasversorgung würde es in diesem Beispiel auch zu einer deutlichen Einschränkung der medizinischen Versorgung kommen. Außerdem ist nach einem Ausfall des Gasversorgungsnetzes bis zum Endverbraucher mit einer mehr monatigen wieder Anlaufzeit zu rechnen, da jeder Anschluss einzeln entlüftet werden muss.

Um aus bestehenden Erfahrungen zu lernen und gemeindespezifische Szenarien aufstellen zu können, kann der verantwortliche Mitarbeiter der Gefahrenabwehrbehörde sich an folgenden Fragen orientieren:

- Wie wurde das Ereignis angegangen?
- Welche Entscheidungen wurden warum getroffen?
- Wo tauchten unerwartete Probleme auf?
- Was kann auf meine Gemeinde übertragen werden?
- Welche Kausalitätsketten können gebildet werden?
- Welche Dokumentation kann ausgewertet werden?
- Wen kann ich als Unterstützung bei der Bewertung und Bearbeitung einbinden?

Durch die Kausalitätskette wird eine mögliche Abfolge von Konsequenzen und Ereignissen, die auf anderen Ereignissen oder Entscheidungen beruhen, beschrieben. Bei der Entwicklung einer solchen Verknüpfungskette muss stets die Frage nach der Konsequenz einer Entscheidung im Vordergrund stehen. Jegliche Entscheidung führt also zu einer Konsequenz, die das Szenario erheblich verändern könnte. Dies wird an einem Beispiel aus dem Bereich Hochwasserschutz deutlich:

Beispiel

Es wird angenommen, ein Fluss, der durch ein Gemeindezentrum fließt, führt Hochwasser. In den Vorhersagen für die nächsten Tage wird vor weiter steigenden Flusspegeln gewarnt. Der Stab der Gemeinde berät über die neue Lageentwicklung. Im Anschluss an den Lagevortrag zur Unterrichtung wird beschlossen, dass die Spannungsversorgung in Teilbereichen der Gemeinde durch den Versorger abgeschaltet werden muss. Als Hauptargument wird die drohende Überflutung eines Umspannwerks angeführt, welches im abgeschalteten Zustand geschützt werden kann, nicht jedoch im betriebsbereiten Zustand. Aus der Entscheidung *Spannungsabschaltung* kann nun u. a. folgende Kausalitätskette abgeleitet werden: In dem betroffenen Bereich steht kein Strom mehr zur Verfügung; die elektrischen Geräte sowie der Sendemast für das Mobilfunknetz sind nicht mehr nutzbar. Damit fallen auch ggf. lebenserhaltende Gerätschaften aus (beispielsweise ein Heimbeatmungsgerät mit acht Stunden Akkulaufzeit). Dauert die Stromabschaltung länger, als der Akku des Geräts überbrücken kann, steht der betroffene Einwohner durch die Entscheidung des gemeindlichen Stabs vor einem erheblichen Problem. Der Pflegedienst wird überlastet sein und auch gesperrte oder überflutete Straßen können die Zufahrt zu dem betroffenen Einwohner blockieren.

Aus dem vorliegenden Fallbeispiel ist also ersichtlich, welche weitreichenden Folgen, in einem kausalen Zusammenhang, eine singuläre Entscheidung des gemeindlichen Stabs haben kann. Daher ist es für die Entscheidungsträger wichtig, den Ereignishorizont in der Planung möglichst weit zu überblicken und aus der Kausalität folgende Ereignisse direkt mit zu berücksichtigen. Ziel muss dabei sein, *vor die Lage* (Entwicklung) zu kommen und nicht von den bereits eingetretenen Ereignissen zu überhasteten Entscheidungen getrieben zu werden. Es gilt der Grundsatz, dass Stabsarbeit im besten Falle agieren statt reagieren sollte.

4.1.1 Ad-hoc-Ereignis und planbare Lage

Im Gegensatz zu einem Ad-hoc-Ereignis, welches eine Gemeinde zu jeder Zeit und ohne große Vorlaufzeit treffen kann, steht eine planbare Lage. Der Unterschied zwischen einem Ad-hoc-Ereignis und einer planbaren (also vorhersehbaren) Lage ist, wie die Abbildung verdeutlicht, die Einteilung der Zeitabschnitte. Während das Ad-hoc-Ereignis keinen Planungszeitabschnitt aufweisen kann und der Einsatzleiter vor Ort, nach der ersten Lageerkundung, eine Planung im Sinne des Führungskreislaufs erstellen muss, ist es im Rahmen einer planbaren Lage möglich, eine detaillierte Vorplanung aufzustellen. Diese orientiert sich auch am Führungskreislauf. Durch die frühzeitige Kenntnis über das Eintreten des Ereignisses wird hierzu Zeit gewonnen. Eine solche Lage kann individuell und genau auf die örtlichen Gegebenheiten abgestimmt und geplant werden; es müssen keinerlei Annahmen getroffen werden. Eine Vorplanung kann daher umso detaillierter gestaltet werden. Im Gegensatz dazu steht das Ad-hoc-Ereignis. Auch für diese Art von Ereignissen ist eine Vorbereitung unerlässlich. Es muss also differenziert werden zwischen der ungeplanten Lage (ad hoc), bei der ein taktisches Vorgehen indiziert ist, und der spezifisch vorgeplanten Lage (vorhersehbar), bei der ein übergeordnetes, also strategisches Ziel verfolgt werden kann und soll. Das Mittel der Wahl ist die Planung anhand von Szenarien, die so oder so ähnlich im Gemeindegebiet auftreten können.

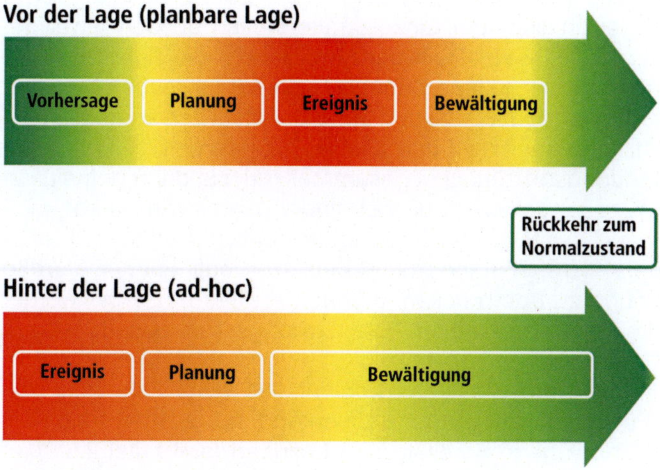

Bild 1: *Vergleich Ad-hoc-Lage und planbare Lage (Quelle: Maria Reichenauer)*

4.1.2 Die Schadenslage

Jede Schadenslage setzt sich zeitlich aus identischen Unterabschnitten zusammen: Ereignis, Bekämpfung bzw. Hilfeleistung und die Rückkehr zum Normalzustand. Alle Zeitabschnitte können, je nach Situation, unterschiedlich lang andauern. So kann sich ein Ad hoc-Ereignis über einen längeren Zeitraum unbemerkt entwickeln und sein volles Schadensausmaß völlig unerwartet eintreten. Beispielhaft sei hier der unerwartete, also ad hoc eingetretene Einsturz des Stadtarchivs der Stadt Köln im Jahr 2009 erwähnt, bei dem sich über mehrere Wochen der Untergrund durch Baumaßnahmen verändert hatte. Die erkennbare Auswirkung des Schadensereignisses trat jedoch innerhalb von Sekunden und Minuten ein. Ein Ereignis kann sich allerdings auch über mehrere Stunden oder Tage entwickeln und über Tage andauern. Im Sommer 2021 führten starke Niederschläge zu extrem ansteigenden Flusspegeln. Die Überflutungen dauerten wenige Stunden bis Tage an, die Schäden sowie die Abarbeitung der Auswirkungen dauerten erheblich länger an.

Ab dem Zeitpunkt der Alarmierung verlaufen die Schadenslagen in der Regel ähnlich: Die Einsatzkräfte stellen an den jeweiligen Standorten die Einsatzbereitschaft her, indem die Fahrzeuge besetzt werden. Anschließend begeben sich die taktischen Einheiten schnellstmöglich zum Einsatzort, um evtl. Hilfsfristen zu wahren. Bei Einsätzen im Rahmen der überörtlichen Hilfe werden die Fahrzeuge am Entsendungsort zunächst gesammelt, um sie dann gemeinsam auf den Weg zu schicken, da bei einem gemeinsam ankommenden Verband der taktische Einsatzwert deutlich höher ist. Hier ist je nachdem, wo sich Standort und Einsatzort befinden, eine größere Entfernung zu überbrücken. Je nach Art des Einsatzes werden nachrückende Kräfte in einem Bereitstellungsraum gesammelt.

Beim Eintreffen am Einsatzort beginnt das erste Fahrzeug bzw. dessen Führungskraft mit der Lageerkundung, während sich alle übrigen Fahrzeuge in Bereitstellung befinden (s. Kapitel 2.5.2). Je nach Lage und Auftrag beginnt nun die Hilfeleistung durch die verschiedenen Einheiten. Diese bauen ihre Führungsstrukturen dynamisch und an die jeweilige Lage angepasst auf und arbeiten das Schadensereignis ab. Bei größeren und umfangreicheren Schadenslagen werden die Einsatzkräfte abgelöst, um Ruhephasen zu ermöglichen. Abhängig von der Distanz zwischen Heimat- und Einsatzort kann es notwendig sein, dass die Einsatzkräfte in eigenen Unterkünften untergebracht werden müssen. So wurden auch die überörtlich eingesetzten Kräfte während des Hochwassers 2021 in Schulen, Turnhallen, Kasernen, Messe- und Veranstaltungshallen oder Jugendherbergen untergebracht. Sobald das Ende eines Einsatzes absehbar ist, also keine Aufgaben mehr zu erledigen sind und der Einsatzleiter entscheidet, dass die Einheiten nicht mehr benötigt werden, können diese abrücken. Oftmals endet die gemeindespezifische Notfallplanung mit dem Abziehen der Einsatzkräfte; dem primären Einsatzende der Gefahrenabwehr. Der weitere Ablauf kann zweigeteilt betrachtet werden. Auf der Seite der Planung beginnt der Prozess der Nachbereitung, des Kontinuitätsmanagements und der Verbesserung. Die Notfallplanung sollte auf Grundlage des Ereignisses und der resultierenden Erkenntnisse angepasst bzw. verbessert werden. Auf der Seite des gemeindlichen Stabs und der Verwaltung ist bei allen Schadensszenarien zu beachten, dass mit Beendigung des Primäreinsatzes und dem Abrücken der letzten Einsatzkräfte die Arbeit noch nicht zu Ende ist.

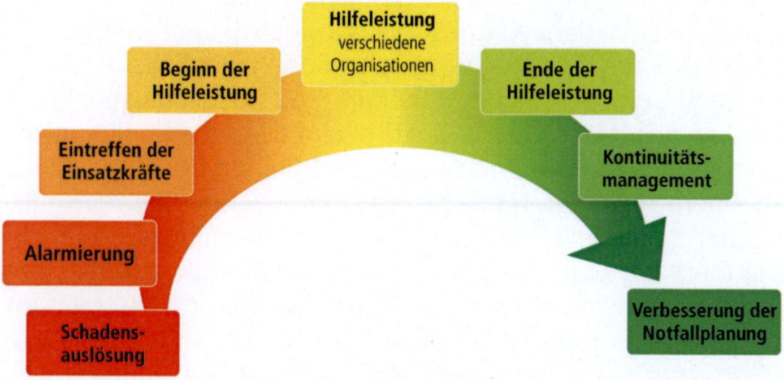

Bild 2: *Ablaufschema: Schadenslage (Quelle: Maria Reichenauer)*

4.1.3 Wiederherstellung des Normalzustands

In der Gefahrenabwehr werden vier grundsätzliche taktische Vorgehensweisen unterschieden. Im Zentrum steht hierbei immer ein bedrohtes Gut (Mensch, Tier, Umwelt, Technik). Dieses gilt es zu schützen bzw. drohende Gefahren abzuwehren. Dies kann durch folgende Maßnahmen erreicht werden:

- Angriff (Beseitigung der Ursache der Gefahr)
- Verteidigung (Schutz des bedrohten Guts durch Aufhebung des Gefahreneinflusses)
- Rettung (Entfernen des bedrohten Guts aus dem Gefahrenbereich)
- In Sicherheit bringen (Aufgabe des bedrohten Guts)

Für jeden Fall ist eine Einzelfallentscheidung durch die verantwortliche Führungskraft zu treffen. Diese Entscheidung wird anschließend durch die nachgeordneten Einheiten und Einsatzkräfte in die Tat umgesetzt. Jeder Einsatz kann sich durch diese getroffenen Entscheidungen individuell entwickeln, weshalb es nicht möglich ist, die Einsatzdauer bei einem bestimmten Szenario genau einzuschätzen. Ebenso ist es nicht ohne Weiteres möglich, die Dauer und den Umfang der Schadensauswirkungen konkret zu planen. Infolgedessen ist auch nur schwer einschätzbar, mit wie viel Abstand zum Schadensereignis der Normalzustand wiedererlangt werden kann. Aus der Erfahrung ist es jedoch möglich, für bestimmte Szenarien diese zeitlichen Kriterien grob abzuschätzen. Die Tatsache, dass u. U. Gebäude nach einem Brand oder Hochwasser nicht mehr bewohnbar sind, wurde, im Rahmen der Möglichkeiten, hierbei berücksichtigt. Nicht berücksichtigt wurde die menschliche Genesungszeit. Unter dem Begriff *Normalzustand* wird der Zustand verstanden, der dem Zustand vor dem Eintritt des Schadensereignisses am nächsten kommt. Bei einer Evakuierung beispielsweise wäre dieser Zustand die Rückkehr der Betroffenen in die evakuierten Gebiete. Die Planung und Umsetzung von Maßnahmen, die zu einer Rückführung in den Normalzustand führen, werden auch als Kontinuitätsmanagement bezeichnet.

Tabelle 1: *Schadenslage und Herstellungsdauer des Normalzustands*

Ereignis	Einsatzdauer in Einheiten	Zeitansatz bis zur Rückkehr zum Normalzustand
Tägliche Gefahrenabwehr (Papierkorbbrand, RTW-Einsatz)	Minuten	Stunden (bezogen auf Umwelt und Verkehr)
Großbrand	Stunden	Tage–Monate
Unwetter	Tage	Tage–Wochen
Evakuierung	Stunden	Stunden-Tage
Hochwasser	Stunden–Wochen	Tage–Jahre
Kampfmittelfund	Stunden	Stunden–Monate (bei Schäden)
Freisetzung von Gefahrstoffen	Stunden-Wochen	Stunden-Jahre
Epidemie (Infektion)	Wochen–Jahre	Wochen-Monate

Tabelle 1: *Schadenslage und Herstellungsdauer des Normalzustands*

Ereignis	Einsatzdauer in Einheiten	Zeitansatz bis zur Rückkehr zum Normalzustand
Tierseuchen	Wochen	Wochen-Monate
MANV	Stunden	Stunden–Tage (bezogen auf Umwelt und Verkehr)
Energieausfall	Tage	Tage–Monate
Großveranstaltungen	Stunden	Stunden–Tage (bezogen auf Umwelt und Verkehr)
Angriff auf IT-Infrastruktur	Minuten–Monate	Tage–Jahre
Undenkbar (Meteorit etc.)		

4.2 Szenarienorientierte Maßnahmen

Nach Darstellung und Betrachtung der möglichen taktischen Vorgehensweisen findet die Analyse und Bewertung der unmittelbar aus dem Einsatzgeschehen folgenden Gefahren eine besondere Beachtung. Im Rahmen der Tätigkeit an einer Einsatzstelle können verschiedene Gefahren auftreten, welche sich auf den Einsatzerfolg auswirken können. Diese Gefahren hat jede Führungskraft für die untergeordneten Kräfte und jede Einsatzkraft für sich und die anderen Mitwirkenden im Blick zu behalten. Die möglichen Gefahren können sehr vielfältig sein. Um einen Überblick über die häufigsten Gefahren zu erhalten, bedienen sich die Einsatzkräfte der ***5A-1B-1C-5E-Regel***. Zu den zwölf Hauptgefahren gehören: Absturz, Atemgifte, Angstreaktion bzw. Panik, Ausbreitung atomarer Stoffe bzw. ionisierender Strahlung, biologische Stoffe, chemische Stoffe, Ertrinken, Erkrankung bzw. Verletzung, Explosion, Elektrizität und Einsturz. Organisationen können diesen Merksatz nach den individuellen Gefahren erweitern. Jede Führungskraft prüft im Rahmen des Führungsvorgangs systematisch, ob alle möglichen Gefahren mit ihren schädlichen Auswirkungen auf Menschen, Tiere, sowie hohe Sachwerte berücksichtigt wurden. In der nachfolgenden Tabelle wird dargestellt, welche Gefahren für welche zu schützende Güter bestehen und somit zu einer konkreten Gefährdung werden. Im oberen Abschnitt der Tabelle sind die durch Einsatzmittel zu bekämpfenden Gefahren dargestellt, im unteren Abschnitt wird aufgezeigt, vor welchen Gefahren sich Mannschaft und Gerät im Schadensgebiet schützen müssen.

Gefahr für / durch	Atemgifte	Angstreaktion	Ausbreitung	Atomare Strahlung	Chemische Stoffe	Erkrankung/Verletzung	Explosion	Elektrizität	Einsturz
Welche Gefahren müssen bekämpft werden?									
Menschen									
Tiere									
Umwelt		■				■		■	■
Sachwerte	■	■				■			
Vor welchen Gefahren müssen sich die Einsatzkräfte schützen?									
Mannschaft									
Gerät	■	■				■			

Bild 1: *Ermittlung von Gefährdungen bei konkreten Schadenslagen (Quelle: Forum Verlag)*

Als erfolgreiches Planungsmittel und Hilfestellung haben sich mittlerweile die sogenannten *Standard-Einsatz-Regeln (SER)*, v. a. im Bereich des abwehrenden Brandschutzes und des Rettungsdiensts, entwickelt. Dabei soll, mittels grundlegend definierter Standards, ein Ablaufplan erstellt werden, der bei dem betreffenden Einsatzstichwort zur Bearbeitung herangezogen wird. Es handelt sich also um eine Art *Checkliste* die für ein bestimmtes Szenario einen immer gleichen Ablauf definiert. Fehler in der Einsatzabwicklung, insbesondere durch das Auslassen bestimmter Maßnahmen im Einsatzstress, können so vermindert und der Einsatzerfolg gesichert werden. Um eine solche Standard-Einsatz-Regel für bestimmte spezifische Ereignisse auf der Gemeindeebene zu erstellen, muss zunächst folgender Fragenkatalog, in Zusammenarbeit mit den jeweils zuständigen Einsatzorganisationen, abgearbeitet werden:

1. Welches Ereignis soll betrachtet werden (Einsatzstichwort)?
2. Welche Gefahren bestehen für die Einsatzkräfte bzw. die Betroffenen?
3. Wer kann betroffen sein?
4. Welche Einsatzmittel werden benötigt?
5. Welche allgemeinen Planungen und Maßnahmen können schon im Vorfeld getroffen werden?
6. Welche spezifischen Maßnahmen, Anforderungen etc. ergeben sich aufbauend auf die allgemeine Planung?
7. Mit welcher Einsatzdauer muss gerechnet werden?
8. Welche Betreuungs- und Versorgungsmaßnahmen sind zu planen?
9. Wie erfolgt die Rückführung in den Normalzustand?
10. Welche Führungs- und Kommunikationsstrukturen sind erforderlich: siehe Auftragsschema FwDV100

Zur Beantwortung der Fragestellung, für welche spezifischen Ereignisse die Erstellung von Standard-Einsatz-Regeln sinnvoll ist, kann u. a. die Gefährdungs- und Risikoanalyse aus dem Kapitel 2.2 herangezogen werden. Es muss zunächst geprüft werden, welche Schadensereignisse mit welchen Auswirkungen in welcher Eintrittswahrscheinlichkeit im Gemeindegebiet möglich sind. Des Weiteren müssen die Führungskräfte der Einsatzorganisationen beteiligt werden, um die praktischen Erfahrungswerte einerseits, die bestehenden Planungen nach Einsatzstichworten andererseits mit in den Prozess einzubeziehen. Es ist davon auszugehen, dass sich die Anwendbarkeit von standardisierten Abläufen mit zunehmender Größe des Schadensereignisses verringert. Jedoch sollte bedacht werden, dass sich solche Standardregeln nicht nur für die unmittelbare Abarbeitung des Ereignisses selbst, sondern ebenso auch zur Sicherstellung von organisatorischen Abläufen in der Verwaltung oder im gemeindlichen Stab nutzen lassen.

Dennoch sind in einer außergewöhnlichen Schadenslage die Einzelfallentscheidungen der Führungsfunktionen gefragt. Diese können u. U. auch schon in groben Zügen im Vorfeld getroffen werden, sofern es absehbare Probleme und daraus resultierende Entscheidungen sind. Wie bereits aus der Führungslehre bekannt, muss allen Beteiligten bewusst sein, dass eine Planung nur so lange Bestand hat, wie die zugrunde liegenden Voraussetzungen fortbestehen. Abweichungen zum Schutz höherer Güter, wie z. B. dem Schutz von Menschenleben bzw. dem Schutz der Einsatzkräfte, sind eine Selbstverständlichkeit. Es können niemals alle Eventualitäten abgedeckt und vorgeplant werden, daher sollten die Standard-Einsatz-Regeln nicht als eine Universallösung und der einzige Masterplan, sondern als eine sinnvolle Orientierungshilfe und als Ablaufplan zur Sicherstellung der Einhaltung von Standards verstanden werden.

Nachfolgend wird anhand von konkreten Schadenslagen aufgezeigt, welche Möglichkeiten die szenarienorientierte Planung, unter Anwendung von Standard-Einsatz-Regeln (o. g. Fragen 1-9), bietet. Es handelt sich dabei um Vorschläge, die nach den jeweiligen ortsspezifischen Belangen und den im Gemeindegebiet tatsächlich zur Verfügung stehenden Ressourcen angepasst und bearbeitet werden müssen. Die bestehenden Planungen und Maßnahmenkataloge der Einsatzorganisationen werden dabei nicht ersetzt, sondern um die Aufgaben und Möglichkeiten ergänzt, in denen sich die Gemeinde ihrer Aufgabe als Gefahrenabwehrbehörde stellen muss.

4.2.1 Großbrand

1. Betrachtet wird ein Großbrand in einer Lagerhalle im Gemeindegebiet.
2. Gefahren können hierbei u. a. durch Brandrauch, Wärmestrahlung, Brandausbreitung, Einsturz, Elektrizität oder die Explosion von Druckgasbehältern entstehen.
3. Bei einem Großbrand besteht eine unmittelbare Gefahr für die im Objekt befindlichen Personen, Tiere und hohen Sachwerte. Dies obliegt der Zuständigkeit der Einsatzorganisationen. Für die Gefahrenabwehrbehörde ist jedoch wichtig, einen Planungsschritt weiterzugehen und die möglichen Auswirkungen einer Gefahrstoffwolke durch Brandrauch zu betrachten, welche bei entsprechender Windrichtung schädliche Auswirkungen auf ein angrenzendes Wohngebiet (große Anzahl von Personen) haben

könnte. Ein weiterer zu beachtender Aspekt ist das in großen Mengen anfallende Löschwasser, welches entweder in der Kanalisation oder in das nächste Gewässer fließt.

4. Es wird in der Regel eine Alarm- und Ausrückeordnung auf Ebene der Gemeinde oder des Kreises bestehen, in der die zu alarmierenden taktischen Einheiten und Teileinheiten definiert sind. Aus Sicht der Gefahrenabwehrbehörde ist sicherzustellen, dass die diensthabenden Mitarbeiter informiert werden und sich zur Unterstützung und Vorbereitung weiterführender Maßnahmen an die Einsatzstelle begeben. Dort muss sichergestellt werden, dass diese sich an der Befehlsstelle des Einsatzleiters anmelden und in die Einsatzstellenkommunikation eingebunden werden.
5. Neben der Definition von Ausrückebereichen und Einsatzstichworten im Rahmen der Brandschutzbedarfsplanung ist es empfehlenswert, für diese Wohngebiete, die an gefahrenträchtige Objekte angrenzen, eine Evakuierungsplanung bereitzuhalten. Im Rahmen der Vorplanung sollte betrachtet werden, welche Stoffe oder Produkte gelagert werden.
6. Eine solche objektbezogene Evakuierungsplanung kann unter Berücksichtigung der im Betrieb befindlichen Gefahrstoffe, der möglichen Witterungslagen sowie der geografischen Gegebenheiten weiter spezifiziert werden. Im Rahmen des Baugenehmigungsverfahrens wird je nach gelagerten Stoffen eine Löschwasserrückhaltung gefordert. Die Auswirkungen von kontaminiertem Löschwasser sollten in der Vorplanung berücksichtigt werden.
7. Je nach Schadensausmaß und Objektgröße kann, unter Einbeziehung der Nachlöscharbeiten, mit einer Einsatzdauer von 24 Stunden und mehr gerechnet werden.
8. Aufgrund der vorbezeichneten Einsatzdauer ist sinnvollerweise bereits mit der Alarmierung und Bestätigung des Einsatzstichworts der Verpflegungseinsatz für die eingesetzten Kräfte zu planen. Neben den Betreuungskomponenten der örtlichen Einsatzorganisationen können auch örtliche Cateringdienstleister oder Großküchen in die Planung und Umsetzung mit einbezogen werden.
9. Wenngleich die Rückführung des Betriebs in den Normalzustand Wochen bis Monate dauern wird, muss sich die Gemeinde mit dem kurzfristigen Kontinuitätsmanagement im öffent-

lichen Bereich beschäftigen. Bei dem beispielhaften Szenario kann es erforderlich sein, evakuierte Teile der Bevölkerung in ihre Wohnungen zurückzuführen. Es kann erforderlich werden, die Bevölkerung auch nach dem unmittelbaren Ereignis zu informieren und mittels eines Bürgertelefons als Ansprechpartner zur Verfügung zu stehen. Sollte es durch den Großbrand Schäden an der öffentlichen Infrastruktur gegeben haben, sind auch diese schnellstmöglich zu beseitigen und instand zu setzen.

4.2.2 Unwetter

1. Betrachtet wird ein kreisweites Unwetterereignis, dessen Auswirkungen (z. B. Regen mit orkanartigen Böen) primär das Gemeindegebiet treffen.
2. Orkanartige Böen können Dächer abdecken, dadurch entstehen Gefahren durch herabstürzende Teile, oder sogar den Einsturz von Gebäuden verursachen. Auch durch Blitzschläge im Rahmen eines Gewitters können weitere Gefahren entstehen.
3. Es handelt sich bei einem Unwetter nahezu immer um eine sogenannte *Flächenlage*. Als Flächenlage wird ein Einsatz bezeichnet, welcher im Gegensatz zu einer Punktlage nicht nur auf einen unmittelbar begrenzen Einsatzort beschränkt ist. In der Praxis sind hier i. d. R. Einsätze gemeint, welche mindestens in der Größenordnung eines Ortsteils mehrere, aus der analogen Gefährdung generierte Einsatzstellen aufweisen. Sobald mehr als ein Gemeindegebiet betroffen ist, wird von einem überörtlichen Einsatz gesprochen. Ist mehr als ein Landkreis von einer Gefährdung betroffen wird dies als regionaler Einsatz bezeichnet. Daher kann davon ausgegangen werden, dass mindestens alle Einwohner der Gemeinde oder sogar des Kreises betroffen sind. Dabei darf nicht außer Acht gelassen werden, dass auch die persönliche Betroffenheit von ehrenamtlichen Einsatzkräften einen Einfluss auf deren Verfügbarkeit hat.
4. Neben den Einsatzkräften der gemeindlichen Feuerwehr, welche in der Alarm- und Ausrückeordnung definiert sind, ist es bereits frühzeitig ratsam, nachgeordnete Kräfte anderer hilfeleistender Organisationen oder Unternehmen mit einzubeziehen.

5. Bei einer Flächenlage, wie einem Unwetterereignis, können in der Regel nur organisatorische Maßnahmen vorgeplant und ausreichende Einsatzmittel und Ressourcen vorgehalten werden, darüber hinaus können benötigte Querschnittsfähigkeiten im Vorfeld definiert werden. Für die Gefahrenabwehrbehörde ist es wichtig, bei einem Ereignis ab einer vorher definierten Größenordnung kurzfristig den gemeindlichen Stab zur Koordinierung der Gefahrenabwehrmaßnahmen im Stadtgebiet einzuberufen. Bei einer Lage, in der mehrere Gemeinden oder ein gesamtes Kreisgebiet betroffen sind, kann es sinnvoll sein, die Disposition der Unwettereinsätze von der Leitstelle in die örtliche Einsatzleitung zu verlagern, um nicht unnötig Ressourcen auf der Kreisebene zu binden.
6. Eine spezifische Notfallplanung für Unwetterereignisse selbst kann aufgrund der Vielzahl der unbekannten Faktoren nicht erfolgen. Es ist aber wichtig, sich mit den spezifischen Auswirkungen eines Unwetterereignisses auf bestimmte besonders gefährdete Objekte und die kritische Infrastruktur der Gemeinde auseinanderzusetzen. Hier stellt sich die Frage, ob im Falle eines Spannungsausfalls der Stabsraum des Verwaltungsstabs bzw. die Feuerwehrgerätehäuser oder die örtliche Einsatzleitung weiter betrieben werden kann. Auch eine Zusammenarbeit mit den Forstbehörden in der Planung kann in Gemeinden mit größeren Waldflächen indiziert sein, um die Zuwegung zur Gemeinde sicherzustellen.
7. Das Unwetterereignis selbst dauert erfahrungsgemäß nicht länger als einige Stunden, die Dauer des notwendigen Einsatzes von Personal und Material sowie die Dauer des Koordinierungsbedarfs sollten dabei jedoch nicht unterschätzt werden. Die Abarbeitung der Folgen eines schweren Unwetterereignisses kann sich über Tage bis Wochen hinziehen.
8. Bei einem solchen Ereignis mit einem großen Schadensgebiet, einer Vielzahl eingesetzter Kräfte und einer mittel- bis langfristigen Einsatzdauer sollte idealerweise auf ein Verpflegungs- bzw. Versorgungskonzept zurückgegriffen werden können. Je nach Schädigung der Infrastruktur und Zeitpunkt des Ereignisses kann es in der unmittelbaren Lage schwierig sein, Lebensmittel zu beschaffen. Daher sollte eine Verpflegungs- und Versorgungsplanung, unter Berücksichtigung der Einlagerung von

Lebensmitteln, bereits im Vorfeld mit den Einsatzorganisationen abgestimmt werden.

9. Die Rückführung des Gemeindegebiets in den Normalzustand kann Wochen und bei Schädigung größerer Waldflächen sogar Monate bis Jahre andauern. Neben der Sicherung und Wiederherstellung der öffentlichen Infrastruktur bedarf es auch einer Unterstützung der unmittelbar betroffenen Einwohner. Für Bewohner von zerstörten Gebäuden müssen Unterbringungsmöglichkeiten geschaffen werden, bis diese wieder aufgebaut werden können.

4.2.3 Starkregen

1. Von einem Starkregenereignis wird gesprochen, wenn eine große Niederschlagsmenge innerhalb einer kurzen Zeiteinheit fällt. Starkregen kann überall auftreten und zu schnell ansteigenden Wasserständen und/oder Überschwemmungen führen. Durch den DWD (Deutscher Wetterdienst) wird in einem dreistufigen System je nach Niederschlagsmenge und Zeiteinheit gewarnt. Eine genaue Vorhersage des Ereignisses ist jedoch insbesondere bei kleinräumigen Ereignissen kaum möglich. Damit geht eine minimale Vorlaufzeit einher, die in der Regel nicht zur Einrichtung von Schutzeinrichtungen ausreichen wird.
2. Erfahrungsgemäß laufen private Keller als Erstes voll; hier kann bei der Identifizierung von betroffenen Objekten im Vorfeld auf die Erfahrung der örtlichen Einsatzkräfte zurückgegriffen werden. Je nach Ausmaß können die Regenmengen Unterführungen, U-Bahntunnel oder Tiefgaragen überfluten. Aber auch kritische Infrastrukturen, wie Energie oder Verkehr, können als Folge von Überflutungen komplett zum Erliegen kommen. Die Gefahren gleichen mit zunehmender Regenintensität den Gefahren bei einem Hochwasserereignis.
3. Potenziell können alle Einwohner einer Gemeinde betroffen sein. Dies schließt auch die private Betroffenheit von Einsatzkräften mit ein. Die Standorte der Feuerwehr oder anderer hilfeleistender Organisationen können ebenso betroffen sein wie das Rathaus. Mulden, Senken und Gebiete in unmittelbarer Nähe zu Flüssen, auch wenn diese sehr klein sind, sind tendenziell stär-

ker betroffen. Aber auch auf jeder Straße, in der die Kanalisation in einem solchen Ereignis überfordert ist, führt Wasser zu Schäden an der Infrastruktur und produziert Betroffene.

4. Im ersten Abmarsch werden Einsatzmittel benötigt, die zur Menschenrettung ausgerüstet sind. Im weiteren Verlauf des Einsatzes werden dann Kräfte benötigt, die Wasser fördern können; es geht dabei nicht zwingend um Großfahrzeuge mit festverbauten Pumpen, es hilft auch ein Mannschaftswagen mit einer Tauchpumpe, einem Stromerzeuger und einem Wassersauger. Vorteilhaft sind auch Fahrzeuge mit einer erhöhten Wattiefe, sodass ein Befahren von überspülten Straßen weiterhin gewährleistet ist.
5. Im Rahmen der allgemeinen Notfallplanung können die notwendigen Einsatzmittel und -ressourcen vorgehalten werden. Organisatorische Maßnahmen können vorgeplant werden. Der gemeindliche Stab kann frühestmöglich informiert werden. Ein kontinuierliches Beobachten der Wetter- und Warnlage ist bei einem solchen Ereignis unverzichtbar. Die Warnung und Information der Bevölkerung kann allgemein anhand der Prognosen des DWD in einem Stufenkonzept vorgeplant und im Vorfeld abgestimmt werden.
6. Im Rahmen der spezifischen Planung ähneln sich die zu treffenden Maßnahmen und Anforderungsprofile mit denen in Vorbereitung auf ein Hochwasserereignis. Der große Unterschied liegt in der Kenntnis des Ereignisorts. Bei einem Starkregenereignis kann nicht wie bei einem Flusshochwasser vorher schon geplant werden, welche Maßnahmen bei welchem Pegelstand umzusetzen sind oder in welchem Bereich eine Hochwasserschutzwand bzw. der Deich verstärkt wird. Hier stellt sich eher die Frage, inwiefern beispielsweise der Archivkeller des Rathauses oder die Küche des örtlichen Krankenhauses, welche im Keller oder ungünstig am Hang liegt, gegen Überflutungen durch Starkregen geschützt werden kann. Im Vergleich zu einer Hochwasserlage kann die Einsatzdauer in einem Starkregenereignis von Stunden bis zu Monaten (beispielsweise Ahrtal) andauern.
7. Bei einem solchen Ereignis mit einem großen Schadensgebiet, einer Vielzahl eingesetzter Kräfte und einer mittel- bis langfristigen Einsatzdauer sollte idealerweise auf ein Verpflegungs- bzw. Versorgungskonzept zurückgegriffen werden können.

8. Der Aufbau und die Instandsetzung der öffentlichen Infrastruktur sollten schnellstmöglich erfolgen. In den Reihen der Betroffenen und nicht Betroffenen ist die Hilfsbereitschaft in der Regel sehr hoch, sodass mit einer Vielzahl von Spontanhelfenden gerechnet werden kann. Diese Gruppe sollte ebenfalls einen Ansprechpartner im gemeindlichen Stab oder der örtlichen Einsatzleitung haben. Nur so kann sichergestellt werden, dass die Spontanhelfenden optimal unterstützen können und nicht gegeneinander gearbeitet wird.

4.2.4 Hochwasser

1. Hochwasserlagen können in ihrem Schadensausmaß erheblich differieren und werden daher in unterschiedliche Stufen eingeteilt. Diese sind abhängig von den jeweiligen Pegelständen der Gewässer und dem Ausmaß der Überflutung. Hochwasserlagen werden durch eine erhebliche Menge an Wasser zu einem bestimmten Zeitraum auf einem bestimmten Gebiet ausgelöst. Die natürliche Absorption durch das Erdreich ist hierbei nicht mehr ausreichend, um die Wassermassen versickern zu lassen. Daher suchen sich die niedergeschlagenen Wassermassen im Wege des geringsten Widerstands eine Möglichkeit, abzufließen. Auch kleinere örtliche Fließgewässer werden durch den erheblichen zusätzlichen Eintrag von Wasser innerhalb kurzer Zeit zu gefährlichen Strömen, welche nicht weiter durch die baulichen Vorkehrungen, sowie die regulären Auslaufflächen begrenzt werden können. Die Ursachen sind oftmals plötzliche oder andauernde ergiebige Niederschläge, gestiegene Pegel durch die Schneeschmelze, aber auch Sturmböen bzw. erdbebenähnliche Aktivitäten in Küstennähe. Je nach Tragweite können die Auswirkungen weit über das Gemeindegebiet hinausreichen.
2. Je nach Ausmaß können die Wassermassen Teile von Gebäuden fluten, kritische Infrastrukturen, wie Energie oder Verkehr, können komplett zum Erliegen kommen. Die Einwohner können u. U. nicht mehr in der Lage sein, ihre Häuser selbst zu verlassen, und werden vom Wasser eingeschlossen. Bei dauerhafter Unterspülung können Gebäude einstürzen, Sachwerte werden erheblich beschädigt. Die Einsatzkräfte können erhebliche Ver-

letzungen durch überflutete Gegenstände erleiden und ebenso durch Wassermassen eingeschlossen werden. Die Gefahr des Ertrinkens besteht.

3. Betroffen sind alle Einwohner, die im potenziellen Flutungsbereich wohnen bzw. sich dort aufhalten. Bis zum Erreichen des Maximalpegels nimmt die Zahl der Betroffenen dabei kontinuierlich zu. Die private Betroffenheit der Einsatzkräfte ist auch hier nicht auszuschließen. Ebenso können die Standorte der Einsatzorganisationen (Feuerwehrgerätehäuser, Fahrzeughallen von THW und Hilfsorganisationen) direkt betroffen sein.
4. Neben den gemeindlichen Einsatzkräften der Feuerwehr sollten auch Einsatzkräfte anderer Hilfe leistender Organisationen und Unternehmen eingebunden werden; diese können beispielsweise zusätzliche Hochwasserboote, Luftfahrzeuge oder speziell ausgebildete Einsatzkräfte zur Verfügung stellen. Der Verwaltungsstab sowie die örtliche Einsatzleitung sollten frühzeitig einberufen werden. Der Bauhof sollte über die Lage informiert werden. Eventuell ist es notwendig, Hochwasserhelfer aus der Mitte der Einwohner einzubeziehen. Sämtliche Kräfte sollten bereits vor Eintritt der Schadenslage in Alarmbereitschaft stehen und in regelmäßigen Abständen über den aktuellen Pegelstand informiert werden.
5. Im Rahmen der allgemeinen Notfallplanung können die notwendigen Einsatzmittel und -ressourcen vorgehalten werden. Organisatorische Maßnahmen können vorgeplant werden. Der gemeindliche Stab kann frühestmöglich einberufen werden. Potenzielle Notunterkünfte sollten bekannt sein.
6. Spezifische Maßnahmen können hier gut im Vorfeld szenarienorientiert geplant werden, da die bekannten Gewässer ihre Lage nicht verändern und die unterschiedlichen Hochwasserlagen durch Simulationen gut eingeschätzt werden können. Vordefinierte Alarmierungsstufen können helfen, die drohende Hochwasserlage in ihrem potenziellen Schadensausmaß einzuschätzen und gleichzeitig die jeweils notwendigen Maßnahmen zu planen. Bei der Nutzung von Hochwassergefahrenkarten für die Vorplanung sollte jedoch immer bedacht werden, dass es sich dabei um statistische Berechnungsmodelle handelt, die nur eine grobe Einschätzung vornehmen können und in der Regel isoliert betrachtet werden, ohne weitere Faktoren wie

Niederschlagsmengen einzubeziehen. Besteht ein erhöhtes Hochwasserrisiko in der Gemeinde, sollte erwogen werden, gemeinsam mit einem spezialisierten Ingenieurbüro eine detailliertere Simulation durchzuführen. Für alle evtl. betroffenen Gemeindegebiete sollten Evakuierungspläne, je nach Ausmaß der Lage, vorliegen und stets aktuell gehalten werden. Spezifische Einsatzmittel und -kräfte sollten in ausreichender Menge vorgehalten werden (Sandsäcke, Fülleinrichtungen, Transportkapazitäten, Hochwasserboote, ausgebildete Wasserretter). Potenziell betroffene kritische Infrastruktur muss, soweit möglich, durch Vorplanungen geschützt werden. Die Gebiete mit hoher Überflutungsgefährdung sollten, falls möglich, durch Hochwasserrückhaltebecken geschützt werden. Anderenfalls können mobile Hochwasserrückhalteeinrichtungen beschafft werden. Die Renaturierung von fließenden Gewässern kann potenzielle Hochwasserlagen zudem entschärfen. Beschilderungsmaßnahmen sollten für die jeweiligen Gebiete und Alarmstufen klar definiert werden (Halteverbote an flussnahen Parkplätzen etc.). Der Stabsraum sollte mit ausreichend Abstand zu potenziellen Überflutungsgebieten geplant werden.

7. Hochwasserlagen gehen meist einher mit Einsätzen von längerer Dauer. Mehrere Tage bis Wochen sind hierbei keine Seltenheit. Evakuierte Bewohner, deren Häuser durch das Szenario unbewohnbar wurden, verlängern die Einsatzdauer zudem erheblich. Hochwasserlagen binden den gemeindlichen Stab und Material und Personal der Einsatzkräfte daher meist sehr lange.
8. Durch die lange Einsatzdauer, die potenzielle Schädigung kritischer Infrastruktur und ganzer Wohngebiete sollte die Unterbringung und Verpflegung von betroffenen Einwohnern und sich im Dauereinsatz befindlichen Einsatzkräften klar geregelt sein.
9. Die Rückführung evtl. evakuierter Personen kann sich über Monate erstrecken und ist abhängig von dem jeweiligen Schadensausmaß. Es sollten daher auch Notunterkünfte zur Verfügung stehen, die den Betroffenen eine längere Verweildauer ermöglichen. Der Aufbau zerstörter kritischer Infrastruktur sollte schnellstmöglich erfolgen.

4.2.5 Amok und besondere Bedrohungslagen

1. Betrachtet wird ein Amoklauf/lebensbedrohliche Gewalttat in einem öffentlichen Gebäude im Gemeindegebiet.
2. Amokläufe und lebensbedrohliche Gewalttaten sind nicht zwingend nur auf ein Objekt begrenzt. Im Tatverlauf können weitere Gebäude im Gemeindegebiet betroffen sein. Da es sich bei einer Amoktat i. d. R. um eine vorgeplante Handlung mit gemeingefährlichen Mitteln handelt, ist nicht auszuschließen, dass eine Ausweitung der Lage auf weitere Gebäude oder Flächen erfolgen wird und dieser Verlauf beabsichtigt wurde. Bei einer Ausweitung der Tatorte können somit auch z. B. Bereitstellungsräume der Einsatzkräfte betroffen sein.
3. Bei einer Amoklage besteht die Gefahr für alle im Gebäude befindlichen Personen und auch für Personen im angrenzenden öffentlichen Bereich und Verkehrsraum. Bei einer Weiterentwicklung des Tatverlaufs können weitere zugängliche Gebäude oder sogar das gesamte Gemeindegebiet betroffen sein z. B. bei einer Flucht des Täters. Es ist somit eine Gefährdung der gesamten Gemeinde bzw. des gesamten Kreises gegeben.
4. Neben den polizeilichen Einsatzkräften ist in einer Alarm- und Ausrückeordnung auf Gemeinde- und Kreisebene zu definieren, welche Kräfte der Feuerwehr und des Rettungsdiensts sowie weiterer hilfeleistenden Organisationen zu alarmieren sind und in Bereitschaft gehalten werden. Grundsätzlich ist bei solchen Einsatzlagen eine enge Abstimmung mit der Polizei erforderlich, da diese in der Regel zunächst die einsatzführende Organisation ist. Dies gilt ebenfalls für Krisenteams der entsprechenden Objekte sowie gemeindliche Stäbe. Es empfiehlt sich, hierzu im Vorfeld entsprechende Alarmierungspläne (Amokeinsatzordner) mit den polizeilichen Kräften abzustimmen, welche dann u. a. Objektübersichten mit Fotos, Informationen zu Absperrpunkten, Aufstellorten der Einsatzkräfte, Einsatzkommunikation sowie Standorte der Einsatzleitung beinhalten. Diese Amokeinsatzordner sollten für alle relevanten und mit der Polizei abgestimmten Gebäude erstellt werden.

5. Im Rahmen der Notfall- und Krisenplanung des betreffenden Objekts sind Notfallablaufpläne für eine Amoklage zu erstellen, in welchen eine Alarmierung der im Gebäude befindlichen Personen geregelt und definiert ist. Diese Alarmierung ist ebenfalls für eingesetzte Krisenteams und weitere Ansprechpartner zu regeln. Bei der gebäudeinternen Alarmierung ist zwingend zu beachten, dass Brandmeldeanlagen so zu programmieren sind, dass der akustische Brandalarm von einem Amokalarm unterdrückt wird. Generell sind Anlagen zur Warnung bei einer Amok-Lage entsprechend den Absprachen mit der zuständigen Polizeidirektion auszuführen. Die Einrichtung eines Bedrohungsmanagements u. a. zur Meldung verdächtiger Aktivitäten im Objekt an ein internes Krisenteam, wie das Fotografieren von Flucht- und Rettungsplänen oder ausgesprochene Drohungen gegenüber Mitarbeitern sowie eingegangene Drohanrufe, kann helfen, mögliche eintretende Risiken für das Objekt und dessen Nutzer im Vorfeld verifizieren und bewerten zu können und entsprechend geeignete (Gegen-)Maßnahmen zu planen, zu installieren und vorzuhalten. Ebenso sind im Rahmen von Vorplanungen Sammelplätze, welche nicht öffentlich bekannt sind, für besondere Gefahrenlagen wie Bombendrohungen zu betrachten, sowie Schulungen der Mitarbeitern zum Verhalten in besonderen Gefahrenlagen und die Einrichtung eines Krisenteams.
6. Es ist zu empfehlen, aufbauend auf der allgemeinen Notfallorganisation für Brand und Evakuierung des Gebäudes, Aufgaben und Verhaltensempfehlungen für Mitarbeiter jedes einzelnen Bereichs/Stockwerks zu definieren für eine Amoklage. Hierzu zählen u. a. Trainings zum Verhalten in solchen Lagen nach dem Prinzip: Run, Hide, Tell, welches u. a. auch die Sicherung von Räumen mit einfachsten Mitteln beinhalten sollte. Ebenfalls ist über eine erweiterte Erste-Hilfe-Ausbildung im Umgang mit Tourniquets und deren Vorhaltung nachzudenken. Eine Definition und Einrichtung von Schutzzonen und Räumen sollte betrachtet werden, welche durch entsprechende Zugangssicherungen z. B. von Türen (Kartenleser o. Ä.) gesichert sind. Bei der Einrichtung von (Schutz-) Räumen ist u. a. darauf zu achten, dass keine Sichtverbindung von außen (flurseitig) in das Rauminnere besteht.

Die Erstellung der beschriebenen Objektakten für die Polizei sowie Trainings der internen Krisenteams und die Installation von technischem Equipment wie Aufzeichnungsgeräte für Drohanrufe ergänzen eine Vorplanung auf eine besondere Gefahrenlage sinnvoll und effektiv.

7. Je nach Schadensausmaß und Einsatzumfang kann, unter Einbeziehung der Nachsorge für Einsatzkräfte und Betroffene, mit einer Einsatzdauer von mehreren Stunden bis teilweise sogar mehreren Tagen ausgegangen werden.
8. Aufgrund der genannten möglichen Einsatzdauer sowie der Einsatzbelastung bei einer besonderen Gefahrenlage wie einem Amoklauf ist sinnvollerweise bereits mit der Alarmierung und Bestätigung der Amoklage durch die Polizei eine entsprechende Vorbereitung für Maßnahmen wie Verpflegung der Einsatzkräfte und eine psychosoziale Notfallversorgung (PSNV) zu treffen. Des Weiteren sind möglicherweise erforderliche Pressekonferenzen sowie die Krisenkommunikation bereits in die Notfallplanung mit einzubeziehen und vorzuplanen.
9. Eine Rückführung des Objekts in den Normalzustand wird Tage bis Wochen dauern, je nach Schadensschwere des Ereignisses und weiterer nachgelagerter Maßnahmen wie z. B. Ermittlungsmaßnahmen der Polizei. Es kann erforderlich werden, die Bevölkerung auch nach dem unmittelbaren Ereignis weiter zu informieren und Betroffene über einen längeren Zeitraum zu betreuen. Die Einrichtung eines Bürgertelefons und einer Anlaufstelle für Betroffene wird erforderlich sein und sollte, wie auch die Schaffung von z. B. Notarbeitsplätzen für Mitarbeiter, vorgeplant werden, bis eine Nutzung des Objekts wieder möglich ist. Für die Vorplanung von Ereignissen, deren primäre Zuständigkeit in der Erstintervention durch andere Behörden (hier die Landespolizei) liegt, ist eine vorherige Abstimmung und Einholung von Fachberatung durch die Kreispolizeibehörde dringend empfohlen.

4.2.6 Ausfall der Spannungsversorgung

1. Im Zusammenhang mit einer Energiemangellage sollte auch der Ausfall der Spannungsversorgung als Ereignis betrachtet werden. Wichtig ist es, am Anfang eine Abschätzung bzw. eine Abgrenzung zwischen Blackout und Brownout zu treffen. Bei einem Blackout handelt es sich um einen plötzlichen, flächendeckenden, lang anhaltenden, nicht kontrollierten Stromausfall. Plötzlich bedeutet in diesem Kontext ein Abschalten des gesamten europäischen Verbundnetzes innerhalb von weniger als 30 Sekunden, einhergehend mit Spannungsspitzen im Netz, die schätzungsweise 30 % der elektronischen Verbraucher im Netz nachhaltig zerstören. Durch diese nachhaltige Beschädigung ist es nicht mehr möglich, das Verbundnetz zeitnah wieder vollständig in Betrieb zu nehmen. Von einem Brownout kann gesprochen werden, wenn der Übertragungsnetzbetreiber Teile des Verbundnetzes kontrolliert, kurzzeitig (für Stunden), flächenmäßig begrenzt (Teile von Deutschland), abschaltet. Dies geschieht aufgrund von Schwankungen in der Netzfrequenz, die bei 50 Hertz liegen soll. Durch Zu- oder Abschalten von Erzeugungsanlagen oder Verbrauchern wird die Netzfrequenz stabil gehalten. Bei einer Abschaltung wird mit Großverbrauchern in der Industrie, beispielsweise Aluminiumhütten, begonnen. Die Beantwortung der Fragen bezieht sich auf den wahrscheinlicheren Fall eines Brownouts.
2. Ein Ausfall der Spannungsversorgung im Gemeindegebiet betrifft alle Lebensbereiche. Beispielsweise funktionieren Aufzüge genauso wenig wie Verkehrsampeln oder elektrisch betriebene Türen. Heimbeatmungsgeräte haben nur einen begrenzten Batteriespeicher und die Druckerhöhungspumpen für die Wasserversorgung fallen auch aus. Eine häufig unterschätzte Gefahr an dieser Stelle ist die der plötzlichen Zuschaltung von Spannung und der damit verbundenen wieder möglichen Bewegung von Aufzügen, Türen oder anderer Maschinen.
3. Betroffen von einem Spannungsausfall ist generell die gesamte Bevölkerung inkl. der Einsatzkräfte und Verwaltung. Die Schwere der Betroffenheit kann durchaus variieren und hängt stark von den im Vorfeld geplanten bzw. getroffenen Maßnahmen ab.

4. Neben den Einsatzkräften der gemeindlichen Feuerwehr, welche in der Alarm- und Ausrückeordnung definiert sind, ist es bereits frühzeitig ratsam, nachgeordnete Kräfte anderer hilfeleistender Organisationen oder Unternehmen mit einzubeziehen. Die Gefahrenabwehrbehörde sollte sich bei einer Flächenlage mit ihrem Verwaltungsstab im Stabsraum einfinden, außerdem sollte die örtliche Einsatzleitung der Feuerwehr besetzt werden.
5. Im Rahmen der allgemeinen Notfallplanung können die notwendigen Einsatzmittel und -ressourcen vorgehalten werden. Organisatorische Maßnahmen können vorgeplant werden. Der gemeindliche Stab kann frühestmöglich einberufen werden.
6. Aufbauend auf der allgemeinen Vorplanung sollte definiert werden, welche Bereiche innerhalb der Verwaltung zwingend mit Notstrom versorgt werden müssen. Konkrete Beispiele dafür wären der Raum der Einsatzleitung oder das ganze Feuerwehrgerätehaus, der Stabsraum sowie die Kommunikationsinfrastruktur (Funk und Intranet). Außerdem sollte die Frage nach der Notstromversorgung von wichtigen Einrichtungen geklärt werden. Dazu zählen beispielsweise das örtliche Krankenhaus, in dem sich ggf. die Küche für die Einsatzkräfteverpflegung befindet, oder die Tankstelle, Betriebstankstelle, der Stabsraum und die Redundanz für die Funkkommunikation. Wichtig im Rahmen der Einsatzplanung der Feuerwehr für einen Brownout ist es, eine Übersicht zu gewinnen, welche nicht offensichtlichen Gebäude (Krankenhaus, Seniorenheim, Hochhaus …) einen Aufzug verbaut haben. Denn jeder Aufzug wird zur Falle für die Fahrgäste, die in der Regel durch die Feuerwehr gerettet werden müssen. Bei einem großflächigen Spannungsausfall ist auch die Notrufübertragung nicht mehr sichergestellt, sodass Anlaufpunkte für die Bevölkerung geschaffen werden müssen, an denen Notrufe abgesetzt werden können. Die Nutzung von Feuerwehrhäusern als Anlaufpunkte sollte vor dem Hintergrund des Funktionserhalts der Gefahrenabwehr kritisch hinterfragt werden.
7. Der eigentliche Brownout kann Minuten bis Tage dauern, die Auswirkungen und die Wiederherstellung des Normalzustands können allerdings auch längere Zeit in Anspruch nehmen.
8. Im Rahmen der Vorplanung für die Einsatzkräfteverpflegung kann mit einer lokalen Kantine geplant werden, diese sollte dann aber auch in das Notstromversorgungskonzept eingebun-

den werden. Alternativ kann mit einer mobilen Küche, betrieben durch Einsatzorganisationen oder lokale Unternehmen, geplant werden.

9. Je nach Art und Umfang des Brownouts gestaltet sich die Rückführung in den Normalzustand unterschiedlich schwierig. Je länger der Ausfall, desto aufwendiger die Maßnahmen zur Rückführung. Möglicherweise muss die Trinkwasserinfrastruktur aufgrund des abgestandenen Wassers desinfiziert werden. Kühl- und Gefrierläger liegen voll mit aufgetauten, nicht mehr gekühlten Lebensmitteln, die dadurch verdorben sind und entsorgt werden müssen. Fleischproduktionsbetriebe konnten die Versorgung der Tiere nicht mehr aufrechterhalten und mussten diese notschlachten, sodass die Verhinderung von Seuchen und anderen Krankheiten in den Vordergrund rückt.

Hinweis

Anhand der aufgezeigten Beispiele ist ersichtlich, wie hoch der Bedarf ist, die allgemeinen Notfallplanungen anhand bestimmter Szenarien fortzuentwickeln und weitere Maßnahmen zu planen; dabei kann immer wieder auf dieselben Querschnittsfähigkeiten zurückgegriffen werden. Die Anzahl der so spezifisch beplanten Szenarien muss sich in Grenzen halten, da die Beteiligten sonst Gefahr laufen, durch Planungen behindert und nicht mehr unterstützt zu werden. Es muss also immer auch hinterfragt werden, für welche Ereignisse, bei welcher Eintrittswahrscheinlichkeit und v. a. mit welchen konkreten Auswirkungen auf das jeweilige Gemeindegebiet eine solche Planung indiziert ist. Der dargestellte Fragenkatalog sollte durch die Planer unter Berücksichtigung der ortsspezifischen Belange durchdacht und ggf. ergänzt werden. Besteht ein entsprechend abgestimmter Katalog der zu prüfenden Aspekte, macht es Sinn, besonders gefahrenträchtige oder besonders schutzwürdige Objekte damit einer kritischen Prüfung zu unterziehen. Darauffolgend kann beraten werden, ob es sinnvoll oder vielleicht sogar zwingend erforderlich ist, eine spezifische Notfallplanung für die identifizierten Objekte zu erstellen.

4.2.7 Kritische Infrastruktur

Im Duden ist folgende Definition für den Begriff *Infrastruktur* zu finden:

„(...) notwendiger wirtschaftlicher und organisatorischer Unterbau als Voraussetzung für die Versorgung und die Nutzung eines bestimmten Gebiets, für die gesamte Wirtschaft eines Landes“.

Die Funktionsfähigkeit der Infrastruktur ist in jeder Gemeinde für den reibungslosen Ablauf von wirtschaftlichem, gesellschaftlichem und kulturellem Leben essenziell. Außerdem bilden die verschiedenen infrastrukturellen Einrichtungen das Fundament jeden Staates. Daher wird es auch als staatliche Aufgabe angesehen, diese Einrichtungen aufzubauen, zu warten, ggf. instand zu setzen und zu schützen. Doch was kann an diesen wichtigen infrastrukturellen Einrichtungen nun kritisch sein? Die Kritikalität der Infrastruktur bezieht sich auf deren Ausfall und die resultierenden Auswirkungen. Es wird von kritischer Infrastruktur (KRITIS) gesprochen. Die folgenden Bereiche wurden als kritische Infrastrukturen definiert:

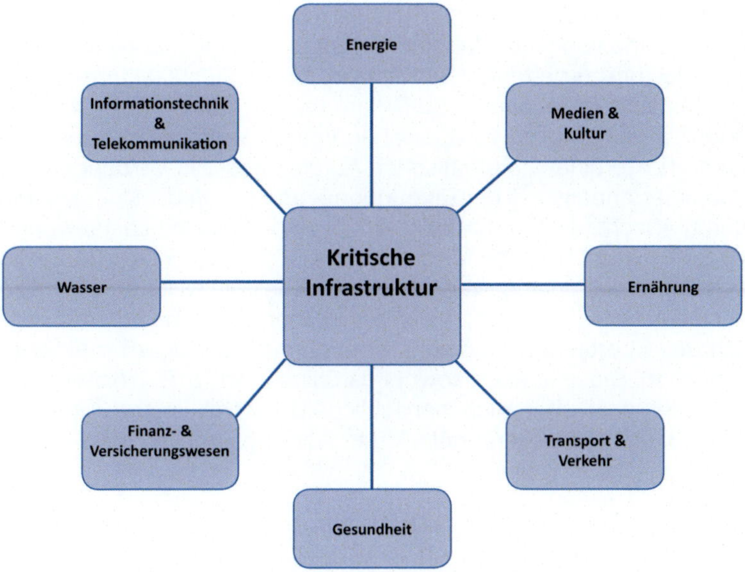

Bild 2: *Kritische Infrastrukturen (Quelle: FORUM Verlag Herkert GmbH)*

Die Störung eines Bereichs der KRITIS hat immer Auswirkungen auf alle anderen Bereiche. Der Ausfall der *Energieversorgung* beeinflusst beispielsweise den *Transportsektor* genauso wie die Bereiche *Wasser*, *Gesundheit*, *Kommunikation*, *Medien*, *Finanzen* und die *Verwaltung*. Aus diesem Grund wird der Ausfall oder eine Störung des Energiesektors als eine der Gefahren mit den größten Auswirkungen gesehen. Die weitreichende Vernetzung des europäischen Verbundnetzes trägt zur Anfälligkeit, aber auch zu Stabilität gegenüber Störungen gleichermaßen bei. Die Übertragungsnetzbetreiber schalten Kraftwerkskapazitäten so zu und ab, dass das Netz stabil bei einer Frequenz von 50 Hz gehalten wird. Die Abschaltung von Leitungswegen für Wartungs- und Instandsetzungsarbeiten gehört ebenfalls zum Aufgabengebiet. So wurden im November 2006 beispielsweise zwei Freileitungen planmäßig vom Netz genommen. Eine ungünstige Kombination von Fehlern führte in der Folge zu einer Trennung des Verbundnetzes und in letzter Konsequenz zu einem automatischen Lastabwurf von Verbrauchern. Dies führte in großen Teilen Süd- und Westeuropas zu einem länger anhaltenden Stromausfall. Am 1. Adventswochenende 2005 wurde das Münsterland von einem tagelangen Spannungsausfall infolge eines Schneesturmes getroffen. Betroffen waren ca. 250.000 Menschen in 25 Gemeinden. Im Januar 2021 kam es ebenfalls zu einer Netzfrequenzabweichung im europäischen Verbundnetz, mit der unmittelbaren Folge eines automatischen Auftrennens des Verbundnetzes und einer Anpassung der Erzeugungs- und Verbrauchskapazitäten durch Abschalten von Kraftwerken im Südosten und Lastabwürfen im Südwesten. Ursache für die Störung war ein defektes Bauteil in einer Umspannanlage, welches eine Überlast an weiteren Bauteilen auslöste. Diese drei Beispiele verdeutlichen zum einen die Anfälligkeit des Stromnetzes und zum anderen die Vielfältigkeit möglicher Ursachen. Diese können sowohl natürlicher Art (z. B. Hochwasser, Unwetter) sein, aber auch menschliche Ursachen sind möglich. Defekte Bauteile, Hackerangriffe oder Wartungsarbeiten sind hierfür drei mögliche Beispiele.

Die Störung der kritischen Infrastruktur *Energieversorgung* ist das prägnanteste Beispiel für deren Anfälligkeit und die potenziellen Auswirkungen, die sich durch den Ausfall solch einer KRITIS ergeben können. Dennoch wird auch dem Ausfall aller anderen kritischen Infrastrukturen große Aufmerksamkeit geschenkt; so beschäftigen sich verschiedene Bundesressourcen mit der Abschätzung des Risikos, der Analyse der Auswirkungen und möglichen Maßnahmen zur Gefahrenabwehr.

4.2.7.1 Kritische Infrastruktur von Gemeinden

In jedem Gemeindegebiet finden sich zahlreiche kritische Infrastrukturen. Allen voran steht das Rathaus, das Zentrum der Verwaltung. In diesem befinden sich zahlreiche Dokumentationen, Datenbanken und andere Archivarien, die es zu schützen gilt. Außerdem befinden sich dort oftmals auch die Stabsräume, sodass durch einen Ausfall des Rathauses oder Verwaltungsgebäudes die Arbeitsfähigkeit des gemeindlichen Stabs direkt gefährdet ist. Neben einem Spannungsausfall muss das entsprechende Gebäude auch gegen andere Einwirkungen von außen geschützt werden. So ist zu beachten, dass Archive, Server oder andere infrastrukturelle

Einrichtungen, welche sich für diesen Fall ungünstigerweise in den Kellerräumen befinden, gegen eindringendes Wasser von außen zu schützen sind. Ein anderer Ansatzpunkt, gerade auch für die Räumlichkeiten des Stabs und der örtlichen Einsatzleitung, ist die Installation einer unterbrechungsfreien Stromversorgung (USV). Durch diese Form der Vorplanung und Umsetzung können der Stab und die im Vorfeld als wichtig definierten Teile des Verwaltungsapparats autark arbeitsfähig ausgestattet werden.

Um einen Überblick über die kritischen Infrastrukturen im Gemeindegebiet zu erhalten, empfiehlt es sich, eine Vorlage mit den verschiedenen Betreibern der entsprechenden Einrichtungen zu erstellen und im Rahmen der Notfallplanung direkt mit den entsprechenden Ansprechpartnern der jeweiligen Unternehmen zu füllen. Wenn es sich um Betriebe handelt, die nicht zur Gemeinde gehören, haben diese in der Regel auch eigene Notfallplanungen, da sie sich der Rolle als Unternehmen der KRITIS bewusst sind und ihre eigene Unternehmensexistenz daran hängen kann.

4.2.7.2 Ausfall verschiedener Infrastrukturen

Der Ausfall einer kritischen Infrastruktur und damit verbundene Beeinträchtigungen anderer kritischer Infrastrukturen können bis auf die Gemeindeebene erhebliche Auswirkungen haben. Einige Beispiele sollen dies im Folgenden verdeutlichen.

Die gegenseitige Beeinflussung kritischer Infrastrukturen wird bei einem Spannungsausfall auch in Bezug auf den Bereich der Kommunikation deutlich sichtbar: Nicht nur die Mobil- und Festnetzkommunikation sind hiervon betroffen, auch das Internet. Der Digitalfunk der BOS ist ein ebenso stark betroffener Bereich der KRITIS-Kommunikation. Der Bereich der Festnetzkommunikation fällt unmittelbar nach einem Spannungsausfall aus, da sowohl die Router und Homeserver in den Haushalten als auch die Anschlusspunkte keinen Strom mehr erhalten, um eine Verbindung zum Internet, über das die Telefonie netzseitig abgewickelt wird, aufbauen zu können. Das mobile Telefonieren funktioniert nur noch so lange, wie die Sendemasten und die dazugehörige Vermittlungs- und Übertragungstechnik mit Strom versorgt werden. In einigen Regionen sind die Masten und die Knotenpunkte mit einer Notstromversorgung ausgerüstet, dies ist jedoch eher selten der Fall. Außerdem werden die wenigen vorhandenen Netzressourcen sehr schnell in eine Überlast laufen. Abhilfe kann bei einem überlasteten, aber noch funktionierenden Mobilfunknetz die Einrichtung von Bevorrechtigungen nach dem Telekommunikationsgesetz § 186 für Bedarfsträger der BOS schaffen. Die Beantragung sollte im Rahmen der Vorplanung erfolgen, da sich eine Umsetzung im Ereignisfall deutlich schwieriger gestaltet.

Auch der Bereich des digitalen BOS-Funks (TETRA-Funk) ist schnell von einem Spannungsausfall betroffen. Viele Basisstationen des TETRA-Funks sollten im Rahmen der Netzhärtung ab 2019 mit einem Funktionserhalt für 72 h bei einer Fahrzeugfunkversorgung ausgestattet sein. Einige Basisstationen sind zudem mit einer USV ausgestattet. Durch die USV wird die Zeit überbrückt, die ein Notstromgenerator benötigt, um entweder anzulaufen oder um aufgebaut und angeschlossen zu werden. Die Basisstationen haben bis auf wenige Ausnahmen eine USV für mindestens sechs Stunden. Diese zusätzliche Schutzstufe wird über eine Reihe von Akkus oder Brennstoffzellen realisiert. Eine solche Schutzmaßnahme ist u. a. auch in Krankenhäusern zu finden, in denen beispielsweise Beatmungsgeräte kontinuierlich mit Strom versorgt werden müssen. Um eine Versorgung mit Strom auch im Fall eines Spannungsausfalls sicherzustellen, sind technische Vorkehrungen zur Fremdeinspeisung zu treffen.

Fahrzeuge, sowohl die der BOS als auch die der Bürger, werden nach einiger Zeit keinen Treibstoff mehr im Tank haben. Die Pumpen zur Förderung des Kraftstoffs an den Tankstellen werden elektrisch angetrieben und sind nicht mehr funktionsfähig. Auch dieser Fall muss in der lokalen Gefahrenabwehr dringend berücksichtigt werden. Die wenigsten Tankstellen besitzen die Möglichkeit, Notstrom einzuspeisen. Im Sinne der Gefahrenabwehr sollte bei der Planung neuer Tankstellen berücksichtigt werden, dass diese solch eine Notstromeinspeisung unterstützen. Der Tankstelle als solcher kommt im Fall eines Spannungsausfalls, aber auch im Fall anderer Schadensereignisse eine Schlüsselrolle zu: Denn ohne Treibstoff können die Einheiten des Katastrophenschutzes nicht planmäßig arbeiten – es funktionieren keine Aggregate, keine Fahrzeuge, keine Heizgeräte etc. Aus diesem Grund muss die Sicherung der Treibstoffzufuhr eine sehr hohe Priorität in der lokalen Notfallplanung erlangen. Es ist zu beachten, dass in der Regel der Kraftstoff, der in den unterirdischen Tanks einer Tankstelle lagert, nicht dem Pächter oder Inhaber der Tankstelle gehört. Er verkauft den Kraftstoff lediglich im Auftrag eines Mineralölkonzerns und kann daher mit der Gemeinde keinen Vertrag zur Sicherstellung der Versorgung abschließen. Darüber hinaus sollte auch sichergestellt werden, dass immer eine ausreichende Menge für die Gemeinde vorgehalten wird. Das hat aber zur Konsequenz für den Tankstellenbetreiber, dass er nur noch ca. die Hälfte seiner Tankkapazität für seine Kunden zur Verfügung hat, wodurch die Akzeptanz einer solchen Vereinbarung grundsätzlich fraglich ist. Eine andere Möglichkeit, um die Treibstoffversorgung in einer Gemeinde sicherzustellen, ist die Errichtung einer Betriebstankstelle beispielsweise auf dem örtlichen Bauhof. Hier kann die Gemeinde sicherstellen, dass immer eine vorher zu definierende Menge an Treibstoff bevorratet wird und der Zugriff auf diesen Treibstoff sichergestellt ist. Allerdings muss der genehmigungsrechtliche Rahmen für eine solche Betriebstankstelle beachtet werden (Wasserschutzgebiet, Gefahrstoffverordnung...).

Auch die Trinkwasserversorgung bzw. die Wasserentsorgung kann in kurzer Zeit zu einer kritischen Infrastruktur werden. Der Bund hat für diesen Fall, im Rahmen des Zivilschutzes, jedoch vorgeplant und unterhält in weiten Teilen der Bundesrepublik Notbrunnen und zusätzlich Einheiten des THW sowie anderer Hilfsorganisationen, die in der Lage sind, Brauchwasser so aufzubereiten, dass es als Trinkwasser an die Bevölkerung ausgegeben werden kann. Allerdings sind diese Maßnahmen auf ein lokal begrenztes Ereignis ausgelegt und können keine flächendeckende Kompensationsmaßnahme darstellen. Hinzu kommt bei einem länger andauernden Ausfall der Trinkwasserversorgung die Gefahr der Verkeimung der stillstehenden Leitungen und der damit einhergehende Aufwand, das Leitungsnetz wieder auf eine Trinkwasserqualität zu ertüchtigen.

Hinweis

In die Notfallplanung sind auch solche Szenarien mit einzubeziehen, die durch den Ausfall der kritischen Infrastrukturen verursacht werden können. Hierbei ist im Rahmen der Datenerhebung genau zu erfassen, ob kritische Infrastrukturen oder auch Störfallbetriebe vorhanden sind, wie genau diese sich im eigenen Stadt- bzw. Gemeindegebiet darstellen und welche Maßnahmen getroffen werden können, um den Ausfall zeitnah und bestmöglich zur überbrücken.

4.2.8 Terrorlagen bei Veranstaltungen

Aufgrund der tragischen Ereignisse in der jüngsten Vergangenheit auf Veranstaltungen und der aktuell vorherrschenden hohen abstrakten Gefährdungslage in der Bundesrepublik Deutschland ist es unerlässlich, sich bei der Sicherheitsplanung zum Schutz von Veranstaltungen mit der Thematik „Besondere Gefährdungslagen" (Terrorlagen, Fund gefährlicher Gegenstände etc.) auseinanderzusetzen. Daher sind jegliche Sicherheitskonzepte aller Veranstaltungen in jeder Größenordnung grundsätzlich einer erneuten Gefährdungsanalyse zu unterziehen und die Maßnahmen der Notfallplanung zu überarbeiten. Die repetitive Weiterverwendung von bestehenden Konzepten ohne ihre eingehende Prüfung ist grob fahrlässig und kann zu erheblichen strafrechtlichen sowie haftungsrechtlichen Folgen führen. Bestehende Sicherheitskonzeptionierungen sind auf den Prüfstand zu stellen, anzupassen und zu erweitern.

Als ein einfaches Hilfsmittel in der Vorgehensweise zur Anpassung und Erweiterung von Konzepten ist anzuraten, aus vergangenen Schadensereignissen zu lernen und sich zu hinterfragen, wie die eigene Organisation auf diese Situation vorbereitet gewesen wäre. Allein die Beschäftigung mit dieser Fragestellung und das System auf erste mögliche Schwachstellen zu analysieren und zu prüfen, bringt die Sicherheitsverantwortlichen in die Lage, alle vorhandenen Prozesse und Abläufe durchgehen zu müssen, um mögliche Lücken identifizieren zu können.

Zudem ist ein weiterer wichtiger Punkt die Frage, mit welchen Bedrohungsakteuren man es zu tun hat, wie diese Täter vorgehen und welche Ziele sie verfolgen. Erst mit diesem Wissen kann detailliert an der Optimierung von Präventionsmaßnahmen und Prozessabläufe gearbeitet werden.

Grundsätzlich ist bei der Planung und Implementierung von Präventionsmaßnahmen ein Zusammenspiel aus technischen, organisatorischen und baulichen Maßnahmen anzuraten, in welchem die Einzelmaßnahmen aufeinander abgestimmt sind und ineinandergreifen müssen, insbesondere wenn es zum Ereignisfall kommt. Jeweils nur einzeln betrachtete „Stand alone"- Maßnahmen ohne die Implementierung in das System Sicherheitskonzept führen im Ereignisverlauf zwangsläufig an irgendeiner Stelle zur Unterbrechung oder zum Versagen des Gesamtprozesses. Dies betrifft in der Praxis häufig dazugestellte Fahrzeugsperren, ohne in einer Detailplanung zu berücksichtigen, wie eigentlich Rettungsfahrzeuge durch die Sperren kommen, oder dass keine ausreichenden Schutzbereiche an den Fahrzeugsperren berücksichtigt werden. Hierbei ist im Gesamtkontext ebenfalls wichtig zu erkennen, wie viel Sicherheitspersonal benötigt wird, in welche Kommunikationsstruktur sind die „Bediener der Fahrzeugsperren" einzubinden u. w. relevante Punkte, welche im neuen Gesamtprozess der Sicherheitskonzeption betrachtet werden müssen.

4.2.8.1 Gefährdungsanalyse

Ziel der Gefährdungsanalyse ist es, möglichst alle Gefährdungen, denen die Veranstaltung, deren Besucher und Mitarbeiter (Caterer, Sicherheitsdienst u. w.) ausgesetzt sein können, rechtzeitig zu erkennen und zu bewerten sowie im weiteren Verlauf die geeigneten Maßnahmen zu implementieren.

Die Gefährdungsanalyse als Teil der Gefährdungsbeurteilung

1. Gefährdungsanalyse – 2. Risikobeurteilung – 3. Schutzmaßnahmen

Die Gefährdungsanalyse als Allgefahren-Ansatz ist der erste durchzuführende Teil bei der Beurteilung bei einer Gefährdungsbeurteilung.

Die dargestellte Vorgehensweise wird als „Handlungsschritte für die Gefährdungsbeurteilung" bezeichnet.

Die erforderlichen einzelnen Schritte hierzu im Überblick:

- Veranstaltungsbereiche und Tätigkeiten auf der Veranstaltung festlegen
  Es ist festzulegen, welche einzelnen Bereiche zu betrachten sind, z. B. Einlassbereiche oder Bühnenfläche
- Gefährdungen hierzu ermitteln
  gem. Allgefahrenansatz
- Gefährdungen hierzu beurteilen
  gem. Allgefahrenansatz und der aktuellen Lage bzw. Absprache mit den
  zuständigen Behörden.
- Schutzziele setzen
  (muss zwingend Bestandteil des Sicherheitskonzepts sein).
  Definition, was soll geschützt werden:
  Personen (Personal und Gäste), Infrastruktur, Equipment etc.
- Maßnahmenalternativen entwickeln und auf Machbarkeit prüfen
  Prüfung, ob z. B. technische Systeme im Bestand eingesetzt werden können
- Erforderliche Maßnahmen auswählen
  Hierbei ist der Stand der Technik anzuwenden
- Maßnahmen im Sicherheitskonzept implementieren und durchführen
  Zusätzlich sind die Maßnahmen auf die Kategorien organisatorische, technische und bauliche Maßnahmen abzustimmen.
- Wirksamkeit der getroffenen Maßnahmen prüfen
  Hier kann auch durch einen externen Penetrationstest die Resistenz der getroffenen Maßnahmen vor Veranstaltungsbeginn geprüft werden.
- Dokumentieren
  Dokumentation des Gesamtprozesses der durchgeführten Gefährdungsbeurteilung sowie Schulung der erforderlichen Beteiligten

- Gefährdungsbeurteilung fortschreiben
  Eine Fortschreibung hat bei jeder Änderung und Anpassung sowie bei unveränderter Veranstaltung bei Neuplanung im nächsten Jahr zu erfolgen.

Die erstellten Gefährdungsbeurteilungen können als Grundlage bei Vorgesprächen mit Behörden, insbesondere der Polizei, zur Lageeinschätzung dienen. Es empfiehlt sich, bei einer Lageänderung, auch kurz vor Veranstaltung, die getroffenen Maßnahmen nochmals zu überprüfen und den veränderten Gegebenheiten anzupassen. Hierzu ist es auch ggf. erforderlich, auch kurzfristig weiterführende Maßnahmen im Sicherheitskonzept zum Implementieren und vor Ort durchzuführen.

Gefährdungsbeurteilungsmatrix (Muster Veranstaltung)

Phase	Gefahrenquelle	Gefährdung	Wahrscheinlichkeit	Schadensschwere	Risiko	Maßnahmen	Wahrscheinlichkeit	Schadensschwere	Risiko
Anreisephase	Kraftfahrzeuge	unbeabsichtigte Kollision mit Fußgängern	2	4	8	Verkehrssicherung durch Sperren, Geschwindigkeitsreduzierung	1	3	3
	Kraftfahrzeuge	beabsichtigte Kollision mit Fußgängern (Terrror- oder Amoklage)	3	5	15	Einrichtung techn. mobiler und immobiler Fahrzeugsperren	3	2	6
	ÖPNV	Störung des geplantes Ablaufs ausgrund von Verögerungen, sowie Ausfällen	4	1	4	Einrichtung eines Sonderfahrplans in Abstimmung mit den Verkehrsdienstleistern	2	1	2
					0				0
					0				0
					0				0
					0				0
					0				0
					0				0
Einlassphase	Besucher	erhöhter Staudruck an den Vereinzelungsanlagen vor der Personenkontrolle	3	4	12	Planung ausreichender Pufferzonen, Einrichtung einer Personenlenkung ab den Parkflächen	1	4	4
	Stichwaffen	Aufffinden und- / oder Einsatz von Stichwaffen bei der Personenkontrolle	3	5	15	Personenkontrolle der Strufe vier, Einsatz eines profesionnelen Sicherheitsdienstes, Ausstattung mit stichhemmenden Schutzwesten	3	3	9
					0				0
					0				0
					0				0
					0				0
					0				0
					0				0
					0				0

RISIKOMATRIX: Es sollte eine Beschreibung / Benennung der Punkte 1-5 auf die Eintrittswahrscheinlichkeit / Schadenschwere erfolgen, damit nachvollziehbar ist, was die Werte in der Risikomatrix genau aussagen!

Eintrittswahrscheinlichkeit / Schadenschwere	5	4	3	2	1
5	25	20	15	10	5
4	20	16	12	8	4
3	15	12	9	6	3
2	10	8	6	4	2
1	5	4	3	2	1

Abstufungen der Eintrittswahrscheinlichkeit:

(sehr) gering = Eintritt unwahrscheinlich
(Ereignis ist nicht ausgeschlossen)
mittel = Eintritt möglich
(der Eintritt ist wahrscheinlicher als das Ausbleiben des Schadensereignisses)
(sehr) hoch = Eintritt zu erwarten
(der Eintritt ist als wahrscheinlich anzunehmen)

1 = praktisch unmöglich
2 = unwahrscheinlich
3 = selten
4 = gelegentlich
5 = häufig

Abstufungen des Schadensausmaßes:

(sehr) gering = Schaden gering
(Bagatellverletzungen, Sachschäden kleineren Umfanges)
mittel = Schaden mittel
(ernsthafte Verletzungen, stationäre Behandlung nötig, einzelne Betroffene)
(sehr) hoch = Schaden hoch
(Schwerverletzte, letale Verletzungen, viele Betroffene)

1 = Bagatelle
2 = klein
3 = mittel
4 = groß
5 = Katastrophe

***Bild 3:** Vorlage GBU (Quelle: mawe Consulting)*

4.2.8.2 Bestandsanalyse vor Ort

Im Rahmen einer Bestandsanalyse der Veranstaltungssituation ist zu überprüfen, ob sich weiterführende Anforderungen an die Sicherheitsplanung für besondere Gefährdungslagen ergeben. Es reicht hier nicht aus, nur die „allgemein bekannten Standardlagen, wie Brand, medizinische Notfälle, Überfüllung usw., zu betrachten. Es sind insbesondere die Bereiche, welche in der o. g. Gefährdungsanalyse und Gefährdungsbeurteilung aufgeführt sind, mit der tatsächlichen Vor-Ort-Situation abzugleichen. Die Fragen, die hier gestellt werden müssen, sind, wo die Veranstaltung besonders verwundbar ist, an welcher Stelle könnte ein Angreifer am meisten Schaden anrichten, und welche Bereiche bedürfen des höchsten Schutzniveaus.

Zudem sind bei der Bestandsanalyse Lehren aus Schadensereignissen der Vergangenheit abzuprüfen. Es gibt hierzu für viele vergangene Schadenslagen, in z. B. Terrorlagen, detaillierte Analysen. Die Analysen dieser Taten sollten als Prüfpunkte zur Verwundbarkeitsanalyse mitberücksichtigt werden. In einer Verwundbarkeitsanalyse (Vulnerabilitätsanalyse) werden diejenigen Bereiche auf Anfälligkeit für Ereignisse von außen analysiert, die für die Durchführung einer Veranstaltung essenziell sind und die immer zur Verfügung stehen müssen. Die daraus resultierenden zusätzlichen Schutzmaßnahmen müssen in die bestehende Sicherheitskonzeptionierung mit einfließen. Mögliche Maßnahmenableitungen können beispielsweise sein, dass Bereiche der Ver- und Entsorgung oder Anlagen zur Beleuchtung von Fluchtwegen durch technische Maßnahmen wie Videoüberwachung oder Zaunanlagen zu schützen sind, sowie mit weiteren organisatorischen Maßnahmen, wie der zusätzlichen Stellung von Sicherheitspersonal in diesem Bereich, geplant werden muss.

Auf Basis der durchgeführten Verwundbarkeitsanalyse ist die vorhandene Sicherheitsorganisation zu prüfen. Es sind aus den daraus folgenden Überarbeitungen der Sicherheitskonzepte die Fragen zu beantworten, ob die bereits getroffenen Maßnahmen der letzten Jahre (bei wiederkehrenden Veranstaltungen) ausreichend sind oder ob weitere Maßnahmen getroffen werden müssen. Anzumerken ist, dass in vielen Sicherheitskonzepten betreffend die Thematik „Besondere Gefährdungslagen“ oft nur sehr rudimentär erfasst sind. Eine hierzu erforderliche detaillierte Sicherheitsablaufplanung in Verbindung mit einem darauf abgestimmten Notfall- und Krisenmanagement bedarf jedoch deutlich mehr als einen kleinen Absatz im Sicherheitskonzept. Bei weiterführend erforderlichen Maßnahmen wie der Einrichtung von Fahrzeugsperren oder einer Drohnendetektion sind mit ausreichend Vorlauf zur Veranstaltung technische und bauliche Punkte abzuklären bzw. auch im Vorfeld durch Experten in Form eines separaten Konzepts (u. a. Durchfahrtschutzkonzept) Bewertungen durchzuführen, welche teilweise auch einer separaten Genehmigung benötigen. Planung und Umsetzung der v. g. Maßnahmen bedürfen eines erheblichen zeitlichen Vorlaufs und können nicht erst kurzfristig, wenige Tage oder Wochen vor dem Veranstaltungsbeginn, erfolgen.

Anpassung von Sicherheitskonzepten

Bei der Anpassung von Sicherheitskonzepten an besondere Gefährdungslagen sind auch die Alarmierungs- und Kommunikationsstrukturen anzugleichen. Wenn der Aufwand betrieben wird, die vorhandenen Konzepte entsprechend anzupassen, sollte auch der Gesamtprozess betrachtet werden. So ist beispielsweise bei der Einrichtung von Kontrollstellen wichtig, dass in einem Kommunikationsplan geregelt wird, an welche Stelle ein auffälliges Verhalten oder eine verdächtige Beobachtung zu melden ist und wer fachlich in der Lage ist, diese gemeldete Beobachtung zu verifizieren und die erforderlich notwendigen Maßnahmen einzuleiten. Welche Anweisungen in der Lage können vor Ort direkt getroffen werden, ab wann müssen weitere Eskalationen der gemeldeten Beobachtung an das Koordinierungsgremium des Veranstalters oder die behördliche Einsatzleitung erfolgen: Die Punkte müssen im Vorfeld geklärt werden und sind zwingend in den Notfallplanungen, aber auch in den Kommunikationsplanungen zu berücksichtigen. Vor allem jedoch sind die Abläufe hierbei zu schulen, zu üben und auch zu definieren, wie mit möglichen Zeitverzügen bei Klärung der Situation z. B. in Einlasssituationen umzugehen ist. Der Leitsatz: „Besuchersicherheit ist auch Besucherzufriedenheit“ sollte hier als Maßstab angesetzt werden.

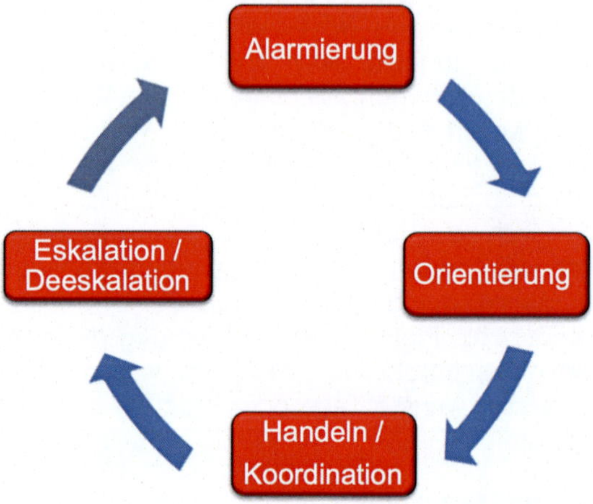

Bild 4: *Besuchersicherheit (Quelle: mawe Consulting)*

Zusammenarbeit mit BOS-Organisationen und Sicherheitsdiensten

Elementar ist bei der Betrachtung von besonderen Gefährdungslagen die Zusammenarbeit von Sicherheitsdiensten und BOS-Organisationen. Demzufolge ist es wichtig, dass bei Lagebeurteilungen vor Veranstaltungsbeginn alle Organisationen eingebunden werden, um auch Erkenntnisse aus vergangenen Veranstaltungen mit einbringen zu können. Bei Besichtigung von Veranstaltungsflächen oder bei speziellen Bedrohungshinweisen im Vorfeld sind in einer Ortsbegehung auch die im Sicherheitskonzept beschriebenen Schnittstellen zu besprechen sowie Unklarheiten auszuräumen. Insbesondere im Schadensfall erleichtert ein eingespielter und trainierter Ablauf von Sicherheitsdiensten und BOS-Organisationen die Abarbeitung der Lage immens. Es empfiehlt sich, bei Einrichtung eines Krisenstab-Koordinierungsgremiums Verbindungspersonen zu definieren, die den Informationsaustausch zwischen Sicherheitsdienst und BOS-Organisationen sicherstellen.

Lageabhängige Sicherheitsmaßnahmen

Wichtig für eine lageabhängige Betrachtung von Sicherheitsmaßnahmen ist, dass im Vorfeld Informationen vorhanden sind, um überhaupt beurteilen zu können, ob aufgrund von Bedrohungen gegen die Veranstaltung weiterführende Maßnahmen erforderlich sind. Hierzu ist eine Prüfung von „relevanten" Gegenveranstaltungen sowie besonderen Ereignissen, mit denen Wechselwirkungen bestehen könnten (z. B. durch Social-Media-Recherche). Die Erkenntnisse daraus sind ein wichtiger Baustein in der Sicherheitsarchitektur. Diese Informationen ergänzen dann die Lageeinschätzung der Behörden und liefern eine erste Gesamtbewertung für das Lagebild. Ohne diese Rechercheergebnisse und nötigen Vorarbeiten wird es in Zukunft sehr schwierig werden, ein adäquates Lagebild zu erstellen, da eben wichtige Informationen aus dem digitalen Raum fehlen.

Einige mögliche Maßnahmen zur Umsetzung bei einer erhöhten Gefahrenlage von Veranstaltungen sind folgende:

a) **Technische Maßnahmen**
z. B. Zugangskontrollen, Spotter (ausgebildete Spezialisten, welche das Verhalten in Menschenmengen beobachten und analysieren und rechtzeitig auf gefährliche Entwicklungen hinweisen können), manipulationssichere Fahrzeugsperren sowie Detektionssysteme von Drohnen

b) **Bauliche Maßnahmen**
z. B. Rückzugsräume, Verengungen bei Zufahrten, Abtrennung gegenüber öffentlichen Bereichen und Flächen

c) **Organisatorische und taktische Maßnahmen**
z. B. Rot/Gelb/Grün-Bereiche (Definition von Gefahrenbereichen bei Schadensereignissen mit „Grüner" Bereich = gesicherter Bereich, „Gelber" Bereich = gesperrter Bereich, Zugang nur nach Aufforderung und unter Begleitung von Einsatzkräften, „Roter" Bereich = absoluter Gefahrenbereich – Betreten verboten) gültig für BOS-Einsatzkräfte, aber auch für private Sicherheitsdienste inkl. Abläufen zur Verhinderung eines Zweitschlags sowie Maßnahmen zu Kommunikationsstrukturen und Abläufen zum Verhalten bei Drohnensichtung

Auch hier gilt, dass alle Maßnahmen aufeinander abgestimmt eingesetzt werden müssen und die getroffenen Maßnahmen in den Gesamtablauf des Sicherheitskonzepts zu integrieren sind.

Ein grundsätzlich wichtiger Punkt einer jeden Sicherheitsarchitektur ist die Überprüfung des eingesetzten Sicherheitspersonals. Es gilt, mit geeigneten Maßnahmen und Abläufen zu verhindern, dass ungeprüfte Personen Zugang zu relevanten Flächen oder Sicherheitsbereichen erhalten. Für das Bewacherregister sind die Ordnungsbehörden der Landkreise sowie der kreisfreien Städte (das Kreisordnungsamt) zuständig. Ein neuer Mitarbeiterr des Sicherheitsdienstes muss im Bewacherregister angemeldet werden. Eine Abfrage im Bewacherregister wird automatisch alle 5 Jahre durch die Ordnungsbehörden der Landkreise sowie der kreisfreien Städte (Kreisordnungsbehörde) durchgeführt. Im Bewacherregister sind bei Anmeldung wichtige Informationen und Nachweise einzureichen wie z. B. Daten der Person mit Ausweisdokument oder Aufenthaltstitel, Qualifikation bzgl. 34a GEWO (mind. Unterrichtung nach 34a GEWO). Diese Bescheinigungen werden im Bewacherregister hochgeladen und von der Behörde bei der IHK zur Überprüfung auf Echtheit angefragt.

- Erweiterte Meldebescheinigung,
- erweiterter Melderegisterauszug (5 Jahre zurückliegend).
  An allen letzten Wohnsitzen wird bei Polizei, Staatsanwaltschaft u. a. zu laufenden und zurückliegenden Verfahren abgefragt sowie Abfrage beim Verfassungsschutz.

Für eine Erhöhung der Sicherheit bei Veranstaltungen müssen beim Einsatz von Subunternehmern Maßnahmen zur Kontrolle durch den Hauptauftragnehmer durchgeführt werden, um zu kontrollieren, ob das eingesetzte Personal des Subunternehmens z. B. im Bewacherregister eingetragen ist. Da sich das Sicherheitsgewerbegesetz weiterhin im Status eines Referentenentwurfs beim BMI befindet, ist mittelfristig nicht mit greifbaren gesetzlichen Vorgaben für die Tätigkeiten im Bewachungsgewerbe (auch bei Veranstaltungen) zu rechnen. Daher wird dringend empfohlen, die Zertifizierung der eingesetzten Sicherheitsdienstleister für ihre jeweilige Bewachungsaufgabe gem. DIN 77200 zu überprüfen.

Cave: Für jeden Teilbereich des Bewachungsgewerbes, z. B. Veranstaltungsbewachung, Geldtransporte, Personenschutz, ist eine eigenständige Zertifizierung erforderlich. Diese Zertifizierungen erfolgen durch den Technischen Überwachungsverein Nord oder Süd, sowie die DEKRA. Bei der Überprüfung der Zertifizierungen ist auf die Prüfnummer der Zertifikate zu achten. Bei der erstmaligen Überprüfung ist eine Rückfrage zur Bestätigung der Echtheit des Zertifikats bei der zertifizierenden Stelle anzuraten. Gleiches gilt bei der erstmaligen Überprüfung von Zertifikaten über die Sachkundeprüfung gem. § 34a GeWO, bei der in der Praxis regelmäßig Fälschungen enttarnt werden. Es ist dringend anzuraten, alle seitens des Sicherheitsdienstleisters geplanten Mitarbeitern sowie mögliche Vertretungsregelungen namentlich anzufragen und der zuständigen Gewerbebehörde des Landkreises bzw. der kreisfreien Stadt im Vorfeld zur Überprüfung zu übersenden. In der Praxis zeigt sich, dass mit einer nicht geringen Wahrscheinlichkeit mit Verstößen gegen die Gewerbeordnung zu rechnen ist oder Mitarbeiter nicht angemeldet sind.

Eine sicherheitsorganisatorische Empfehlung ist:
Die Einreichung der Personendaten des eingesetzten Sicherheitspersonals mit Bewacher-ID bei der Polizei vor Veranstaltungsbeginn. Nur diese akkreditierten Personen dürfen dann auch auf der Veranstaltung arbeiten; hierzu ist eine regelmäßige Überprüfung vor Ort notwendig.

Schulungen aller Beteiligten

Auf Basis des erstellten Sicherheitskonzepts ist zwingend eine Einweisung aller relevanten Beteiligten durchzuführen. Hierfür ist wichtig, dass nicht erst kurz vor Veranstaltungsbeginn eine Einweisung vor Ort durchgeführt wird. Das klare Ziel dieser Einweisung muss sein, dass allen Beteiligten die im Sicherheitskonzept beschriebenen Aufgaben und Handlungsabläufe verständlich sind. Die Vorhaltung von Taschenkarten, welche für jede einzelne Position und Aufgabe z. B. des Sicherheitsdienstes anzupassen sind, kann hier von Vorteil sein, sofern eine eigene Einweisung vor Ort erfolgt.

Ein weiterer für Notsituationen entscheidender Punkt ist die Ortskenntnis der Beteiligten. Es ist wenig sinnvoll, wenn z. B. ein Sicherheitsdienst ohne Ortskenntnis auf einem Weihnachtsmarkt im Stadtgebiet oder für die Betreuung eines Umzugs eingesetzt wird, wenn nicht mal die Hauptstraßen namentlich bekannt sind und sich eine Verlegung in Gefahrensituationen nur mit erheblichem Zeitverzug realisieren lässt.

Bild 5: *Verhalten bei Terrorlagen (Quelle: mawe Consulting)*

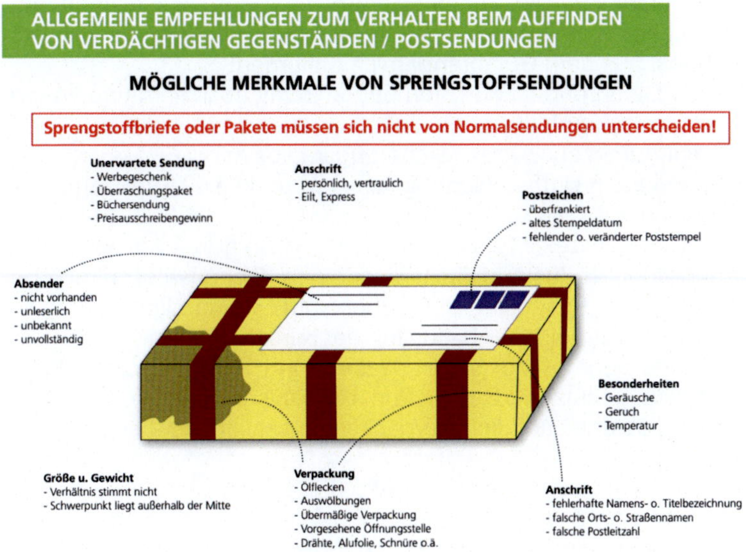

Bild 6: *Fund gefährlicher Gegenstände (Quelle: mawe Consulting)*

Hinweis zur Erkennung verdächtiger Gegenstände

Einzelne Merkmale ergeben für sich alleine gesehen noch keinen Verdacht. Es müssen immer die Gesamtumstände berücksichtigt werden. Hierbei hängt es von der Sicherheitsanalyse und dem Gefährdungslagebild ab, welche genauen Maßnahmen zu treffen sind.

Verhaltensempfehlungen bei Auffindung verdächtiger Gegenstände oder sogenannter unkonventioneller Spreng- oder Brandvorrichtungen (USBV), Englisch IED (improvised explosive device), welche in der Regel nicht industriell, sondern häufig von Terroristen mit Fachwissen hergestellte Brand- oder Sprengladungen (bzw. Brand- oder Sprengfalle) darstellen.

- Mundschutz, z. B. Taschentuch.
- Den Brief/Gegenstand nicht öffnen, nicht daran riechen, nicht berühren!
- Den Brief/Gegenstand an Ort und Stelle belassen! Nicht in ein Behältnis einbringen!

- Unverzüglich alle Personen zum Verlassen des Gefahrenbereiches (z. B. Büro, Wohnung, Gebäude) auffordern und sich selbst aus dem Gefahrenbereich entfernen!
- Den Gefahrenbereich sofort gegen Zutritt absichern und andere Personen fernhalten!
- Weiträumig absperren (Sicherungsradius mind. 50 Meter)!
- In direktem Umfeld nicht telefonieren und keine Funkgeräte benutzen.
- Örtliche Polizei (110) und Feuerwehr (112) ggf. unter Beachtung individueller Zuständigkeitsregelungen (Sicherheitszentrale/-beauftragten, Krisenstab o. Ä.) über Notruf verständigen!
- Luftzug vermeiden, Abschalten der Klimaanlage.
- Hände sehr gründlich mit Wasser und Seife waschen; keine Bürste benutzen (Gefahr von Kleinstverletzungen), ggf. Kleidung ablegen, luftdicht verpacken, anschließend duschen.

Den Anweisungen der Einsatzkräfte (Feuerwehr und Polizei) ist unbedingt Folge zu leisten. Weitere Personen, die mit dem verdächtigen Gegenstand (radioaktive, biologische oder chemische Gefahrenquelle) in Berührung kamen, festhalten, um die Gefahr einer Kontamination anderer Personen zu verhindern; in gesondertem Raum isolieren und Personalien notieren. In jedem Fall einen Arzt kontaktieren bzw. aufsuchen.

VERHALTEN BEI TELEFONISCHEN BOMBENDROHUNGEN

Ihr Verhalten!

Läuft die Aufzeichnung?

Zuhören – nicht unterbrechen – Notizen machen – Informationen gewinnen – weitersprechen erreichen

Sie notieren!

Datum / Uhrzeit ______________ Dauer des Anrufes ______________ Min.

Anrufer auf Anschluss ______________ ☐ Auswärtsgespräch ☐ internes Gespräch

Genauer Wortlaut der Drohung/Ankündigung ggf. Nr. des Anrufers ______________ (Displayanzeige)

____

____

____

Ihre Rückfragen!

Warum haben Sie die Bombe gelegt?

____

Wann wird die Bombe explodieren?

____

Wo befindet sich die Bombe?

____

Wie sieht die Bombe aus?

____

Was für eine Bombe ist es?

____

Wie wird die Bombe gezündet?

____

Wie heißen Sie?

____

Von wo aus rufen Sie an?

____

Zum Schluß
- sich nicht für zuständig erklären
- Versuchen Gespräch auf andere Leitstelle oder anderen Anschluß zu legen

Ihre Personalien:

Name ______________

Schicht ______________

Angaben zum Anrufer

Sprache ______________

Dialekt/Akzent ______________

Geschlecht

☐ männlich ☐ weiblich

Geschätztes Alter ______________

Sprachmerkmale

☐ langsam ☐ schnell
☐ leise ☐ laut
☐ normal ☐ aufgeregt
☐ bestimmt ☐ verstellt
☐ nasal ☐ lispelnd
☐ gebrochen

Sonstige Sprachmerkmale

____

Hintergrundgeräusche

☐ keine ☐ Stimmen
☐ Musik ☐ Verkehr
☐ Maschinen ☐ Sonstige

Bild 7: *Verhalten bei telefonischer Bombendrohung (Quelle: mawe Consulting)*

Erweiterte Erste-Hilfe-Maßnahmen (z. B. Tourniquet, Notfallbandage)

Speziell für Sicherheitsdienste empfiehlt es sich, wenn sich diese mit der Vorbereitung auf Terrorlagen beschäftigen, neben angepassten Abläufen und Notfallplänen auch die Ausbildung im Bereich Erste Hilfe auszuweiten. Zusätzlich zur „klassischen" Erste-Hilfe-Ausbildung sollte der Umgang mit Equipment im Bereich der erweiterten Ersten Hilfe wie Tourniquet und Notfallbandage trainiert werden. Ein weiterer wichtiger Baustein ist auch die Erweiterung der Ausrüstung für den Einsatz auf der Veranstaltung. Die genannten erweiterten Hilfsmittel zur Notfall-Versorgung bei Schuss-, Stich- und Sprengverletzungen sind natürlich vor Ort mitzuführen.

a) Durchführung von Krisenstabsübungen zu Schadenslagen
   In der Praxis hat es sich bewährt, bei größeren Veranstaltungen und bei Veranstaltungen, die einem bestimmten Gefahrenpotenzial unterliegen, sowie bei Veranstaltungen, wo die Risikoanalyse gezeigt hat, dass es bei vergleichbaren Veranstaltungen in der Vergangenheit Problemstellungen gab, eine Krisenstabsübung für ausgewählte Szenarien durchzuführen. Der Vorteil ist, dass nicht nur Abläufe und Handlungsoptionen trainiert werden können, sondern sich die Beteiligten untereinander kennenlernen.
b) Nachsorge – Krisenintervention
   Da wir uns bei der Betrachtung von besonderen Lagen mit Ausnahmesituationen beschäftigen, sind natürlich auch Maßnahmen zur Krisenintervention von Betroffenen und für Einsatzkräfte bei besonders gefährdeten Veranstaltungen mit vorzuplanen.

Im BOS-Bereich halten verschiedene Bundesländer hierzu bereits Konzepte vor. Diese sollten jedoch nicht nur auf den BOS-Bereich beschränkt sein, sondern auch die an der Veranstaltung Beteiligten mit inkludieren. Insbesondere für Großschadenslagen sind veranstaltungsspezifische Maßnahmen im Sicherheitskonzept hierzu zu planen. Es ist erforderlich, dass nicht nur die notfallmedizinische Versorgung bei Großschadenslagen/Großeinsatzlagen gegeben ist, sondern auch Maßnahmen zur psychosozialen Notfallversorgung (PSNV) aller Beteiligten sichergestellt wird. Dies betrifft im Ereignisfall nicht nur die BOS-Einsatzkräfte, sondern auch Besucher und Mitarbeiter der Veranstaltung, die unmittelbar betroffen sind, sowie z. B. Mitarbeiter von Sicherheitsdienstleistern.

4.3 Selbsthilfefähigkeit der Bevölkerung

4.3.1 Selbstschutz

Unter dem Begriff des Selbstschutzes wird das Sich-Schützen gegen negative Einflüsse von außen verstanden. Im Kontext des Zivil- und Katastrophenschutzes sind unter Selbstschutz die Vorsorge und die eigenmächtige Vorbereitung von Bürgern auf einen Katastrophen- und Spannungsfall gemeint. Vor dem Hintergrund des Krieges in der Ukraine zeigt sich wie aktuell und essenziell eine umfassende Selbstschutzfähigkeit innerhalb der Bevölkerung auch als Ergänzung der staatlichen Möglichkeiten ist. Der Selbstschutz der Einwohner kann über zwei Kanäle realisiert werden:

Selbsthilfe

- Wie kann ich mir selber in einer Notsituation helfen?
- Was muss ich dazu wissen?
- Welche Mittel brauche ich zur Selbsthilfe?

Nachbarschaftshilfe

- Wie kann ich helfen?
- Wann helfen mir andere?

4.3.2 Staatliche Aufgaben im Selbstschutz

Die Aufgaben im Selbstschutz lassen sich aus dem Gesetz über den Zivilschutz und die Katastrophenhilfe des Bundes ableiten. In § 5 werden die Aufgaben der Gemeinde beschrieben. Zu diesen gehören der Aufbau, die Förderung und die Leitung des Selbstschutzes. Zudem sind der Fürsorgeanspruch der Bürger und die Daseinsvorsorge im Grundgesetz niedergeschrieben. Durch die Schaffung der Möglichkeit zum Selbstschutz durch die Gemeinden sind aber auch die jeweiligen Einwohner in die Pflicht genommen, eine gewisse Vorsorge selbst zu treffen. Dies entlastet die lokale Verwaltung erheblich.

In den folgenden Tabellen soll ein kurzer Überblick gegeben werden, wie eine Stadt/Gemeinde die ihr auferlegten Aufgaben des Aufbaus, der Förderung und Leitung des Selbstschutzes ihrer Einwohner erfüllen kann.

Tabelle 1: *Selbstschutz der Bevölkerung*

Selbstschutz der Bevölkerung		
Aufbau	**Förderung**	**Leitung**
Einrichtung von Beratungsstellen	Schulung und Ausbildung (inkl. Räumen und Lehrmitteln)	Erstellung von Anordnungen, Merkblättern, Lautsprecherdurchsagen sowie Radio- und Fernsehbeiträgen
Beratung der Bevölkerung	Beratung der Bevölkerung	
Erstellung planerischer Grundlagen	Werbung in der Bevölkerung durch diverse Flyer und Drucksachen des BBK. https://www.bbk.bund.de/DE/Warnung-Vorsorge/Vorsorge/vorsorge_node.html	
Zusammenarbeit mit den Einsatzorganisationen		Beschaffung von Warnfahrzeugen, Reaktivierung von Sirenen, Einführung von Cell Broadcast und Ausbau der NINA App

Doch auch der Selbstschutz in den Behörden und Betrieben muss berücksichtigt werden und kann durch folgende Tabelle inspiriert werden:

Tabelle 2: *Selbstschutz in Behörden und Betrieben*

Selbstschutz in Behörden und Betrieben		
Aufbau	**Förderung**	**Leitung**
Arbeitsschutzgesetz	Schulung und Ausbildung (inkl. Räumen und Lehrmitteln)	Erstellung von Anordnungen, Merkblättern, Lautsprecherdurchsagen sowie Radio- und Fernsehbeiträgen
Eigenes Interesse der Beteiligten	Beratung der Bevölkerung	
Erstellung planerischer Grundlagen	Betriebsanalysen (Gefährdungsanalysen)	
Gewinnung von Einsatzkräften für den Bevölkerungsschutz	Planung der Eigenversorgung	

Bei Unfällen, Katastrophen und im Verteidigungsfall, für den der Selbstschutz ursprünglich gedacht war, ist dieser der erste und der wichtigste Schritt zur Rettung. Allerdings werden zur wirksamen Selbst- und Nachbarschaftshilfe Kenntnisse über die drohende Gefahr und die Fähigkeit, diese zu bekämpfen, vorausgesetzt. Bei der Schaffung dieser Voraussetzungen muss die Gemeinde der Bevölkerung behilflich sein. Auch die Einsatzorganisationen leisten einen Beitrag in der Ausbildung der Bevölkerung – beispielsweise in Form von Erste-Hilfe-Kursen oder durch Kurse zum Selbstschutz, die durch die Bundesakademie für Bevölkerungsschutz und Zivile Verteidigung organisiert werden. Zusätzlich ist das Thema Selbstschutz bereits frühestmöglich in den schulischen Lehrplan zu integrieren. In Ländern wie Japan und Neuseeland, in denen Naturkatastrophen vergleichsweise oft vorkommen, ist dieses Thema schon lange in den Schulalltag integriert. Durch diese Notfallpädagogik soll, neben den medizinischen und psychosozialen Aspekten, das grundlegende Verhalten und das Bewusstsein für die Gefahren, Risiken und Schadenspotenziale geschult werden.

4.3.3 Resilienz der Bevölkerung

Unter Resilienz versteht man die Widerstandsfähigkeit einer Bevölkerung gegenüber Krisen; man könnte in diesem Zusammenhang auch von der *Krisenanfälligkeit* sprechen. Deutschland gilt als hochtechnisiertes Industrieland, was sich im täglichen Leben der einzelnen Einwohner deutlich widerspiegelt. Die Chancen der vorhandenen Infrastruktur sind immens, doch auch die Abhängigkeit von dieser ist stark ausgeprägt und die Auswirkungen eines Ausfalls sind umso größer. Es stellt sich also die Frage, wie der Umgang mit Krisensituationen durch die Einwohner des jeweiligen Gemeindegebiets eingeschätzt werden kann. Zwar spielen hier zahlreiche individuelle und soziale Aspekte eine tragende Rolle, dennoch kann, durch die gesteigerte Abhängigkeit von infrastrukturellen Einrichtungen, eine geringere Resilienz angenommen werden.

Beispiel

Dies soll am Beispiel eines Krankenhauses dargestellt werden. Auch ein Krankenhaus ist an die hochtechnisierte Infrastruktur angebunden. Viele Patienten sind abhängig von lebenserhaltenden Geräten, die mit Strom versorgt werden müssen. Simuliert man nun einen szenarienorientierten Ausfall der kritischen Infrastruktur Energie, zeigt sich schnell, dass die Abhängigkeit so hoch ist, dass das System Krankenhaus nur noch in geringem Maße aufrechterhalten werden kann. Die lebenserhaltenden Gerätschaften können durch die geringen Personalressourcen nicht ersetzt werden, evtl. Langzeitbeatmungen sind nur in begrenzter Anzahl möglich. Die Mitarbeiter unterliegen einer großen Stresssituation und müssen Entscheidungen fällen, für die sie nicht ausgebildet sind. Es müsste beispielsweise Entschieden werden, welcher Patient weiter beatmet wird und bei welchem die Beatmung eingestellt wird. Ein Stromausfall, von auch nur wenigen Minuten, kann also erhebliche Konsequenzen nach sich führen. Die Bewältigung dieser Krise ist, durch den zunehmenden Verlass auf die technische Ausstattung, nahezu nicht mehr möglich, auch wenn Krankenhäuser in der Regel eine Notstromversorgung bereit halten, kann diese nicht den Normalbetrieb aufrecht erhalten.

Ohne jeden Zweifel liegt der deutsche Standard auf einem sehr hohen Niveau, sodass die Auswirkungen umso drastischer sind und auch durch die Bevölkerung umso schlimmer wahrgenommen werden. Aus diesem Grund muss sich die Bevölkerung, ebenso wie die Behörde oder der Betrieb, auf Störungen und Katastrophen vorbereiten. Der individuelle Selbstschutz sollte keinesfalls vernachlässigt werden. Die Stadt/Gemeinde sollte daher die Aufgabengebiete des Aufbaus, der Förderung und der Leitung des Selbstschutzes nicht vernachlässigen.

4.3.4 Aufgaben der Bevölkerung im Selbstschutz

Im Regelfall greift die Gefahrenabwehr binnen kürzester Zeit. Die Hilfsfristen sind klar definiert und versichern diese schnelle Hilfeleistung zusätzlich. Doch wenn ein Schadensereignis den vorgeplanten Rahmen übersteigt und plötzlich eine große Lücke im System entsteht, ist auch der Einwohner einer Gemeinde, wenn auch nur kurze Zeit, auf sich alleine gestellt. Auch hier gilt der Grundsatz, das Unvorhersehbare planen zu müssen. Das Bundesamt für Bevölkerungsschutz und Katastrophenhilfe (BBK) stellt hierfür zahlreiche Broschüren zur Verfügung. Diese erläutern sehr detailliert die häufigsten potenziellen Gefahren und damit auch Schadenslagen und empfehlen entsprechende Vorsorgemaßnahmen. Zu den meistgenannten Gefahren gehören ein lang anhaltender Stromausfall, Hochwasserereignisse, Unwetter, Feuer und Gefahrstoffaustritte. Anhand von Checklisten wird detailliert das abzuarbeitende Vorgehen entlang einzelner Punkte beschrieben. Bereiten sich Einwohner einer Gemeinde anhand dieser Leitfäden vor, so können auch gewisse Lücken im Notfallsystem eine bestimmte Zeit lang überbrückt werden.

Innerhalb Deutschlands gibt es diverse Gründe, die eine unterschiedliche Vorsorge für potenzielle Schadensfälle bedingen. Allein die geografische Lage der jeweiligen Gemeinde spielt eine große Rolle. Auch aufgrund der verschieden starken Besiedlung ergeben sich große Unterschiede, sowohl in den Auswirkungen wie auch in den Vorsorgemaßnahmen. Eine grobe Unterteilung kann zwischen der Bevölkerung auf dem Land und der in der Stadt gemacht werden. Eine andere Unterteilung ist die zwischen Mietern und Eigentümern oder die zwischen Privathaushalten und Unternehmen. Jede Gruppe muss individuell und im Rahmen der eigenen Möglichkeiten Vorsorgemaßnahmen treffen. Es wird einer Familie in einem Einfamilienhaus in einem landwirtschaftlich geprägten Gebiet deutlich leichter fallen, einen Notvorrat an Lebensmitteln im Keller anzulegen, als einer Familie, die in einer Dreizimmerwohnung in einem Hochhaus mitten in einem Ballungsgebiet wohnt. Ebenso kann es auf dem Land einfacher sein, frisches Trinkwasser aus dem eigenen Brunnen direkt am Haus zu beziehen. Andererseits kann das Warten auf medizinische Hilfe in ländlichen Gebieten deutlich länger dauern als im Ballungsgebiet. Aus diesem Grund ist eine genaue Betrachtung der örtlichen Gegebenheiten und der damit verbundenen Fähigkeiten zur Selbsthilfe notwendig. Um zu entscheiden, was den Einwohnern eigenverantwortlich zugemutet werden kann und mit welchen Selbsthilfemaßnahmen diese überfordert sein könnten, müssen durch die Gefahrenabwehrbehörde all diese Aspekte berücksichtigt werden. Erfahrungsgemäß spielt auch die Altersstruktur eine Rolle bei der Vorsorge. Die Generation, die Zeiten des Mangels in Form eines Krieges o. Ä. erlebt hat, bevorratet, genau wie die direkte Nachfolge-Generation, noch deutlich mehr Lebensmittel. Die Einschätzung, inwiefern den Einwohnern einer Stadt/Gemeinde die Eigenversorgung im Notfall zugemutet werden kann, hat erhebliche Auswirkungen auf die jeweilige Notfallplanung. Greift man das Beispiel der Trinkwasserversorgung auf, so kann diese in ländlichen Gebieten wahrscheinlicher durch die Einwohner selbst aufrechterhalten werden. In Ballungszentren muss die Notfallplanung hierfür gesonderte Maßnahmen vorsehen. Gleiches gilt für die Brennstoffversorgung: Ist es in ländlichen Gebieten üblich, in Ein- und Zweifamilienhäusern einen Kamin zu haben, so ist es in einem Mehrfamilienhaus in Ballungszentren eher unüblich.

4.4 Zusammenarbeit mit übergeordneten Stellen

4.4.1 Einbindung ereignisspezifischer Akteure der Gefahrenabwehr

In der operativen Gefahrenabwehr auf Ebene der Gemeinde können in einem Einsatzfall grundsätzlich alle Institutionen, Organisationen und Vereine gem. dem Ordnungsbehördengesetz zur Mitarbeit herangezogen werden. Ebenso kennen die Feuer- und Katastrophenschutzgesetze der Bundesländer Regelungen, nach denen der Einsatzleiter alle tatsächlich vorhandenen Ressourcen zur Gefahrenabwehr nutzen kann, sofern keine unverhältnismäßige Eigengefährdung fremder Personen besteht.

Die mit der Planung eines gemeindlichen Stabs beauftragten Mitarbeiter sollten sich, bereits bei der Vorplanung, über die im Zuständigkeitsbereich vorhandenen Kapazitäten informieren. Aus der ständig zu aktualisierenden Kontaktliste aller denkbaren ereignisspezifischen Mitglieder des Stabs (EMS) sollte der Stabsleiter möglichst frühzeitig die heranzuziehenden Elemente auswählen. Eine Benachrichtigung erfolgt dann über die Fernmeldebetriebsstelle der Koordinierungsgruppe des Stabs.

Die betreffenden Organisationen sollten dann idealerweise einen entscheidungsbefugten Vertreter in den Stab entsenden, um Rücksprachen z. B. mit der Geschäftsführung eines Unternehmens zu reduzieren und zeitnahe Entscheidungen treffen zu können. Neben den Einsatzorganisationen findet die frühzeitige Einbeziehung der Energieversorger bei Schadenslagen bzw. in Krisenfällen eine immer größere Bedeutung. Im weit überwiegenden Teil der denkbaren Szenarien ist die Arbeit der gemeindlichen Gefahrenabwehr selbst von der Energieversorgung bzw. der Versorgungsstruktur abhängig. Eine Gemeinde, die sich im Rahmen der Notfallplanung auf alle potenziellen Szenarien bestmöglich vorbereitet hat, kann an dieser Stelle vorbereitete Einsatzpläne nutzen und so eine effektive und rechtssichere Gefahrenabwehr betreiben.

4.4.2 Entsendung in den Verwaltungsstab

In Kapitel 3 wurde grundlegend erläutert, welche Behörden, Organisationen und Unternehmen in die Stabsarbeit eingebunden werden können. Dabei muss, je nach Stabsorganisationsmodell, zwischen den ständigen Mitgliedern des Stabs (SMS) und den ereignisspezifischen Mitgliedern (EMS) differenziert werden. Sollte ein Zweistabs-Modell, also ein sogenanntes Trennungsmodell, existieren, werden zwischen der administrativ-organisatorischen und der operativ-taktischen Komponente Verbindungsbeamte ausgetauscht. Neben dieser Informationsbrücke zwischen den beiden gleichrangigen Elementen auf Ebene der Gemeinde bedarf es aber auch einer Schnittstelle zur übergeordneten Ebene, also dem Verwaltungsstab (Krisenstab) des Kreises.

Die Gemeinde muss also einen fachkundigen Mitarbeiter aus dem eigenen Stab in den Stab des Landkreises entsenden, um dort eine Schnittstelle zur gesicherten Kommunikation abzubilden. Dieser Mitarbeiter muss über die Qualifikation zur Mitarbeit in einer Stabsorganisation verfügen. Außerdem muss er die örtlichen Gegebenheiten des Gemeindesgebiets, die Infrastruktur, Gefahrenpotenziale und nicht zuletzt auch die Kapazitäten der gemeindlichen Gefahrenabwehr im Detail kennen. Dabei handelt es sich jedoch ausdrücklich um einen Verbindungsbeamten und nicht um einen Fachberater der Gemeinde. Die Tätigkeit eines Verbindungsbeamten zeichnet sich durch die Informationsvermittlung und gerade nicht durch eine eigenständige Entscheidungsbefugnis aus.

4.4.3 Entsendung in die Einsatzleitung auf Kreisebene

Wird auf Ebene des Landkreises ein Trennungsmodell angewandt, so muss die Gemeinde in der Zusammenarbeit mit der übergeordneten Stelle auch beide Schnittstellen abbilden. Dazu muss ein Verbindungsbeamter in den Führungsstab entsendet werden, der über die erforderliche operative Führungsausbildung verfügt. Des Weiteren muss die benannte Führungskraft über Detailkenntnisse aller im Gemeindegebiet operierenden Einsatzorganisationen verfügen und deren spezifische Fähigkeiten und Kapazitäten kennen. Es ist sinnvoll, hierzu eine erfahrene Führungskraft der Feuerwehr oder einer sonstigen Einsatzorganisation zu benennen; dabei sollte es sich aber nicht um den jeweiligen Leiter der Organisation selbst handeln. Die Entscheidungsträger müssen im Stab der Gemeinde als solche vertreten sein und dürfen nicht in der Rolle als Verbindungsbeamte in ihrer Handlungsfähigkeit eingeschränkt werden.

4.4.4 Melde- und Berichtswesen

Bei außergewöhnlichen Ereignissen, wie sie die Alarmierung und Einberufung eines gemeindlichen Stabs erfordern, hat der Einsatzleiter der Gemeinde die zuständige Landesmittelbehörde (Bezirksregierung bzw. in einigen Bundesländern das Innenministerium) entsprechend dem bestehenden Meldeerlass zu unterrichten. Dies geschieht über den sogenannten *Meldekopf*, also über eine zentrale Fernmeldestelle der übergeordneten Behörde. Sollte der Stab des Landkreises bereits einberufen worden sein, geht diese Berichtspflicht auf ihn über. Es obliegt jedoch im Weiteren dem Stab der Gemeindeebene, die Melde- und Berichtspflicht gegenüber dem Stab des Landkreises wahrzunehmen. Der gemeindliche Stab muss sich dabei als eine von vielen Komponenten des gesamten Konstrukts der Gefahrenabwehr auf Kreis-, Bezirks- oder Landesebene begreifen, bei der die übergeordneten Stellen von einer richtigen, umfassenden und zeitnahen Information abhängig sind. Dabei sollte der Leiter des Stabs auch bedenken, dass ein Lagebild der übergeordneten Stelle in seinen Schwerpunkten durchaus vom Lagebild der Gemeinde abweichen kann.

Die Vorgaben eines Melde- und Warnerlasses können, je nach landespezifischer Regelung, abweichen. Folgende Beispiele können jedoch ein Indikator für meldepflichtige Ereignisse im Bereich der Gefahrenabwehr sein:

- Anzahl der Betroffenen/Verletzten groß (> 5 Tote, > 25 Verletzte, oder Brandtote)
- Einsätze mit außergewöhnlich hohem Sachschaden (> 100.000 €)
- Anzahl der Einsatzkräfte/Helfer groß (> 100 eingesetzte Kräfte)
- Ausfall der Infrastruktur (> 50.000 Betroffene oder eine Gemeinde > 2 Stunden)
- Einsätze mit einem besonderen Medieninteresse (landesweite Berichterstattung)
- Anforderung von Einheiten der Bundeswehr, Organisationen aus dem Ausland
- Schadensereignisse in Verbindung mit Störfallbetrieben

4.4.5 Erstellung eines gemeinsamen Lagebilds

Die Notwendigkeit der Lagekartenführung als eine der Grundvoraussetzungen zur suffizienten Stabsarbeit wurde bereits beschrieben. In der Schadenslage bzw. einer entsprechenden Krisensituation bedarf es jedoch nicht nur der Betrachtung des eigenen Lagebilds, sondern auch des Blicks über den Tellerrand hinaus. Auf Gemeindeebene ist es sinnvoll, bei Ereignissen, die von Unternehmen ausgehen oder von denen Unternehmen besonders betroffen sind, deren Lagebild mit in die Stabsarbeit zu integrieren. Diese Lageinformationen von einer Quelle außerhalb des BOS-Bereichs müssen natürlich auch als solche gekennzeichnet und einer besonderen kritischen Betrachtung unterzogen werden. Umgekehrt bietet sich jedoch auch die Möglichkeit, z. B. bei Betrieben mit besonderen Gefährdungen, die fachkundigen Mitarbeiter heranzuziehen, welche auch in ihrer täglichen Arbeit mit den jeweiligen Gefahrstoffen umgehen müssen. Der behördliche Bereich der Gefahrenabwehr darf sich dabei nicht abschotten, sondern muss sich gegenüber der betrieblichen Fachkompetenz öffnen. Darüber hinaus sollte auch schon in der Vorplanung über die Einbindung von Spontanhelfenden nachgedacht werden.

Gegenüber und in Kommunikation mit den Stäben auf Kreisebene sollte entweder auf elektronischem Wege (gemeinsam genutzte Stabssoftware, z. B. *STABOS, CommandX, Geobyte etc.)*) oder aber über die Verbindungsbeamten ein fortwährender Austausch von Lageinformationen zur Erstellung eines gemeinsamen Lagebilds erfolgen. Die Nutzung von Stabssoftware ermöglicht dabei eine Synchronisierung der Lagebilder beinahe in Echtzeit. Darüber hinaus kann eine zentrale Verwaltung und Dokumentation des Einsatzes erreicht werden, die einheitlichen Standards unterliegt und damit eine gute Vergleichbarkeit bietet. Gerade dieses gemeinsame Lagebild kann in der praktischen Stabsarbeit auf allen Seiten ein besseres Verständnis für die Belange des anderen erzeugen. Ruft z. B. der Stab einer Gemeinde Kräfte über den Stab des Kreises ab und es erfolgt keine Zuteilung, dann kann dies in einer wichtigen Lageinformation begründet sein, ohne die ein Unverständnis bestehen könnte.

5 Bevölkerungsinformation und Medienarbeit

Hinweise zu diesem Kapitel

Die Bevölkerungsinformation und Medienarbeit im Einsatzfall, in diesem Kapitel zusammenfassend als Einsatzkommunikation oder Einsatzpressearbeit bezeichnet, ist eine komplexe und vielschichtige Aufgabe. Zu einzelnen Themen dieses Kapitels, wie etwa den Kommunikationsformen, wurden bereits viele Fachbücher veröffentlicht und Studiengänge konzipiert. Die Ausführungen dieses Kapitels sollen und werden keinesfalls eine Grundlagenschulung für die Presse- und Öffentlichkeitsarbeit ersetzen.

Das deutsche Bevölkerungsschutz- und Gefahrenabwehrsystem weist durch die föderalen Strukturen zwar Gemeinsamkeiten auf, im Detail differenziert es aber. Zusätzlich begünstigt wird dieser Umstand durch städtische und ländliche Strukturen. Großstädte verfügen oft über hauptamtliches Personal und über andere Möglichkeiten als Gemeinden.

Die Leser dieses Kapitels erhalten einen allgemeinen Überblick zur aktuellen Bedeutung von öffentlichen Kommunikationsprozessen. Soweit bereits vorhanden, können persönliche Erfahrungen und vorhandenes Wissen reflektiert werden, um die Aufgabe der Einsatzkommunikation in der Gefahrenabwehr mit einem erweiterten Blickwinkel vorzubereiten und durchzuführen.

5.1 Grundlagen der Presse- und Öffentlichkeitsarbeit

Was ist die Aufgabe von Public Relations (PR) – auch Öffentlichkeitsarbeit genannt? Die Öffentlichkeit über das eigene Unternehmen, den eigenen Verein oder die eigene Behörde zu informieren. So sagt der Deutsche Kommunikationskodex des Deutschen Rates für Public Relations vom 29.11. 2012: *„Die Angehörigen des Berufsfelds Public Relations erfüllen eine wichtige gesellschaftliche Aufgabe, da sie der Gesellschaft (und den Medien) kontinuierlich Informationen der von ihnen vertretenen Organisationen übermitteln und mit den gesellschaftlichen Gruppen im kommunikativen Austausch stehen.*" Weiter heißt es: *„Meinungsbildung und demokratische Entscheidungsfindung in den hochmediatisierten Gesellschaften des 21. Jahrhunderts basieren auf dem öffentlichen Diskurs und der Abwägung zwischen unterschiedlichen Interessen, Deutungen und Konzepten. An der Artikulation dieser häufig kontroversen Positionen haben Public Relations (PR) erheblichen Anteil.*" Während man im Rahmen der Öffentlichkeitsarbeit viele Möglichkeiten hat, direkt mit der Öffentlichkeit in Kontakt zu treten – beispielsweise über eigene Flyer, die Website, Events oder den eigenen Social-Media-Auftritt –, tritt man über die Pressearbeit (oder Medienarbeit) indirekt mit der Öffentlichkeit in Kontakt. So kann man im Rahmen der Öffentlichkeitsarbeit den Medien redaktionelle Inhalte und Themen anbieten. Ob, wie und in welchem Umfang etwas veröffentlicht wird: Darüber entscheiden die Medien selbst, haben sie einen Informationsauftrag gegenüber der Öffentlichkeit im Sinne einer unabhängigen Information und Meinungsbildung der Bürger. Grundsätzlicher Tenor bei PR: Sie ist eine Form persuasiver (meinungsbildender) Kommunikation – also eine Form öffentlicher Kommunikation, die überreden und/oder überzeugen will.[1]

Ein besonderes Augenmerk sollte im Bevölkerungsschutz auf das Verb *überzeugen* gerichtet werden. Überzeugen kann meist nur der, der mit informativen Meldungen auf sich aufmerksam macht.

[1] Vgl. Fröhlich, 2010.

Regelmäßige Informationen schaffen Vertrauen bei Rezipienten (Sammelbegriff der Kommunikationswissenschaft für Empfänger einer Botschaft in einem medialen Kommunikationsprozess, z. B. Zeitungsleser, Zuhörer, Zuschauer, Besucher, User, Newsletter-Abonnent, Veranstaltungspublikum). Wer nur in besonderen Situationen öffentlich kommuniziert, wird es schwer haben, genau dann das benötigte Vertrauen zu erlangen, das die grundlegende Voraussetzung ist, um notfalls zu überzeugen und sachlich informieren zu können.

Weshalb sollte eine Organisation[2] daran interessiert sein, die Informations- und Kommunikationsprozesse zwischen sich und ihren internen und externen Teilöffentlichkeiten[3] zu managen? Weil Organisationen nicht alleine auf der Welt sind. Insbesondere in unserer arbeitsteiligen und hochgradig vernetzten Welt sind Organisationen in ein Geflecht aus Abhängigkeiten eingebunden, die teilweise über Erfolg oder Niedergang entscheiden.[4]

Gruppierungen, die wichtig für eine Organisation sind, nennt man *Stakeholder* (Anspruchsgruppen oder Bezugsgruppen). Organisationen können von guten Beziehungen zu Stakeholdern profitieren, umgekehrt von schlechten oder gar gestörten Beziehungen in ihrer Entwicklung behindert und sogar gefährdet werden. Deshalb ist es von existenzieller Bedeutung, in diese Beziehungen zu investieren.[5]

Diese Investition sollte u. a. in einer regelmäßigen Presse- und Öffentlichkeitsarbeit erfolgen. Sachlich-fachliche Publikationen zu entsprechenden Themen, wie etwa der Brandgefahr durch Kerzen an Weihnachtsbäumen, schaffen Vertrauen und Bindungen. Auch ein

2 „Organisationen" in der kommunikationswissenschaftlichen Terminologie ist ein Sammelbegriff für Unternehmen, Personen, Behörden, Einrichtungen, Vereine etc.

3 In den Kommunikationswissenschaften wird keine alles umfassende „Öffentlichkeit" berücksichtigt, sondern eine Vielzahl von unterschiedlichen Teilbereichen unserer Gesellschaft. Die Teilöffentlichkeiten stellen eine erste Strukturierung einer heterogenen (nicht einheitlichen) Öffentlichkeit dar und ermöglichen die Bildung von für die PR relevanten Zielgruppen.

4 Vgl. Bentele/Nothaft/Jansen, 2008.

5 Vgl. Bentele/Nothaft/Jansen, 2008.

Tag der offenen Tür ist eine PR-Maßnahme, die von der Bevölkerung gerade im Blaulichtbereich gerne angenommen wird. Hier besteht die Möglichkeit, über eine Vielzahl unterschiedlichster Themen, wie etwa die Vorteile von Rauchmeldern in Privathaushalten, die grundlegenden Regeln zur Handhabung von Handfeuerlöschern oder die Notwendigkeit der einfachen Maßnahmen der Ersten Hilfe zur Rettung von Notfallpatienten, verständlich und ohne „Fach-Chinesisch" zu informieren.

Stakeholder lassen sich in positive und negative Stakeholder unterteilen. Dem Beispiel der Rauchmelder in Privathaushalten folgend, kommen hier die positiven Stakeholder klassischer-weise aus dem Bereich der Hersteller, Händler, Versicherungen und Rettungsorganisationen. Um den eigenen Umsatz zu steigern, Kosten nach Brandschäden zu minimieren oder einfach dem idealistischen Gedanken folgend, Menschenleben zu retten, werden positive Stakeholder natürlich nicht gegen Rauchmelder argumentieren. Die große Kunst ist es, die möglichen negativen Stakeholder zu lokalisieren und durch Argumente zu überzeugen. Negative Stakeholder kommen etwa aus den Reihen der Hausbesitzer, die mögliche Kosten scheuen und argumentieren, dass eine Branche durch diese neue Vorschrift in kurzer Zeit einen hohen Gewinn erwirtschaftet. Diese gilt es, durch transparente Argumentation zu überzeugen. Argumente neutraler Seite, z. B. durch die Feuerwehr, werden die negativen Stakeholder besser überzeugen als etwa Berufsverbände der Hersteller oder der Versicherungswirtschaft. Stellt man die vielzähligen positiven den negativen Argumenten (Kosten durch Beschaffung und ggf. Montage) neutral gegenüber und untermauert diese durch realistische Beispiele, wie etwa die Zahl verletzter Personen durch Rauchgase in einem Jahr, lassen sich auch negative Stakeholder zu einer neutralen Position überzeugen.

Wer Öffentlichkeitsarbeit das ganze Jahr über nach seinen Möglichkeiten betreibt, erwirbt Vertrauen und wird auch bei besonderen Szenarien Gehör finden. Gleichzeitig bekommt er einen Blick für seine Stakeholder und lernt, deren Argumente in seine Arbeit einzubinden und dadurch öffentliche Diskussionen zu vermeiden oder zu minimieren. Organisationen, die immer wieder durch verständliche Informationen zu komplexen Themen informieren – und das deutsche Bevölkerungsschutzsystem ist ohne Zweifel komplex –, genießen ein entsprechendes Ansehen und das erforderliche Vertrauen in die zur Verfügung gestellten Informationen.

Die Möglichkeiten der kontinuierlichen ganzjährigen Presse- und Öffentlichkeitsarbeit variieren (vgl. oben). Mit einem geschulten Personalstamm hat etwa die Berufsfeuerwehr einer Großstadt andere Möglichkeiten als eine Freiwillige Feuerwehr ohne hauptamtliche Kräfte einer kleineren Stadt oder Gemeinde. Das sollte aber kein Argument sein, auf kontinuierliche Bevölkerungsinformation und Medienarbeit zu verzichten.

5.1.1 Informationsbeschaffung der Bürger im digitalen Kommunikationszeitalter

Durch die Entstehung des Internets und im Weiteren der sozialen Medien ist die *Informationsbeschaffung* sehr einfach und für alle Einwohner unmittelbar verfügbar geworden. Mit wenigen Tastaturanschlägen und einigen Mausklicks eröffnen sich den Bürgern vielfältige Informationsmöglichkeiten, die es bis zur Mitte der 1990er-Jahre in dieser Form nicht gab. Vor diesem Jahrtausend hatten Tageszeitungen als täglich aktuelles Medium einen deutlich höheren Stellenwert als heute. Um diesem Trend entgegenzuwirken, verfügt fast jede Zeitung heute über verschiedenste Online-Informationsmöglichkeiten.

Die Einschätzung und Bewertung einer erlangten Information fallen vielen Bürgern hingegen schwer. Nach wie vor großes Vertrauen besteht in die bereitgestellten Informationen der diversen Online-Portale der deutschen Zeitungen und Zeitschriften. Nutzer gehen davon aus, dass aufgrund journalistischer Standards und objektiver Faktenchecks die dort verfügbaren Informationen geprüft und richtig sind. Tatsächlich ist dies in den allermeisten Fällen so. Dennoch führen (Online-)Redaktionen einen täglichen Kampf gegen eine wahre Informationsflut. Informationen über besondere Ereignisse verbreiten sich über das Internet mit seinen vielfältigen Möglichkeiten in Sekundenschnelle um die ganze Welt. Leider auch allzu oft Halbwahrheiten und Falschmeldungen – in sozialen Netzwerken bekannt als *Fake* oder *Hoax*. Diese sind teilweise aufgrund besonderer Interessenverfolgung so gestaltet, dass diese Meldungen zunächst durchaus seriös erscheinen. Als Beispiel kann die Flüchtlingswelle im Sommer 2015 genannt werden: Unter die vielzähligen Meldungen mischten sich unzählige – scheinbar seriöse – Informationen rechtsorientierter Gruppierungen, die zu einer regelrechten Flüchtlingshetze führten.

Während Nutzer heutzutage kostenfrei möglichst viele Informationen in kurzer Zeit verfügbar haben möchten, ohne dabei meist deren Ursprung zu prüfen, haben ausgebildete Journalisten gelernt, dem Offensichtlichen zu misstrauen und Informationen sowie deren Ursprung und Wahrheitsgehalt zu prüfen (Verifikation mit der sog. „Zwei-Quellen-Regel"). In den allermeisten Fällen ist die Informationsprüfung der Journalisten sorgfältig. Diese Prüfung benötigt allerdings Personal und Zeit. Und beides kostet Geld. Da jedoch die Informationsflut und der Wunsch der Nutzer insbesondere nach kostenfreien Informationen deutlich gestiegen sind, haben viele Verlage bzw. Redaktionen den Kampf gegen die Informationsflut aufgegeben. Zusätzlich gesteigert wird die schnelle Anhäufung von Informationen zu einem bestimmten Ereignis durch ein Phänomen, das viele Akteure im Bevölkerungsschutz mittlerweile kennengelernt haben dürften: die *Handy-Gaffer*. Warum auch immer ist es in der Bevölkerung derzeit nicht unüblich, mit einem Smartphone ein Foto oder ein Video eines besonderen Ereignisses zu machen und im Internet, dort meist in sozialen Netzwerken, zu veröffentlichen, um eigene Anerkennung und Aufmerksamkeit zu generieren. Die rechtlichen Aspekte dieses äußerst fragwürdigen Verhaltens zu beschreiben würde den Rahmen sprengen. Tatsache ist, dass viele solcher Veröffentlichungen rechtlich oftmals nicht gesichert sind, was sich wiederum deutlich von journalistischer Arbeit unterscheidet.

Diese zusätzliche Informationsflut beeinflusst journalistische Arbeit negativ, denn natürlich möchte jedes Medium ebenfalls schnell über das Ereignis, etwa einen Evakuierungsfall, fachlich fundiert und korrekt berichten. Gerade hier kommt den Akteuren der Presse- und Öffentlichkeitsarbeit in den Behörden und Organisationen mit Sicherheitsaufgaben (BOS) eine besondere Bedeutung zu. Es ist längst ein offenes Geheimnis, dass viele Redaktionen aus Zeitmangel gerne mit Informationen von Pressestellen arbeiten, sofern sie die berechtigte Überzeugung haben, dass die Pressestelle objektiv informiert.

5.1.2 PR: Tägliche Herausforderung – nicht nur im Einsatzfall

Die originäre Aufgabe der Public Relations lässt sich mit der Formel B/IKP beschreiben: Information, Kommunikation und Persuasion sowie vorweg und danach Beobachtung[6].

Tabelle 1: *Beschreibung der Formel B/IKP*

B/IKP:	Primär- und Basisfunktion von PR/Öffentlichkeitsarbeit
Beobachtung:	als Voraussetzung und Ergebnis von Kommunikation
Information:	Darstellung von etwas, dem Selbstdarstellung inhärent[7] ist
Kommunikation:	inhärenter Versuch, Antworten zu erhalten
Persuasion:	inhärenter Versuch, etwas zu bewirken

Sekundärfunktionen wie z. B. Steigerung der Bekanntheit, Aufbau einer Marke, Vertrauenserwerb, Imagegestaltung und die Beeinflussung der öffentlichen Meinung sind Wirkungen und Erfolge.[8]

Grundlage der kontinuierlichen und strategischen Presse- und Öffentlichkeitsarbeit ist den ausgebildeten Führungskräften der BOS, oftmals ohne deren Wissen, eigentlich vertraut: Das Vier-Stufen-Public-Relations-Modell (Innenkreis der folgenden Abbildung) liegt

[6] Vgl. Bentele/Nothaft/Jansen, 2008.
[7] Inhärent: einer Sache innewohnend, bezeichnet allgemein das Innewohnen oder die Anhaftung.
[8] Vgl. Bentele/Nothaft/Jansen, 2008.

jeder strategischen PR-Konzeption zugrunde und weist in seinen Grundzügen Gemeinsamkeiten mit dem in den BOS etablierten Führungskreislauf der DV 100 (Außenkreis) auf.

Bild 1: *Das Vier-Stufen-Public-Relations-Modell (Innenkreis) liegt jeder strategischen PR-Konzeption zugrunde und weist Gemeinsamkeiten mit dem in den BOS etablierten Führungskreislauf der DV 100 (Außenkreis) auf. (Quelle: T. Trütgen)*

Zur regelmäßigen Öffentlichkeitsarbeit gehört nicht nur das Verfassen von Presseinformationen, sondern auch die Beobachtung der Medien und der Stakeholder. Aus aktuellen Berichterstattungen und Reaktionen von Rezipienten können PR-Akteure für ihren Bereich wichtige Informationen erhalten und ihre eigene Arbeit strategisch ausrichten. PR ist im Kommunikationszeitalter weit mehr als die bloße Platzierung von Presseinformationen. PR ist ein kontinuierlicher und strategischer Prozess, der entsprechende zeitliche und personelle Ressourcen erfordert.

In vielen Lehrgängen zur Ausbildung von Pressesprechern für Einsatzorganisationen bleibt dieser strategische Aspekt oft unberücksichtigt. Meistens werden die wichtigsten journalistischen Darstellungsformen Nachricht und Reportage vorgestellt, die allgemeinen Formalien zur Erstellung und zum Versand von Presseinformationen vermittelt sowie die Verfassung von Presseinformationen geübt und die Vorbereitung und Durchführung von Pressekonferenzen besprochen.

Nicht nur im Einsatzfall, sondern auch außerhalb besonderer Ereignisse ist es für die BOS wichtig, in der Öffentlichkeit präsent zu sein. Die ständige Präsenz schafft Bekanntheit und Vertrauen, nicht nur aufseiten der Rezipienten, sondern auch bei Journalisten. Gerade viele Einsatzkräfte scheinen eine angeborene Scheu vor Medienvertretern zu haben. So wie für Journalisten ohne weitere besondere Kenntnisse das Gefahrenabwehr- und Bevölkerungsschutzsystem schwer verständlich, ja fast schon mythisch ist, ist es der Journalismus mit seinen vielfältigen Arbeitsweisen für die Rettungskräfte. Gegenseitige Aufklärung und Annäherung sind erforderlich, was einige Organisationen, beispielsweise in der Form von Journalistencamps, machen. Grundsätzlich ist der Kontakt zu den Medienvertretern vor Ort eine elementare Grundlage der Öffentlichkeitsarbeit. Lässt man später noch folgende rechtliche Aspekte einmal außen vor, ist ein Pressesprecher für einen Journalisten zunächst eine Quelle für fundierte Informationen. Das Bestreben (fast) aller Journalisten ist es, diese Quelle zu erhalten, um für ihre Bereiche möglichst viele Informationen abzugreifen. Im Gegenzug sind Journalisten für Pressesprecher der Schlüssel zum Zugang zu bestimmten Medien, den man ebenfalls bewahren möchte. Beide Seiten verfolgen also letztlich eigennützige Ziele. Das tatsächliche Verhalten im gegenseitigen Umgang weicht aber oftmals davon ab. Für Pressesprecher von Behörden und Einsatzorganisationen ist es deshalb unerlässlich, sich Kontakte zu den lokalen und regionalen

Medien aufzubauen und diese zu pflegen. Hierfür gibt es ausreichend Möglichkeiten der Kontaktpflege, etwa bei kleineren Ereignissen durch kurze Gespräche an Einsatzstellen oder bei Presseterminen zur Vorstellung neuer Ausstattung.

In den Lehrgängen zur Ausbildung von Pressesprechern der BOS lassen sich in meist nur einer Woche die elementaren Handwerksaufgaben der Öffentlichkeitsarbeit vermitteln. Wer viele Jahre engagiert in diesem Bereich tätig ist, wird festgestellt haben, dass die Zusammenarbeit mit Medienvertretern recht entspannt ist, wenn man die Spielregeln kennt und einhält. Um an solche Informationen, Tipps und Tricks zu gelangen, bietet das Bundesamt für Bevölkerungsschutz und Katastrophenhilfe (BBK) in seiner Akademie für Krisenmanagement, Notfallplanung und Zivilschutz (AKNZ) seit einigen Jahren Workshops für Pressesprecher an. Diese sind eine gute Ergänzung zu den klassischen Grundausbildungen und ermöglichen den organisationsübergreifenden Erfahrungsaustausch.

Je nach Region sind die Strukturen der Öffentlichkeitsarbeit mehr oder weniger ausgeprägt. Während große Berufsfeuerwehren mittlerweile über mehrköpfige Teams für die PR verfügen, ist bei kleineren Freiwilligen Feuerwehren manchmal nur eine Person verantwortlich. Auch in kleinen Städten und Gemeinden ist die Position eines Pressebeauftragten bzw. Pressesprechers, je nach Bundesland sogar flächendeckend, eingerichtet und personell besetzt. Weitere Mitarbeiter mit PR-Kenntnissen lassen sich auch in kleineren Verwaltungen beispielsweise auch in der Wirtschaftsförderung oder im Tourismusmarketing finden. Hier sollte geprüft und diskutiert werden, ob diese Akteure im Sinne einer interorganisationalen Zusammenarbeit die Kräfte der Freiwilligen Feuerwehr nicht bei deren Arbeit unterstützen oder gar ergänzen können. Ähnlich ist es in den Sanitätsorganisationen. Bundes- und Landesebene verfügen über die entsprechenden Strukturen, bei Medienanfragen außerhalb von Einsätzen landet man aber auf Kreisebene nicht selten bei der Geschäftsführung, die die Öffentlichkeitsarbeit quasi nebenher mit bewältigt.

Daher sind die Kenntnisse über mögliche Unterstützungsoptionen der örtlichen BuMA wichtig und die frühzeitige Einbindung von zusätzlichen Ressourcen der Presse- und Medienarbeit ist bereits in der Vorplanung zu berücksichtigen. Hier ist insbesondere auf die Möglichkeit der Anforderung eines VOST (Virtual Operations Support Team) des THW (eine digitale Einheit zur Lageunterstützung) hinzuweisen. Bei vielfältigen Lagen mit besonders hohem Kommunikationsaufkommen, insbesondere im Bereich der sozialen Medien, hat sich der Einsatz der VOST seit vielen Jahren, von der Gemeinde- bis zur Bundesebene, bewährt. Die VOST können im Rahmen der Amtshilfe von jeder Behörde angefordert werden. Da diese überwiegend digital vernetzt arbeiten und Anfahrtswege zu Unterkünften und Einsatzstelle entfallen, ist deren Einsatzbereitschaft vergleichsweise schnell hergestellt. Insbesondere bei dem personalintensiven Monitoring von sozialen Medien und einer Auswertung und Erstellung eines digitalen Medienlagebilds, sowie der gebündelten Weitergabe von Lageerkenntnissen aus den sozialen Medien in die Einsatzleitung stellt ein VOST eine unverzichtbare Unterstützung dar. Auch im Bereich der Lagedarstellung, z. B. durch Kartenerstellung für die Öffentlichkeitsarbeit in der Presse und den sozialen Medien, kann die BuMA einer Einsatzleitung erheblich entlastet werden.[9]

Neben der Anforderung der VOST zur operativen Unterstützung im Einsatz sei an dieser Stelle auch die Unterstützung und Einbeziehung der Expertise der Deutschen Gesellschaft zur Förderung von Social Media und Technologie im Bevölkerungsschutz (DGSMTech) e. V. dringend zu empfehlen. Entscheidend ist auch hier dem Grundsatz „in Krisen Köpfe kennen" zu folgen und bereits in der Planungsphase sind Kontakte zu den Pressesprechern der örtlichen BOS, der Versorgungsbetriebe bis hin zu den Unterstützungsmöglichkeiten eines VOST aufzubauen und zu pflegen.[10]

Henry Ford (1863–1947), Gründer der gleichnamigen Automobilmarke, war neben seiner Tätigkeit als Industrieller zeitweilig auch ein engagierter Publizist. Viele seiner damaligen markigen Zitate spiegeln sich in der PR wider.

---

9 https://www.thw.de/SharedDocs/Downloads/DE/Hintergrund/flyer_vost.html (Stand 04.05.2023).

10 https://dgsmtech.de (Stand: 04.05.2023).

„Wer aufhört zu werben, um Geld zu sparen, kann ebenso seine Uhr anhalten, um Zeit zu sparen.“

Auch dieses Zitat sollte nicht unbeachtet bleiben, um zu begründen, warum gute, kontinuierliche Öffentlichkeitsarbeit und eine ständige öffentliche Präsenz wichtig sind:

„Enten legen ihre Eier in Stille. Hühner gackern dabei wie verrückt. Was ist die Folge? Alle Welt isst Hühnereier.“

Die Umsetzung der bisherigen Ausführungen in die tägliche Arbeit in Einsatzorganisationen bleibt den entsprechenden Entscheidern überlassen.

5.1.3 Rechte und Pflichten

Rechte und Pflichten von Medienvertretern leiten sich überwiegend aus folgenden Gesetzen ab:

- Grundgesetz (GG)
- Gesetz zur Regelung des Zugangs zu Informationen des Bundes (Informationsfreiheitsgesetz – IFG)
- Landespressegesetze
- Bürgerliches Gesetzbuch (BGB)
- Strafgesetzbuch (StGB)
- Journalistische Selbstverpflichtung im Pressekodex des Deutschen Presserats

Bis auf die journalistische Selbstverpflichtung durch den Pressekodex gelten diese Gesetze auch für die PR-Akteure. Analog zur journalistischen Selbstverpflichtung hat sich auch die professionelle PR-Branche durch den *Deutschen Rat für Public Relations* (DRPR) eine Selbstverpflichtung auferlegt:

- Deutscher Kommunikationskodex – Standards für PR und Kommunikation

Artikel 5 des deutschen Grundgesetzes bildet die elementaren Grundlagen des deutschen Presserechts:

§ Gesetz

Grundgesetz für die Bundesrepublik Deutschland, Art. 5

(1) Jeder hat das Recht, seine Meinung in Wort, Schrift und Bild frei zu äußern und zu verbreiten und sich aus allgemein zugänglichen Quellen ungehindert zu unterrichten. Die Pressefreiheit und die Freiheit der Berichterstattung durch Rundfunk und Film werden gewährleistet. Eine Zensur findet nicht statt.

Die Meinungs- und Pressefreiheit ist nicht grenzenlos. Artikel 5 des Grundgesetzes verweist in Absatz 2 auf ausdrückliche Schranken:

§ Gesetz

(2) Diese Rechte finden ihre Schranken in den Vorschriften der allgemeinen Gesetze, den gesetzlichen Bestimmungen zum Schutze der Jugend und in dem Recht der persönlichen Ehre.

Die in der Praxis wichtigste Schranke ist das *Recht der persönlichen Ehre*. Was den Umgang damit schwierig macht, ist, dass sich weder im Grundgesetz noch im Bürgerlichen Gesetzbuch oder in einem der Landespressegesetze eine Erklärung findet, was eigentlich mit *Ehre* gemeint ist. Juristen leiten das allgemeine Persönlichkeitsrecht aus einer Kombination von Artikel 1 GG und Artikel 2 GG ab, die die Menschenwürde und die allgemeine Handlungsfreiheit schützen. Der Begriff *allgemeines Persönlichkeitsrecht* wird im Gegensatz zu den *besonderen Persönlichkeitsrechten* verstanden, die ausdrücklich im Grundgesetz niedergeschrieben sind. Da es keinen Gesetzestext gibt, der das allgemeine Persönlichkeitsrecht exakt definiert, stehen Juristen (und damit auch Journalisten) vor einem großen Problem: Es lässt sich nur durch Auslegung bestimmen. Da in einem Rechtsstaat die Richter das letzte Wort haben, um bestimmte Rechtsbegriffe auszulegen und das Recht fortzubilden, kommt es im Presserecht ganz wesentlich auf Gerichtsentscheidungen an. Die Gerichte konkretisieren die allgemeinen Gedanken und entwickeln so Fallgruppen, an denen sich Juristen und Journalisten einigermaßen zuverlässig orientieren können und wissen, was erlaubt und was verboten ist.[11]

Bis vor wenigen Jahren war es grundsätzlich so: Wer von einer Behörde eine Auskunft oder gar deren Akten einsehen wollte, brauchte dafür ein besonderes rechtliches Interesse. Akteneinsicht durfte z. B. früher i. d. R. nur derjenige nehmen, der an einem laufenden Verwaltungsverfahren beteiligt, also unmittelbar betroffen war. Die Presse war demgegenüber privilegiert: Die Landespressegesetze sehen einen besonderen Auskunftsanspruch, aber kein Akteneinsichtsrecht vor. Diese Grundsätze hat der Bundesgesetzgeber nach langem Zögern mit Erlass des „Informationsfreiheitsgesetzes" geändert, nachdem bereits einige Bundesländer mit entsprechenden Landesgesetzen voranmarschiert sind.[12]

Das *Informationsfreiheitsgesetz* gewährt jeder Person einen voraussetzungslosen Rechtsanspruch auf Zugang zu amtlichen Informationen von Bundesbehörden. Eine Begründung durch Interesse rechtlicher, wirtschaftlicher oder sonstiger Art ist nicht erforderlich.

Die *Landespressegesetze* präzisieren die Auskunftsansprüche der Medien, wie etwa § 6 des Landesmediengesetzes (LMG) Rheinland-Pfalz:

§ Gesetz

§ 6 Informationsrecht

(1) Die Behörden sind verpflichtet, den Medien die der Erfüllung ihrer öffentlichen Aufgabe dienenden Auskünfte zu erteilen.
(2) Auskünfte können verweigert werden, soweit
1. *hierdurch die sachgemäße Durchführung eines schwebenden Verfahrens vereitelt, erschwert, verzögert oder gefährdet werden könnte,*
2. *Vorschriften über die Geheimhaltung entgegenstehen,*

[11] Vgl. Wiggenhorn, 2008.
[12] Vgl. Wiggenhorn, 2008.

3. *ein überwiegendes öffentliches oder schutzwürdiges privates Interesse verletzt würde oder*
4. *ihr Umfang das zumutbare Maß überschreitet.*

(3) Allgemeine Anordnungen, die einer Behörde Auskünfte an Medien verbieten, sind unzulässig.

(4) Bei der Erteilung von Auskünften an Medien ist der Grundsatz der Gleichbehandlung zu beachten.

Fast alle entsprechenden Landesgesetze beinhalten ähnliche Formulierungen.

Auskunftspflichtig sind Behörden aber nicht nur im klassischen Sinne als Verwaltungsbehörde. Auch Gerichte und Parlamente müssen Auskunft erteilen. Das Gleiche gilt für private Unternehmen, die in staatlichem Eigentum stehen oder öffentliche Aufgaben wahrnehmen: z. B. die kommunalen Stadtwerke oder der TÜV als mit staatlichen Aufgaben Beliehene. Öffentlich-rechtlich verfasste Religionsgemeinschaften sind nur im Rahmen ihrer Hoheitsbefugnisse auskunftspflichtig, beispielsweise zur Kirchensteuer.[13]

Der Auskunftsanspruch steht fest angestellten Journalisten (Redakteuren, Volontären) ebenso zu wie freien Mitarbeitern. Es muss allerdings damit gerechnet werden, sich ausweisen zu müssen. Die Berufsbezeichnung *Journalist* ist in Deutschland nicht geschützt. Somit kann sich jeder, der in irgendeiner Form publizistisch tätig ist, als Journalist bezeichnen. Aufgrund der bereits genannten Kostenfaktoren und Sparzwänge der Medien ist es heute nicht unüblich, dass ein großer Teil journalistischer Arbeit durch freie Mitarbeiter bewältigt wird. Hier findet man nicht selten Personen, die keine oder nur eine geringe journalistische Ausbildung vorweisen können und nicht über eine Ausbildung in Form des klassischen Volontariats oder eines Journalismus-Studiums an einer Hoch-, Fachhoch- oder Journalistenschule verfügen.

Die fünf Medienverbände (Deutscher Journalisten-Verband DJV, Deutsche Journalistinnen- und Journalisten-Union dju in ver.di, Bundesverband Deutscher Zeitungsverleger BDZV, Verband Deut-

[13] Vgl. Wiggenhorn, 2008.

scher Zeitschriftenverleger VDZ und Verband Deutscher Sportjournalisten VDS), die auch für die Vergabe des bundeseinheitlichen Presseausweises zuständig sind, prüfen vor der Vergabe eingehend, ob die journalistische Tätigkeit der Sicherung des Lebensunterhalts dient. Sofern erforderliche Bescheinigungen nicht geschönt werden, kann man als PR-Akteur im sensiblen Bereich des Bevölkerungsschutzes davon ausgehen, dass Inhaber des bundeseinheitlichen Presseausweises keine Freizeit-Journalisten sind. Viele Behörden akzeptieren aufgrund eines mittlerweile entstandenen Wildwuchses anderer Verbände zur Informationsweitergabe nur noch den bundeseinheitlichen Presseausweis der großen journalistischen Standesorganisationen. Diese Orientierung wird auch vom Autor dieses Kapitels und dem Herausgeber dieses Fachbuchs für die Einsatzpressearbeit empfohlen.

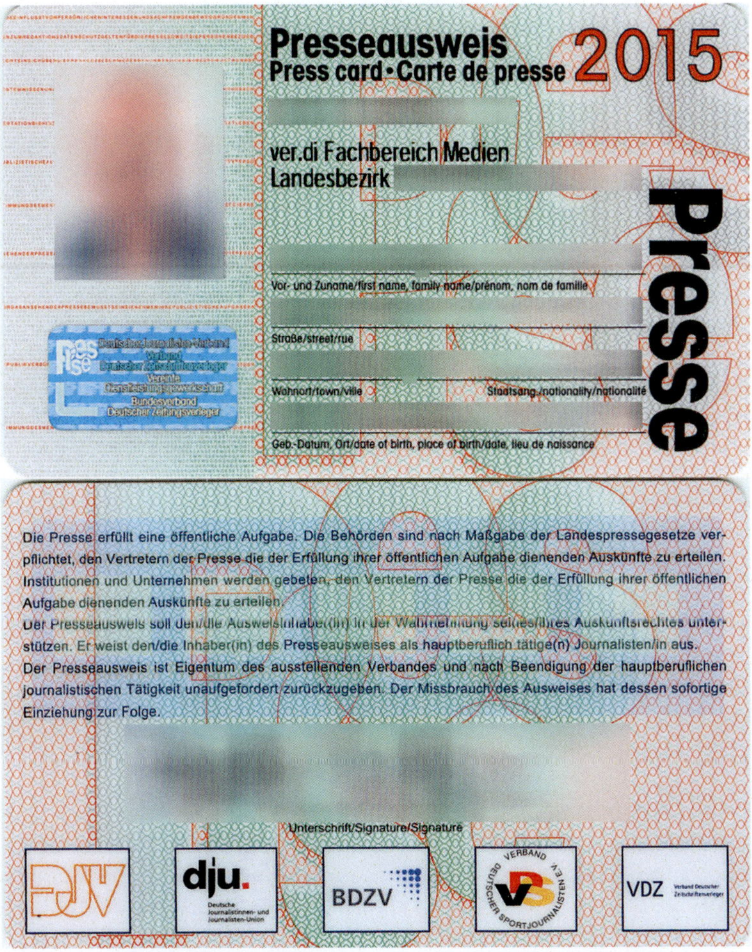

***Bild 2:** Exemplarische Ansicht des bundeseinheitlichen Presseausweises (Quelle: T. Trütgen)*

Die weiteren eingangs genannten Gesetze beeinflussen die journalistische Arbeit ebenfalls. So schützt etwa das BGB das allgemeine Persönlichkeitsrecht und gewährt Medienopfern Unterlassungs- und Schadensersatzansprüche. Das Strafrecht im StGB ist auch von Journalisten zu beachten und reglementiert die Pressefreiheit etwa mit Blick auf Beleidigungen, üble Nachrede oder Hausfriedensbruch.

5.1.4 Betrieb einer Pressestelle im Schadensfall

Entsprechende vielzählige Urteile untermauern die Auskunftspflicht gegenüber Journalisten. Es ist unstrittig, dass Polizei, Feuerwehren und das THW aufgrund ihrer Rechtsformen und andere staatliche Stellen, die am komplexen Gefahrenabwehr- und Bevölkerungsschutzsystem beteiligt sind, auskunftspflichtig sind. In weiterer Auslegung der rechtlichen Grundlagen, auf Basis bereits vielzähliger Urteile (vgl. z. B. BGH, Urteil vom 10.02.2005, Az. III ZR 294/04), werden von einigen Juristen auch die privaten Sanitätsorganisationen, die die Aufgaben des Rettungsdiensts sowie des Zivil- und Katastrophenschutzes als staatlich delegierte Aufgabe auf Grundlage der jeweiligen Gesetze wahrnehmen, als auskunftspflichtig betrachtet. Vielen Verantwortlichen in den Einsatzorganisationen scheint dieser Umstand unbekannt zu sein. Die Presse- und Öffentlichkeitsarbeit im Einsatzfall ist somit keinesfalls, wie oft von den PR-Ak-teuren in der Gefahrenabwehr angenommen, eine Bringschuld. Vielmehr besteht die Pflicht, mindestens auf Anfrage Informationen zur Verfügung zu stellen, sofern keine der zuvor genannten rechtlichen Aspekte entgegenstehen.

Dem Auskunftsanspruch gegenüber den (Massen-)Medien sollte, den gegebenen Umständen des jeweiligen Einsatzfalls entsprechend, sorgfältig und zeitnah nachgekommen werden. Die Medienvertreter erwarten, dass die Informationen eines Pressesprechers einer Behörde und Einsatzorganisation korrekt, fachlich fundiert und aktuell sind.

„Mit Schlagzeilen erobert man Leser, mit Informationen behält man sie.“ Alfred Charles William Lord Northcliffe (1865–1922)

Bezüglich der Einrichtung von Pressestellen im Einsatzfall gibt es in Abhängigkeit von den vorhandenen lokalen oder regionalen

Ressourcen unterschiedliche Konzepte. Es ist wünschenswert, die Leitung der *BuMA* erfahrenen und, falls vorhanden, professionellen Akteuren zu übertragen (siehe Kap. 3). Je nach Einsatzsituation ist sowohl die Einrichtung einer operativ-taktischen als auch einer administrativ-organisatorischen Führungsebene erforderlich. In Abhängigkeit vom praktizierten Führungskonzept (Zweistabs- oder Einstabs-Modell; siehe Kap. 3.3) kann es zu Doppelstrukturen der Öffentlichkeitsarbeit kommen, die nicht empfehlenswert sind und die vermieden werden sollten (siehe Kap. 5.3.1, Definition *One-Voice-Policy*).

In den seit Jahrzehnten etablierten Modellen der operativ-taktischen Führungsstäbe ist im dort angesiedelten Sachgebiet 5 (S 5) die Presse- und Medienarbeit angesiedelt. Die länderspezifischen Gesetze und Vorschriften regeln die genaue Besetzung des Führungsstabs (z. B. DV 100 *Führung und Leitung im Einsatz*). Überwiegend wird in den Regelungen nur der Leiter des Sachgebiets 5 aufgeführt. Dies schließt keinesfalls aus, dass mehrere Personen dem Leiter S 5 zuarbeiten. In Ermangelung eindeutiger Vorgaben für den Stab für außergewöhnliche Ereignisse (siehe Kapitel 3.1.1) wird die mögliche personelle Besetzung der BuMA im SAE am Beispiel der Strukturen des S 5 fortgeführt.

Bereits im Vorfeld sollten eindeutige, ergänzende Regeln zur Einrichtung der BuMA und des Sachgebiets 5, sowie deren erforderliche Vernetzung oder Zusammenlegung, erstellt werden. Ermöglichen die lokalen Ressourcen, dass jede am Einsatz beteiligte Organisation (z. B. Polizei, Feuerwehr, THW, Sanitätsorganisation, ggf. Wasserrettungsdienst und weitere staatliche Stellen, wie etwa Veterinäramt oder Wasser- und Schifffahrtsamt) über einen Pressebeauftragten verfügt, sollte es keine Alleingänge einzelner Bereiche geben. Alle lokalen Akteure sollten in diesem Bereich zusammenarbeiten, ihre Fachinformationen beitragen und einfließen lassen und dadurch eine abgestimmte und schlüssige öffentliche Kommunikation ermöglichen. Gibt es keine Regelungen zur Leitung des S 5, sollte diese situativ unter Berücksichtigung der Qualifikation der Beteiligten festgelegt werden. Hier kann einerseits die Erfahrung der jeweils beteiligten Personen oder andererseits das Einsatzszenario (z. B. Brandereignis, Großdemonstration, Hochwasser) als Orientierung dienen. Der Leiter S 5 der operativ-taktischen Komponente sollte bei vorhandener administrativ-organisatorischer Führungsebene (SAE) die Position des stellvertretenden Leiters der dort angesiedelten BuMA werden. Dadurch wird insbesondere im Zweistabs-Modell die erforderliche Vernetzung der Bereiche gewährleistet. Weiterer Vorteil wäre, dass dem Leiter der BuMA des SAE, je nach lokalen Gegebenheiten, ggf. direkt ein mehrköpfiges Team zur Verfügung stünde. Innerhalb des zusammengelegten Sachgebiets 5 bzw. zur BuMA sind alle externen kommunikativen Maßnahmen mit allen Beteiligten abzustimmen und zu kommunizieren. Werden insbesondere für audiovisuelle Medien Gesprächspartner für Statements benötigt, sind gemäß ihrem Fachgebiet die Gesprächspartner aus dieser Gruppe für die angefragten Fachbereiche auszuwählen. Im Einsatz würde es sehr merkwürdig erscheinen, wenn ein Mitarbeiter einer Sanitätsorganisation Experte für Deichstabilität bei einem Hochwasserszenario wäre. Bei einem Unfall in einem industriellen chemischen Betrieb wäre es fragwürdig, wenn sich ein Polizist über gesundheitliche Folgen für die Anwohner äußert.

***Bild 3:** Alle am Einsatz beteiligten Organisationen, die über einen Pressebeauftragten verfügen, sollten in der Einsatzkommunikation mindestens vernetzt bzw. zentral zusammenarbeiten (Quelle: T. Trütgen)*

Die Ausstattung von Pressestellen im Einsatzfall lässt sich nicht eindeutig definieren, da jeder Akteur mitunter eigene spezielle Bedürfnisse zur Bewältigung seiner Aufgaben hat. Dennoch gibt es einige Mittel zur Grundausstattung, der sicher jeder Akteur der Pressearbeit zustimmen würde. Auch im digitalen Zeitalter ist der Zugriff auf eine klassische Büroausstattung (Papier, Schreibmaterialien, Ordner, Register, Locher, Hefter etc.) erforderlich. Bei Großeinsätzen werden diese Hilfsmittel für die Einsatzstäbe meist zentral bereitgestellt bzw. mitgeführt, sodass auch die BuMA diese Mittel nutzen kann. Ein Rechner mit Internetzugang, Textverarbeitungssoftware, E-Mail-Programm und Druckmöglichkeit ist für die Aufgabe als Pressesprecher erforderlich. Besonderes Augenmerk kommt hier dem ungehinderten (auch externen) Zugriff auf die eigene Website zu. Es muss für die BuMA jederzeit auch aus dem Stabsraum oder über ein mobiles Endgerät möglich sein, eine Blackpage als Sonderseite mit Warninformationen zu schalten und diese zu aktualisieren. Mit dem Internetzugang sollte auch die Möglichkeit bestehen, Videodateien in den gängigen Formaten zu betrachten. Es ist für die BuMA durchaus interessant, im laufenden Einsatz erste Medienberichte zu verfolgen, um zu erkennen, in welche Richtung die Berichterstattung tendiert. Fast alle großen Medien verfügen heute über entsprechende Portale, in denen einzelne Beiträge oder ganze Sendungen zur Verfügung gestellt werden.

Das wichtigste journalistische Handwerkszeug ist dabei die Recherche. Da PR-Akteure den Medien zuarbeiten, müssen auch sie diese Arbeitsweise beherrschen. Gerade bei Großeinsätzen ist für Journalisten das Mittel der *Vor-Ort-Recherche* eines der geeignetsten. Es ist nicht unüblich, aus Sicht einiger Akteure sogar zwingend erforderlich, dass sich Pressesprecher an die Einsatzstelle begeben, um sich vor Ort einen Eindruck zu verschaffen, Stimmungen einzufangen und ggf. sogar kurze Statements von Einsatzkräften einholen. Dafür ist es sehr hilfreich, auch eine geeignete Kamera zur Verfügung zu haben, die es ermöglicht, druckfähige Bilder zu erstellen, die ggf. später auch den Medienvertretern zur Verfügung gestellt werden können. Darüber hinaus dient dieses Bildmaterial der Einsatzdokumentation und kann anderen Bereichen des Stabs, die ihren Arbeitsplatz nicht verlassen können, Informationen und Eindrücke von der Einsatzstelle vermitteln. Die Arbeit der BuMA erstreckt sich also nicht nur auf die externe Information, sondern sollte auch die interne Kommunikation berücksichtigen. Die Verfügbarkeit von persönlicher Schutzkleidung und Schutzausstattung nach Vorgabe der jeweiligen Einsatzorganisation ist dafür erforderlich.

Dass die PR-Akteure auch Zugriff auf ein Festnetz-Telefon haben und über ein Mobiltelefon verfügen, sollte selbstverständlich sein. Gerade für den Bereich der Pressearbeit sollte darauf geachtet werden, dass die Möglichkeit besteht, in einem ruhigen und abgegrenzten Bereich zu telefonieren. Moderne Telefone, ganz egal ob für Festnetz- oder Mobiltelefonie, sind für die oftmals vorhandenen Freisprechfunktionen mit hochempfindlichen Mikrofonen ausgestattet, die auch die Akustik des Hintergrunds oft deutlich hörbar mit übertragen. Man kennt diese Situation gerade von der Mobiltelefonie, wenn man Personen während der Autofahrt anruft oder diese in öffentlichen Einrichtungen wie Flughäfen oder Bahnhöfen erreicht. Hintergrundgeräusche, wie etwa Radio- oder Lautsprecherdurchsagen, sind meist ebenfalls sehr gut verständlich. In der Praxis wäre es fatal, wenn Medienvertreter während einer telefonischen Anfrage vertrauliche Hintergrundgespräche anderer am Einsatz beteiligter Funktionäre mithören können und dadurch vertrauliche Einsatzinformationen oder -entscheidungen (vorzeitig und ungefiltert) an die Öffentlichkeit gelangen, weil kein abgegrenzter und entsprechend ruhiger Telefonbereich für die Akteure der Einsatzpressearbeit berücksichtigt ist.

Trotz aller Digitalisierung, aber mit abnehmender Bedeutung, sollte auch die Möglichkeit zur Nutzung eines Faxgeräts vorhanden sein. Mit Blick auf den Computerarbeitsplatz werden für mobile Einsatzleitungen bzw. Stabsausstattungen in den entsprechenden Fahrzeugen heutzutage aus Platzgründen fast nur noch Kombigeräte (Drucker, Scanner und Fax) verbaut. Auf dieses Gerät muss die BuMA Zugriff haben.

Die Kennzeichnung einzelner Fachbereiche erfolgt größtenteils mit farbigen Überwurfwesten oder ergänzenden Schulterkollern zur vorhandenen Einsatzkleidung und ist in den entsprechenden Landesregelungen nachzulesen. Es gibt zwar eine bundesweite Empfehlung zur Anwendung eines Farbsystems, von der allerdings einige

Länder abweichen. In NRW ist die Kennzeichnungsfarbe Grün, oft in Verbindung mit entsprechenden zusätzlichen Klartextbeschriftungen, wie *Presse*, *Pressedienst*, *Pressesprecher*, *Öffentlichkeitsarbeit* etc., in Form von Aufdrucken oder Klett-Abzeichen. Dadurch sind die Pressebeauftragten, genau wie andere Funktionsträger, in der Vielzahl möglicher Einsatzkräfte schnell zu lokalisieren. Beispielsweise gibt es in Rheinland-Pfalz für Akteure der Einsatzpressearbeit keine eigene Farbkennzeichnung. Die Kennzeichnungsfarbe Grün ist dort für Fachberater vorgesehen. Organisationsübergreifend hat es sich ergeben, dass auch die Pressesprecher im Einsatz grüne Überwurfwesten tragen, die zusätzlich mit den Klartextinformationen versehen sind. In Berlin wiederum verwenden Presseakteure der Einsatzorganisationen weiße Überwurfwesten.

5.2 Presse- und Öffentlichkeitsarbeit im Einsatzfall

Neben dem Mittel der je nach Einsatzumfang erforderlichen periodischen Versendung von Presseinformationen gibt es im Einsatzfall ein weiteres probates Mittel der öffentlichen Kommunikation: die *Pressekonferenz* (PK). Grundkenntnisse zum Verfassen von Presseinformationen und zur Vorbereitung von Pressekonferenzen lernen die PR-Akteure der Rettungsorganisationen, sofern sie nicht über eine entsprechende Berufsausbildung oder über ein Studium verfügen, in den Lehrgängen der Presse- und Öffentlichkeitsarbeit. Wie bereits beschrieben (siehe Kap. 5.1.2), können in diesen Lehrgängen nur Grundlagen vermittelt werden. Die Aufgabensicherheit bringt die langjährige Praxiserfahrung.

Eine Studie des PR-Agenturnetzwerks *ECCO* und des Journalistenportals *Newsroom* lieferte durch die Befragung von 450 Journalisten im August 2015 neue und interessante Daten. Die Ergebnisse der Studie belegen, dass von Journalisten die Zuarbeit von PR-Agenturen und Pressesprechern in den letzten fünf Jahren an Bedeutung gewonnen hat. Pressekonferenzen im Tagesgeschäft hingegen werden sogar als Zeitverschwendung bewertet. Persönliche Kontakte und Vier-Augen-Gespräche werden allerdings als sehr wichtig betrachtet.

Je nach Einsatzszenario wird es in der Einsatzkommunikation schwer bis unmöglich sein, dem individuellen Informationsbedarf von Journalisten nachzukommen. Deshalb bleiben periodische Presseinformationen und bei Bedarf Pressekonferenzen das Mittel der Wahl, eine Vielzahl von Journalisten gleichzeitig zu informieren. Sowohl bei der Versendung von Presseinformationen als auch bei der Einladung zu Pressekonferenzen sollten einzelne Medien nicht bevorzugt behandelt, sondern der Grundsatz der Gleichbehandlung zwingend beachtet werden (vgl. Landespressegesetze). Je nach Größe des Szenarios ist bereits frühzeitig unter Einbindung aller Akteure der Einsatzpressearbeit ein entsprechender Verteiler zu erstellen, der im Laufe des Einsatzes durch eingehende Medienanfragen, etwa durch noch nicht im Verteiler befindliche freie Journalisten, ergänzt wird.

Sowohl in den Presseinformationen als auch während möglicher Pressekonferenzen gilt es, einige elementare Dinge zu beachten. In der Praxis ist oft zu beobachten, dass häufig, ohne weitere Erklärungen, Terminologie verwendet wird. Diese ist den Beteiligten des Einsatzes zwar geläufig, kann aber nicht als allgemein bekannt vorausgesetzt werden. Übliche Abkürzungen sind direkt bei der ersten Verwendung zu erklären und können danach weiterbenutzt werden. Terminologie sollte auf das absolut erforderliche Minimum begrenzt werden. Den an der Einsatzpressearbeit beteiligten Personen muss klar sein, dass eine große Zahl von Rezipienten aller Bevölkerungsschichten und Bildungsgrade die Informationen nutzen und verstehen muss. Detaillierte Titel und Funktionen, wie etwa im Rettungsdienst die Differenzierung nach Ausbildungsstand, interessieren den normalen Leser nicht, da er diese Information nicht sortieren kann. Besser werden allgemeine Beschreibungen, wie etwa Rettungskräfte oder Einsatzkräfte, verwendet.

Insbesondere Pressekonferenzen sind mit dem nötigen Zeitvorlauf vorzubereiten. Alle Akteure, die auf dem Podium Rede und Antwort stehen, müssen die Möglichkeit haben, an einem gemeinsamen Briefing teilzunehmen und sich auf die möglichen Fragen der Journalisten vorbereiten zu können. Auch hier fällt den PR-Akteuren im Einsatz die bereits erwähnte interne Kommunikation zu. Zur Entlastung aller anderen am Einsatz beteiligten Organisationen und Funktionen hat die BuMA, ggf. zusammen mit dem Einsatzleiter, die Teilnehmer der Pressekonferenz mit den erforderlichen Informationen zu versorgen. Dabei kommt dem vorherigen Screening aller relevanten Social-Media-Kanäle bis kurz vor einer Pressekonferenz entscheidende Bedeutung zu, da sonst die Gefahr besteht, während der Konferenz mit nicht verifizierten Akutmeldungen konfrontiert zu werden, welche auf den regulären Meldewegen noch nicht bei der Einsatzleitung eingetroffen sind.

Der Besprechungs- und Konferenzraum für die Stabsarbeit (siehe Kapitel 3.7.2) muss zur Durchführung einer Pressekonferenz die erforderliche Größe aufweisen, um Journalisten einen der Situation entsprechenden Arbeitsplatz zu bieten. Notizen lassen sich im Sitzen besser anfertigen als im Stehen. Deshalb sollte die entsprechende Anzahl an Bestuhlung vorhanden sein. Da einige Journalisten ihre Notizen direkt in ihren Laptop oder Tablet-PC eingeben, wäre die Verfügbarkeit einiger Tischarbeitsplätze sinnvoll. Es müssen aber keine vollständigen Tischreihen aufgebaut werden, da Papier und Stift auch im digitalen Zeitalter sehr häufig verwendete Arbeitsmittel sind. Die Darstellung visueller Informationen, etwa die Präsentation aktueller Lagekarten, sollte zeitgemäß mit einem Beamer erfolgen. Je nach Raumgröße muss, sofern nicht ohnehin vorhanden, eine Beschallungsanlage verwendet werden, damit alle Anwesenden die mitgeteilten Informationen hören können. Für die journalistische Fragerunde ist ein zusätzliches Mikrofon bereitzuhalten, damit auch die Podiumsteilnehmer die an sie gerichteten Fragen richtig verstehen können.

***Bild 1:** Beispielhafte Pressekonferenz (Quelle: T. Trütgen)*

Sind audiovisuelle Medien in der Berichterstattung tätig, ist zu berücksichtigen, dass die in diesem Bereich tätigen Journalisten Vorbereitungszeit für die Platzierung ihrer technischen Ausstattung benötigen. In der Praxis erweist es sich als vorteilhaft, wenn man in der Einladung zur Pressekonferenz darauf hinweist, dass beispielsweise 30 Minuten vor dem Termin Radio- und Video-Journalisten die Möglichkeit haben, ihre technische Ausstattung zu platzieren. Unmittelbar vor Beginn und ggf. nochmals zum Ende der PK sollte die Möglichkeit gegeben werden, ein Gruppenfoto aller an der PK beteiligten Personen zu machen. Bereits beim Betreten des Raums sollten den Journalisten die wichtigsten Informationen schriftlich in Form einer Presseinformation oder eines Handouts übergeben werden. Ein großer Fauxpas ist es, Informationen nach der PK auszuhändigen. Journalisten überfliegen die dortigen Informationen, machen sich dazu Notizen und stellen ggf. ergänzende Fragen zu den im Vorfeld erhaltenen Informationen.

Eine *Einsatzpressekonferenz* verläuft nicht anders als andere Pressekonferenzen. In der Regel ist der Leiter Bevölkerungsinformation und Medienarbeit auch Leiter der Pressekonferenz. Er begrüßt die anwesenden Journalisten und vermittelt kurze Informationen zum Anlass und zum Thema der PK. Diese Einleitung beträgt in der Regel nur ein oder zwei Minuten. Danach leitet er an den nächsten Gesprächspartner weiter. Jeder Podiumsteilnehmer sollte sein Statement schriftlich vorbereiten. Diese Aussagen sollten sich auch in dem journalistischen Informationsmaterial wiederfinden. Je nach Anzahl der Personen auf dem Podium sollte das erste Statement nicht länger als fünf Minuten sein. Ist ein Statement beendet, leitet der PK-Leiter mit einer kurzen Vorstellung zum nächsten Gesprächspartner über. Sollten alle Eingangsstatements abgegeben worden sein, stehen die Podiumsteilnehmer für journalistische Rückfragen zur Verfügung. Hier sollte der PK-Leiter darum bitten, dass sich jeder Fragende kurz mit seinem Namen und der Nennung des Mediums, für das er tätig ist, vorstellt. Sollte die Frage nicht gezielt an eine Person des Podiums gerichtet sein, muss der PK-Leiter abwägen, wer die gestellte Frage beantwortet. Weitere Personen des Podiums, die etwas zur Beantwortung der Frage beitragen können, sollten sich durch vorab vereinbarte Zeichen oder die Zuschiebung eines Zettels zum PK-Leiter für diesen erkennbar machen. Sobald die erste Person die Frage beantwortet hat, leitet der PK-Leiter zur nächsten Person über. Ist die Frage beantwortet, wird das Mikrofon für den nächsten Fragenden freigegeben. Es empfiehlt sich, für das Podium eine entsprechende Tischreihe aufzubauen – optimalerweise mit davorliegendem Sichtschutz –, sodass unter dem Tisch mit Handzeichen oder Zetteln gearbeitet werden kann.

Der PK-Leiter entscheidet im Zweifelsfall, wann die Fragerunde beendet wird, sofern sich dies nicht situativ von selbst ergibt. Es sollte berücksichtigt und auch verkündet werden, dass nach der PK einzelne Personen für persönliche Statements zur Verfügung stehen. Gerade die Vertreter der audiovisuellen Medien nutzen diese Möglichkeit, um sich einen kurzen O-Ton (Original-Ton) zu sichern. Je nach Größe der PK ist auch hier eine individuelle Bearbeitung nicht möglich, sodass die Statements entsprechend für alle Journalisten gegeben werden. Man kennt diese Verfahrensweise aus den täglichen Nachrichtensendungen, in denen immer wieder beispielsweise Politiker vor einer Vielzahl von Mikrofonen ihre Statements abgeben.

Bild 2: *Während Großeinsätzen kann dem individuellen Informationsbedürfnis einzelner Medien nicht immer nachgekommen werden, und es werden O-Töne vor mehreren Medienvertretern gleichzeitig abgegeben (Quelle: T. Trütgen)*

Die Pressekonferenz sollte heutzutage mindestens tontechnisch, optimalerweise audiovisuell (also als Video), aufgezeichnet werden. Durch die Aufzeichnung werden die Statements der Beteiligten und die Fragen der Journalisten archiviert. Sollte es in der anschließenden medialen Darstellung zu deutlichen Abweichungen oder Fehlinterpretationen des Gesagten kommen, hat man die Aufzeichnung als entsprechenden Beleg, um den Sachverhalt mit dem Journalisten bzw. dem Medium zu klären. Zur reinen Tonaufzeichnung eignen sich digitale Diktiergeräte oder Smartphones mit entsprechenden Anwendungen, die für die Aufzeichnung in der Nähe eines Lautsprechers platziert werden. Die audiovisuelle Aufzeichnung der PK kann ebenfalls mit einem Smartphone und entsprechender Anwendung in der Nähe eines Lautsprechers erfolgen. Ist ein technisch ausgestatteter Besprechungs- und Konferenzraum für die Stabsarbeit (siehe Kap. 3.7.2) mit Beschallungsanlage vorhanden, ist zu prüfen, ob eine Schnittstelle zum Anschluss von Aufzeichnungsgeräten oder sogar eine integrierte Aufzeichnungsmöglichkeit vorhanden ist. Bei dem beschriebenen Technikeinsatz ist es erforderlich, dass während der Pressekonferenz eine in die technische Anlage eingewiesene Person diese sach- und fachgerecht betreibt. Vor der PK sollte getestet werden, ob die Aufzeichnungsqualität den eigenen Anforderungen zur Archivierung entspricht. Dieser Test ist insbesondere zwingend erforderlich, wenn keine Beschallungsanlage vorhanden ist. Hier ist dann besonders zu prüfen, ob insbesondere die Tonaufnahmeleistung mit einem Gerät möglich ist oder ob ggf. an mehreren Stellen im Raum Aufnahmegeräte platziert werden sollten.

Beispiele, wie eine Einsatzpressekonferenz nicht verlaufen sollte, gibt es viele. Auffällig ist dabei, dass immer wieder die gleichen unglücklichen Patzer auftreten: Bei einfachsten Journalistenfragen herrscht Uneinigkeit, wer diese beantwortet. Die Antworten sind teilweise unschlüssig und sorgen für entsprechende Nachfragen. Es ist Aufgabe der Einsatz-PR, vorab mögliche Fragen zu lokalisieren und die PK-Podiumsteilnehmer darauf vorzubereiten. Wenn gewisse Fragen zu bestimmten Themenbereichen nicht beantwortet werden, ist dies direkt in der Eröffnung der PK mitzuteilen und vom PK-Leiter darauf zu achten, dass dies auch eingehalten wird.

Journalisten akzeptieren solche Aussagen, wenn die Begründung entsprechend schlüssig ist.

Die meisten Journalisten sind sehr aufmerksame Beobachter und achten auf Details. Wie bereits erwähnt, sollten zu Fachthemen auch die anwesenden Experten Stellung beziehen. Man sollte meinen, dass nach bestimmten Pressekonferenzen der Vergangenheit gewisse Fehler während der Einsatz-PR nicht mehr auftreten und auch die PR-Akteure der BOS ihre Lehren daraus gezogen haben. Die Praxis beweist jedoch das Gegenteil: Während einer Großveranstaltung zog ein nächtliches Gewitter über ein Veranstaltungsgelände. Durch einen Blitzeinschlag wurden mehrere Personen verletzt. Erste Medienmeldungen zur Anzahl der Betroffenen und Schwere der Verletzungen wichen voneinander ab. Mit entsprechender Vorlaufzeit wurde am nächsten Morgen eine PK einberufen, um die Ereignisse und die anfänglich teils verworrenen Meldungen gegenüber den Medien darzustellen. Auffällig war, dass bereits vom PK-Leiter und einem politischen Mandatsträger als nachfolgendem Redner, beide ohne bekannten notfallmedizinischen Hintergrund, Statements zu den Verletzten abgegeben wurden. Die verspätet zur PK eingetroffene und ohne eigenes Mikrofon ausgestattete Leitende Notärztin durfte dann als dritte Rednerin ihre Informationen bekannt geben.

5.2.1 Informationsbedarf der Bevölkerung

In besonderen Einsatzsituationen, wie etwa bei

- Kampfmittelfunden aus dem Zweiten Weltkrieg,
- Unwetterereignissen (Sturm, Hitze, Schneeüberlastung),
- Überschwemmungen,
- Störfällen in Industriebetrieben bzw. -bereichen,
- Schadensereignissen mit chemischen, biologischen oder radioaktiven Stoffen,
- Großschadensereignissen (Flugzeugabsturz, Explosion, Dammbruch usw.),
- Pandemie- und Epidemiesituationen,

- Ausfällen oder langfristigen Störungen wichtiger Infrastruktureinrichtungen (Strom, Wasser, Gas, Abwasser),
- Anschlägen mit kriminellem oder terroristischem Hintergrund oder
- Großschadenslagen

hat die Bevölkerung einen erhöhten Informationsbedarf. In der Regel möchten die Bürger wissen,

- ob sie unmittelbar oder mittelbar von den möglichen Ereignissen betroffen sind,
- welche Gefahren sich für sie ergeben,
- wie die bisherige Lebensqualität eingeschränkt wird,
- welche Maßnahmen des Eigenschutzes getroffen werden können,
- welche zentral organisierten Hilfen zur Verfügung stehen (z B. Sammelunterkünfte im Evakuierungsfall),
- wie lange sie von den aus dem Ereignis resultierenden Einschränkungen betroffen sind,
- ob sie sich selbst als Spontanhelfer in den Hilfeleistungsprozess einbringen können.

Wer sich ganzjährig durch kontinuierliche Presse- und Öffentlichkeitsarbeit im Bewusstsein der Bevölkerung platziert, wird in besonderen Situationen entsprechende Aufmerksamkeit bekommen (siehe Kap. 5.1). Im Umkehrschluss bedeutet dies nicht zwangsläufig, dass der, der nur in besonderen Situationen öffentliche Kommunikation betreibt, keine Aufmerksamkeit erlangt. Er wird es aber erfahrungsgemäß schwieriger haben. Auch die Gruppe der negativen Stakeholder ist meistens um ein Vielfaches größer und reagiert, z. B. in sozialen Netzwerken, schneller mit Kommentaren. Öffentliche Misstrauensbekundungen sind dann keine Seltenheit.

Viele Themen der Gefahrenabwehr eignen sich sehr gut, auch außerhalb besonderer Szenarien dargestellt zu werden, und liefern reichlich Material für eine ganzjährige präventive Kommunikation. Dadurch werden Bürger für die Themen sensibilisiert, können sich damit persönlich auseinandersetzen und die für sich relevanten Informationen filtern und anwenden, um die Grundlagen für die persönliche Selbsthilfe zu schaffen.

Das Bundesamt für Bevölkerungsschutz und Katastrophenhilfe erfüllt mit seiner Arbeit u. a. genau diesen Umstand. Das BBK hat mit *Katastrophen-Alarm – Ratgeber für Notfallvorsorge und richtiges Handeln in Notsituationen* eine übersichtliche und leicht verständliche Broschüre zu diversen Themen, etwa persönliche Notfallvorsorge und bauliche Sicherheit an Beispielen wie Unwetter, Feuer, Hochwasser und CBRN-Gefahrstoffe (CBRN = chemisch, biologisch, radiologisch und nuklear), verfasst und informiert die Bevölkerung, wie sie sich auf solche Ereignisse vorbereiten kann. Zusätzlich beinhaltet die Broschüre eine Checkliste, um persönliche Schutzmaßnahmen abarbeiten und dokumentieren zu können. Die in dieser Broschüre genannten allgemeinen Maßnahmen decken ein weites Spektrum des Selbstschutzes ab und können im Rahmen einer kontinuierlichen Presse- und Öffentlichkeitsarbeit mit regionalen und lokalen Informationen ergänzt werden.

Das neuste Informationsprodukt des BBK ist die N*otfall-Informations- und* N*achrichten-*A*pp NINA*. *NINA* ist kostenfrei für Smartphones und Tablet-PCs verfügbar, liefert zentral Warnmeldungen zu besonderen Ereignissen und beinhaltet Notfalltipps zum richtigen Verhalten in besonderen Notsituationen, wie beispielsweise bei Unwetter oder Hochwasser. *NINA* ist Bestandteil des *Modularen Warnsystems* (MoWaS) des BBK und bezieht daraus die entsprechenden Informationen. Ergänzend bedient sich *NINA* der amtlichen Wettermeldungen des Deutschen Wetterdiensts und zur Darstellung der Pegelstände der Informationen der Wasser- und Schifffahrtsverwaltung des Bundes.

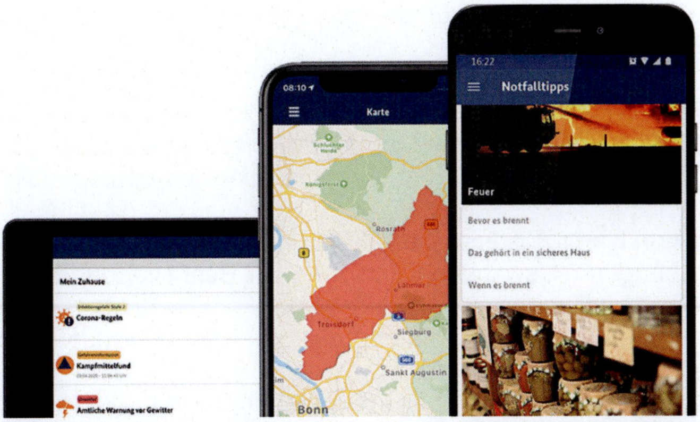

***Bild 3:** Notfall-Informations- und Nachrichten-App NINA (Quelle: BBK)*

Während außerhalb besonderer Einsatzszenarien die BOS ihre Bevölkerungsinformation und Medienarbeit oftmals isoliert und unabhängig voneinander betreiben, sollte im Einsatzfall eine vernetzte und abgestimmte Kommunikation erfolgen (siehe Kap. 5.1.4). Im digitalen Kommunikationszeitalter ist es für die Bevölkerung einfach, Informationen zu erhalten, auch wenn dabei auf fragwürdige oder gar persönliche Ziele verfolgende Quellen zurückgegriffen wird (siehe Kap. 5.1.1). Als Informationsgeber sollte man sich in die Rolle von Rezipienten versetzen und bereits vor der Erstellung entsprechender Informationen lokalisieren, welche Fragen sich für die Rezipienten aus den bereitgestellten Informationen ergeben können. Diese Fragen sollten nach Möglichkeit kurz und ohne Fachkenntnisse verständlich mit beantwortet werden.

Gerade im Bereich der externen Kommunikation hat sich der Begriff *One-Voice-Policy* etabliert. Die Definition von One-Voice-Policy fällt, je nach gewählter Literatur und Verwendung in Branchen (z. B. allgemeine Unternehmenskommunikation, Finanzmarktkommunikation oder Krisenkommunikation), unterschiedlich aus, hat aber Gemeinsamkeiten.

Die One-Voice-Policy ist Bestandteil strategischer Kommunikationsprozesse und bedeutet:

- Anwendung zentraler Sprachregelungen (optimalerweise inklusive Erstellung von Positiv- und Negativlisten von Aussagen, die getroffen werden dürfen und die nicht öffentlich gemacht werden sollen),
- Definition klarer Zuständigkeiten bei der Beantwortung von Medienanfragen (Auswahl von Personen zur Beantwortung spezieller Fragestellungen),
- strukturierte interne Abstimmung aller am Kommunikationsprozess Beteiligten,
- gleiche Inhalte und Aussagen in der Öffentlichkeit in allen zur externen Kommunikation gewählten Kanälen (gegenüber Journalisten, Presseinformationen, Pressekonferenzen, Homepages, Social Media etc.)

Je nach Branchenverwendung ist die One-Voice-Policy unter Kommunikationsexperten nicht unumstritten. Während etwa auf dem Finanzmarkt, insbesondere bei auskunftspflichtigen börsennotierten Unternehmen, die Verwendung der One-Voice-Policy relativ unstrittig ist, sehen Kritiker in anderen Unternehmensbereichen die Vielfältigkeit und Transparenz der Kommunikation durch Anwendung strikter Regulierungen gefährdet. Im Bereich der Einsatzkommunikation, insbesondere wenn mögliche Verursacher am Kommunikationsprozess beteiligt sind, ist die Anwendung der Möglichkeiten der One-Voice-Policy ebenfalls relativ unstrittig. Eine unkoordinierte Kommunikation würde die Rezipienten irritieren, möglicherweise verunsichern und gar eine Schar negativer Stakeholder aktivieren, die es dann zu bedienen gilt.

Ein Beispiel der Notwendigkeit der One-Voice-Policy stellen die bei Schadensereignissen in der Industrie, etwa bei großen Brandereignissen, oft verwendeten Phrasen *„Die Anwohner werden aufgefordert, Fenster und Türen geschlossen zu halten“* und *„Eine Gefahr für die Bevölkerung besteht nicht“* dar. Isoliert betrachtet mögen diese Aussagen zunächst richtig und plausibel erscheinen. Jeder Laie weiß aber, dass Brandrauch immer auch giftige Substanzen enthält, was die Aussage natürlich relativiert. Weiter ergibt sich die Frage:

Warum sollen Fenster und Türen geschlossen gehalten werden, wenn keine Gefahr besteht? Wenn dann, aufgrund mangelnder interner Abstimmungen, eine Sanitätsorganisation eine eigene Presseinformation veröffentlicht, die mehrere verletzte Personen durch Rauchgas nennt, sind die ersten beiden Aussagen hinfällig. Negative Stakeholder erhalten gar die Möglichkeit, die Glaubwürdigkeit der Feuerwehr anzuzweifeln. In einem abgestimmten Kommunikationsprozess und einer gemeinsamen Presseinformation könnte man eine solche Situation beispielsweise so darstellen:

Bedingt durch die starke Rauchentwicklung wurden mehrere Personen durch Rauchgase verletzt. Bei keinem der Betroffenen besteht Lebensgefahr. Aufgrund der starken Rauchentwicklung werden Anwohner gebeten, Fenster und Türen geschlossen zu halten. Erste Messungen der Feuerwehr haben ergeben, dass durch das Brandereignis keine zusätzlichen Gefahrstoffe freigesetzt wurden. Die Feuerwehr wiederholt während des noch laufenden Einsatzes ständig die Messungen und wird die Bevölkerung über neue Erkenntnisse und sich möglicherweise daraus ergebende Schutzmaßnahmen informieren.

In der Praxis ist zu beobachten, dass Bürger über die Zuständigkeiten von BOS, je nach Bereich, unzureichend informiert sind. Viele Bürger denken beispielsweise, dass Mitarbeiter der Ordnungsbehörden, die immer öfter auch in ländlichen Regionen deutlich erkennbar öffentlich in Erscheinung treten, nur da sind, um Strafzettel für Falschparker zu schreiben. Dass die Ordnungsbehörden auch die zuständigen zivilen Gefahrenabwehrbehörden sind und dadurch weitreichendere Befugnisse im Einsatzfall haben, die ggf. bei besonderen Einsatzszenarien vollzogen werden müssen, ist weniger bekannt. Viele Bürger wissen auch nicht, dass die (Freiwilligen) Feuerwehren in ihrer Rechtsform eine Fachabteilung der Ordnungsbehörden darstellen und keine Vereine sind. Oft ist nicht bekannt, dass Mitarbeiter der Feuerwehr Beamte sind bzw. Angehörige der Freiwilligen Feuerwehr den besonderen Rechtsstatus von Ehrenbeamten haben und dadurch in gewissen Situationen besondere Befugnisse ausüben dürfen. Bekannt geworden sind in den vergangenen Jahren immer wieder Fälle, in denen es etwa bei einsatzbedingten Straßensperren durch die Feuerwehr zu langatmigen Diskussionen oder gar zum Durchbrechen dieser Sperren durch uneinsichtige Autofahrer kam.

Hinweis

Es wird in der Einsatzkommunikation bei der Vermittlung der mitunter vielen Informationen schwer sein, auch noch die Maßnahmen einzelner Beteiligter darzustellen und zu rechtfertigen. Diese Bevölkerungsinformation bietet aber genügend und gut aufbereitet auch interessantes Material für die kontinuierliche, ganzjährige Bevölkerungsinformation und Pressearbeit.

5.3 Spezielle Kommunikationsformen

Die Kommunikationswissenschaft definiert verschiedene Kommunikationsformen und daraus resultierende Kommunikationsziele der beteiligten Akteure. Die für Einsatzorganisationen primär relevantesten sind die Risiko-, Krisen- und Katastrophenkommunikation.

Für die Kommunikationsbeteiligten ergeben sich, je nach Kommunikationsform, verschiedene Rollen, etwa die des Befürworters oder Gegners, des Verursachers oder Helfers.

Wie schwer die Kommunikation in besonderen Situationen sein kann, lässt sich an einem Beispiel des österreichisch-amerikanischen Kommunikationswissenschaftlers, Psychotherapeuten, Soziologen, Philosophen und Autor Paul Watzlawick darstellen. Watzlawick veröffentlichte fünf Axiome (Axiom = Grundsatz, der keines Beweises bedarf), die die menschliche Kommunikation darstellen. Die erste Grundregel lautet:

Man kann nicht nicht kommunizieren! Jede Kommunikation (nicht nur mit Worten) ist Verhalten und genauso, wie man sich nicht nicht verhalten kann, kann man nicht nicht kommunizieren.

Ein Beispiel wäre eine Frau im Wartezimmer eines Arztes, die die ganze Zeit nur auf den Boden starrt. Zunächst könnte man annehmen, sie würde nicht kommunizieren. Dennoch tut sie es, indem sie den anderen Wartenden nonverbal mitteilt, dass sie keinerlei Kontakt möchte.[1] Aus der Körpersprache ließe sich sogar weiter ableiten, warum die Frau nicht verbal kommunizieren möchte, etwa weil sie nervös ist oder Angst hat. Ähnlich verhält es sich mit den BOS. Sich in tiefes Schweigen während entsprechender Szenarien zu hüllen, kann schnell von negativen Stakeholdern für deren Zwecke missbraucht werden. Wichtig ist es deshalb, zeitnah, faktenorientiert, verständlich und nachvollziehbar zu kommunizieren.

1 Vgl. www.paulwatzlawick.de, 2014.

Gerade in der Anfangsphase besonderer Ereignisse, die oft eine dynamische Entwicklung durchlaufen, ist die Aussage *„Dazu werden wir momentan keine Stellung beziehen"* oder *„Zu diesem Thema werden wir uns momentan nicht äußeren"* eine schlechte Aussage, da die nachvollziehbare Begründung fehlt, warum nicht informiert wird. Negativen Stakeholdern wird dadurch förmlich ein großes Tor geöffnet. Wesentlich anders klingen Aussagen wie beispielsweise: *„Momentan befinden wir uns noch in der Anfangsphase dieses Einsatzes. Wir verfügen noch nicht über ausreichende und gesicherte Erkenntnisse, die wir aktuell mitteilen können. Fachkräfte sind dabei, diese Informationen zu ermitteln, die dann in der Einsatzleitung sortiert und ausgewertet werden. Wir werden nach Erhalt gesicherter Erkenntnisse umgehend die Bevölkerung und die Medien über den Sachstand informieren und diesen auch ständig aktualisieren."* Diese Formulierung ist zwar deutlich länger, enthält allerdings nachvollziehbare Begründungen. Negativen Stakeholdern wird so zunächst nur ein geringer Handlungsspielraum ermöglicht. Nach Erhalt und Auswertung entsprechender neuer Informationen sind diese dann zu kommunizieren, um die anfänglich formulierte Aussage nicht unglaubwürdig werden zu lassen.

Der Forschungsbereich der für die BOS relevanten Kommunikationswissenschaften ist noch sehr jung, weshalb die nachfolgenden Definitionen aus anderen Bereichen abgeleitet werden müssen.

5.3.1 Risikokommunikation

Die Definition des Begriffs *Risikokommunikation* ist je nach verwendetem Bereich (etwa Unternehmens-, Finanz- oder Managementkommunikation) unterschiedlich. Als Gemeinsamkeit lässt sich für Einsatzorganisationen zusammenfassen: Die Risikokommunikation hat die Aufgabe, Risiken zu identifizieren und zu benennen, das Ausmaß und die Relevanz der Risiken zielgruppengerecht zu kommunizieren, die sich daraus ergebenden Gefahren aufzuzeigen und den angemessenen Umgang mit diesen Risiken zu unterstützen.[2]

[2] Vgl. Ruhrmann, 2015; Lies o. J.

Das BBK definiert Risiko als *Maß für die Wahrscheinlichkeit des Eintritts eines bestimmten Schadens an einem Schutzgut unter Berücksichtigung des potenziellen Schadensausmaßes* und Risikokommunikation als *Austausch von Informationen und Meinungen über Risiken zur Risikovermeidung, -minimierung und -akzeptanz* (angelehnt an BBK, 2011). Der § 5 im Gesetz über den Zivilschutz und die Katastrophenhilfe des Bundes (Zivilschutz- und Katastrophenhilfegesetz – ZSKG) regelt den Selbstschutz für den Verteidigungsfall und formuliert in Absatz 2, dass die Bevölkerung zu unterrichten und auszubilden ist:

Gesetz

§ 5 Selbstschutz

(1) Aufbau, Förderung und Leitung des Selbstschutzes der Bevölkerung sowie Förderung des Selbstschutzes der Behörden und Betriebe gegen die besonderen Gefahren, die im Verteidigungsfall drohen, obliegen den Gemeinden.
(2) Für die Unterrichtung und Ausbildung der Bevölkerung sowie in den sonstigen Angelegenheiten des Selbstschutzes können die Gemeinden sich der nach § 26 mitwirkenden Organisationen bedienen.
(3) Die Maßnahmen der kreisangehörigen Gemeinden werden durch die Behörden der allgemeinen Verwaltung auf der Kreisstufe unterstützt.
(4) Im Verteidigungsfall können die Gemeinden allgemeine Anordnungen über das selbstschutzmäßige Verhalten der Bevölkerung bei Angriffen treffen.

Die Anordnungen bedürfen keiner besonderen Form.

Noch vor einigen Jahren, in den Hochzeiten des Kalten Krieges, hatte der Selbstschutz einen deutlich höheren Stellenwert als heute. Mit der Ost-West-Entspannung wurden die Ressourcen auf ein Minimum reduziert, zwischenzeitlich, insbesondere mit Blick auf Unwetterlagen und Industrieereignisse, wieder etwas erhöht. Vor dem Hintergrund der scharf veränderten geopolitischen Lage in Europa seit 2022 sind auch der Spannungsfall sowie der Verteidigungsfall nicht mehr als mögliche Szenarien auszuschließen. Die für diese Themen allgemeinen Hinweise, wie etwa private Bevorratung von Hygieneartikeln, Lebensmitteln oder etwa Batterien, können im Rahmen einer kontinuierlichen Öffentlichkeitsarbeit ganzjährig thematisiert und auch im Verteidigungsfall angewendet werden. Die Regionen an den großen Flüssen können für die Bürger als nachvollziehbares Beispiel Hochwasserereignisse und die dafür notwendigen Selbstschutzmaßnahmen darstellen. Die BBK-Broschüre *Katastrophenalarm – Ratgeber für Notfallvorsorge und richtiges Handeln in Notsituationen* liefert die notwendigen bundesweiten Basisinformationen, die mit regionalen und lokalen Informationen ergänzt werden können.

Betreiber industrieller Einrichtungen praktizieren in der Regel eine eigene Risikokommunikation. Aus dem PR-Blickwinkel der Unternehmensinteressen fällt erfahrungsgemäß diese Risikokommunikation einseitig positiv aus, um negative Stakeholder, wie etwa Umweltschutzorganisationen, zu besänftigen. Ein bekanntes Beispiel ist die Kommunikation zum Thema Atomstrom. Seitens der Firmen werden natürlich oft nur die Vorteile dargestellt, die damit verbundenen Nachteile versucht die Firmen-PR zu umgehen. Die Umweltschutzorganisationen hingegen praktizieren genau das Gegenteil und stellen die Nachteile und Gefahren in den Vordergrund. Sollte man als BOS-Organisation zu solchen brisanten Themen Öffentlichkeitsarbeit in Form von Risikokommunikation betreiben, kann man sehr schnell zwischen zwei Fronten geraten. Es bedarf einiger Erfahrung, solche Themen neutral darzustellen, ohne dabei das Interesse negativer Stakeholder auf sich zu ziehen. Da man während eines möglichen Störfalls auch mit den Betreibern dieser Industrieanlagen zusammenarbeiten muss, sollte man hier besondere Vorsicht walten lassen.

PR-Akteure solcher Einrichtungen beobachten natürlich ihr kommunikatives Umfeld genau und reagieren mit eigenen Veröffentlichungen. Eine gute Möglichkeit für die BOS wäre es, bereits außerhalb möglicher Einsatzszenarien mit den PR-Akteuren dieser Einrichtungen in Kontakt zu treten und kommunikative Maßnahmen abzusprechen bzw. auf Publikationen hinzuweisen. Durch diese rechtzeitige Kontaktaufnahme und den regelmäßigen Austausch lassen sich auch gemeinsam präventive Kommunikationskonzepte für mögliche Störfälle erarbeiten. Dabei liegt es in der Natur der Sache, dass der Betreiber andere Interessen verfolgt als die BOS. Die rechtzeitige Abstimmung ermöglicht aber beiden Seiten, ihre Positionen und Bedürfnisse darzustellen, zu formulieren und auch gemeinsame Reaktionskonzepte zu erarbeiten.

5.3.2 Krisenkommunikation

Genau wie die Definition des Begriffs Risikokommunikation ist die Definition der Krisenkommunikation vom verwendeten Bereich abhängig (siehe Kap. 5.3.1). Als Gemeinsamkeit lässt sich für Einsatzorganisationen zusammenfassen: Krisen sind Situationen, in denen sich entscheidet, ob sich ein negativer Zustand zum Guten oder Schlechten wendet.[3] Das BBK definiert Krise als *vom Normalzustand abweichende Situation mit dem Potenzial für einen Schadenseintritt oder mit bereits eingetretenen Schäden an Schutzgütern, die mit der normalen Ablauf- und Aufbauorganisation nicht mehr bewältigt werden kann, so dass eine Besondere Aufbauorganisation (BAO) erforderlich ist*[4]. Krisenkommunikation ist der Teil des Krisenmanagements, der der Einflussnahme auf weiche Faktoren dient, um Unternehmenskrisen zu verhindern oder zu bewältigen. Zu den weichen Faktoren (*soft facts*) zählen das Image, Stimmungen, aber auch Wissen und daraus resultierendes Verhalten (De-/Motivation) sowie Handlungsweisen (Unterstützung/Widerstand).[5]

Das BBK definiert Krisenkommunikation *als Austausch von Informationen und Meinungen während einer Krise zur Verhinderung oder Begrenzung von Schäden an einem Schutzgut*[6]. Krisenkommunikation bedarf der klaren Zuordnung von Zuständigkeiten und Verantwortlichkeiten sowie einer klaren Kommunikationslinie für ein inhaltlich und argumentativ einheitliches Auftreten der am Krisenmanagement Beteiligten. Krisenkommunikation dient dem zielgrup-

[3] Vgl. Kepplinger, 2010.
[4] Vgl. BBK, 2011.
[5] Vgl. Lies, o.J.
[6] Vgl. BMI, Krisenkommunikation, Leitfaden für Behörden und Unternehmen, S. 14.

penorientierten Informationsaustausch, dem Aufbau von Vertrauen und der Verhinderung von Imageeinbußen.[7]

Wie die Definition von Krisen und Krisenkommunikation zeigt, bietet sich hier ein breit gefächertes Spektrum an Ursachen, Zuständen und kommunikativen Möglichkeiten. Krisenkommunikation ist eine der anspruchsvollsten Kommunikationsformen und erfordert viel Erfahrung. Da bereits eine negative Situation eingetreten ist, die man positiv verändern möchte, bekommen es Kommunikationsakteure in der Regel schnell mit einer Vielzahl negativer Stakeholder zu tun. In den BOS ein durchaus bekanntes Beispiel für eine Krise ist die seit einigen Jahren immer wieder in den Medien thematisierte defizitäre Notarztsituation in einigen Regionen (*Image-Krise*). Abweichend von der Krisendefinition des BBK ist zur Bewältigung solcher Krisen noch keine BAO erforderlich.

Durchweg einig sind sich Kommunikationsprofis, dass sowohl die „Vogel-Strauß-“ als auch die „Kopf in den Sand stecken“-Variante die ungeeignetste Methode der Krisenkommunikation darstellen. In der Krisenkommunikation gilt es, sachlich und verständlich zu informieren und auf genannte Argumente einzugehen. In der Krisenkommunikation wird eine Problemaufschlüsselung empfohlen. Das Hauptproblem und manchmal kleinere Randprobleme müssen erkannt und definiert werden, um diese in der Kommunikationsstrategie zu berücksichtigen. Organisationen, die ständig und wiederkehrend etwa über ihren Rettungsdienst informieren, werden auch Gehör finden, wenn sie sachlich und faktenorientiert zu einer möglichen problematischen Notarztsituation Stellung beziehen.

Elementar wichtig ist eine transparente und offene Kommunikation. Klassische Schutzbehauptungen wie etwa *„Unsere Notarztsituation ist keinesfalls defizitär“* werden schnell von negativen Stakeholdern erkannt und mit Gegenargumenten, etwa selbst erlebten Einsätzen mit verlängerten Hilfsfristen, pariert. Schnell gerät man in eine Spirale, der man sich nur schwer entziehen kann. Besteht eine defizitäre Notarztsituation tatsächlich, ist es besser, die Bevölkerung faktenorientiert aufzuklären, warum es so ist und wie es dazu ge-

[7] Vgl. BBK, 2011.

kommen ist. Rettungsorganisationen sind in dieser Situation oft nur Erfüllungsgehilfen gesetzlicher Vorgaben, die den Bürgern oftmals nicht bekannt sind. Besser wäre es also in einem solchen Fall, genau diese Grundlagen darzustellen und ggf. auch darauf hinzuweisen, dass man bereits mehrfach in nichtöffentlichen Gesprächen auf diesen Umstand aufmerksam gemacht hat. Letztlich würden nur Gesetzesänderungen die Situation verändern können. Im Kommunikationsprozess nimmt man also nicht die Rolle des Verneinenden, sondern die Rolle des faktenorientierten Informators ein. Einige Kommunikationswissenschaftler vertreten die Ansicht, dass Krisen bei richtiger Kommunikation die Möglichkeit bieten, Prozesse positiv zu verändern, die bis dahin als nicht veränderbar galten.

Bei besonderen Einsatzszenarien ist in der Krisenkommunikation zu berücksichtigen, ob es sich um ein Ereignis höherer Gewalt oder um ein Ereignis mit einem (vermeintlichen) Verursacher handelt. Während reine Naturereignisse wie etwa Hochwasser oder Unwetter zweifelsohne höhere Gewalt darstellen, wird einem Störfall in einer Industrieeinrichtung durch negative Stakeholder schnell ein Verursacher zugeschrieben – im Zweifelsfall zunächst der Einrichtungsbetreiber. Auch wenn dieser trotz aller Sicherheitsvorkehrungen gar keinen Einfluss auf das Ereignis hat, wie etwa einen Großbrand in einem Chemiebetrieb nach Blitzeinschlag, ist davon auszugehen, dass negative Stakeholder trotzdem aktiv werden. Ist die Ursache einem Betreiberverschulden anzulasten, wird dieser in der Regel versuchen, den Krisenverlauf durch Kommunikationsmaßnahmen zu beeinflussen. Letztlich gelten hier die bereits bei der Risikokommunikation genannten Hinweise, dass man als BOS sehr genau darauf achten muss, nicht zwischen die Fronten zu geraten, dennoch aber situativ mit dem Verursacher zusammenarbeiten sollte. Solange es sich um keinen eindeutigen Fall zur Zuweisung eines Verursachers handelt, gilt die Unschuldsvermutung. Erst ein staatsanwaltschaftliches Ermittlungsverfahren wird dann die Ursache klären.

5.3.3 Katastrophenkommunikation

Katastrophenkommunikation ist kein etablierter Begriff der Kommunikationswissenschaften. BOS verwenden dieses Wort vereinzelt, um die Form der Kommunikation, die auf den Einsatz im Katastrophenfall zugeschnitten ist, zu beschreiben. Im BBK-Glossar ist lediglich die Definition des Wortes Katastrophe vorhanden. Das BBK definiert den Begriff Katastrophe *als ein Geschehen, bei dem Leben oder Gesundheit einer Vielzahl von Menschen oder die natürlichen Lebensgrundlagen oder bedeutende Sachwerte in so ungewöhnlichem Ausmaß gefährdet oder geschädigt werden, dass die Gefahr nur abgewehrt oder die Störung nur unterbunden und beseitigt werden kann, wenn die im Katastrophenschutz mitwirkenden Behörden, Organisationen und Einrichtungen unter einheitlicher Führung und Leitung durch die Katastrophenschutzbehörde zur Gefahrenabwehr tätig werden*. Achtung: Die Definition der Katastrophenkommunikation kann entsprechend landesrechtlicher Regelungen abweichend hiervon gefasst sein.[8] Der Begriff oder die Definition „Katastrophenkommunikation" ist aber auch im BBK-Glossar bisher nicht aufgeführt.

Aus kommunikationswissenschaftlicher Sicht könnte man die Katastrophenkommunikation der Krisenkommunikation mit all ihren Möglichkeiten und Besonderheiten zuordnen. Je nach Art und Größe einer Krise bietet die Krisenkommunikation verschiedene Möglichkeiten und Strategien der Kommunikation. Katastrophenkommunikation kann also durchaus als die maximale Form der Krisenkommunikation bezeichnet werden. Die erforderlichen Strukturen, wie etwa die BAO, sind dafür unabdingbar.

[8] Vgl. BBK, 2011.

5.4 Digitale Medien und Social Media im Einsatzfall

Digitale Medien und soziale Netzwerke sind aus unserer heutigen Informations- und Kommunikationslandschaft nicht mehr wegzudenken. Informationen können nahezu in Echtzeit zur Verfügung gestellt werden. Oftmals unberücksichtigt bleibt dabei der Informationsgehalt (siehe auch Kap. 5.1.1).

5.4.1 Begriffsdefinition digitale Medien

Digitale Medien sind Kommunikationsmedien auf Grundlage digitaler Kommunikations- und Informationstechnologien. Als digitale Medien werden auch technische Geräte zur Aufzeichnung, Speicherung, Verarbeitung, Distribution und Darstellung von digitalen Inhalten (Content) bezeichnet. Die informationstechnologische Seite bietet das technische Umfeld digitaler Medien und stellt die entsprechende Arbeitsumgebung zur Verfügung. Die kommunikationswissenschaftliche Seite liefert die Inhalte und füllt die informationstechnologischen Systeme mit Informationen.

Die Vielzahl verschiedenster Content-Management-Systeme zur Homepageerstellung (CMS, oft in Endkundenpaketen auch als Homepage-Baukasten bezeichnet) oder die Eingabemasken für die Nutzer sozialer Netzwerke stellen also die erforderliche Informationstechnologie dar und geben die optische Gestaltung der Information vor. Die Inhalte der vielfältigen technischen Möglichkeiten unterliegen den kommunikationswissenschaftlichen Aspekten. Es gibt vielfältige Formen sowohl von informationstechnologischen Seiten, z. B. Homepages, Livestreams, Videoportale, soziale Netzwerke, als auch auf kommunikationswissenschaftlicher Basis, z. B. Nachrichtenportale, (Live-)Blogs, Informationsseiten (Wikipedia) und soziale Netzwerke. Die Möglichkeiten sind in den vergangenen Jahren deutlich gestiegen.

Fast alle klassischen Informationsmedien (Tages- und Wochenzeitungen, Zeitschriften, Magazine, Nachrichtenagenturen, Rundfunk und Fernsehen) nutzen heute auf unterschiedlichste Art die digitalen Medien. Dies kann beispielsweise die komplette digitale Bereitstellung von gedruckten Informationen einer Tageszeitung im Internet ohne weitere Möglichkeiten bis hin zu den das Druckwerk ergänzenden Informationen, wie etwa Bilderstrecken oder Videobeiträge, sein.

Für die Einsatzkommunikation ergeben sich hierdurch neue *Kommunikationskanäle*. Man muss heute nicht mehr bis zum Erscheinen der nächsten Zeitungsausgabe oder der Sendung von Beiträgen in Radio oder Fernsehen warten. Im Zeitungsbereich sind aktuell Live-Blogs sehr beliebt. Ständig werden neue Informationen oder Erkenntnisse zu einem speziellen Thema bereitgestellt, ohne die Informationen zunächst zu sortieren. Zeitungen wenden dieses Mittel etwa bei Pressekonferenzen an, indem sie die dortigen Informationen quasi in Echtzeit wiedergeben. Radio- oder Fernsehsender bieten entsprechend ihrer spezifischen Darstellungsform ähnliche Dienste in Ton und Bild an. Später werden diese Informationen gefiltert, strukturiert und für weitere Medien, etwa die nächste Zeitungsausgabe oder die nächste Nachrichtensendung, zusammengefasst und aufgearbeitet.

Praxistipp

Gerade in der Einsatzkommunikation bieten sich in kritischen Situationen hier schnelle Möglichkeiten der Informationsvermittlung. Den Akteuren der Einsatzkommunikation sollten je nach Ereignisgröße die lokalen und regionalen Möglichkeiten bekannt sein, um diese bedarfsweise gezielt zu nutzen, damit die Bevölkerung schnell über bekannte und vertraute Medien informiert wird.

5.4.2 Social Media

Soziale Netzwerke, auch Social Media genannt, nutzen gezielt die Möglichkeiten der dialogorientierten Kommunikation. Dialogorientierte Kommunikation bedeutet, dass die Informationsvermittlung nicht nur einseitig als Monolog, wie etwa in Druckwerken oder auf Homepages, erfolgt, sondern Rezipienten, etwa durch Kommentare oder vordefinierte Schaltflächen (z. B. Teilen, Gefällt mir oder Bewertung mit Sternen), die Möglichkeit erhalten, auf die Information zu reagieren. Durch die Möglichkeit, Informationen in sozialen Netzwerken zu teilen, verbreiten sich diese schnell und erreichen dadurch in kurzer Zeit eine Vielzahl von Empfängern. Innerhalb der durch Social Media vielen neu entstandenen Begriffe spricht man von viraler Kommunikation. Soziale Medien lassen sich in die Typen: Bilder (z. B. Instagram), Massenger (z. B. WhatsApp), Netzwerke (z. B. Facebook), Business (z. B. LinkedIn), Blogging (z. B. Twitter) und Video (z. B. YouTube) unterteilen. Das Social Web zeichnet sich auch dadurch aus, dass dies global abrufbar, interaktiv, recht kontrollarm und über einen einfachen und meist kostenlosen Zugang allen Nutzenden offensteht.

Social Media, allen voran der Konzern Meta mit der Plattform Facebook, sowie Instagram nutzen dies im besonderen Maße und erfreuen sich deswegen großer Beliebtheit. Auch der Kurznachrichtendienst Twitter bietet ähnliche Funktionen, begrenzt seine Inhalte aber auf 280 Zeichen je Beitrag. Da in Facebook diese Beschränkung nicht vorhanden ist, ist die Beliebtheit und Nutzung größer. Zusätzlich können Kommentare schnell und unkompliziert mit einer Vielzahl grafischer Bilder (*Emojis*) verfasst werden, die je nach verwendeter Grafik auch Emotionen darstellen.

Facebook gilt als das soziale Netzwerk mit großer Bedeutung. Allerdings hat sich die Akzeptanz mittlerweile relativiert. Beispielsweise die Kontrolle der Klarnamenpflicht und mangelnde Kontrolle kritischer (z. B. hetzender oder rassistischer) Beiträge haben die Kritik an Facebook verstärkt. Andere soziale Netzwerke (z. B. VZ-Netzwerke wie StudiVZ und SchülerVZ, Xing, Stayfriends, Google +) konnten sich gegen das seit 2004 in den USA entstandene Facebook nicht durchsetzen und spielen eine untergeordnete bis gar keine Rolle mehr oder haben ihren Dienst sogar eingestellt (z. B. wer-kennt-wen.de).

Hinter dem sozialen Netzwerk Facebook befindet sich für den Nutzer unbemerkt ein informationstechnologischer Aufwand. Informationen, wie etwa gesuchte Personen oder betrachtete Seiten, werden gespeichert, daraus Nutzerprofile erstellt, um entsprechende Werbung platzieren zu können, womit die Betreiber des Netzwerks Einnahmen generieren, um ihr Netzwerk betreiben und kostenfrei anbieten zu können. Die im Hintergrund laufenden Algorithmen werden immer wieder aktualisiert und den notwendigen Bedürfnissen angepasst. Viele Nutzer bemerken dies gar nicht und interessieren sich nicht dafür. Für Kommunikationsexperten sind diese Kenntnisse von Bedeutung, da dementsprechend Beiträge gestaltet werden, um möglichst viele Nutzer des Netzwerks zu erreichen.

Eine einschneidende Veränderung des Facebook-Algorithmus gab es zum Jahresende 2014. Facebook beobachtet, welche Inhalte wie lange betrachtet werden, um daraus dem Nutzer in seiner Ansicht (Timeline) die Inhalte als Hauptmeldung zu präsentieren. Wenn ein Nutzer beispielsweise mehrere Seiten diverser Zeitungen mit *gefällt mir* markiert hat, werden davon die bevorzugt gezeigt, dessen Beiträge sich der Nutzer am längsten anzeigen lässt oder dessen Links er betätigt. Irgendwann ergibt sich aus diesem Profil die Situation, dass selten betrachtete Informationen von Seiten oder deren fehlende Linkbetätigung dazu führen, dass Informationen dieser Seite nur noch vereinzelt dargestellt werden. Aus diesem Umstand hat sich die neue Darstellungsform *Clickbaiting* (Klickköder) entwickelt, die versucht, gezielt Nutzer zur Betätigung eines Links und zur Ansicht des vollständigen Beitrags innerhalb des Netzwerks zu bewegen. Facebook-Seiten, die auch die Möglichkeit der bezahlten Werbung nutzen, werden ebenfalls in diesem Algorithmus anders berücksichtigt als Seiten, die nur mit den kostenlosen Möglichkeiten agieren. Dabei berücksichtigt Facebook die Anzahl der Nutzer dieser Seite (Gefällt-mir-Angaben, auch *Likes* genannt). Seiten mit hoher Nutzerzahl geraten also deutlich schneller in einer Timeline nach hinten als Seiten mit geringen Nutzern.

Trotz vieler kritischer Stimmen zu sozialen Netzwerken bieten diese den Kommunikationsakteuren sehr viele und vorteilhafte Möglichkeiten. Kaum schneller als hier lassen sich durch die dialogorientierte Kommunikation Meinungen, Stimmungen und Stakeholder erkennen. Die dadurch erlangten Informationen bringen notwendige Erkenntnisse für die eigene Kommunikationsstrategie. Teilweise bilden sich in sozialen Netzwerken auch neue Teilöffentlichkeiten, die für einen Einsatzverlauf sehr interessant sein können. So wurden beispielsweise während des Elbe-Hochwassers 2013 innerhalb von Facebook Gruppen gegründet, in denen hilfsbereite Bürger ihre Dienste anboten und zu Einsatzstellen vermittelt wurden. Eine damals für die BOS völlig neue Erfahrung. Auch lassen sich in sozialen Netzwerken ermittelte Informationen ergänzend in das Lagebild der Einsatzleitung einpflegen.[1]

Das Thema Social Media ist ein sehr komplexer Bereich, der trotz seines relativ jungen Alters bereits eigene Bücher, Seminare und Ausbildungen füllt. Gerade PR-Profis haben die vielfältigen Möglichkeiten erkannt und nutzen diese hochprofessionell – so auch in der Unternehmenskommunikation. Lehrgänge und Ausbildungen zum Thema Social Media kursieren unter den verschiedensten Bezeichnungen. Die sicherlich interessantesten Varianten sind die Ausbildungen, die von entsprechenden renommierten Einrichtungen oder Institutionen zertifiziert sind, wie etwa der Social Media Manager (IHK).

Social Media werden in BOS mittlerweile rege genutzt, oftmals mangelt es aber an Professionalität und ausreichenden Kenntnissen zur Informationsverwertung bei besonderen Einsatzszenarien. Die Polizei agiert hier bereits auf sehr hohem Niveau, ebenso einige Berufsfeuerwehren und die Bundes- und Landesverbände der Sanitätsorganisationen. Auf darunterliegenden Ebenen werden Social Media von den Entscheidern, meist aufgrund von Unwissenheit, teilweise noch missachtet. Um Social Media in Einsatzsituationen effizient nutzen zu können, sollten entsprechende Strukturen aufgebaut werden. Gerade mit Blick auf besondere Einsatzszenarien ist es hilfreich, wenn der BuMA personelle Ressourcen zur Ver-

[1] Vgl. Bevölkerungsschutz, Ausgabe 3/2014, Titelthema „Social Media".

fügung stehen, die Social Media im Einsatz beobachten, dortige Reaktionen auswerten und dem Einsatzstab für dessen Arbeit zur Verfügung stellen. Situativ kann es erforderlich sein, dass sich diese Personen gezielt in Diskussionen, Gruppen oder Foren einbringen, um dort ihre Informationen zu platzieren, und falsche Informationen, etwa aus Diskussionen heraus, durch eigene Beiträge korrigieren.

5.5 Schlussfolgerungen für die Praxis

Die Bevölkerungsinformation und Medienarbeit befinden sich im Jahr 2023 in einer Umgebung professionalisierter Kommunikationsstrukturen und schnelllebiger digitaler Medien im Spannungsfeld mit Social Media. Für eine effiziente Kommunikation im Risiko-, Krisen- oder Katastrophenfall sind heute das Versenden einer situativ geprägten Presseinformation und die Informationsplatzierung auf der eigenen Homepage alleine nicht mehr ausreichend. Unternehmen haben die Situation erkannt und sich größtenteils ausgerichtet und strukturiert. Auch BOS und Behörden sollten sich dieser Situation stellen. Die Einsatzkommunikation muss eingebettet werden in eine Gesamt-Kommunikationsstrategie. Soweit möglich, ist diese professionell zu gestalten.

Genauso komplex wie die aktuellen Medien- und Kommunikationsstrukturen ist das deutsche Bevölkerungsschutzsystem, das deutlich von ehrenamtlichen Kräften geprägt ist. Viele mittlerweile in anderen Bereichen etablierte Strukturen, wie in Unternehmen etwa die PR-Arbeit, sind durch ehrenamtliche Kräfte in dem erforderlichen Umfang nur schwer realisierbar. Die Verknüpfung möglicher vorhandener Ressourcen erfolgt mitunter nicht.

Die Grundlehrgänge der Rettungsorganisationen zur Erlangung von Kenntnissen der Presse- und Öffentlichkeitsarbeit haben keinesfalls an Bedeutung verloren – im Gegenteil, denn sie sind heute wichtiger als noch vor zwanzig Jahren. Allerdings muss man sich darüber im Klaren sein, dass diese Lehrgänge nur Basiswissen vermitteln können. Jeder Einsatzkraft, die mit der Einsatzkommunikation beauftragt wird, kann nur empfohlen werden, das erlernte Wissen durch persönliches Engagement und durch die Teilnahme an weiteren Schulungen zu vertiefen. Da trotz möglicherweise vorhandener professioneller (hauptamtlicher) Akteure gerade in besonderen Einsatzsituationen die Einsatzkommunikation nicht mehr alleine bewältigt werden kann, ist es empfehlenswert, unter Einbeziehung geschulter ehrenamtlicher Kräfte Kommunikationsteams aufzubauen, die bei vorhandenen Ressourcen mindestens professionell gecoacht oder gar begleitet werden sollten.

Wer ganzjährig regelmäßig Kontakt zu seinen regionalen Journalisten und Stakeholdern hat, bildet sich bei entsprechender Arbeit eine Vertrauensbasis, die gerade in besonderen Einsatzsituationen hilfreich ist. Denn nur wer glaubhaft wirkt, dem vertraut man. Und glaubhaft wird man heutzutage nicht mehr, wenn man sich nur in besonderen Situationen öffentlich äußert und ansonsten den Rest des Jahres schweigt.

Fast alle Einsatzorganisationen haben in den vergangenen Jahren Leitbilder zur prägnanten Darstellung ihrer Aufgaben und Tätigkeiten erstellt. In einem dieser Leitbilder findet man bei einer Organisation bei der Leistungsdarstellung folgende Aussage:

Wir bieten alle Leistungen an, die zur Erfüllung unseres Auftrages erforderlich sind. Sie sollen im Umfang und Qualität höchsten Anforderungen genügen.

Insbesondere der zweite Satz, der die Qualität der Leistungen definiert, sollte, sofern noch nicht geschehen, in allen Rettungsorganisationen auf allen Ebenen auch für die Bevölkerungsinformation und Medienarbeit beherzigt werden.

Ein weiterer Faktor der sozialen Medien ist die Nutzung als Informationsquelle im Einsatzfall zur Durchführung eines Lagemonitorings.

Ein Lagemonitoring beschreibt die strategische Beobachtung relevanter Inhalte und Trends in sozialen Netzwerken und deren Analyse und Qualifizierung. Eine Beobachtung erfolgt hier in öffentlich und frei verfügbaren Quellen von sozialen Medien.

Hierzu stehen u. a. Tools von Google oder Twitter zur Verfügung, um Informationen über das vorliegende Schadenereignis nahezu in Echtzeit mitverfolgen und verifizieren zu können sowie wichtige Informationen für eine gezielte Information der Bevölkerung sammeln zu können und um Fake News zu erkennen und durch offizielle Meldungen von Pressestellen richtigzustellen, um einer Verunsicherung in der Bevölkerung entgegenzuwirken.

Es empfiehlt sich, für das Lagemonitoring ein automatisiertes System einzusetzen, um die Flut an Meldungen in den sozialen Netzwerken, insbesondere in der ersten Phase des Ereignisses, filtern und bewerten zu können.

Anhang

Abkürzungsverzeichnis

AAO – Alarm- und Ausrückeordnung

AGBF Bund – Arbeitsgemeinschaft der Leiter der Berufsfeuerwehren in der Bundesrepublik Deutschland

AKNZ – Akademie für Krisenmanagement, Notfallplanung und Zivilschutz

ASB – Arbeiter-Samariter-Bund

BABZ – Bundesakademie für Bevölkerungsschutz und Zivile Verteidigung (vormals AKNZ)

BBK – Bundesamt für Bevölkerungsschutz und Katastrophenhilfe

BHKG – Gesetz über den Brandschutz, die Hilfeleistung und den Katastrophenschutz

BImSchG – Bundes-Immissionsschutzgesetz

BOS – Behörden und Organisationen mit Sicherheitsaufgaben

BRK – Bayerisches Rotes Kreuz

BuMA – Bevölkerungsinformation und Medienarbeit

CBRNE - CBRN(E) für folgende Bereiche: **C**hemische, **B**iologische, **R**adiologische, **N**ukleare und **E**xplosive Stoffe

CISM – Critical Incident Stress Management

CMS – Content-Management-System

DGSMTech – Deutsche Gesellschaft zur Förderung von Social Media und Technologie im Bevölkerungsschutz (DGSMTech) e.V.

DGzRS – Deutsche Gesellschaft zur Rettung Schiffsbrüchiger

DLRG – Deutsche-Lebens-Rettungs-Gesellschaft

DME – Digitaler Funkmeldeempfänger

DMO – Direktkommunikation

DRK – Deutsches-Rotes-Kreuz

DV 100 SKK – Dienstvorschrift Führen und Leiten im Einsatz

DV 800 – Dienstvorschrift 800 Der Fernmeldeeinsatz

DV 810 – Dienstvorschrift 810 Sprechfunkdienst

ELA – Elektronische Lautsprecheranlage

EL – Einsatzleitung

ELW – Einsatzleitwagen

EMS-SAE – Ereignisbezogene Mitglieder des Stabes für außergewöhnliche Ereignisse

ETB – Einsatztagebuchführer

FME – Funkmeldeempfänger

FüGr – Führungsgruppe

FüSt – Führungsstab

GAN – Grundanforderungen an das Netz (TETRA BOS)

GMLZ – Gemeinsames Melde- und Lagezentrum für Bund und Länder

HVB – Hauptverwaltungsbeamter

JUH –Johanniter-Unfall-Hilfe

KAB - Kreisauskunftsbüro

KatS DV 100 – Katastrophenschutzdienstvorschrift 100

KGS – Koordinierungsgruppe des Stabes der örtlichen Gefahrenabwehr

KRITIS – Kritische Infrastrukturen

KVK – Kreisverbindungskommando

LK – Lagekartenzeichner

L-KGS – Leiter der Koordinierungsgruppe

L-SAE – Leitung des Stabes/Leiter des Stabes für außergewöhnliche Ereignisse

MANV – Massenanfall von Verletzten

MHD – Malteser Hilfsdienst

MoWaS – Modulares Warnsystem

NfD – Nur für den Dienstgebrauch

NINA – Notfallinformations- und Nachrichten App

NRW – Nordrhein-Westfalen

ÖPNV – Öffentlicher Personen-Nahverkehr

PASS – Personenauskunftsstelle

PDV 100 – Polizeidienstvorschrift 100

PK – Pressekonferenz

POLGE – Polizeiliche Gefahrenabwehr

PR – Public Relations

PSNV – Psychosoziale Notfallversorgung

RKI – Robert-Koch-Institut

RTW – Rettungswagen

SAE – Stab für außergewöhnliche Ereignisse

SEG – Schnelleinsatzgruppe

SER – Standard Einsatz Regeln

SKK – Ständige Konferenz für Katastrophenvorsorge und Katastrophenschutz

SMS-SAE – Ständige Mitglieder des Stabes für außergewöhnliche Ereignisse

TEL – Technische Einsatzleitung

THW –Bundesanstalt Technisches Hilfswerk

USV – Unabhängige Spannungsversorgung

UTM-Raster - Universal Transverse Mercator, globales Koordinatensystem

VOST – Virtual Operations Support Team

VS – Verschlusssache

VwS – Verwaltungsstab

ZMZ-I – Zivil-militärische Zusammenarbeit Inland

ZSKG – Zivilschutz- und Katastrophenhilfegesetz

Literaturverzeichnis

Internet

Bundesamt für Bevölkerungsschutz und Katastrophenhilfe: *https://www.bbk.bund.de/DE/Themen/GMLZ/gmlz_node.html#:~:text=Das%20Gemeinsame%20Melde%2D%20und%20Lagezentrum,Informationsaustausches%20zwischen%20Bund%20und%20L%C3%A4ndern. (Stand 29.03.2023)*

Deutsche Gesellschaft zur Förderung von Social Media und Technologie im Bevölkerungsschutz (DGSMTech) e.V. im Internet: https://dgsmtech.de/ (Stand 04.05.2023)

EUR-Lex: *https://eur-lex.europa.eu/legal-content/DE/TXT/?uri=CELEX:32013D1313 (Stand 29.03.2023)*

Gesetze im Internet: https://www.gesetze-im-internet.de (Stand 29.03.2023)

Kreisverwaltung Steinberg: Zivil- und Katastrophenschutz. Im Internet: https://www.steinburg.de/kreisverwaltung/informationen-der-fachaemter/ordnungsamt/zivil-und-katastrophenschutz.html (Stand 03.05.2023)

N-TV: Pannen bei Flutkatastrophe: https://www.n-tv.de/panorama/App-warnte-nicht-Sirenen-blieben-stumm-article22698765.html (Stand: 29.03.2023)

www.paulwatzlawick.de, Seitenbetreiber S. Bender, München, 2014 (Stand: 03.05.2023)

Stadtverwaltung Aachen: Katastrophenschutz. Im Internet: http://www.aachen.de/de/stadt_buerger/politik_verwaltung/feuerwehr/links/katastrophenschutz/index.html (Stand 03.05.2023)

Stadtverwaltung Düsseldorf: Katastrophenschutz. Im Internet: https://www.duesseldorf.de/feuerwehr/abteilungen/vorbeugender-brandschutz/praevention-feuerwehrplaene-stoerfallbetriebe-und-bevoelkerungsschutz/katastrophenschutz (Stand 03.05.2023)

Stuttgarter Nachrichten 10.10.2015: Stadt richtet Krisenstab ein. Im Internet: http://www.stuttgarter-nachrichten.de/inhalt.asyl-stadt-richtet-krisenstab-ein.d06a334f-5107-422f-87d5-7a5b11aa9127.html (Stand 11.10.2015)

Technisches Hilfswerk im Internet: https://www.thw.de/SharedDocs/Downloads/DE/Hintergrund/flyer_vost.html (Stand: 04.05.2023)

Westfalen Blatt 06.10.2015: Nachts vor dem Rathaus gestrandet. Im Internet: http://www.westfalen-blatt.de/OWL/Lokales/Kreis-Guetersloh/Steinhagen/2136622-Fluechtlinge-stehen-ohne-Versorgung-vor-verschlossenen-Tueren-Ankunft-spaeter-als-geplant-Nachts-vor-dem-Rathaus-gestrandet (Stand 11.10.2015)

Wirtschaftslexikon: Prof. Dr. Jan Lies, Gabler Wirtschaftslexikon, Springer Gabler, www.wirtschaftslexikon.gabler.de/Definition/risikokommunikation.html (Stand 27.02.2025)

Print

Erlass des Bundesministeriums der Verteidigung zu den Hilfsleistungen der Bundeswehr bei Naturkatastrophen oder besonders schweren Unglücksfällen und im Rahmen der dringenden Nothilfe, VMBl. 1988, 279 sub. 2. und 3

BBK-Glossar - Ausgewählte zentrale Begriffe des Bevölkerungsschutzes, Bundesamt für Bevölkerungsschutz und Katastrophenhilfe (BBK), 2011

Bentele Prof. Dr. Günter / Nothaft Howard / Jansen Ele, Instrumente der Öffentlichkeitsarbeit, FJS Berlin, 2008

Dietlein, Prof. Dr. jur. Johannes/Burgi, Prof. Dr. jur. Martin/Hellermann, Prof. Dr. jur. Johannes. Öffentliches Recht in Nordrhein-Westfalen (5. Auflage 2014). München: C. H. Beck

Fröhlich Prof. Dr. Romy, Theoretische Grundlagen der Öffentlichkeitsarbeit, FJS Berlin, 2010

Götz, Volkmar. Allgemeines Polizei- und Ordnungsrecht (13. Auflage 2001). Göttingen: Vandenhoek und Ruprecht

Haunrand, Günter. Allgemeines Polizei- und Ordnungsrecht Nordrhein-Westfalen (6. Auflage 2014). Wiesbaden: Kommunal- und Schul-Verlag GmbH & Co.KG

Kepplinger, Hans Matthias: Handbuch der Public Relations (herausgegeben von Prof. Dr. Romy Fröhlich, Prof. Dr. Peter Szyszka, Prof. Dr. Günter Bentele), Springer VS, 2015

Kugelmann, Dieter. Polizei- und Ordnungsrecht (2. Auflage 2011). Heidelberg: Springer-Verlag

Krampetzki, Joachim. Polizei- und Ordnungsrecht NRW (2014). Norderstedt: Demand GmbH

Lüder, Sascha Rolf. Recht und Praxis der nichtpolizeilichen Gefahrenabwehr (4. Auflage 2014). Berlin: Berliner Wissenschafts-Verlag GmbH

Naas, Stephan. Die Entstehung des Preußischen Polizeiverwaltungsgesetzes von 1931 (2003). Tübingen: J.C.B. Mohr

Schenke, Wolf-Rüdiger. Polizei- und Ordnungsrecht (8. Auflage 2013). Heidelberg: CF Müller

Rehbinder, Manfred. Einführung in die Rechtswissenschaft (8. Auflage 1995). Berlin: Walter de Gruyter

Ruhrmann Georg, Handbuch der Public Relations (herausgegeben von Prof. Dr. Romy Fröhlich, Prof. Dr. Peter Szyszka, Prof. Dr. Günter Bentele), Springer VS, 2015

Schönenbroicher, Dr. Klaus/Heusch, Dr. Andreas. Ordnungsbehördengesetz Nordrhein-Westfalen, Kommentar (1. Auflage 2014). Siegburg: Verlag W. Reckinger

Schmidt-Aßmann, Eberhardt (Hrsg). Besonderes Verwaltungsrecht (13. Auflage 2005). Berlin: Walter de Gruyter

Steiner, Prof. Dr. Udo. Besonderes Verwaltungsrecht (8. Auflage 2006). Heidelberg: C. F. Müller

Steinhorst, Lars. Polizei- und Ordnungsrecht in Brandenburg (2010). Berlin: Frank und Timme GmbH

Tettinger, Prof. Dr. Peter/Erbguth, Dr. Wilfried/Mann, Dr. Thomas. Besonderes Verwaltungsrecht (11. Auflage 2012). Heidelberg: CF Müller

Wiggenhorn RA Dr. Harald, Presserecht, FJS Berlin, 2008

Wolffgang, Dr. Hans-Michael/Hendricks, Dr. Michael/Merz, Matthias. Polizei- und Ordnungsrecht in Nordrhein-Westfalen (3. Auflage 2011). München: C. H. Beck

Stichwortverzeichnis

C

D

E

F

G

W

Z